台湾光复档案

海峡两岸出版交流中心　中国第二历史档案馆

历史图像

九州出版社

臺灣光復

目　录

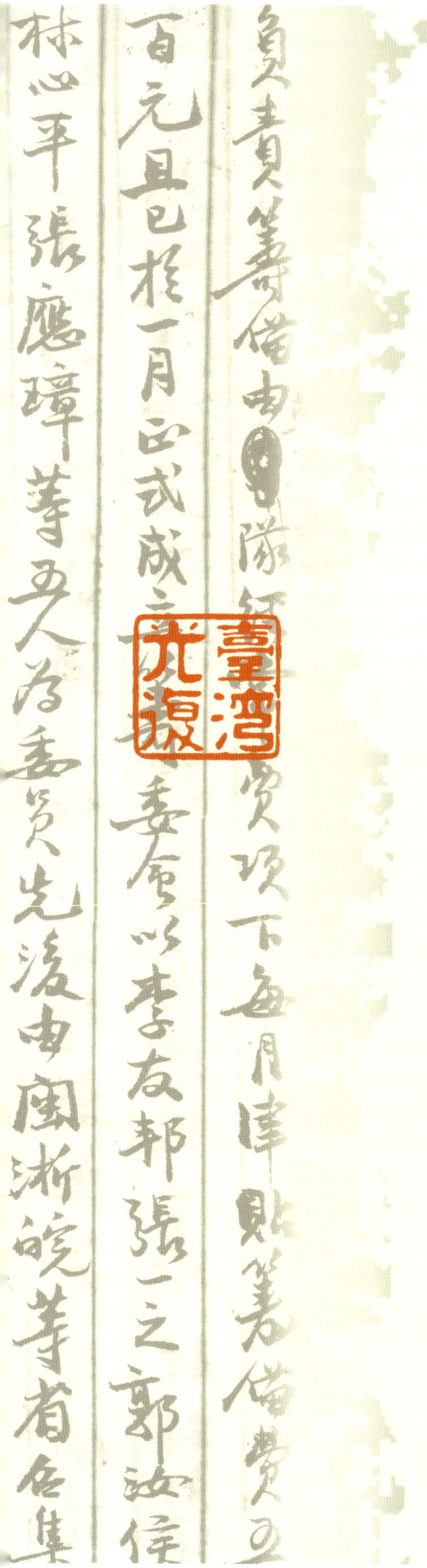
臺灣光復

未忘祖国

台湾自古以来就是中国领土
台湾人民是中华民族大家庭中的一员
血脉相连
不可分割
1895年
日本凭借武力强占台湾
台湾人民进行了可歌可泣的反割台武装斗争
武装斗争失败后
台湾与祖国隔海相望
分离50余年
在离开祖国的日子里
台湾人民对祖国的思恋未曾稍减

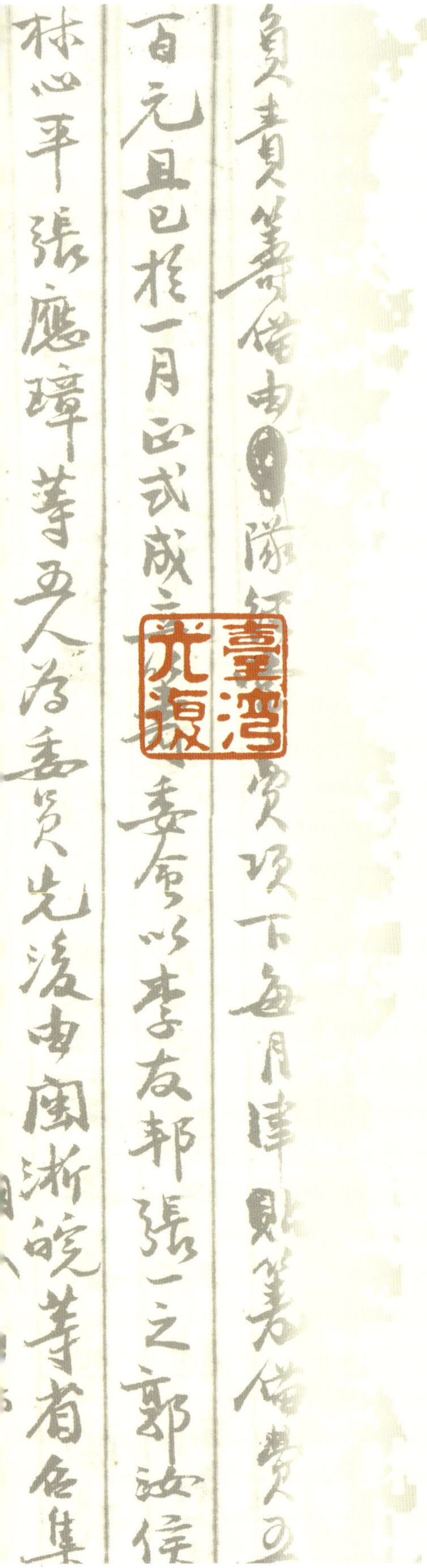

往事惊心：丘逢甲与怀台诗

春愁难遣强看山，往事惊心泪欲潸。
四百万人同一哭，去年今日割台湾。

丘逢甲的这首《春愁》，是“清诗选”、“近代诗选”一类文集的必选篇目。1949年新中国成立后，它还一度入选小学课本，三尺童子都能吟诵。它之所以如此备受推崇，是因为诗里诗外浸透着感人至深的爱国情怀，反映了伤恸揪心的割台辛酸史。

丘逢甲，字仙根，号蛰仙、仲阏，又称仓海君、南武山人，1864年生于台湾府苗栗县铜锣湾。那个年代，号称天朝的大清国已被船坚炮利的西方列强攻破，割地赔款，国门洞开，蒙受数千年来未有之奇耻大辱。与此同时，为了改变积贫积弱的现状，有识之士发起的自强运动也开始起步，修铁路，办企业，建学堂，派遣留学生，试图在“师夷长技以自强”、“中体西用”的旗帜下引进西方物质文明，挽救中国行将衰败的国运。在丘逢甲的家乡，第一任台湾巡抚刘铭传就是洋务自强派的得力干将，任职期间，他“筹行邮传，增电线，筑铁路……兴殖产，劝工商，铸新币，创西学堂”，使台湾各方面都得到了不小的改观。受此风熏染，丘逢甲在青少年时代已开始关心时事，“慨然有维新之志”。

中国一衣带水的近邻日本此时同样处在历史发展的十字路口上。日本同样是在这个时候被列强的炮舰轰开了国门，同样遭到了侵略、渗透，同样也在搞自强维新（明治维新）。然而，背景相似（也可以说是机遇相似），结果迥异。日本通过明治维新成功地向近代化转型，而中国的洋务自强运动只不过是在封建专制的体制下附着了些许资本主义皮毛而已。

崛起中的日本比西方列强更加贪婪，且目标直指中国。台湾南接吕宋，西望大陆，更是其垂涎觊觎对象。1874年，日军在西乡从道的率领下侵台，腐败的清政府并没有与日本决战到底的底气，结果是赔款、开放港口了事。这一年，丘逢甲刚11岁，随父迁往彰化刘氏家塾就读。两年后，他赴台南应童子试，成为秀才。学台丁日昌见他年纪最小，交卷最早，且成绩最好，惊为奇才，特赠“东宁才子”(东宁为台湾别称）印一方。

“东宁才子”的名头改变了丘逢甲的生活轨迹，他开始有机会接触到官绅阶层，1887年，他一度受台湾巡抚唐景崧之邀，入幕佐治，对台湾风雨飘摇的局势有了更深刻的体会。1889年，丘逢甲赴京会试，第八十名进士，殿试赐二甲进士出身，授工部主事。他非常厌恶官场作派与逢迎之风，到署不久即告假还乡。离京之前，他曾写了一首七言绝句《黄金台》：“闻道昭王此筑台，依然悬格待奇才。年年车马燕山道，不为黄金客不来。”暗示自己将投身教育事业，启迪台湾民智，为拯救台湾、发展中国储备人才。

1894年，甲午战争爆发，丘逢甲深知台湾地处要冲，日本人虎视眈眈，必须未雨绸缪。他主动请命台湾巡抚唐景崧，愿意组织台湾义军，抵抗日军来犯。计全台共编160余营，以“诚”、“信”、“壮”、“靖”等十六字编列，丘逢甲被推举为义军统领。翌年，《马关条约》签订，清政府被迫割让台湾、澎湖列岛。消息传来，台湾各界“若午夜暴闻轰雷，惊骇无人色，奔走相告，聚哭于市中，夜以继日，哭声达于四野”。丘逢甲更是悲愤异常，当众咬破手指，血书“抗倭守土”四字，哭曰：“清廷虽弃我，我岂可复自弃耶？”决心与台湾共存亡。

5月15日，丘逢甲等台湾士绅在省筹防局召集岛内士绅，成立“台湾民主国”，公推唐景崧为大总统，年号“永清”，意即永远忠于大清，并制定暂行方针四条：“一、招人才，协力抗战；借资内地，筹集饷械。二、给予列强以台湾各项利益，换取各国承认和援助。三、要求与日本直接谈判，如日本执意干戈相向，则亦不惜兵连祸接。四、事平之后，再请命清廷作何处理。”可见，所谓“台湾民主国”，并非要使台湾脱离中国，只是想借“独立”之名获国际援助，保全台湾，保全国土。

在丘逢甲的精心组织下，“台湾民主国”于5月23日发表《台湾民主国自主宣言》，两天后举行“建国典礼”。“台湾

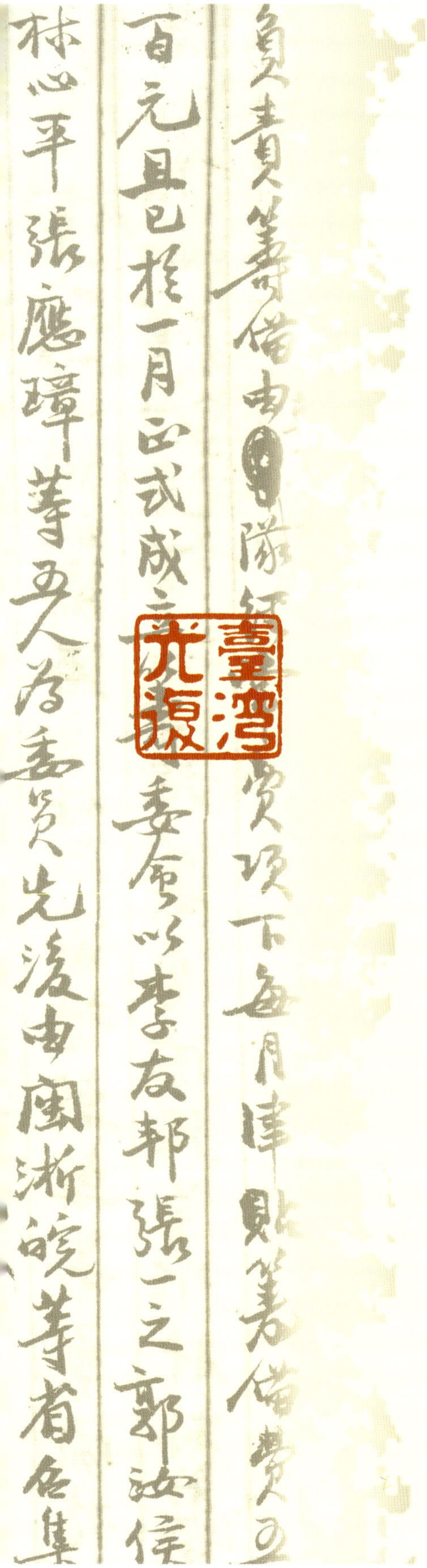

民主国国旗”采用蓝底黄虎旗，与清廷的龙旗相对应。旗的图案，龙在上，虎在下，意即龙尊虎卑，虎首向内，尾高首低，表示心系大陆，永远忠于清廷。这面旗帜是丘逢甲等台湾士绅精心设计的，其用心之良苦，日月可鉴。

就在“台湾民主国”成立的当天，“高千惠”、“速浪”等舰艇运载的日军先头部队已到达台湾北部海面。此时“台湾民主国”的兵力，正规军约3万人，约百余营，都是旧式淮勇和广勇，装备落后，缺乏训练，此外便是丘逢甲等招募的义军。面对来势凶猛的日本侵略军，唐景崧将全台防务分为三大块，他自己亲自负责北部防务，刘永福防守台南，丘逢甲防守中部。6月，经过殊死抵抗，基隆、台北沦陷，唐景崧乘德国轮船“打鸭”号内渡厦门，日军豕奔狼突，在新竹与丘逢甲率领的义军相遇。经过20余昼夜的浴血奋战，义军终因孤立无援、弹尽粮绝而失败。许多义军将领同时也是他的弟子，如姜绍祖（“敢”字营统领）、丘国霖（“诚”字营统领）、徐骧（“捷”字营统领）、吴汤光等，都英勇献身。

7月底，在部将谢道隆等人的反复劝谏下，丘逢甲怀着悲愤的心情内渡广东。临行前，他感怀国事，一口气写下六首“离台诗”。这里姑选其中的两首，藉以窥见其当时的心境：

宰相有权能割地，孤臣无力可回天。
扁舟去作鸱夷子，回首河山意黯然。

不用说，“宰相”指签订《马关条约》的李鸿章，孤臣是自指，诗中既有对李氏的痛恨，更有对自己无力挽回台湾危局的自责，怒、恨、悲、责，齐上心头。

英雄退步即神仙，火气消除道德编。
我不神仙聊剑侠，仇头斩尽再升天。

军事上已经失利，身为义军统领，被迫流寓他乡，积愤难平，慷慨悲歌，即使在“火气消除”、心境稍稍平静后，也仍在发誓斩尽“仇头”，否则死不瞑目！收复台湾的愿望溢于字里行间。

丘逢甲内渡大陆后，对台湾的思念未曾稍减，他几乎每年写“怀台诗”，抒发胸中的积愤与眷念。除了前面提到的《春愁》外，如写于1895年的《天涯》（天涯雁断少书还，梦入虚无飘渺间。兵火余生心易碎，愁人未老鬓先斑。没蕃亲故沦沧海，归汉郎官遁故山。已分生离同死别，不堪挥涕说台湾）、写于1896年的《送颂臣之台湾》（亲友如相问，吾庐榜念台。全输非定局，已溺有燃灰。弃地原非策，呼天傥见哀。十年如未死，卷土定重来）等，都是传世的名篇。他一生共写过5000余首诗，传世的现尚有3000余首，其中“怀台诗”占了相当大的比例。他的诗都是有感而发，情深意切，绝无无病呻吟之弊，故能辗转传抄，广为传诵。即使在100余年后的今天，人们读他的诗集，仍能激发爱国热情，如临其境。当然，除了真情实感外，“东宁才子”的作诗技巧同样是相当高超的。江泉的《丘仓海传》对此曾概括道：“仓海暨内渡……日以赋诗为事，而故国之思，以及郁伊无聊之气，尽托于诗。诗本其夙昔所长，数十年来复颠顿于人事、世故、家国、沧桑之余，皆足以锻炼而淬砺之。其所为诗，益苍凉慷慨，有《渔阳参挝》之声。又如飞兔骠袅，绝足奔放，平日执干戈卫社稷之气概，皆跃然纸上。”梁启超的《饮冰室诗话》中对这种豪放激越、震撼人心的诗风同样有很高的评价，并称丘逢甲为“诗界革命一巨子”。

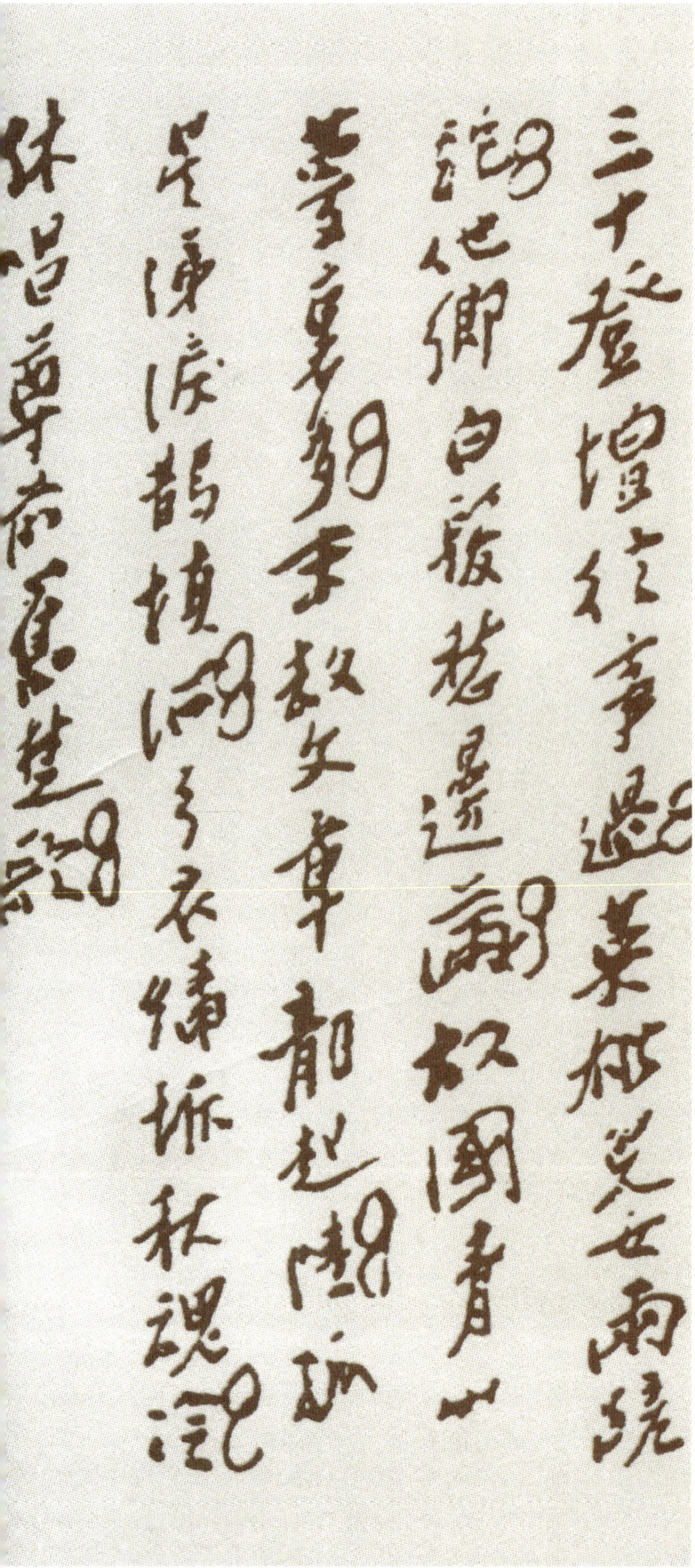

故國青山

◁丘逢甲手迹。

▷"东宁才子"、台湾义军首领丘逢甲(1864—1912年)。

▽鸦片战争后，中国与西方列强签订了一系列不平等条约，沦为半殖民地。图为与列强签订不平等条约的场景。

◁代表清政府签订《马关条约》的李鸿章，丘逢甲诗“宰相有权能割地”中的宰相。

▷日军增援部队在台湾北部登陆。〔右上图〕

▷1895年5月，日军在台湾登陆。图为登陆情景。〔右下图〕

▽清政府与西方列强签订的部分条约。

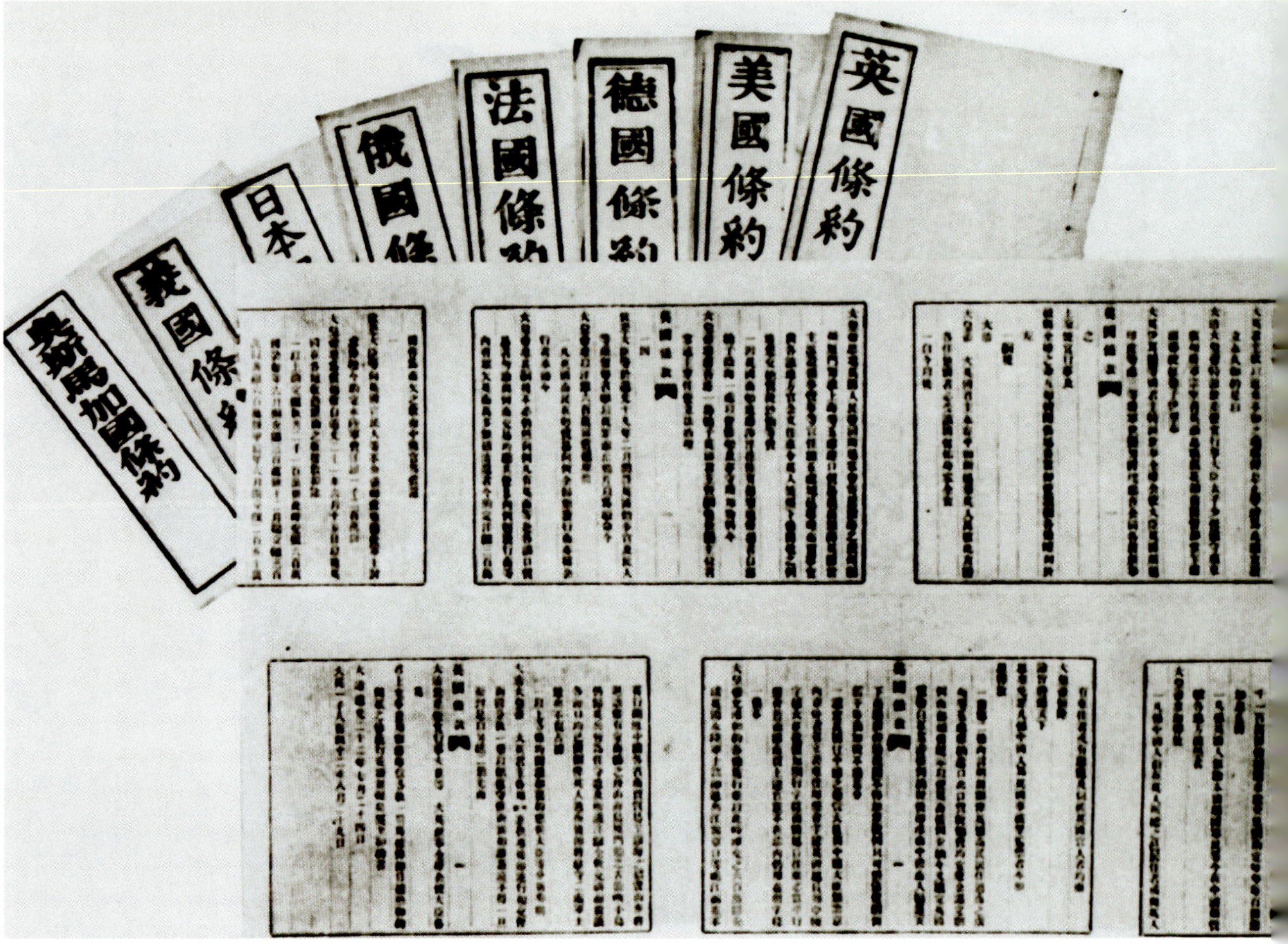

◁1895年5月，“台湾民主国”宣布成立，推举唐景崧为大总统、丘逢甲为副总统兼团练使。图中坐者为唐景崧。

▷清末台湾社会生活掠影——制茶。〔右上图〕

▷清末台湾社会生活掠影——樟脑生产。〔右中图〕

▽清朝末年，列强势力向台湾渗透，清廷被迫在台湾开放港口、允许外国设置领事馆，台湾社会发生了深刻变化。图为淡水大稻埕港口。

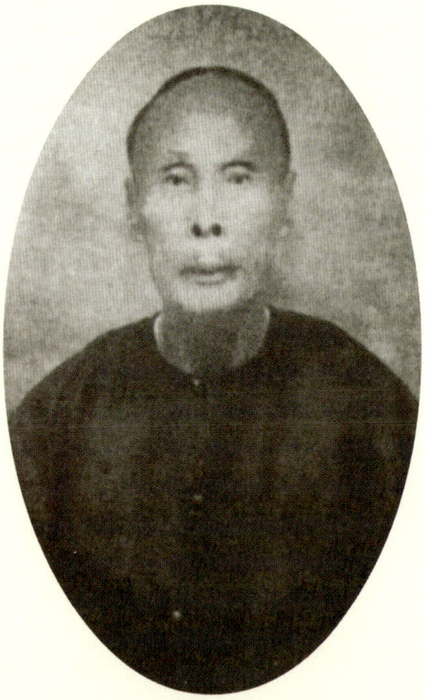

◁台南守将刘永福。

▷1895年台湾各路义军抗日作战路线图。

▽“台湾民主国”失败后，台湾人民的抗日活动仍此起彼伏，风起云涌。图为平埔族抗日战士。

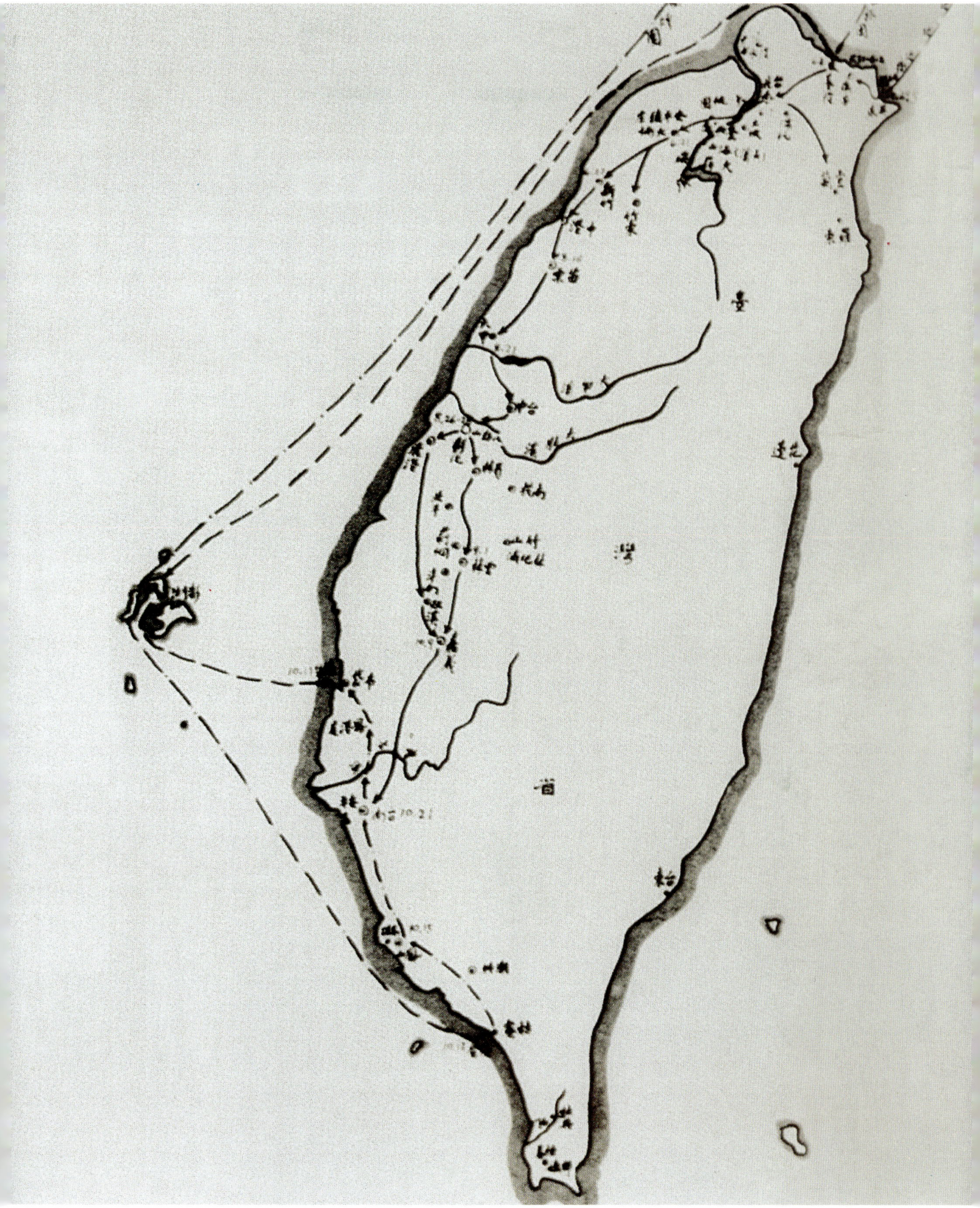

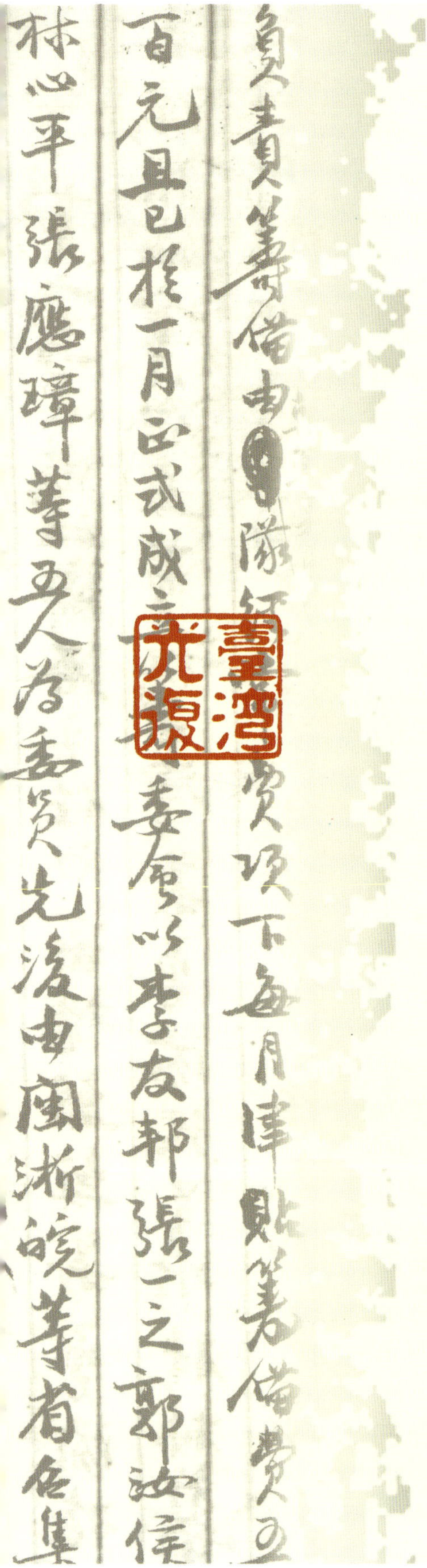

薪尽火传：丘念台子承父志

1895年底，装备精良、训练有素的日本侵台部队在付出惨重代价后，剿灭了各路义军，“台湾民主国”大总统唐景崧、义军首领丘逢甲被迫内渡大陆。这年年底，日本殖民当局第一任台湾总督桦山资纪正式宣布，台湾“接管”工作结束。

桦山资纪未免高兴得太早。日本人虽然凭借武力“接管”了台湾，但台湾人民反日复国斗争并未因此却步。岛内，罗福星、陈秋菊等领导的抗日武装斗争此起彼伏，星火燎原；隔海相望的大陆，以林祖密为代表的台湾有识之士卧薪尝胆，待机而动，以恢复故土为职志。甚至在日本的首都东京，台籍留日青年蒋渭水、蔡培火、黄朝琴也创办了“台湾人自己的言论机关”——《台湾民报》，鼓吹“台湾解放”。

丘逢甲内渡后，思台之情、复台之志时刻系于心际。“镜中白发愁来早，衣上缁尘劫后深”(《秋怀》，作于1896年)，他自知年事渐长，便把恢复故土的希望寄托在儿子丘琮身上。

丘琮生于1894年3月，丘逢甲内渡时刚刚1岁，在懵懂无知时就成了亡国奴。为了在他幼小的心灵里植入民族气节、复台观念，乃父对他的教育抓得很紧。丘逢甲的居所淡定山居，东西两侧为书房，分别名为“念台精舍”、“岭去海日楼”，不单是为了寄托主人“念台”之情，也是要让儿辈耳濡目染，养成爱国、复土情结。

从8岁到12岁，丘琮一直在丘家的塾馆中读书。到了15岁时（1909年），他稍知世事，按照中国人的传统，父亲又在“名”之外，替他取了一个“字”，叫做念台。爱之深，责之切，尽在不言之中。丘念台晚年回忆“取字”时父亲的教诲，曾深情地写道：“你明年16岁就要成年了，我命你别字叫‘念台’，有两个意义：第一，是希望你不要忘记台湾，一定要继承我的志气恢复台湾省，拯救那400万的同胞脱离奴隶生活，复还祖国；第二，明末清初有位民族意识坚强的学者叫刘宗周，他的别号也叫念台，我希望你学他的立志和为人。”3年后，即1912年2月25日，正值新春佳节，丘逢甲积劳成疾，与世长辞。死前他口吐鲜血，挣扎着向随侍在侧的丘念台和家人交待后事："我死后要向南而葬，我要天天遥望台湾，我不能忘记那里！"

父亲去世不久，丘念台抠衣担簦，赴日留学。在日期间，他联络在日台籍青年，组织"东宁学会"，指导他们学习国语，鼓励他们回国参加反日复台活动。1925年，丘念台学成归国，先后担任东三省兵工厂技师、广东省政府顾问、广东省立工业专门学校校长。"九·一八事变"爆发后，受东北抗日团体的委托，他多次潜入关外，援助抗日义勇军，直到塘沽协定签订后才返回广州，受聘为中山大学教授。

"七·七事变"爆发后，丘念台前往延安，受到毛泽东、周恩来、林伯渠、张闻天等中共领导人的接见，并经常到陕北公学听课，了解中国共产党的抗日主张与抗日策略。1938年夏，他回到广州，被第12集团军司令长官余汉谋任命为少将参议。他拿出自己微薄的薪金，联络蔡伟青、关其清、邓慧、卓扬、陶祖梅、肖昭声、丘时婉等，组织"广东民众抗日自卫团东区服务队"。是年底，广州沦陷，东区服务队转赴蕉岭文福乡。

蕉岭是丘念台的家乡，他充分利用自己在乡党中的影响，开办青年训练班，成立抗敌后援会，发动台籍青年从事情报收集、反谍防谍工作，使这块土地成为民众抗日运动的"示范区"。在此期间，丘念台从国民党情报人员那里得知，有一个名叫陈明的台籍青年，有日本间谍嫌疑，便命钟浩东、肖濂寰、李南锋（均为台籍青年）打探究竟。钟浩东等以认老乡的名义寻找陈明，很快便与其成为"至交"，证实陈确系受雇于日本军情机构。丘念台当即约陈明面谈，晓以大义，将其成功地转化为我方情报人员。陈明不久返回广州，从事收集情报、发动"台侨"起义活动，后因身份暴露惨遭日军杀害。

1943年4月，"中国国民党直属台湾党部"成立，丘念台出任执行委员，并兼任党部粤东工作团长。翌年，国防最高委员会中央设计局台湾调查委员会成立，他又受聘为兼任

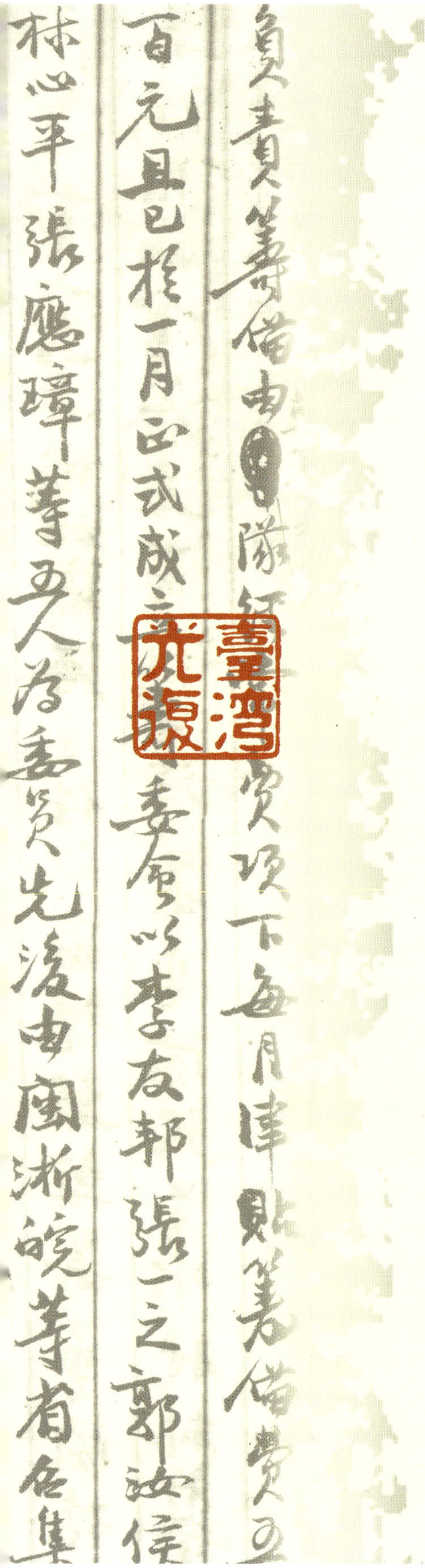

委员，此后，其主要精力转向设计战后复台方案方面。他曾多次参加台湾调查委员会举办的有关战后台湾接管方案等问题的讨论，知无不言，出谋划策，受到委员会主任陈仪的好评。

1944年7月，丘念台将自己有关“复台”方案的设想写成《复台大计管见》与《台湾党务改进管见》，托国民党中央党部秘书长吴铁城转呈国民党中央。他在给吴铁城的信中说：“一得之愚，或可供谋谟之助，特见解不同，则缓急之办各殊；事机有变，则轻重之分遂异，况党、政、军、财、教千头万绪，所献各项，如认有垂顾价值，请命赴渝向各当局当面面罄，则其有补于光复大业必非浅鲜。”这两份《管见》共计近3万余字，对战后治理台湾的各个方面均有所涉及，吴铁城阅后给了“切实且富建设性”（吴铁城致丘念台函，1945年8月1日）的评价，不久就转呈蒋介石，后又由蒋介石下令印发多份，分送相关机关签具意见后转台湾调查委员会参考。

1945年8月15日，日本宣布无条件投降。国土重光，缅怀先烈、先祖，丘念台专门撰写了一篇《祭告先父台湾光复文》，在父亲的墓前，摆起香案，深情满怀地泣告：“……故土已复，故国其昌！英灵永怡，山水永长！怀慕荐觞，伏维尚飨！”

薪尽火传，丘逢甲恢复故土的愿望终于变成现实。

▷ 台湾抗日志士陈秋菊，曾于1913年晋见孙中山，商讨国事。〔右上图〕

▷ 丘念台（1894—1989年）。〔右中图〕

▷ 罗福星（1886年—1914年），于1914年组织苗栗抗日起义，同年被捕就义。〔右下图〕

◁▽ “念台精舍”，丘念台12岁之前一直在此接受传统教育。

◁1930年10月，雾社山林原住民与日本殖民当局发生冲突，奋起反抗，日本出动大批军警镇压，对雾社原住民进行了惨无人道的大屠杀。图中居中者为“雾社起义”领导人莫那鲁道。

▷孙中山签发的林祖密任命状。〔右上图〕

▷台籍志士林祖密（1877－1925年），毕生追随孙中山先生，曾参加护法之役。〔右下图〕

▽镇压“雾社起义”的日本军队。

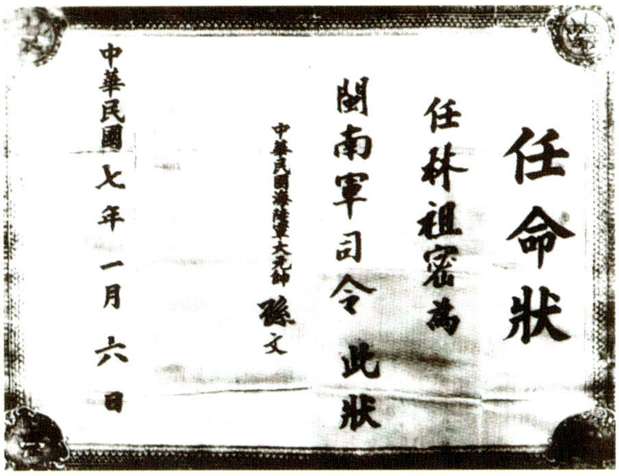

任命狀

任林祖密為
閩南軍司令 此狀

中華民國海陸軍大元帥 孫文

中華民國七年一月六日

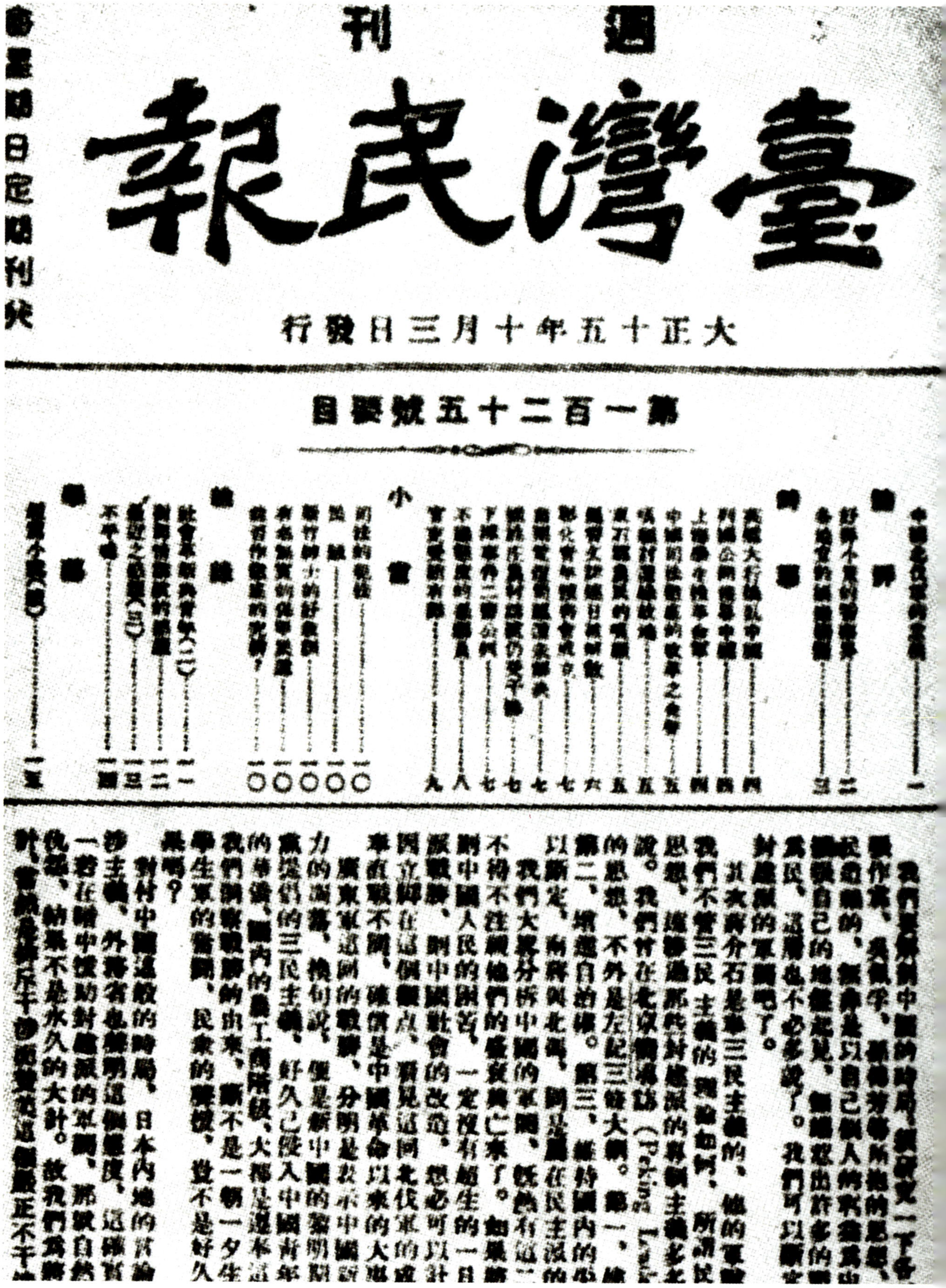
週刊

臺灣民報

大正十五年十月三日發行

第一百二十五號要目

◁《台湾民报》被称为日据时期台湾人自己的言论机关。

▷蒋渭水（1891－1931年），《台湾民报》创始人之一，被誉为日据时代的“抗日政治斗士”。〔右上图〕

▷《台湾民报》发起人合影。〔右中图〕

▽《台湾民报》总发行部。

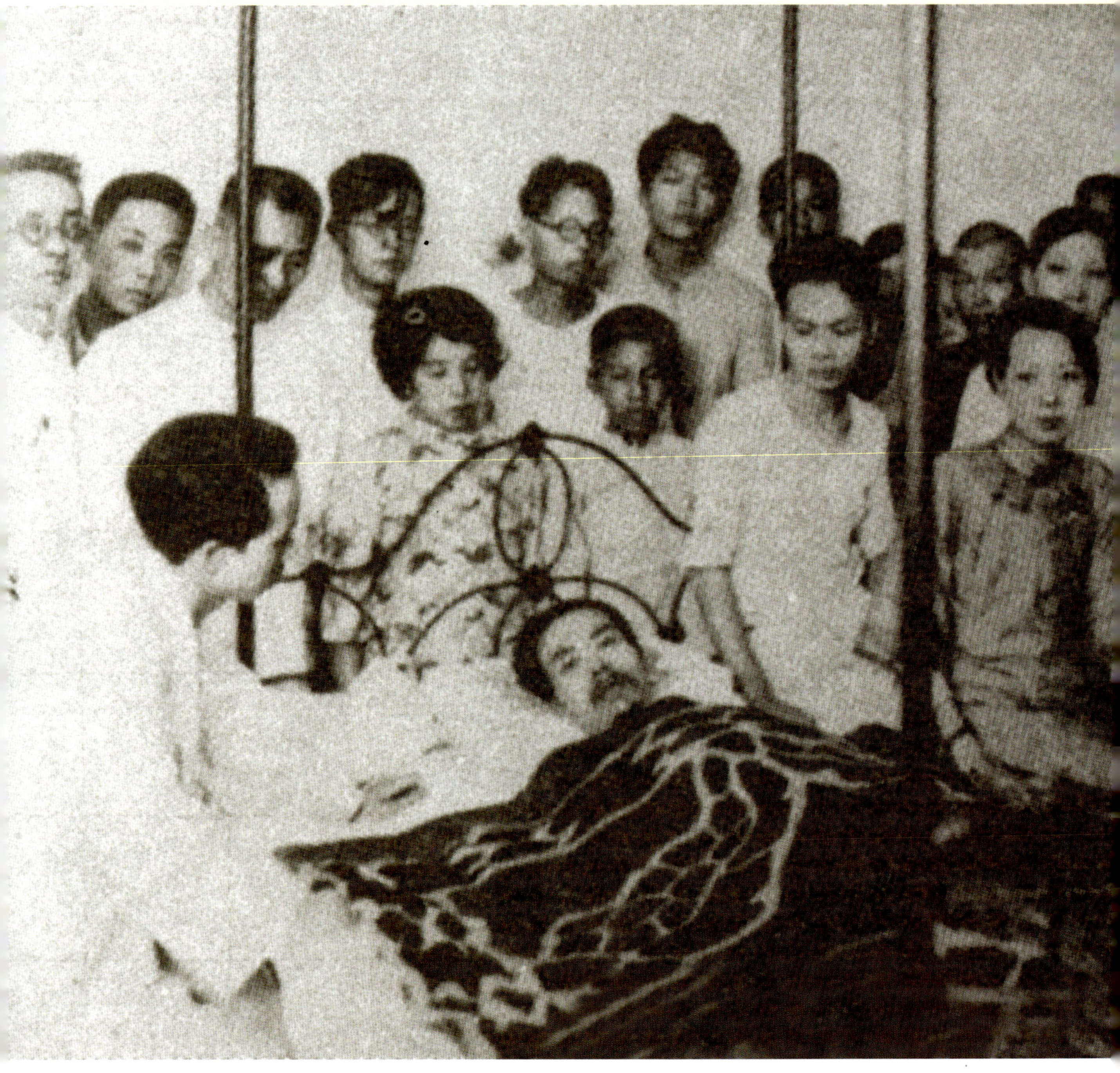

▷ 蔡元培为《台湾民报》题词。
▽ 蒋渭水临终前留影。

廿八年九月九日 [illegible]

予思予思何成瘦

只因国难留东瀛

十旬哀感人天意

从此清盟志不渝

[illegible]

◁丘念台手迹。

▷丘念台夫妇与子女（摄于1939年）。〔右上图〕

▷“九·一八”事变后，丘念台赴东北联络义勇军。图为丘在榆关留影。〔右下图〕

▽戴季陶为《台湾民报》题词。

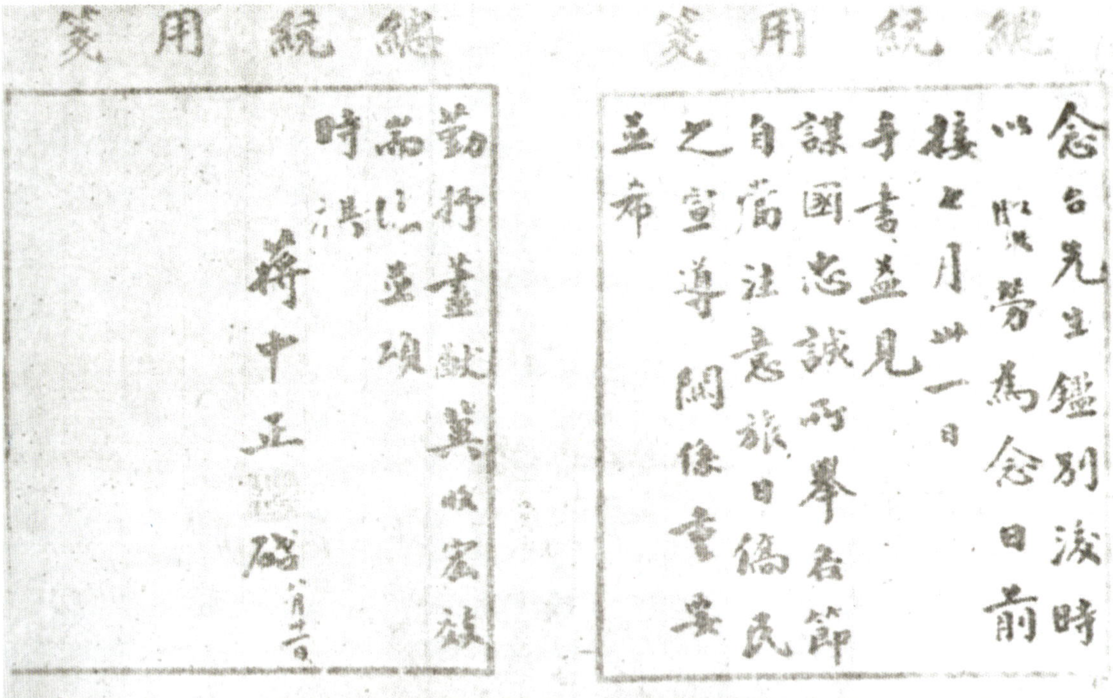

總統用箋

念台先生鑒：別後時以賢勞為念。日前接七月卅一日手書，益見謀國忠誠，所舉各節自當注意。旅日僑民之宣導關係重要，並希勤抒藎猷，冀收宏效。耑此並頌時祺

蔣中正 啓 八月十一日

◁1944年底，丘念台通过吴铁城向蒋介石呈送“复台大计管见”。图为蒋介石给丘念台的函件。〔左上图〕

▷《台湾民报》高雄发行部同仁合影。〔右上图〕

▽“归国台侨抗敌同志会”在粤东旅途中留影。〔右下图〕

▽1938年底，广州沦陷后，丘念台返回家乡蕉岭，组织“归国台侨抗敌同志会”，从事抗日除奸、安辑流民等工作。图为“归国台侨抗敌同志会”成立时留影。〔左下图〕

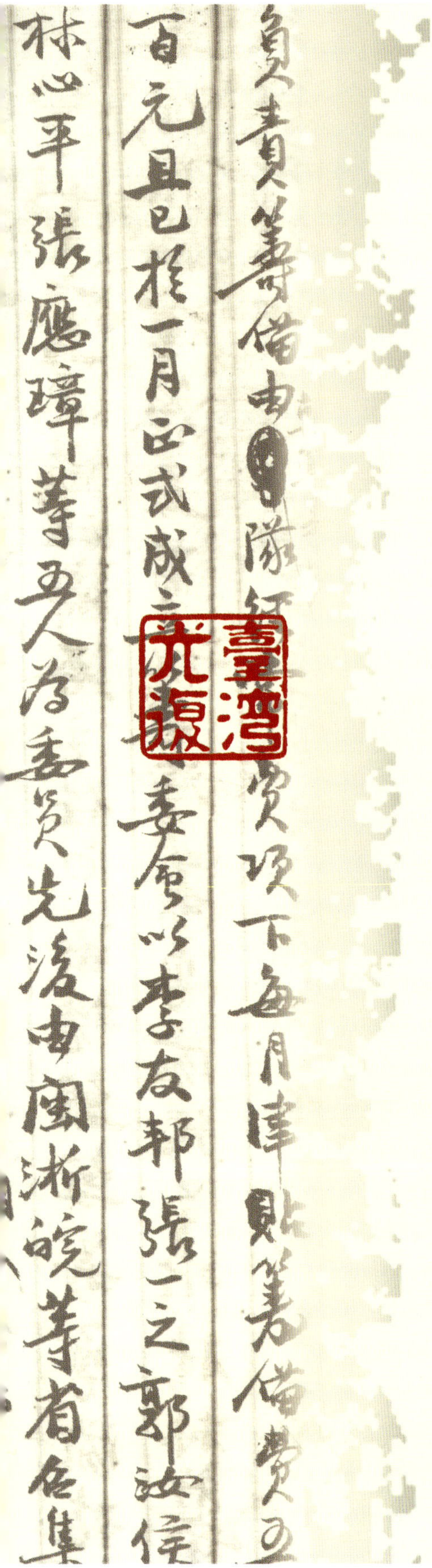

永存的是精神：连横耻为化外之民

日本占领台湾后，为彻底斩断台湾与中国的联系，在文化教育方面推行奴化政策：强化日语教育，禁用中国文字，无论大、中、小学，日本史是必修课，中国史（包括台湾史）避而不谈，企图扼杀中国文化，将台湾人民教化成不知自身历史、数典忘祖的顺从“皇民”。为了传播民族文化、激发民族精神，台湾文化志士不顾日方禁令，以笔为枪，奋起抗争。

这是一场没有硝烟的战争。在长达50年的日据时期，台湾文化志士们辛勤耕耘，无私奉献，坚持民族气节，承传民族文化，这种执着的信念被国民党元老张继概括为“失去者土地、永存者精神”。

后人应该永远铭记那些文化志士的名字：许南英、施士洁、郑鹏云、汪春源、黄宗鼎、黄彦鸿、林鹤年、林尔嘉、连横、蒋渭水、蔡培火、张我军、赖和、杨逵……他们的事迹也许没有刘永福、丘逢甲、罗福星那样悲壮惨烈，但他们同样是台湾的脊梁，中国的脊梁。

连横是台湾文化志士的杰出代表之一，他的《台湾通史》是一部研究台湾历史的重要著作，字里行间充满了挚热的爱国情怀。

连横字武公，号雅堂、剑公，1878年出生于台南。其父连得政是一个富有民族意识的饱学之士，在连横13岁的时候，曾用二两黄金替儿子买了一部《台湾府志》，并告诫他说：“汝台湾人，不可不知台湾事。”勉励其立志研究台湾历史、文化。

1895年割台时，连横一家都参加了护台之役，父亲连得政担任台南“护台会”会长、“台湾民主国”之“筹饷奉行”（相当于财务长），胞兄连城璧出任“护台会”副从（相当于秘书）。结果连得政积劳成疾，忧愤而死，连氏祖居也毁于战火。

这一年，连横18岁，胞兄为使其免受牵连，变卖妻妆，筹措川资，令其内渡大陆，一边求学，一边整理、搜集抗日文告和檄文，积累台湾史料。连横日后曾赋诗追述其事："海上燕云涕泪多，劫灰零乱感如何！马兵营外萧萧柳，梦雨斜阳不忍过。"

1897年底，连横返回台湾，继续搜集整理台湾史料。此后至清廷覆亡，他又多次前往大陆，并曾参加同盟会，还在厦门主编《鹭江报》、创办《福建日日新闻》，因主张人权、民主、男女平等而名噪一时。为了稍抒祖爱国情绪，时刻告诫自己是华夏子民，他在1902年设法参加了福州乡试，但因答卷中思想过于激进，没有取得功名。

1912年，中华民国宣告成立，连横认为祖国昌盛可期，绕道日本返国，并被选举为国会议员。出任议员期间，他结识了国民党元老张继，二人旨趣相投，引为挚友。不久，清史馆成立，赵尔巽闻知连横有志于台湾史，邀其入馆共事。借此机会，连横得以饱览明清皇室珍藏的与台湾相关的档案，而通过对这些档案的解读，他更加确信，台湾与中国同根同源，不可分割，日本强迫台湾人民做"皇民"，是割裂历史的强盗行径。1914年1月31日，连横上呈北京民国政府内务部，要求脱离日本国籍，恢复中国国籍，并得到批准。连横要求复籍的呈文和内务部审查、批复的相关文件至今仍保存在中国第二历史档案馆。

脱去亡国奴身份后，连横返回台湾，孜孜矻矻，潜心写作《台湾通史》，并在5年后完成这部不朽的巨著。《台湾通史》采用传统的纪传体，共4纪、24志、8传，约60万字，记录自隋大业3年至清末"台湾民主国"失败共1290年的台湾历史。全书奉祖国为正朔，视日本入台为"强占"、"侵略"，充满了民族精神。作者在自序中写道："夫史者，民族之精神，而人群之龟鉴也。""古人有言'国可灭，而史不可灭'。"夫子自道，民族责任感溢于字里行间。

连横毕生潜心研究台湾史、保存中国文化、弘扬民族精神，成就斐然，得益于父亲的教诲，他自己在教育后代方面，同样值得称道。

连横唯一的儿子连震东，字定一，生于1904年，早年

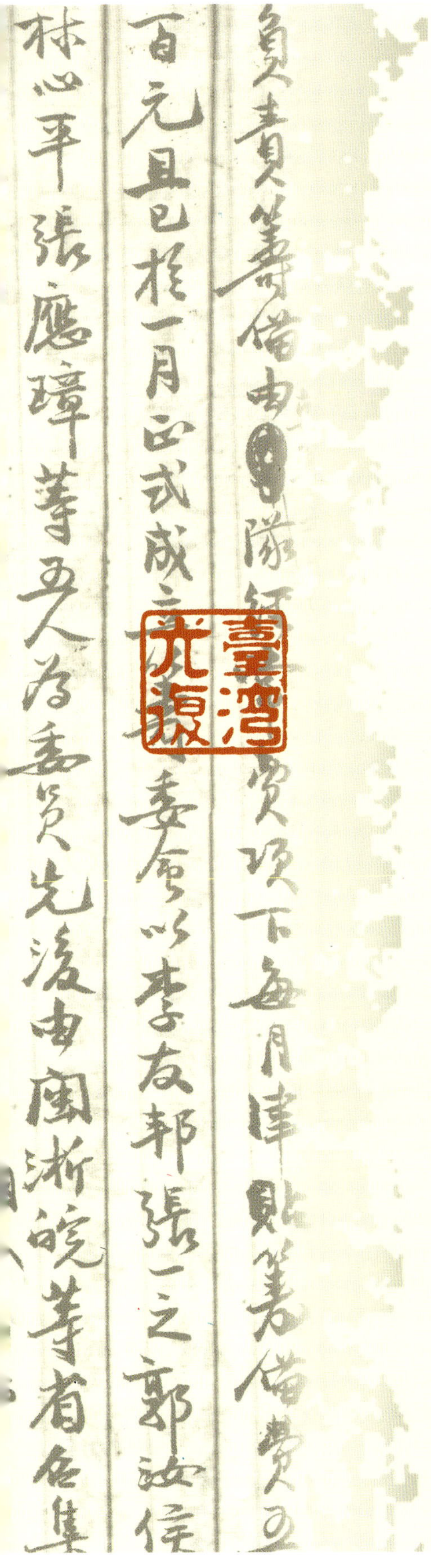

留学日本，在东京庆应义塾大学学经济。1931年，连震东学成返台不久，连横就要他返回大陆，报效祖国。临行之前，连横给在北京当国会议员时结识的挚友张继去信，请他对连震东加以管教、督导。信中说：

“昔子胥在吴，寄子齐国；鲁连蹈海，义不帝秦。况以轩黄之华胄，而为他族之贱奴，椎心泣血，其能无痛？且弟仅此子，雅不欲其永居异域，长为化外之民，因命其回国，效命宗也。”

张继接信后大为感动，亲自为连震东安排工作，并介绍他加入中国国民党。

1933年，连横移居上海。此时，连震东已在西安任西京筹委会委员、西京市政建设委员会总务科长，参与国民政府的抗战筹备工作。1936年6月28日，连横在上海病逝。弥留之际，他紧握连震东的双手说：“今寇焰迫人，中日终必一战，光复台湾即其时也，汝其勉之。”这一年，连震东的儿子降生，鉴于父亲的教诲，他给儿子取名为连战。

抗战爆发后，连震东转任国民党中央干训团上校教官、陆军军官学校西安分校少将总教官、军事委员会国际问题研究所所长等职，并在台籍抗日复台团体“台湾革命同盟会”担任委员。1944年4月，国民党成立涉台工作机构——国防最高委员会中央设计局台湾调查委员会，连震东被聘为兼任委员。他积极参加收复台湾的筹备工作，多次把自己的治台理念、设想撰成报告，献计献策，供民国政府有关方面参考。

1945年6月，日本败相毕露，台湾收复在即，商务印书馆决定重版《台湾通史》。连横的至交张继十分欣慰，于同年8月亲自为该书作序。序文的最后几句是：“今胜利到临，台湾收复指日可待，余向以雅堂存台湾文化者，今竟重光台湾，雅堂不及目睹，而震东克绍先人遗志，服务祖国，且已实际参加收复台湾工作，而其呕心之作，又复随乡邦重光而重刊之，永垂不朽，雅堂有知，亦可含笑于九泉矣。”连横以其不朽的名著和不屈的精神为后人铭记，为两岸人民所敬仰。

1945年8月抗战胜利，10月台湾光复，连震东奉命随陈仪赴台参加接收工作，并把连横的骨灰带回台南老家安葬。此后至国民党政权迁台，他先后出任台北县长、首届“国大代表”、台湾省行政长官公署参事、省参议会秘书长等，成为台湾省政坛上不可或缺的人物。

◁ 连横（摄于 1909 年）。〔左上图〕
◁ 青年时代的连横。〔左中图〕
◁ 晚年连横（摄于 20 世纪 30 年代）。〔左下图〕
▽ 连横夫妇与儿子连震东（摄于 1922 年）。

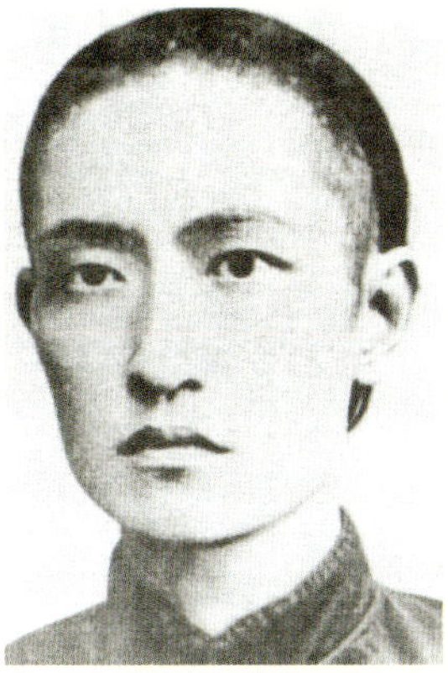

臺灣臺南地方

◁连氏祖居位于台南马家营（现已改建为台南地方法院），曾提供给刘永福作抗日义军指挥部。

▽连横在福建厦门主编的《鹭江报》。

連氏宗祠

◁连氏为台南望族。图为台南连氏宗祠。
▷出任国会议员的连横（1913年摄于北京）。
▽连横与连震东。〔中上图〕
▽连震东与儿子连战。〔中下图〕

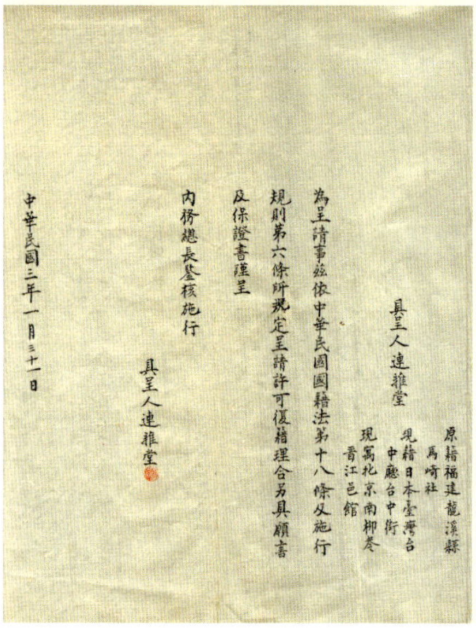

原籍福建龍溪縣馬崎社
現籍日本臺灣台中廳台中街
現寓北京南柳巷晋江邑館
具呈人連雅堂
為呈請事茲依中華民國國籍法第十八條及施行
規則第六條所規定呈請許可復籍理合另具願書
及保證書謹呈
內務總長鑒核施行
具呈人連雅堂
中華民國三年一月三十一日

◁抗战时期的连震东。〔左上图〕

◁连横挚友、国民党元老张继。〔左中图〕

◁1914年1月，连横向北京政府内务部申请恢复中国国籍。图为连横申请恢复国籍的呈文。〔左下图〕

▷连横夫妇及子女。

▽连震东夫妇与儿子连战。

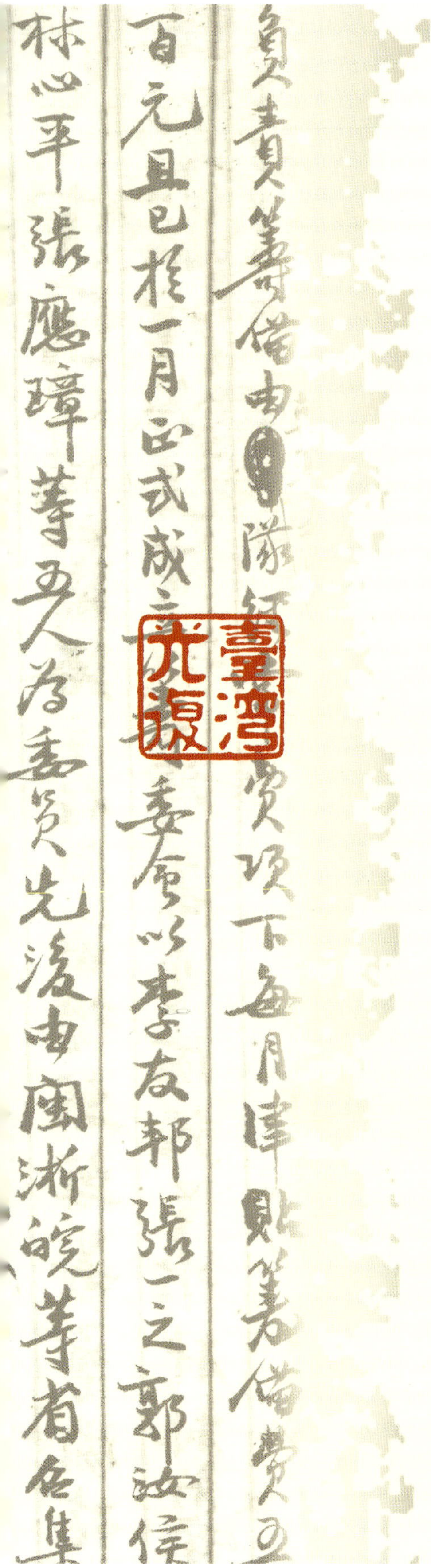

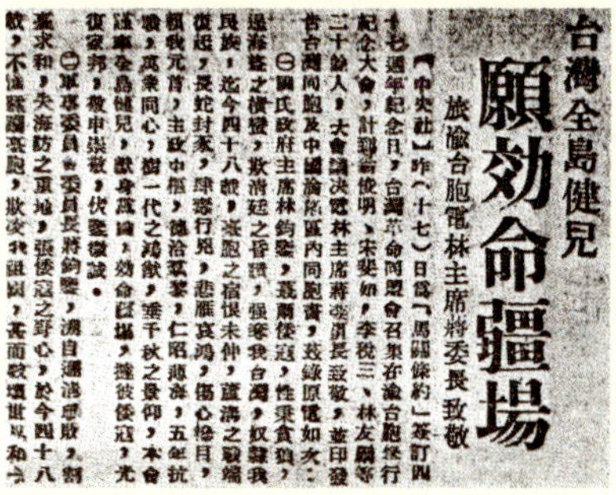
台灣全島健兒
願効命疆場
旅渝台胞電林主席蔣委長致敬

【中央社】昨（十七）日爲「馬關條約」簽訂四十七週年紀念日，台灣革命同盟會召集在渝台胞舉行紀念大會，計到翁俊明、宋斐如、李從三、林友顯等二十餘人，大會議決電林主席蔣委員長致敬，並印發告台灣同胞及中國淪陷區內同胞書，茲錄原電如次：

㈠國民政府主席林鈞鑒，慕顯倭寇，性秉貪狼，逞海盜之横蠻，欺滿廷之昏聵，强奪我台灣，奴隸我民族，迄今四十八載，吾胞之宿恨未伸，滄溟之戰端復起，長蛇封豕，肆毒行兇，悲雁哀鴻，傷心極目，頼我元首，主政中樞，德洽羣黎，仁昭薄海，五年抗戰，萬衆同心，樹一代之鴻猷，垂千秋之景仰，本會謹率全島健兒，獻身疆國，効命疆場，掃彼倭寇，光復家邦，敬申蕪敬，伏鑒微誠。

㈡軍事委員會委員長蔣鈞鑒，溯自滿淸昏敗，割地求和，失海防之重地，張倭寇之野心，於今四十八載，不僅臺灣同胞，欺凌我祖國，甚而破壞世界和平

反日复台

台湾被日本占领后
许多不愿做亡国奴的台籍志士纷纷返回祖国
在大陆从事反日复台活动
李友邦、谢南光、张深切、柯台山、张邦杰、刘启光、黄朝琴等
是他们中的杰出代表
祖国人民对在大陆进行反日复台活动的台湾同胞给予极大的鼓励和支持

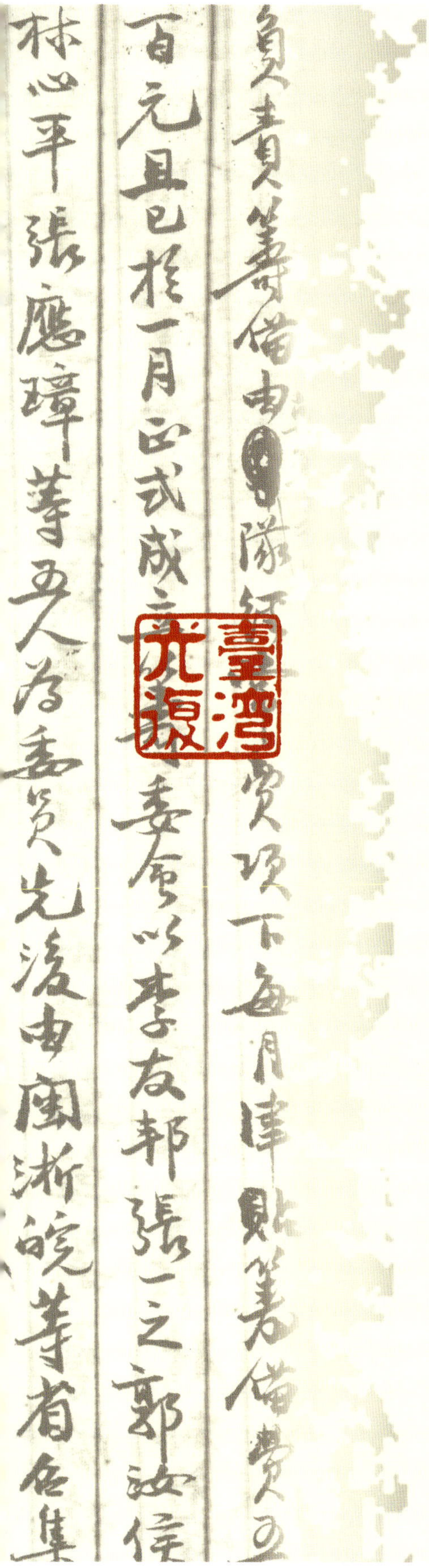

台湾志士在祖国的复台活动

日本窃据台湾后，设置台湾总督府，实行残酷的殖民统治。日本人视台湾同胞为清国奴、亡国奴，政治上歧视，经济上榨取，文化上奴役。备受欺凌的台湾人民饱尝丧国之痛，对祖国的思恋未曾稍减。为了故土回归祖国，许多台湾志士回到大陆，在内地从事复台活动。李友邦、柯台山、张邦杰、谢南光、张深切等即是其中的杰出代表。

李友邦，原名肇基，祖籍福建同安，1905年出生于台北和尚洲（今芦洲）。李氏从小就具有强烈的民族意识和民主思想，他本人在《台湾未忘祖国》一文中谈及自己回国从事复台活动的缘由时曾写道："我记得我在孩提的时候，曾以'失言'被掌的一段故事。某日，因与一个日本儿童互谑，被侮，遂愤然而说：'如在中国，君我当异于是！'恰巧被一个日籍教师听见，立刻跑来，不问情由，不问皂白，大巴掌直向我的脸额打来，并令我住嘴，不再多说。这是我所以终身以从事台湾革命事业的一个原因，今日回忆，往事历历，犹在目前！"1918年，李友邦考入台北师范学校，在校期间，他参加了蒋渭水组织的台湾文化协会。1924年，李友邦因参与袭击日本警察，被勒令退学，便前往广州，参加黄埔军校。此时的广州，是中国革命运动的中心，受到革命感召聚集于此的台湾志士很多。也正是在这里，李友邦才真正明白了"要救台湾必先救中国"的道理。

1926年12月，李友邦与张深切一道，发起组织"广东台湾学生联合会"，出版《台湾先锋》杂志，宣传复台运动。不久，"广东台湾学生联合会"又发展为"广东台湾革命青年团"，参加者有郭德钦、黄济英、张学东（美统）、张克敏、陈旺枞（思齐）、李祝三、杨春松、温而励等。"广东台湾革命青年团"的主张，主要反映在1927年3月12日发表的《台湾革命青年团于孙中山逝世二周年敬告中国同胞书》和1927年6月17日发表的《台湾革命青年团为"六·一七"台湾耻辱纪念日事致中国民众书》等文献中，其要点为：先谋求台湾从日本独立，再回归祖国。

1933年10月，广州台籍青年林汉平（云连）、余长啸、黄文光、刘武刚、林正德、向爱玉等成立台湾民主党。该党总部设于广州，并在汕头、惠州、香港等处设立分部，出版《台湾革命运动》等刊物，号召台湾人民起而抗日，恢复国土。

抗战爆发后，在大陆的台湾同胞更以空前的热情投身到祖国的抗战事业中。李友邦联络台籍志士，成立台湾独立革命党，并出任党主席。为了适应抗战的新形势，李友邦还亲自主持了该党党章的修订，提出："本党宗旨为团结台湾各民族，驱逐日本在台湾的一切势力，在国家关系上脱离其统治而归还祖国，以共同建立三民主义新国家"，并着手筹建台湾义勇队，投入战场，报效祖国。

1939年1月20日，台湾义勇队筹备委员会在浙江金华组成，李友邦、张一之、郭当侯、林心平、张应璋任筹备委员。2月22日，第一批义勇队员22名、少年团6人，乘坐福建省政府主席陈仪安排的专车陆续到达金华，举行台湾义勇队成立典礼，李友邦被国民政府军事委员会任命为少将部队长，张一之为义勇队秘书。3月间，第二批、第三批义勇队员先后从江、浙、闽、粤各地赶赴金华，进行为期3个月的预备训练。训练课程，据李友邦给军事委员会的呈文："训练课目计分军事、政治、经济、历史、语言及对敌宣传技术等，各科均以三民主义及抗战建国纲领为依归，内容颇充实。同时本'学行合一'之精神，在各地展开各种抗战拒不后援工作，备承各界赞誉。"

台湾义勇队成立后，开展的工作主要有四个方面。一是对敌工作，即派遣义勇队员到抗战各部队协助翻译敌方文件、审讯俘虏、监听敌台、调查敌占区经济、社会状况，因为义勇队员通晓日语，从事这些工作，正是用其所长。二是医疗工作。义勇队员中医生很多，军事委员会便要求李友邦将医疗工作作为义勇队工作的主要方面。1939年至1940年间，台湾义勇队仅在浙江金华等地就设立了三所医院（分别名为台湾第一、第二、第三医院），并派出一批队员分赴各部队，巡

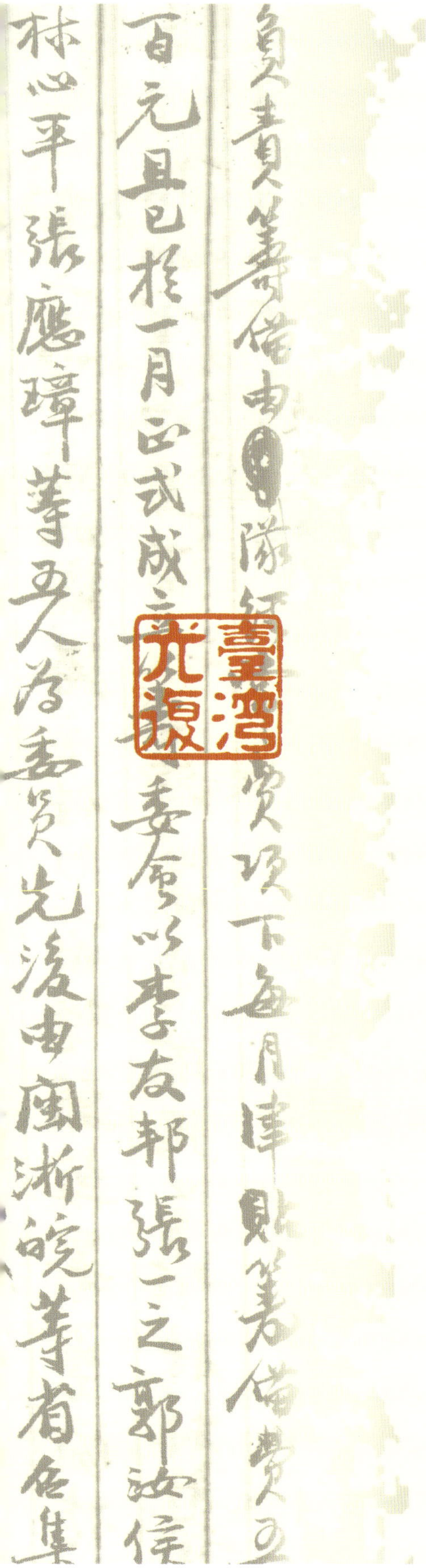

回行医。三是生产工作，即利用义勇队员中技术人员，协助各部队战地医院解决药品生产中的技术问题。四是宣传工作，即利用各种方式向台湾人民宣传祖国的抗战形势，号召他们起而反抗日本军国主义的殖民统治。为了搞好宣传工作，台湾义勇队创办了机关刊物《台湾先锋》。李友邦还专门请李济深为刊物题词："台湾先锋，民族战士，奠起国魂，驱逐蛇豕，迪延平之光，雪马关之耻，恢复河山从兹始。"为了加强与国民政府军事委员会之间的联系，台湾义勇队在重庆中三路设立"台湾义勇队重庆通讯处"（后改办事处），刘启光任通讯处主任。

除了李友邦领导的台湾义勇队外，抗战爆发后活动在祖国的台胞抗日团体还有谢南光领导的"台湾民族革命总同盟"、宋裴如、柯台山领导的台湾国民革命党等。

柯台山，台湾台南人。20年代赴日求学，结识了一批国民党党员，并在他们的帮助下与其留日同学发起成立"北京语研究会"，以报效祖国、收复台湾为职志。"研究会"成员一度发展到数百人。柯台山留学期满后即回到大陆，联络台籍志士，组织台湾国民革命党，进行复台活动。由于组织能力出众，抗战爆发前后，台湾国民革命党发展较快，在内地台胞中享有很高的声誉。1939年10月，柯台山辗转抵达重庆，后参加国民党训练团第五期训练班，毕业后分配至国民党中央党部，负责协调、联络内地各台湾抗日团体工作。

1940年3月29日，台湾独立革命党与台湾民族革命总同盟在重庆联合成立"台湾革命团体联合会"，由谢南光、李友邦、张邦杰任常委，3人轮流担任主席，刘启光任秘书长。7月25日，林士贤、陈友钦领导的台湾青年革命党及柯台山领导的台湾国民革命党亦加入联合会。1941年2月10日，上述各团体在重庆成立"台湾革命同盟会"，大陆台胞抗日统一阵线正式确立。

台湾革命同盟会总部设于重庆，另设南方执行部和北方执行部。南方执行部主要的活动主体是张邦杰领导的台湾革命党，活动区域在闽南地区，北方执行部的活动主体主要是李友邦领导的台湾义勇队。

张邦杰祖籍福建晋江，生于台湾。“七·七”全面抗战打响后，日本驻福州、厦门领事曾发布通告，强迫在闽台民撤回台湾，并派专轮接运，许多台湾同胞因不愿意回到殖民地牢笼作亡国奴，或藏匿不出，或向当地政府申请恢复中国国籍，参加抗日活动。张邦杰即在福建沿海一带组织台湾革命党，以资联络。台湾革命同盟会成立后，张邦杰不仅担任常委，还兼任南方执行部主席。1941年9月1日，执行部在漳州马坪街20号正式挂牌，在当地军政当局的支持下进行组织训练。短短数月，队伍就发展到千余人。1942年间，南方执行部三次袭击厦门（第一次在6月17日，袭击日本兴亚院驻厦门总部；第二次在6月30日，偷袭虎头山日本海军汽油库；第三次在7月1日，袭击伪厦门市政府成立3周年纪念大会会场），共伤敌50余人，敌方物资损失达50万元以上，在日本驻厦部队中引起极大恐慌。

1942年3月，鉴于南北执行部内部意见分歧较大，屡起纷争，同盟会召开第二届代表大会，撤销执行部，另设8个分会，张邦杰不再担任常委，遗缺由宋裴如递补，并由国民党中央组织部派翁俊明出任监委主任，协调各方意见。从此，在祖国从事复台活动的各台胞团体已统一归口于国民党中组部管理。

祖国人民对在大陆从事复台活动的台胞给予极大的支持和鼓励。以李友邦和他领导的台湾义勇队为例：1938年11月，李友邦由浙江赴福建发动在闽台胞复台活动，浙江省主席黄少宽亲自给福建省国民党党部主任委员陈肇英写信介绍，并赞助活动经费600元。李友邦到达福建后，陈仪不仅亲自接待，表示支持，还专门批拨汽车、军装等物资。同年底，李友邦前往桂林，与军事委员会政治部秘书长贺衷寒商谈成立台湾义勇队事宜，贺氏不仅表示支持，还特地批给筹备费500元。台湾义勇队成立后，军事委员会又专门从军费中每年拨出3000元，作为其活动的“常费”。不仅如此，国民党还专门开设台湾干部训练班，抽调各抗日复台团体领导人入班训

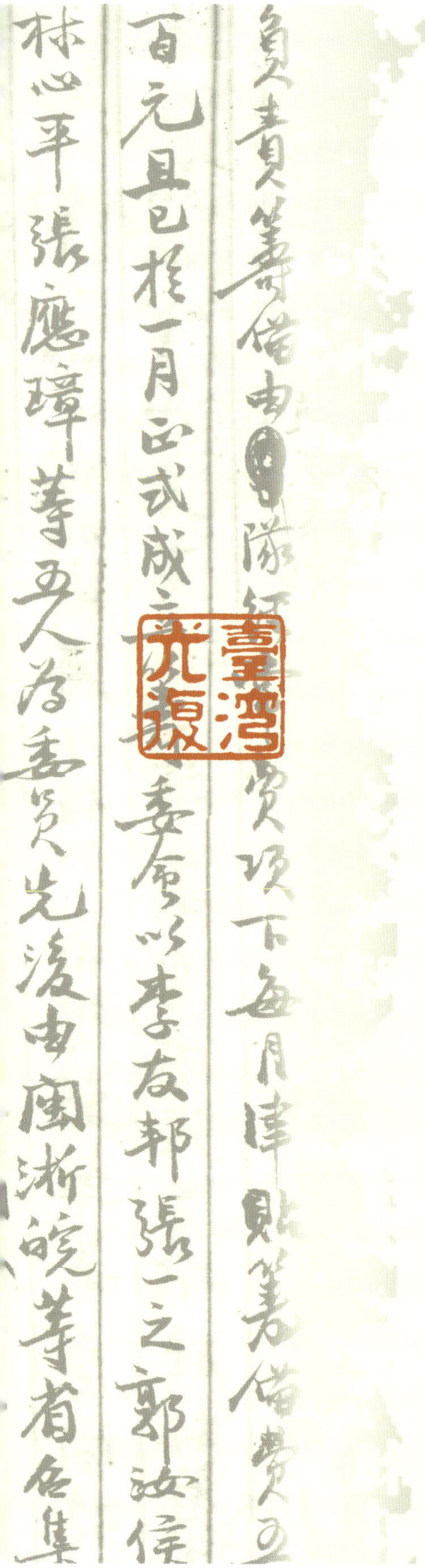

练，培养其各方面技能。

1943年间，经过李友邦等人的积极努力，台湾青年团获准成立。台湾青年团为了在青年台胞中宣传“保卫祖国、收复台湾”，创办了机关刊物《台湾青年》。《台湾青年》经常刊登一些生动活泼、健康向上的文艺作品，通过艺术的形式宣传自己的思想、理念。这里摘录署名“禺”的一篇诗作《准备着那么一天》：

海岛，是我们的家乡，
像大地失去了阳光。
台湾的人民，见不到光亮。
台湾，我们的故乡哟！
像一座地狱，
关着，六百万的奴隶。
啊，多么长的四十八年！
我们受尽了一切酷刑。
……
长夜的尽头是黎明，
我们渴望着阳光的重见，
黑暗全甩。
我们听见祖国亲切的召唤，
我们听见战斗的炮声隆隆的响。
是奴隶翻身的时候了，
台湾的人民，
准备着那么一天。
把吸血的恶魔歼尽，
把地狱改造成乐园。

诗句浅显明了，感人至深，充满了对台湾被奴役的感伤，充满了对祖国的无限期待。

▷ 台湾少年团英姿。〔右上图〕

▷ 台湾义勇队女子宣传队表演节目。〔右中图〕

▷ 台湾义勇队女队员在武夷山合影。〔右下图〕

▽ 台湾义勇总队总队长李友邦。

◁ 台湾义勇队总队长李友邦（前排右三）、总副队长张深切（前排右二）与三青团台湾支部干部合影。〔左一图〕

◁ 台湾少年团举行升旗仪式。〔左二图〕

◁ 台湾义勇队主要干部在厦门合影。〔左三图〕

◁ 台湾义勇队附属医院医师及医务人员合影。〔左四图〕

▽ 李友邦在台湾少年团本部。

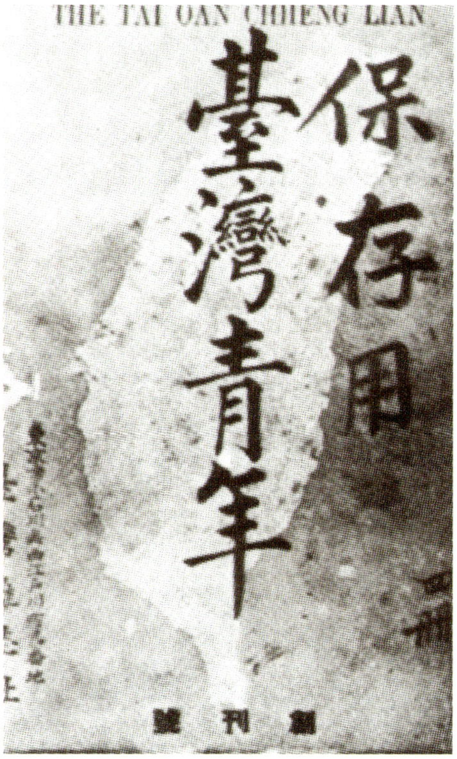

▷《台湾青年》创刊号。

▽大后方报纸关于台湾革命同盟会活动的报道。

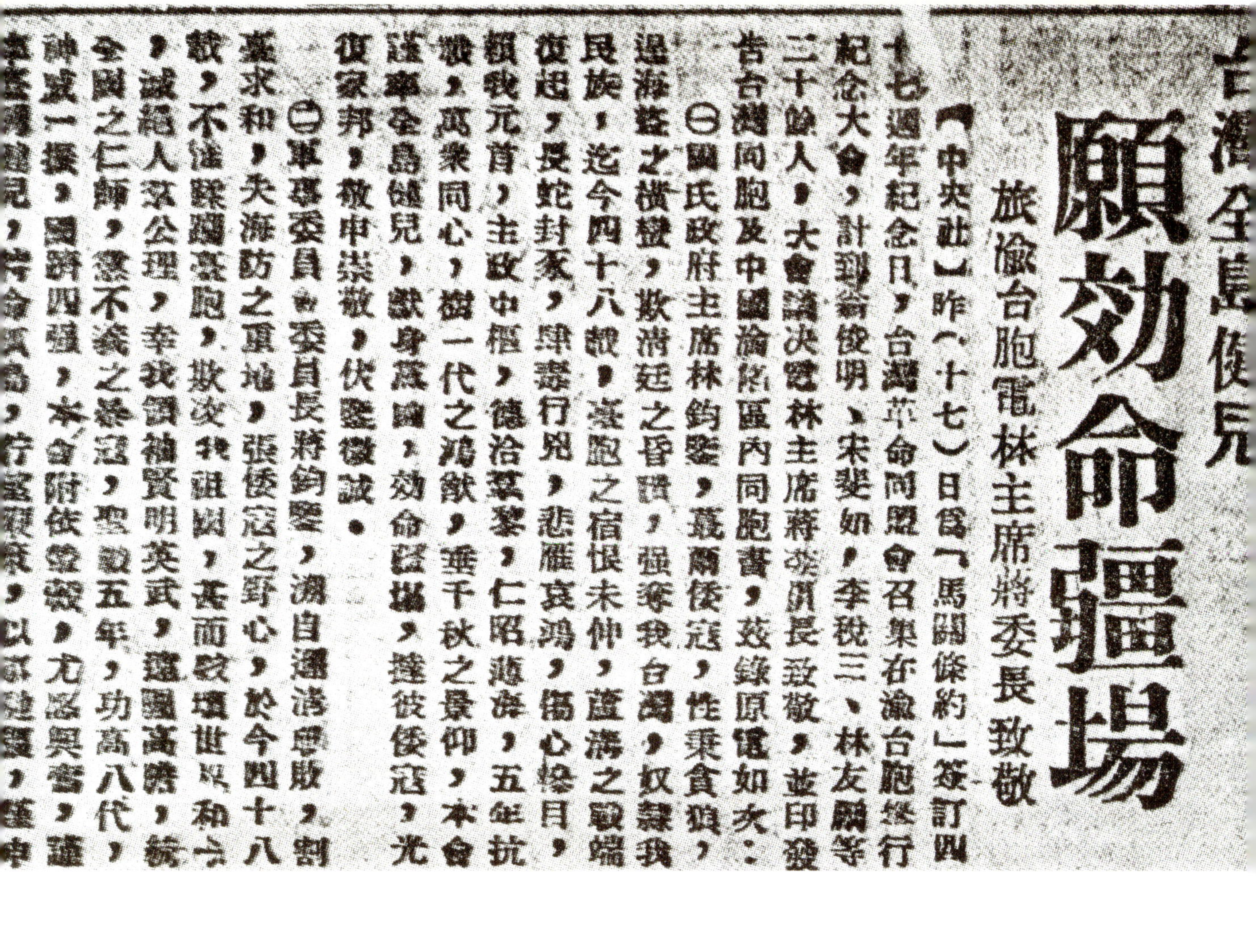

台灣全島健兒

願効命疆場

旅渝台胞電林主席蔣委長致敬

【中央社】昨（十七）日爲「馬關條約」簽訂四十七週年紀念日，台灣革命同盟會召集在渝台胞舉行紀念大會，計到翁俊明、宋斐如、李魏三、林友鵬等三十餘人，大會議決電林主席蔣委員長致敬，並印發告台灣同胞及中國淪陷區內同胞書，茲錄原電如次：

㊀國民政府主席林鈞鑒，蕞爾倭寇，性秉貪狼，趁海疆之橫發，欺清廷之昏聵，强奪我台灣，奴隸我民族，迄今四十八載，臺胞之宿恨未伸，盧溝之戰端復起，長蛇封豕，肆毒行兇，悲雁哀鴻，傷心慘目，賴我元首，主政中樞，德洽寰瀛，仁昭薄海，五年抗戰，萬衆同心，樹一代之鴻猷，垂千秋之景仰，本會謹率全島健兒，獻身黨國，効命疆場，殲彼倭寇，光復家邦，敬申崇敬，伏鑒微誠。

㊁軍事委員會委員長蔣鈞鑒，溯自遜清喪敗，割讓求和，失海防之重地，張倭寇之野心，於今四十八載，不但蹂躪臺胞，欺凌我祖國，甚而破壞世界和平，滅絕人類公理，幸我領袖賢明英武，建國高瞻，統全國之仁師，膺不義之倭寇，聖戰五年，功高八代，神威一振，國躋四強，本會附依[illegible]，尤盼興奮，謹率臺灣健兒，待命[illegible]，[illegible]，以求建國，[illegible]中

台灣革命同盟會
四屆代表大會
發表宣言重申歸返祖國願望
並電 蔣主席麥克阿瑟致敬
大會宣言
呈 蔣主席電
陪都將盛大
新生活運動十一週年

◁刘启光（站立者）、李友邦（右上）与台湾革命同盟会主要干部在重庆。〔左上图〕

◁1946年9月，福建龙岩各界举行欢送李友邦（前排右二）返台纪念大会。图为各界代表与李友邦合影。〔左下图〕

▷1945年2月，台湾革命同盟会在重庆召开第四届代表大会，发表宣言，重申台湾回归祖国的愿望。图为大后方报纸对会议的报道。〔右上图〕

▷台湾革命同盟会执行委员张邦杰之墓。〔右中图〕

▷台湾义勇队附属医院医生在漳州出诊。〔右下图〕

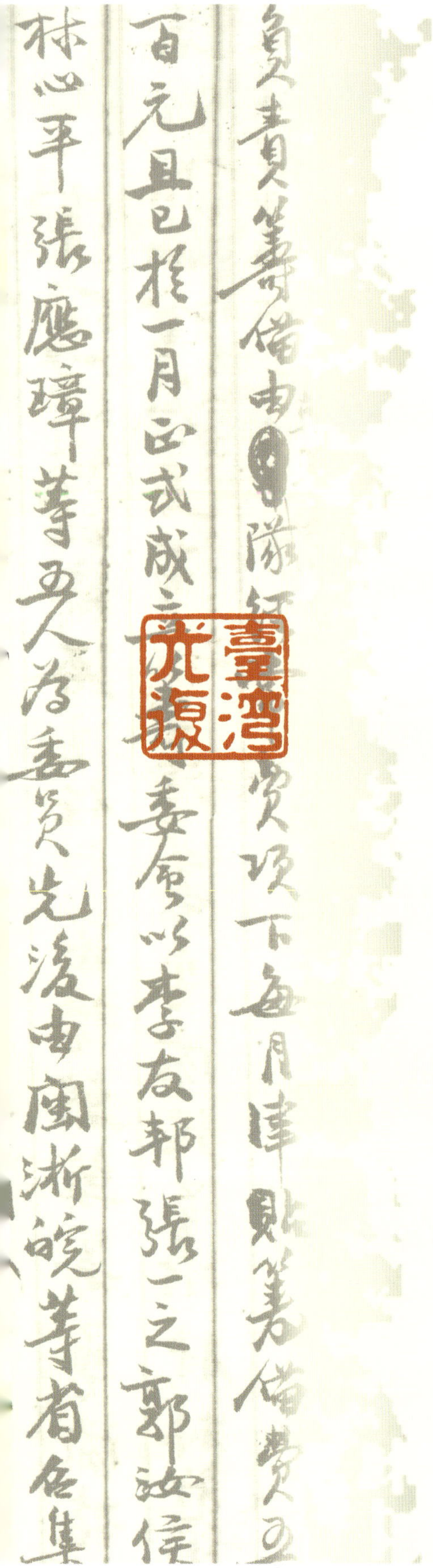

国民党中央直属台湾党部

1940年3月，国民党中央组织部长朱家骅突然收到蒋介石的一封电令。电令的大意为：台湾为日本“南进”的基地，现在台民在国内的反日复台团体虽多，但台湾岛内的民众抗日活动似乎还要进一步策划推动，如何开展这方面的工作，应该及早筹划。朱家骅接到电令后，立即与陈立夫（教育部长）、王芃生（国际问题研究所所长）等协商，大家一致认为，应该迅速成立中国国民党台湾党部，由该党部选派人员秘密赴台，在岛内开展党务，策动台湾人民抗日，扰乱敌人大后方。不久，朱家骅又找到曾在中统局工作过的台籍人士刘启光（台湾革命团体联合会秘书长），要他设法与在内地活动的各台胞抗日团体领导人取得联系，让这些团体都与国民党中央党部“切取联络”。

同年6月，经刘启光介绍，朱家骅约见了台湾革命团体联合会领导人谢南光、宋裴如等，经过反复讨论，谢、宋等人表示愿意与国民党中央党部“暗中保持极密切之关系”，接受即将成立的台湾党部“指导”，而朱家骅则答应台湾各抗日复台台胞团体，仍然可以用各自团体的名义活动，“暂保持独立性”。言外之意，台湾党部与抗日复台团体之间的关系是“指导”而非“领导”。

1941年2月，“中国国民党中央组织部直属台湾党部筹备处”在香港成立。翁俊明任筹备处主任，刘启光任秘书，陈哲生、李自修、叶永年分任组训、宣传、总务三科科长，并将要在台湾岛内开展党务活动的区域作了划分：周望天负责北部，庄孟侯负责南部，另在重庆、桂林设立联络站，由林忠、谢东闵分别负责。

筹备处是个极端秘密的组织，中央党部没有立案文件，人员任命没有任命状或聘书，机关没有印章、关防，处内行文，也只是刻了一方名曰“张文”的小章，以便识别。

筹备处成立后，翁俊明即打算在台湾设立秘密组织。他的目标是自己的母校台北帝国大学。他在给朱家骅的函中谈到这一设想时说:“自来革命事业之发展，第一是人才，第二是时势，现在时势为千载一时之良机，而人才之难得，已成为当前之急务。故俊明为选择人才计，特建议筹设本党支部之直属组织于台湾帝大医科大学内……”然而，不久太平洋战争爆发，香港被日军占领，筹备处辗转迁往江西泰和，并未能够实现上述设想。1942年秋，翁俊明在泰和开办“台湾党务工作人员训练班”，亲自担任班主任，招收台籍闽籍青年入班训练，继续他“选择人才”的计划。

1943年，筹备处又辗转迁至福建漳州。4月间，“中国国民党直属台湾执行委员会”正式成立。朱家骅亲自致电福建省党部主任委员陈肇英，要他在各方面均予以关照。陈氏不久即与台湾党部达成“福建省执行委员会与直属台湾党部工作联系办法”，规定两党部每月举行一次联席会议，“商讨工作计划及实施情况，如遇有应行改进事项可随时商酌办理。”1944年、1945年，两党部联合举办台湾沦陷49、50周年纪念大会，在全省各县市举行各种形式的演讲会、研讨会，散发传单，张贴标语，宣传抗日复台思想，对社会各阶层都产生了一定影响，收到了很好的效果。

台湾党部的主要领导干部基本上仍是筹备处的老班底。主任委员翁俊明，书记长林忠，执行委员有陈邦基、郭天乙、丘念台、谢东闵、陈栋、杨万定、廖启祥等。各科长则大多由翁俊明在泰和党务训练班毕业的学生担任。

1943年11月18日，翁俊明被人下毒身亡，死前腹痛如绞，鼻孔流血，国民党中央和台湾党部虽明知个中必有隐情，但格于特定的战区环境，无暇深究。翁氏去世后，林忠代理过一段时间主任委员，后由萧宜增继任。

从台湾党部筹备处成立到台湾光复，在4年多的时间里，翁俊明、林忠、萧宜增等一直有派员潜回台湾发展组织的设想。由于日本对由内地返台人员控制、防范十分严厉，在岛内开展工作非常困难。台湾党部虽然一度在台北、台中、台南建立地下组织，成立行动小组，但这些组织并没有能够开展任何形式的反日活动。鉴于向岛内渗透不易，党部便把目

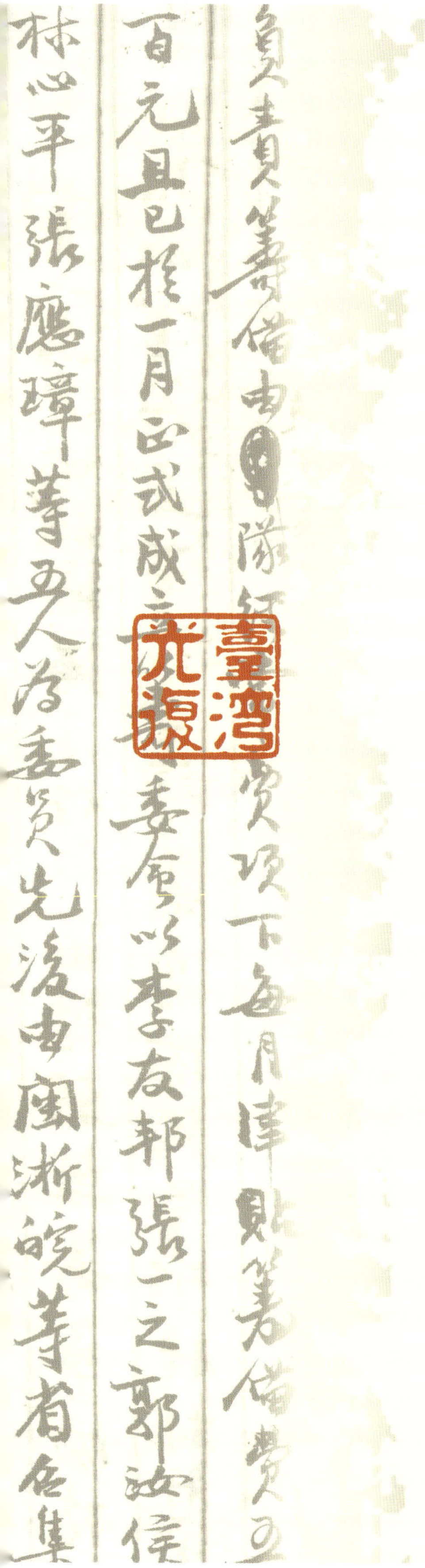

标投向东南沿海敌占区。至日本投降前，台湾党部在敌方军政机关共吸收台籍党员达689人，泰和党务训练班毕业的施石青、陈邦基、施石晨、陈新春、陈昆山等党部精英，均因在执行这种秘密任务时身份暴露惨遭日军杀害。

台湾党部的另一项工作是编辑油印本的“台湾问题参考资料”，为国民党中央的涉台工作提供参考。同样是限于战争环境，这方面工作的开展并不如意。按照台湾党部的最初设想，“台湾问题参考资料”收录的“资料”应该为“情报”性质，具有现实意义，即使是非现实题材的“资料”，也应力求准确，能够起到“资政”作用。由于岛内地下工作无从开展，“情报”自然不易得手，又由于经费、人员等方面的原因，“资料”收集不易，台湾党部不得已而求其次，将“台湾问题参考资料”办成讨论台湾问题、研究光复后台湾施政方针的园地。

以光复后台湾政治体制为例，谢东闵即多次在“台湾问题参考资料”上撰文，建议应在台湾设省。“国内对于此问题的意见，可归纳为两种：一种是主张台湾脱离敌人桎梏后，仍隶属为福建省的一部分，另一种是主张设置台湾行省、或特别行政区的。”“台湾经敌人四十八年之积极经营，在经济物质建设方面已具备现代化的基础，但在政治、文化、教育方面，则非予全盘改革不可，所以台湾收复后，‘府’的建制，决不能胜任如此重要变革。”他还建议，台湾建省不必等到日本投降以后，应该在战争尚未终了之前就先“搭起架子”，培养人才，储备干部，研究政策，未雨绸缪。

对于台湾党部在台湾光复过程中所起的作用，学界曾有这样的评价：“直属台湾党部在人力、物力、财力均感缺乏的情况下，团结台湾志士，积极投身抗日战争，发动沦陷区台胞，深入岛内活动，宣传抗日复台，不论其工作绩效如何，均应在历史上记上一笔。”

▷ 台湾党部主任委员翁俊明。

▽ 国民党中央党部任命翁俊明为台湾党部主任委员的任用状。

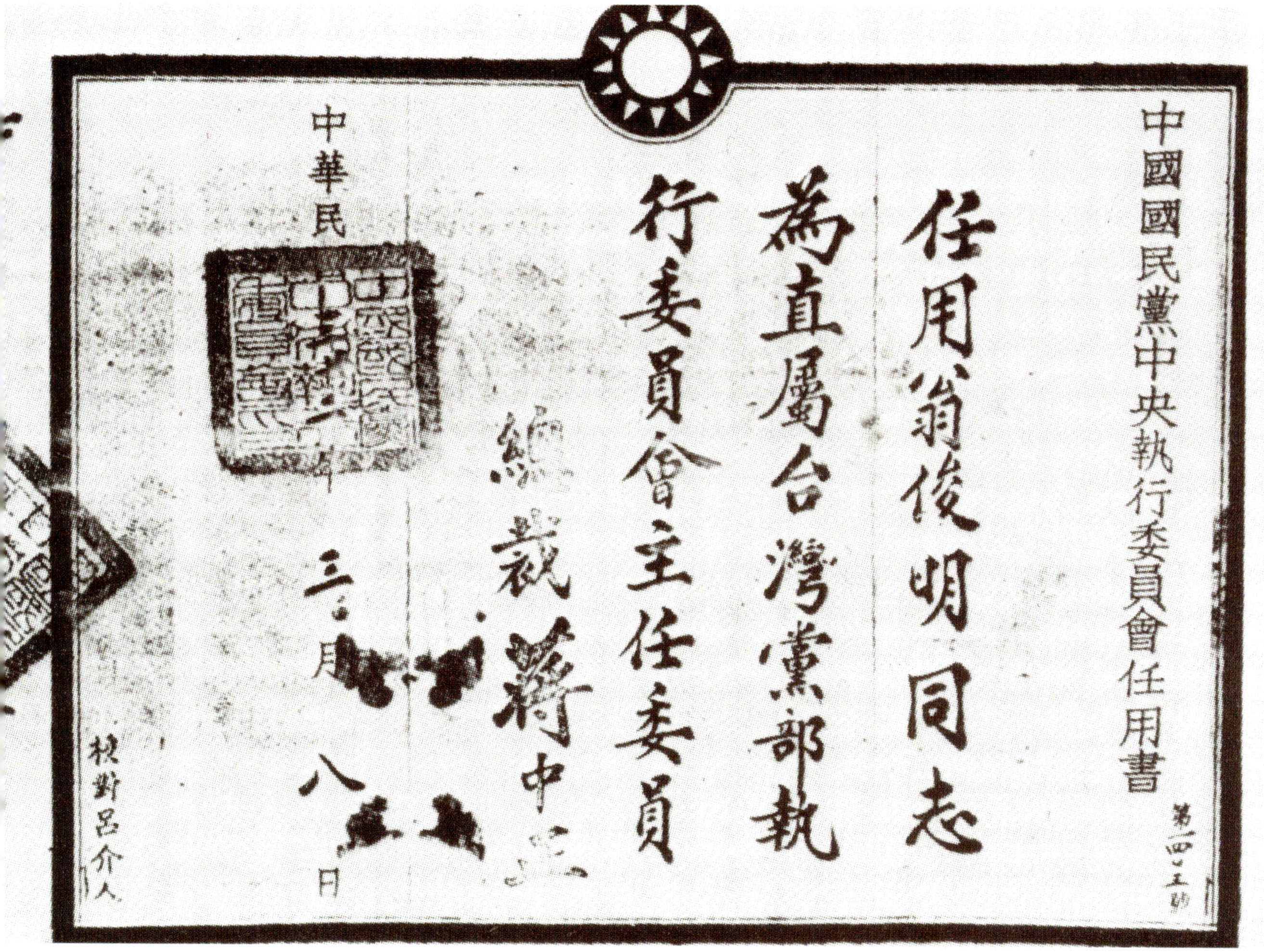

中國國民黨中央執行委員會任用書

任用翁俊明同志

為直屬台灣黨部執

行委員會主任委員

總裁 蔣中正

中華民國 三 年 三月 八日

校對呂介人

第一四[illegible]號

◁受命联络内地台湾反日复台团体、筹备台湾党部的国民党中央组织部长朱家骅。

▽台湾党部的工作，得到了浙江省党部、福建省党部的大力支持。图为浙江省党部。

▷ 台湾党部十分重视宣传工作。图为1943年颁发的纪念“六·一七”台湾沦陷四十九周年宣传大纲。〔右上图〕

▷ 台湾党部成立后，定期与国民党福建省党部举行联席会议，推动闽东南抗日工作。图为福建省党部。〔右中图〕

▽ 台湾党部委员谢东闵（前排右三）出席国民党第六次全国代表大会时与部分代表合影。

紀念「六一七」台灣淪陷四十九週年宣傳大綱
中國國民黨直屬台灣黨部

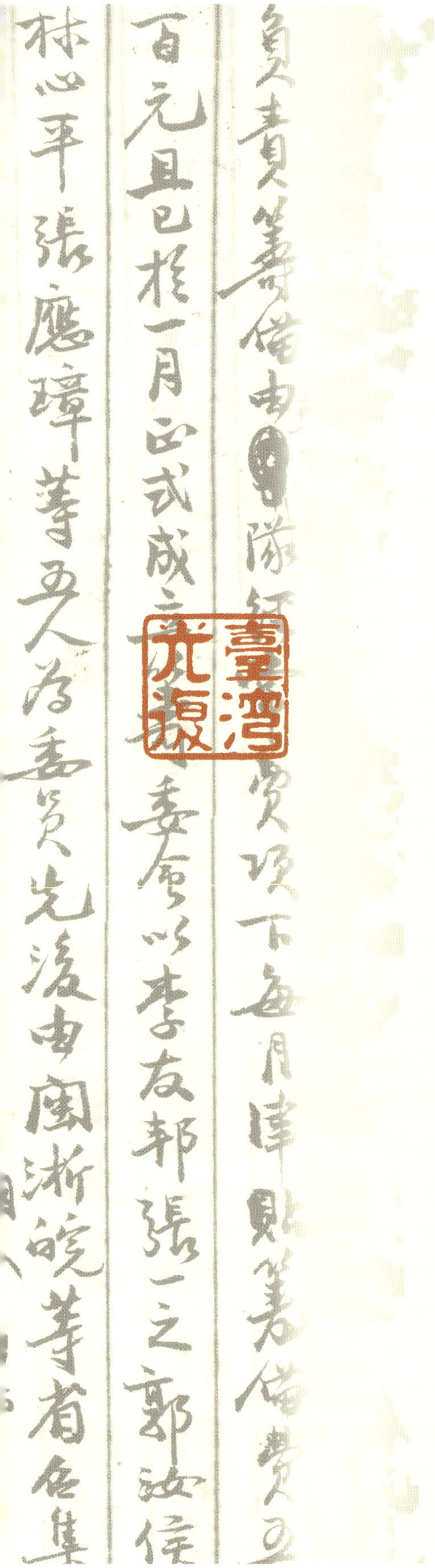
臺灣光復

心系宝岛

台湾是在清末甲午战败
国势衰落
朝廷腐败无能的背景下被日本强占的
祖国人民和政府从来没有把台湾看作“弃地”
没有视台湾人民为“弃民”
清廷覆亡后
中国政府和有识之士一直在为收复台湾故土而努力

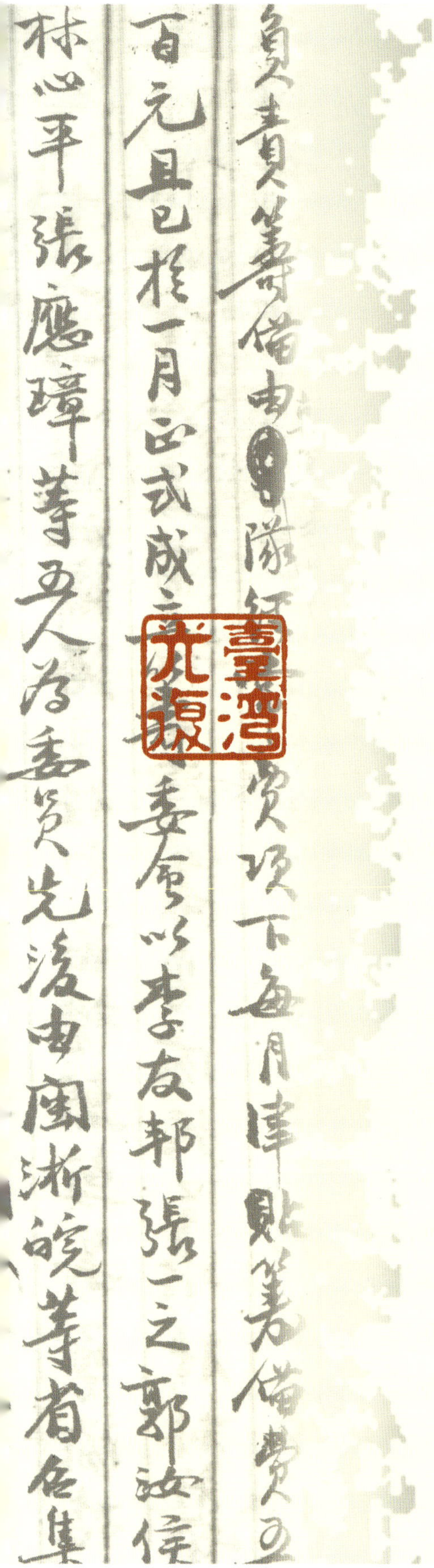

确立收回台湾的目标

1896年，即《马关条约》签订的第二年，孙中山在檀香山成立兴中会，即提出“恢复台湾、巩固中华”的口号（参见蒋介石：《台湾光复一周年纪念会训词》，1946年10月25日）。1914年间，蒋介石奉中山先生之命前往东北策划反袁军事行动，临行前，中山先生曾反复叮嘱：“日本人如果不将台湾交还我们，并保持朝鲜独立，我们国民革命运动是不能停止的。你要将这个意思告诉日本将军。”蒋到东北后，在约见关东军一位联队长时正式表明此意，双方发生激烈争执，不欢而散。

大革命时期，广州聚集了很多反日复台的台籍人士，孙中山、廖仲恺、李济深、戴季陶等对这些人的活动给予了极大支持，广州国民政府的喉舌广州《民国日报》经常连续刊载台湾革命团体的活动、言论和主张。对台湾革命团体在广州的活动，国民政府不仅给予精神上的鼓励，还在经费、人力上予以支持。1927年4月，戴季陶亲自为台湾革命青年团机关刊物《台湾先锋》撰文，明确提出：“台湾民族是我们中国的民族，台湾领土本来也是中国的领土，日本以强权和武力，夺了我们的土地，把我们的台湾同胞当作奴隶”，祖国人民和台湾人民要“打成一片，联合起来，以反抗压迫我们帝国主义者”。由于中国国力积弱，且中日两国尚存在正式外交关系，收复台湾的主张、言论这时还只是局限在特定的范围内。

“九·一八事变”后，中日关系发生根本变化，政府当局、有识之士已渐渐意识到两国必有一战，蒋介石等政府要人不再遮遮掩掩，开始在一些场合公开提出收复台湾的主张。1933年2月19日，蒋在日记中写道：“倭寇之传统政策，在并吞满蒙，为东亚之霸王，吾党之传统政策，乃在恢复台湾等失地，以行王道于世界也。”3月，蒋到河北保定布置对日军事，他在召集高级将领训话时公开提出，中国一定要收复台湾，中国一定能够收复台湾，10年之后，中国一定能够实现收复台湾的目标。

全面抗战爆发后，中国收回台湾的目标更加明确。1938年，国民党召开临时全国代表大会，蒋介石在会上明确提出："台湾是我们中国的领土，在地势上说，是我们中国安危存亡的生命线，中国要讲求真正的国防，要维护东亚永久的和平，断不能让……台湾在日本帝国主义者之手"，表示要以收复台湾、解放台湾人民为职志。1941年底，太平洋战争爆发，国民政府正式对日宣战，宣战公告郑重宣布："所有一切条约、协定、合同，有涉及中日之关系者，一律废止"，割让台湾的《马关条约》，当然也在废止行列。不久，陪都重庆掀起了声势浩大的光复台湾宣传运动，国民政府军政要人孙科、陈立夫、冯玉祥、梁寒操、马超俊、康泽等，或发表演说，或撰写文稿，阐述台湾与祖国的关系和收回台湾的法理依据与现实意义。1942年陪都各文化团体举行台湾光复运动宣传大会，大会由国民政府司法院副院长覃振主持，孙科、吴铁城等政府要人均莅会发表演讲。

1942年11月3日，外交部长宋子文在重庆举行中外记者招待会，明确提出，中国必须收回台湾，中国在领土方面，一定要恢复到甲午战争爆发之前的状态。次日，《中央日报》在显著位置刊登了宋子文的谈话，昭告中外，中国收复台湾的目标决不动摇。

1942年8月，美国《幸福》、《时代》、《生活》三家杂志组织的"关于战后和平方案问题研究委员会"印发了一本名为《太平洋关系》的小册子，提出战后应建立一条从夏威夷向西，经中途岛、关岛、太平洋各岛屿至台湾、琉球与小笠原群岛等各战略要点的横跨太平洋的防御地带，由国际共管，公然抛出台湾国际共管论。这三家全球著名杂志抛出这种论调，显然有军方背景。美国军方的一些极端利己主义者一直希望把台湾纳入其战略防御体系，不愿看到台湾回归中国。而在此之前，五角大楼远东战略小组情报专家乔治·科尔也曾在一份给华府的备忘录中提出："我主张用国际托管的方式，在南台湾设立警察基地，运用台湾的丰富资源，来做战

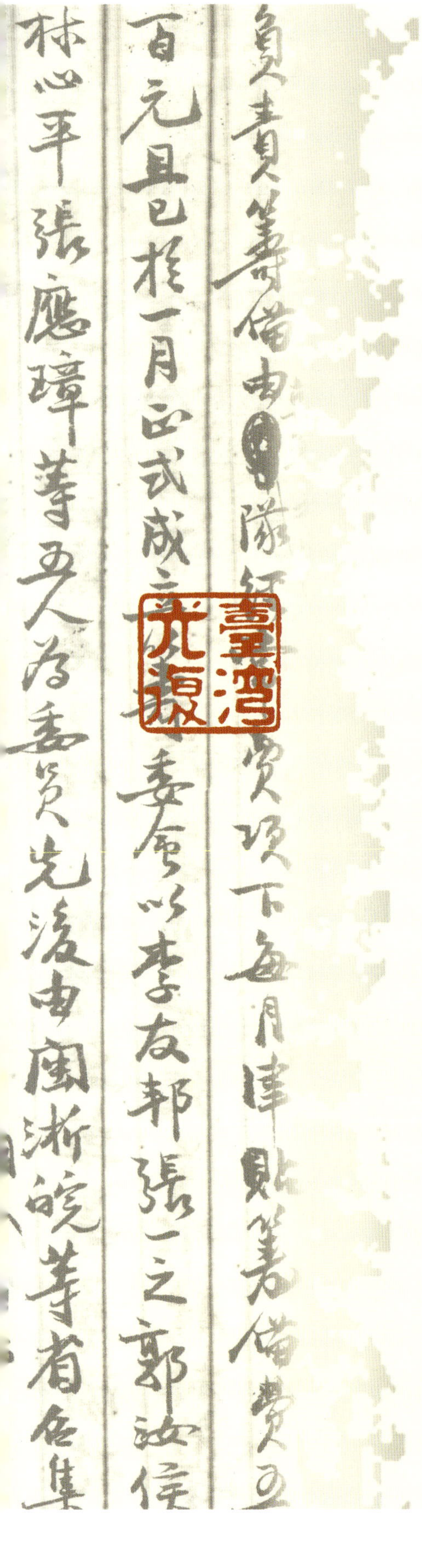

后重建工作。”

“国际共管论”严重损害中国利益，遭到了中国政府和人民的坚决抵制。

中国共产党迅速作出反应。《新华日报》连续刊载总编辑章汉夫等撰写的《罗斯福的外交政策及其反孤立思想的演进》、《战争与战后问题》、《台湾，回到祖国来！》等社论，严正指出，这种论调完全无视中国和台湾的历史关系，破坏中国领土完整，有把正在进行的世界反法西斯战争导演为“分赃战争”的危险，应该引起全世界的警惕，并号召全国人民“应该用最大的力量来决定自己的命运”。

国民党系统的《中央日报》、《扫荡报》等不仅发表大量社论、社评，批驳“台湾国际共管论”，还将《太平洋关系》全文披载，昭告国内周知，号召全国各界均应关注这一动态。国民政府立法院院长孙科亲自在报纸上发表《关于战后世界改造之危险思想》等文，从法理、历史、国际关系等角度对“共管论”进行批判。

没有党派背景的报纸、杂志同样不约而同地对“共管论”共行批驳。以《大公报》为例，“共管论”传到国内后，该报即辟出专栏，发表社论、社评及讨论文章，连篇累牍，抨击不遗余力。该报的一篇名为《中国必收复台湾——台湾是中国的老沦陷区》的社论称：“把台湾看作单纯的日本殖民地，忘记它的历史，不明它的现状，以为脱离了日本，台湾就像十字街头的流浪儿，可随便安排给任何一个慈善机关收养，这种观念是不正确的……盟国之中有人作此想头，必受中国人的强烈反对。”台湾和海南岛是中国海疆的“一对双眼，谁愿意让人挖去眼睛？”

在全国人民的强烈要求下，国民政府加紧了通过外交途径争取收复台湾的工作，并多次向美国表达这一立场。鉴于中国战场在世界反法西斯阵线中的重要作用，美国总统罗斯福否决了军方部分人士提议的“台湾国际共管论”，1943年3月，他正式对中国外交部长宋子文表示：“台湾也好，香港也好，都应该归还中国。”

▷孙中山与中山大学师生合影。〔右上图〕

▷兴中会成立时举行宣誓仪式的楼房。〔右中图〕

▽1896年，孙中山在檀香山成立兴中会，蒋介石后来在《台湾光复一周年纪念会训词》一文强调，从这时起，中山先生就提出了“恢复台湾巩固中华”的口号。图为兴中会宣言。

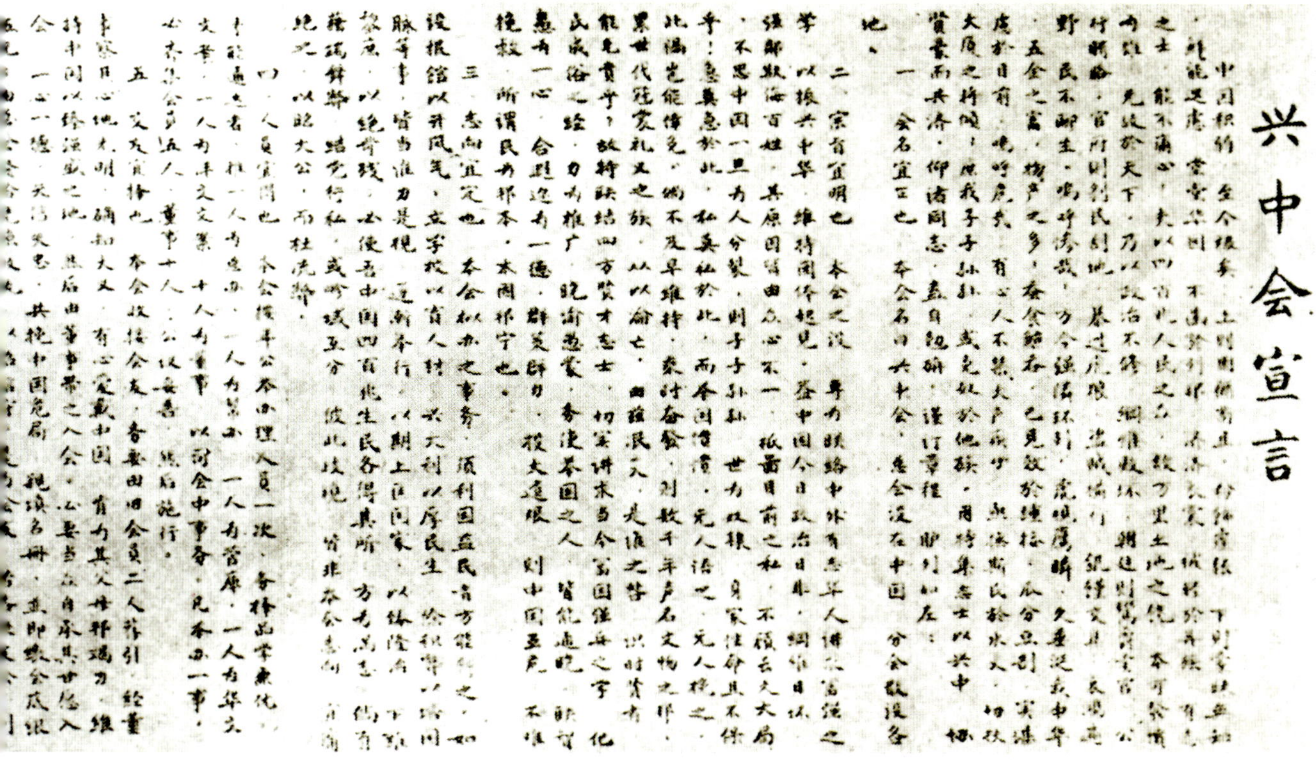
兴中会宣言

▷国民政府对日宣战布告。

▽大革命时期，大批台籍志士奔赴广州，进行反日复台活动，并得到孙中山、廖仲恺等人的鼓励。图为孙中山在广州演讲。

國民政府對日本宣戰布告

日本軍閥夙以征服亞洲並獨霸太平洋為其國策數年以來中國不顧一切犧牲繼續抗戰其目的不僅所以保衛中國之獨立生存實欲打破日本之侵略野心維護國際公法正義及人類福利與世界和平此中國政府屢經聲明者

中國為酷愛和平之民族過去四年餘之神聖抗戰原期侵略者之日本於遭受實際之懲創後終能反省在此時期各友邦亦極端忍耐冀其悔禍俾全太平洋之和平得以維持不料殘暴成性之日本執迷不悟且更悍然向我英美諸友邦開釁擴大其戰爭侵略行動甘為破壞全人類和平與正義之戎首逞其侵略無厭之野心舉凡尊重信義之國家咸為忍無可忍茲特正式對日宣戰昭告中外所有一切條約協定合同有涉及中日間之關係者一律廢止特此布告

中華民國三十年十二月九日

主席林森

◁多次在归国反日复台团体举办的报刊上发表文章的戴季陶。

▽1938年，国民党临时全国代表大会在武汉召开，蒋介石在大会上公开提出中国要收复台湾。图为大会会址国立武汉大学。

▷ 出席国民党五届九中全会的部分会议代表。

▽ 1941年12月15日，国民党五届九中全会在重庆开幕，蒋介石宣读《告全国军民书》，吴铁城宣读《对德意日宣战书》，向中外宣示中国收复台湾的决心。

◁1942年，陪都各界举行台湾光复运动宣传大会，驳斥“台湾国际共管论”，立法院长孙科莅会发表演讲。图为立法院长孙科。〔左上图〕

◁外交部长宋子文。〔左中图〕

◁主持陪都各界台湾光复运动宣传大会的国民党元老覃振。〔左下图〕

▷宋美龄和美国众议院议长雷朋。

▽外交部长宋子文在联合国发表演说。〔上图〕

▽“台湾国际共管论”出笼后，遭到了中国人民的愤怒声讨，中国政府也频频展开外交活动，表明中国收复台湾的决心。图为外交部长宋子文出席联合国成立大会时与英国外相艾登等在一起。〔下图〕

NBC

◁ 宋美龄在美国众议院发表演讲。〔左上图〕

◁ 宋美龄在美国众议院演讲结束后，步出国会大厦。〔左下图〕

▷ 1943年，宋美龄访美，向美国各界宣传中国抗战到底、收复包括台湾在内的国土的决心，争取美国各界对中国的支持。图为宋美龄和美国总统罗斯福。

▽ 宋美龄在纽约市政厅前发表演讲。

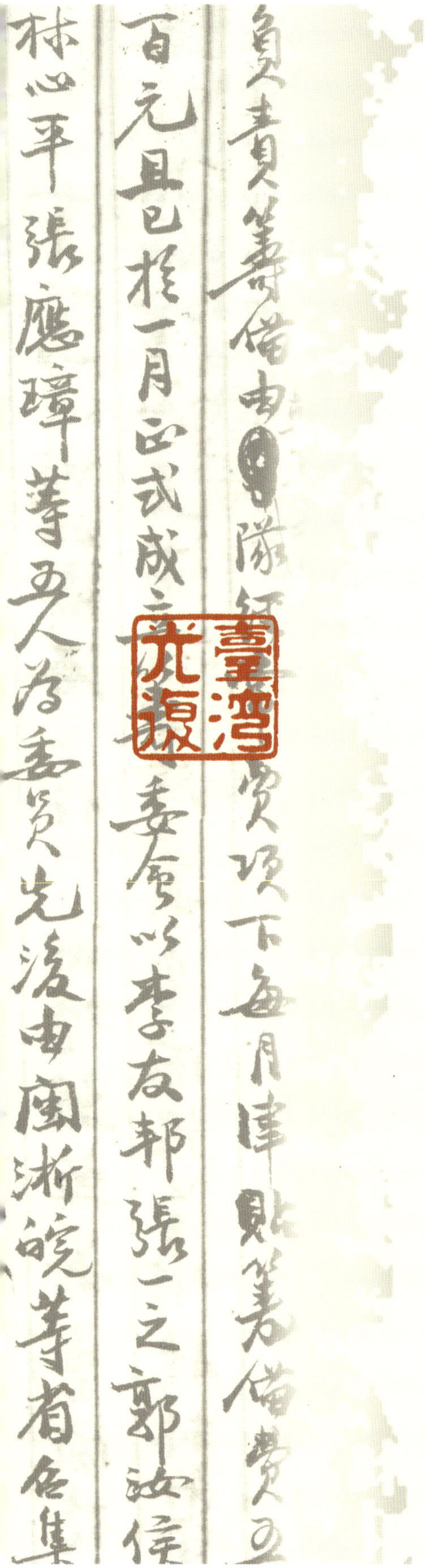

开罗会议规定台湾归还中国

1943年11月，中、美、英领导人蒋介石、罗斯福、丘吉尔在埃及开罗举行会议，讨论战后世界格局。这是蒋介石第一次出席世界首脑会议，中方在出发前作了精心准备，制定了相关应急预案。蒋率领的中方代表团，包括他的夫人宋美龄，老资格的外交家、国防最高委员会秘书长王宠惠，陆军上将商震等，人数不多，但十分精干。

会议开始后，中方代表团即向与会各方提出：“日本于九一八事变后向中国侵占之领土（包括旅、大租界地）及台湾、澎湖，应归还中国。”11月24日，罗斯福私人顾问霍普金斯起草会议公报草案，草案规定：“日本由中国攫取之土地，例如满洲、台湾、澎湖等，当然归还中国。”26日下午，中、美、英三方就草案展开讨论，英国方面突然要求将草案中的“当然归还中国”改为“当然必须由日本放弃”。中方代表王宠惠当即表示：中国政府反对这样修改。众所周知，这次世界大战的起因是由于日本侵略中国，盟国与德意日法西斯阵营作战的目的就是要反侵略，反侵略战争胜利后，被侵略的一方当然应该收回被侵占的领土。所谓“当然必须由日本放弃”语意含混，留有隐患，中国政府不能接受。英国代表贾德干辩解说，所谓“当然必须由日本放弃”，实际上也就是归还中国，因为这些领土都是日本从中国攫取的。王宠惠不为所动，坚持反对会议公报中出现措词含混不清的语句，英方玩弄文字游戏的花招没有得逞。

1943年12月1日，由中、美、英三国首脑签署的《开罗宣言》正式公布。宣言规定：“日本所窃取于中国之领土，例如满洲、台湾、澎湖列岛等，归还中国。”多年以来，中国收复台湾的努力得到了世界认可。

开罗会议期间，蒋介石曾在自己的日记中这样写道：“此次开罗逗留七日，其间以政治收获为最大，军事次之，经济又次之，然皆获相当成就。本月大部精力，皆用于会议之准备与提案之计划，慎重斟酌，未尝掉以轻心。故会议时各种交涉之进行，其结果乃能出于预期，此固为革命事业中之一项重要成就。”可见，他本人对会议期间中方代表团的表现非常满意。

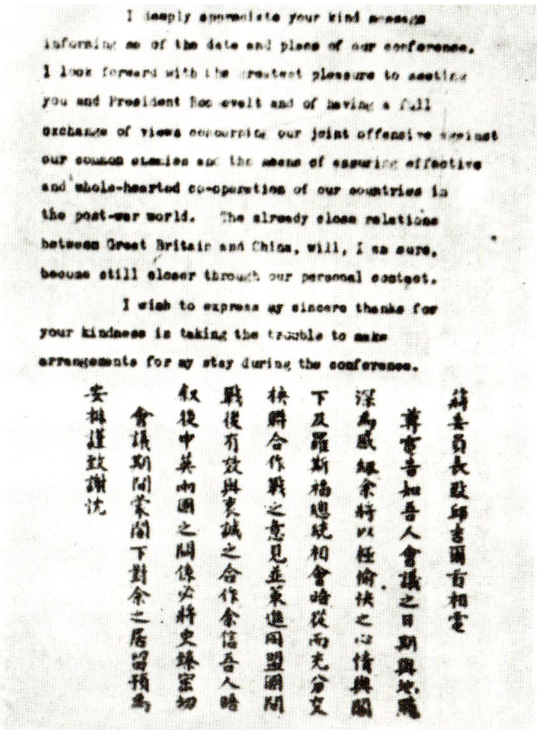

I deeply appreciate your kind message informing me of the date and place of our conference. I look forward with the greatest pleasure to meeting you and President Roosevelt and of having a full exchange of views concerning our joint offensive against our common enemies and the means of assuring effective and whole-hearted co-operation of our countries in the post-war world. The already close relations between Great Britain and China, will, I am sure, become still closer through our personal contact.

I wish to express my sincere thanks for your kindness in taking the trouble to make arrangements for my stay during the conference.

蔣委員長致邱吉爾首相電

尊電告知吾人會議之日期與地點深為感銘余將以極愉快之心情與閣下及羅斯福總統相會晤從而充分交換聯合作戰之意見並策進同盟國間戰後有效與忠誠之合作余信吾人晤叙後中英兩國之關係必將更臻密切會議期間蒙閣下對余之居留預為安排謹致謝忱

▷ 蒋介石致邱吉尔电。

▽ 开罗会议期间盟国首脑及随员合影。前左为蒋介石，前中为罗斯福，前右为邱吉尔，后右三为史迪威，右四为商震。

◁开罗会议期间蒋介石、罗斯福、邱吉尔合影。

▷开罗会议期间蒋介石、宋美龄、罗斯福、邱吉尔及随从人员合影。〔右上图〕

▷开罗会议期间蒋介石、罗斯福、宋美龄合影。〔右中图〕

▷开罗会议期间蒋介石、罗斯福、邱吉尔、宋美龄合影。〔右下图〕

▽罗斯福邀请蒋介石出席开罗会议电文。

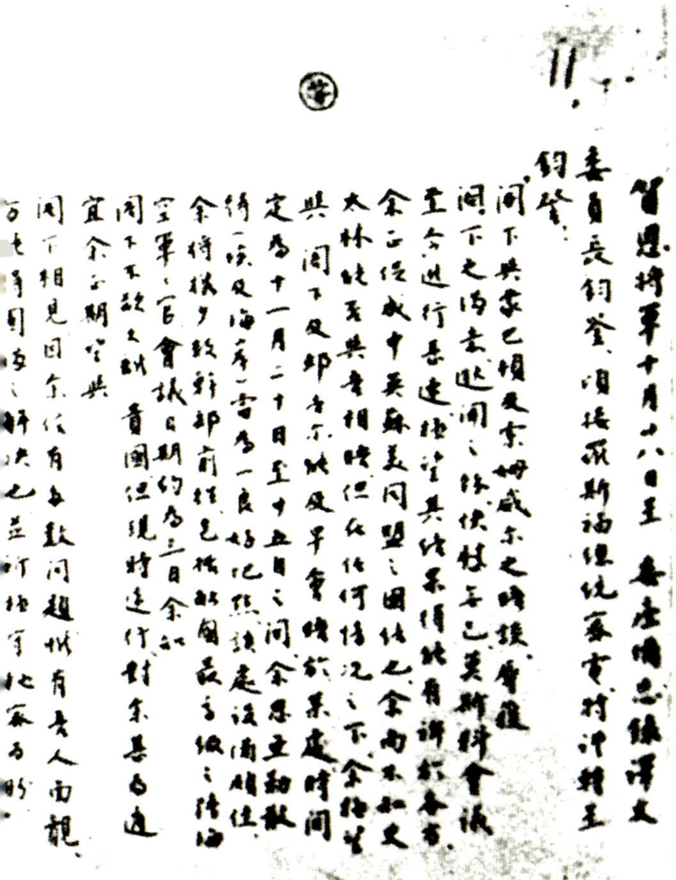

曾恩将军十月廿八日呈 委座[illegible]译文
委员长钧鉴，顷接罗斯福总统密电，特[illegible]呈
钧鉴：
阁下与余已[illegible]及[illegible]威尔之晤谈，[illegible]
阁下之[illegible]，[illegible]已[illegible]会议
[illegible]今进行甚速，[illegible]其结果[illegible]有[illegible]于各方。
余正促成中英苏美同盟之团结也。余尚未知史
太林能否与余相晤，但在任何情况之下，余极望
与阁下及邱吉尔能及早会晤于某处，时间
定为十一月二十日至廿五日之间，余[illegible]
[illegible]及海岸[illegible]为一良好地点，[illegible]
余将[illegible]前往[illegible]
空军一官会议日期约为三日，余知
阁下不能久离，贵国但现时进行，对余甚为适
宜。余亦期望与
阁下相见，因余之有多数问题，拟有专人面视
[illegible]

◁蒋介石游览埃及金字塔。

▽开罗会议期间陈纳德（左）、中东美军司令洛斯（前排右一）及宋美龄、王宠惠、张道藩、商震陪同蒋介石游览埃及名胜古迹。

▷蒋介石夫妇在开罗清真寺。

▽蒋介石夫妇由开罗返国，途经印度视察在印受训之中国军队。

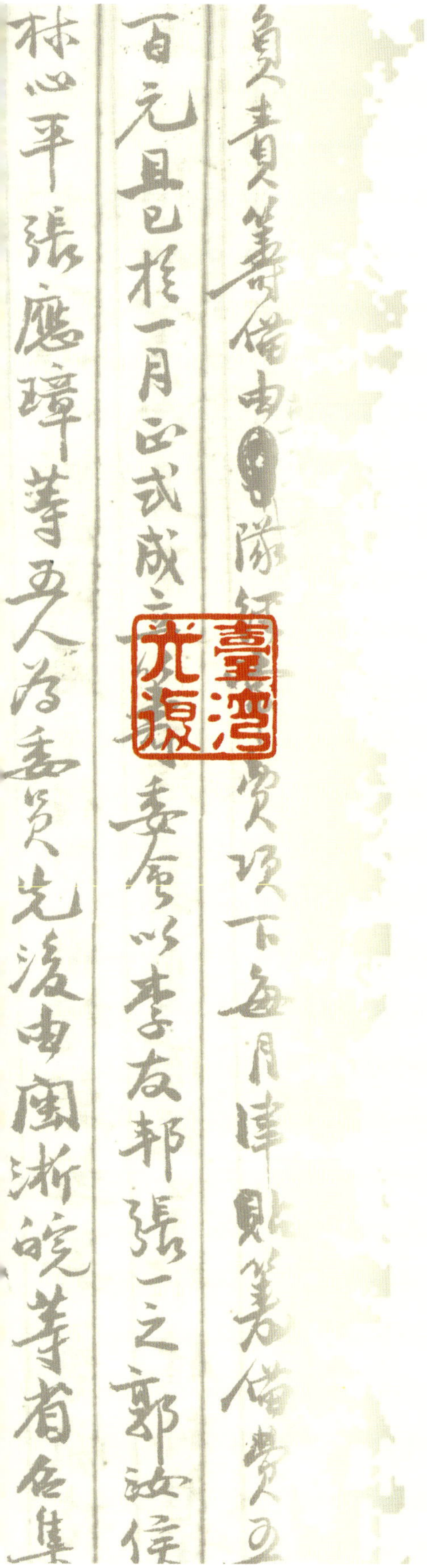

台湾调查委员会的成立与工作

开罗会议后，中国收复台湾已成定局，战后接收台湾的各项准备工作正式启动。

1943年底，蒋介石自开罗归国不久，即召见行政院秘书长张厉生和国际问题研究所所长王芃生，令二人就筹备接收台湾问题，拟定一个切实可行的具体办法。1944年3月，张、王呈文蒋介石，建议迅速成立一个专门机构，负责研究台湾问题，起草接收方案，培养人才，储备干部。4月17日，经蒋介石批准，涉台工作机构——国防最高委员会中央设计局台湾调查委员会正式成立。陈仪任主任委员。

陈仪，字公侠（亦作公洽），早年曾留学日本，1934年至1941年一直担任福建省主席。闽、台隔海相望，交流甚多，陈仪主闽期间就非常关注台湾问题，在国民党内也一向以“台湾通”闻名。1935年，陈仪曾赴台考察。在台期间，他非常注意收集台湾各种资料，返闽后曾撰写《台湾考察报告》，连同自己所收集的各种资料分送有关机关暨全国各图书馆保存。

台湾调查委员会是一个非常小的机构，委员会内除少数雇员外，只有十几名专任委员和兼任委员。他们是沈仲九、钱宗起、周一鄂、夏涛声、林忠、李友邦、谢南光、黄朝琴、林啸鲲、游弥坚、刘启光、宋斐如、丘念台等。其中李友邦、黄朝琴、谢南光、刘启光、丘念台、宋斐如、游弥坚、林忠等是台籍抗日复台团体领袖，而沈仲九、周一鄂、钱宗起、夏涛声等则是跟随陈仪多年的老部下。

从台湾调查委员会成立到台湾光复，在一年多的时间里，该会主要做了三项工作。

一是收集台湾有关资料。收集资料是处理涉台事务的前提。委员会收集资料的渠道有四种：一为函请党政军机关代为收集；二为采访在渝台籍人士；三为请国民政府各驻外使馆代为搜集；四为向对台湾问题素有研究的专家学者征集。至1945年3月，委员会共收集台湾法规、法令、统计资料35

部，报刊多种，共编印各类参考资料汇集19种。

二是培训接收人员。1944年8月，根据蒋介石的要求，台湾调查委员会在中央训练团举办“台湾行政干部训练班”，共招收学员120名，分司法、民政、工商、交通、财政、金融、农林、渔牧、教育等组，训练期限4个月。该班班主任由陈仪兼任，黄朝琴、李友邦、周一鄂等任授课教员。10月，又在中央警官学校开办“台湾警察干部讲习班”，招收各级警务学员932名。1945年初，委员会还开办银行培训班，训练银行人员40名。

三是起草“台湾接管计划纲要”。台湾光复后采用什么样的方式接管？接管过程中内政、外交、军事、经济、教育诸方面会出现怎样的问题？会不会出现突发事件？这些都必须在战争结束前做好预案，弄出一个“接管计划纲要”。委员会起草“接管计划纲要”的步骤是，先向党政军各机关征询意见，再召开研讨会，对各部门意见加以研究，最后才起草条文。比如关于教育问题，陈仪即派周一鄂向教育部长陈立夫征询意见。他本人还亲自致函陈氏：“(台湾收复后教育问题）如何早为准备，希望贵部注意及之……弟对于教育是门外汉。”希望教育部在此方面给予大力支持。1945年初，经陈仪请求，蒋介石令党政军各机关定期与台湾调查委员会举行联席会议，讨论台湾接管计划问题。陈仪认为接管过程中行政区划、土地问题、公营事业等问题是影响全局的重大问题，故特别在委员会内成立了3个研究会（台湾行政区划研究会、台湾土地问题研究会、台湾公营事业研究会)，以示慎重。

1944年5月底，台湾调查委员会拟就“台湾接管计划纲要（草案)”初稿，后经多次修正，于1945年3月呈准蒋介石核准定案。定案后的《台湾接管计划纲要》共分82条，内容涵盖内政、外交、军事、财政、金融、工矿事业、教育文化、交通、农业、社会、粮食、司法、卫生、土地等15个方面。

台湾调查委员会开展工作，不可避免地要与台湾革命同盟会等抗日复台团体及台湾党部发生联系。从职能与分工上来说，台湾调查委员会属于“机关”，有正式编制，有正常经费，且由蒋介石直接领导（中央设计局局长由蒋介石兼任，蒋介石经常下达手令，方便台湾调查委员会与党政军机关打交道）；台湾党部则属于“秘密组织”，没有编制，经费很少，任务是组织人员潜往台湾岛内、发动岛内人民抗日；而台湾革命同盟会等则属于“人民团体”，官方色彩较少。

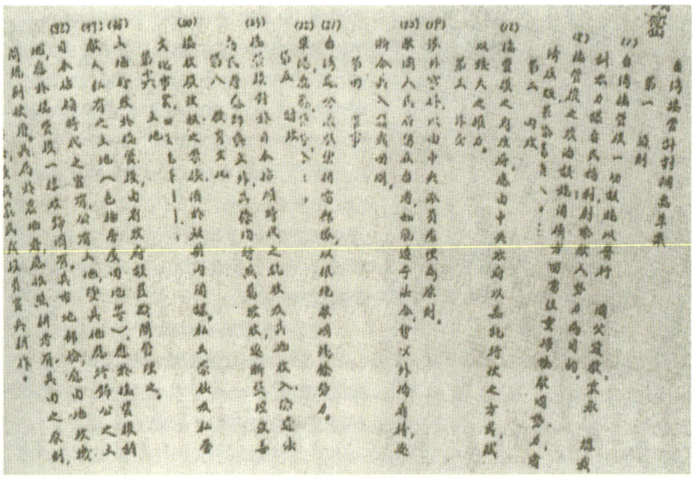

台湾接管计划纲要草案

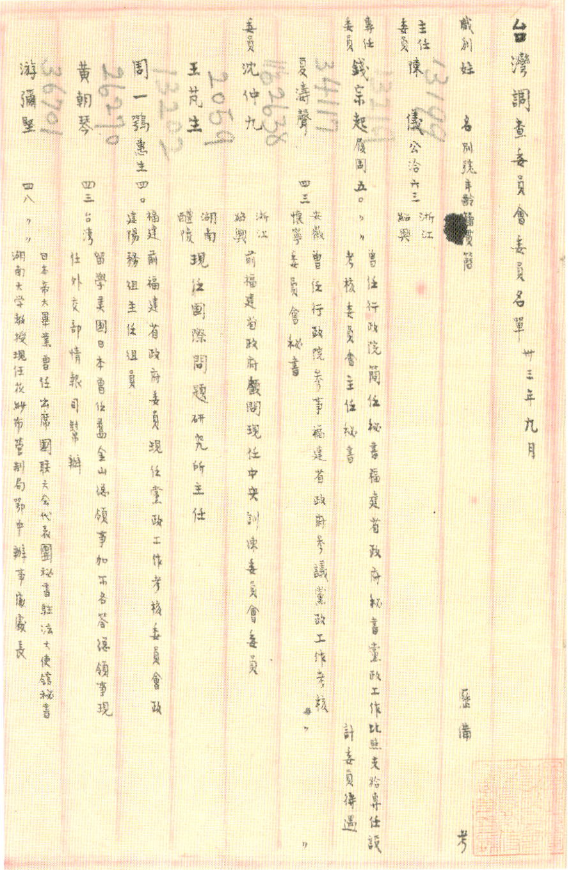

台灣調查委員會委員名單 卅三年九月

職别	姓名	别號	年齡	籍貫	簡歷	備考
主任委員	陳儀	公洽	六三	浙江紹興		
專任委員	錢宗起	履周	五〇	〃〃	曾任行政院簡任秘書福建省政府秘書黨政工作考核委員會主任秘書	比照支給專任設計委員待遇
	夏濤聲		四三	安徽懷寧	曾任行政院參事福建省政府參議黨政工作考核委員會秘書	〃
委員	沈仲九			浙江紹興	前福建省政府顧問現任中央訓練委員會委員	
	王芃生			湖南醴陵	現任國際問題研究所主任	
	周一鶚	惠生	四〇	福建建陽	前福建省政府委員現任黨政工作考核委員會政務組主任組員	
	黃朝琴		四三	台灣	留學美國日本曾任舊金山總領事加尔各答總領事現任外交部情報司幫辦	
	游彌堅		四八	〃〃	日本帝大畢業曾任出席國聯大会代表團秘書駐法大使館秘書湖南大学教授現任花紗布管制局鄂中辦事處處長	

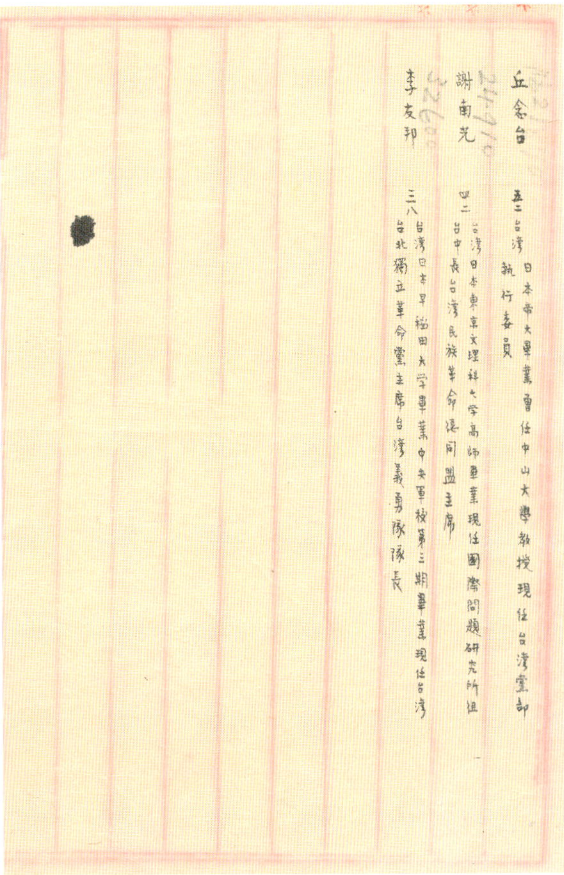

職别	姓名	别號	年齡	籍貫	簡歷	備考
	丘念台		五二	台灣	日本帝大畢業曾任中山大學教授現任台灣黨部執行委員	
	謝南光		四二	台灣台中	日本東京文理科大学高師畢業現任國際問題研究所組長台灣民族革命總同盟主席	
	李友邦		三八	台灣台北	日本早稻田大学畢業中央軍校第三期畢業現任台灣獨立革命黨主席台灣義勇隊隊長	

◁《台湾接管计划纲要草案》。〔左上图〕

◁张厉生，字少武，1944年任内政部副部长。同年底应蒋介石之命草拟筹备接收台湾办法。〔左下图〕

▷台湾调查委员会职员名单。〔右图〕

▽台湾调查委员会主任陈仪。

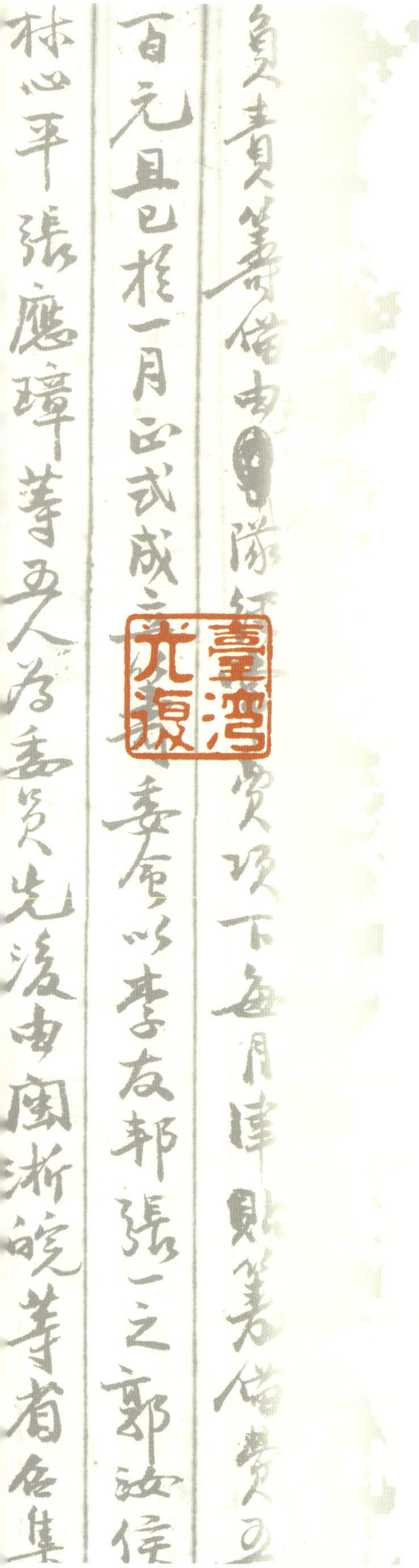
臺灣光復

台湾光复

经过8年艰苦卓绝的奋战
中国人民终于迎来了抗日战争的伟大胜利
根据开罗会议宣言
台湾及澎湖列岛由中国政府收回
1945年10月25日
陈仪代表中国政府在台北主持了中国战区台湾受降典礼
被日本割据并实施殖民统治50年之久的祖国宝岛
又重回中国版图
成为祖国大家庭的一员

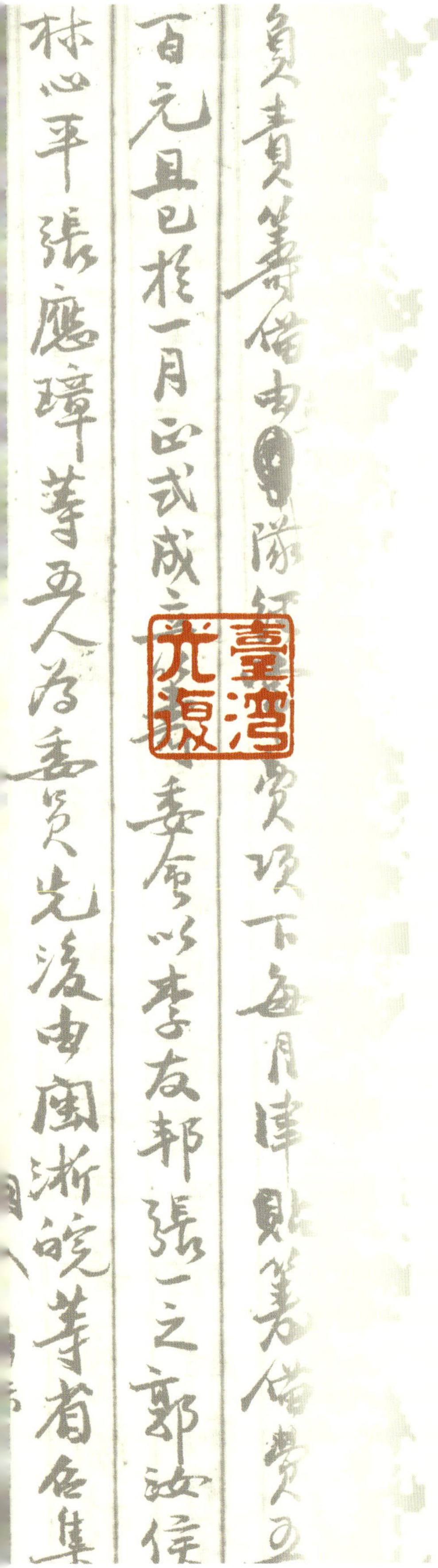

中国战区台湾省受降纪实

1945年8月15日，在中国人民及世界反法西斯力量的沉重打击下，日本被迫宣布接受《波茨坦公告》，宣布无条件投降。

日本宣布投降后，国民政府作为中国中央政府开始实施收复台湾的工作。8月27日，国民政府任命陈仪为台湾省行政长官兼台湾警备总司令。9月1日，陈仪在重庆成立了台湾省行政长官公署及警备总司令部临时办事处，派警备总司令部参谋长柯远芬具体负责，开始筹划去台受降接收的各种事宜，包括人员调配，去台部队的调动安排，与中国战区美军总部联络、商讨接管计划及空海输送等。9月3日，中国陆军总司令何应钦以“中字第18号备忘录”致冈村宁次，“奉中国战区最高统帅蒋委员长命令，派陈仪为台湾及澎湖列岛受降主官”。9月9日，侵华日军中国战区投降签字仪式在南京举行，台湾省行政长官公署秘书长葛敬恩作为台湾省代表参加了签字仪式。在南京期间，葛敬恩约见了代表台湾日军出席投降仪式的日军驻台第十方面军参谋长谏山春树中将，令其做好中方入台接收的各项准备工作。9月16日，何应钦任命张伯爵为台湾南部第22地区空军司令、林文奎为台湾北部第23地区空军司令，在空军第一路司令张廷孟的带领下，于9月17日飞抵台湾澎湖列岛。据当时报纸报道：“飞机降落在机场上的一刹那，早已等候在机场上的同胞报以热烈的掌声与激情的欢呼。美丽的澎湖，风光旖旎，海港的雄壮，和岛上七万多同胞回归祖国的激动心情，非笔墨所能形容。”

9月28日，陈仪在重庆成立台湾省行政长官公署与台湾警备总司令部前进指挥所，由行政长官公署秘书长葛敬恩、警备总司令部副参谋长范诵尧分任正副主任。10月5日，葛敬恩、范诵尧率领前进指挥所官兵71人分乘5架运输机，由重庆白市驿机场起飞，于下午4时飞抵台北松山机场，受到台湾人民的热烈欢迎。

10月6日，台湾前进指挥所在原台湾日本总督府开始办公。下午2时，台湾前进指挥所在该所办公处即原总督府，将“台政字”第1号与第2号备忘录及警备总部第1号与第2号备忘录4件交与日据台湾总督兼驻台湾日军第十方面军司令官安藤利吉大将。因葛敬恩生病，由副主任范诵尧主持，盟方代表伯格上校和中国空军司令林文奎等10余人出席。日军由第十方面军总代表参谋长谏山春树中将、陆军代表参谋副长宇垣少将、海军代表中泽少将、总督代表外事部森屋等人出席。范诵尧宣读备忘录内容、件数，并饬令切实遵照办理。谏山春树用毛笔在4份受领证上签字盖章。在上述备忘录中，陈仪命令安藤利吉做好日军投降缴械的准备，并提出了具体要求。下午3时，前进指挥所举行了抵台后的第一次国旗升旗仪式。当青天白日旗缓缓升起、随风飘扬在宝岛上空时，在场的官兵无不热泪盈眶，心潮澎湃。

8日上午9时10分，前进指挥所在台湾原总督府官邸与日军代表举行第一次谈话，中方参加人员有范诵尧和翻译林忠等；日方有谏山春树等2人。谈话主要内容为台湾日军一般配置情况，台湾治安问题，日军移动集中问题，中国台湾行政公署和警备司令部的办公、宿舍安置问题等。11日上午9时，范诵尧又在原总督府官邸与谏山举行第二次谈话。中方有范诵尧和朱嘉宾课长参加，日方参加人员有谏山春树和杉浦中佐。谈话的主要内容是要求日军做好中国军队在基隆登陆的准备，并随时报告日军移动情况。

10月10日是中华民国国庆日。上午10时，台湾前进指挥部在台北市公会堂（后改名为中山堂）举行了盛大的庆祝典礼。来自台湾的地方士绅和民众代表与前进指挥所的全体官兵参加了庆祝大会，盛况空前。下午6时，台湾前进指挥所又举行宴会，招待盟军及台湾地方士绅和百姓代表。

与此同时，国民政府派往台湾执行接收任务的陆军第70军（军长陈孔达中将）和第62军（军长黄涛中将）也开始踏上赴台之途。10月13日，第70军主力第107师在副军长陈颐鼎的率领及美国海空军的掩护下，由宁波港登船，横渡台湾海峡，经四昼夜的海上颠簸，于17日从基隆港登岸。基

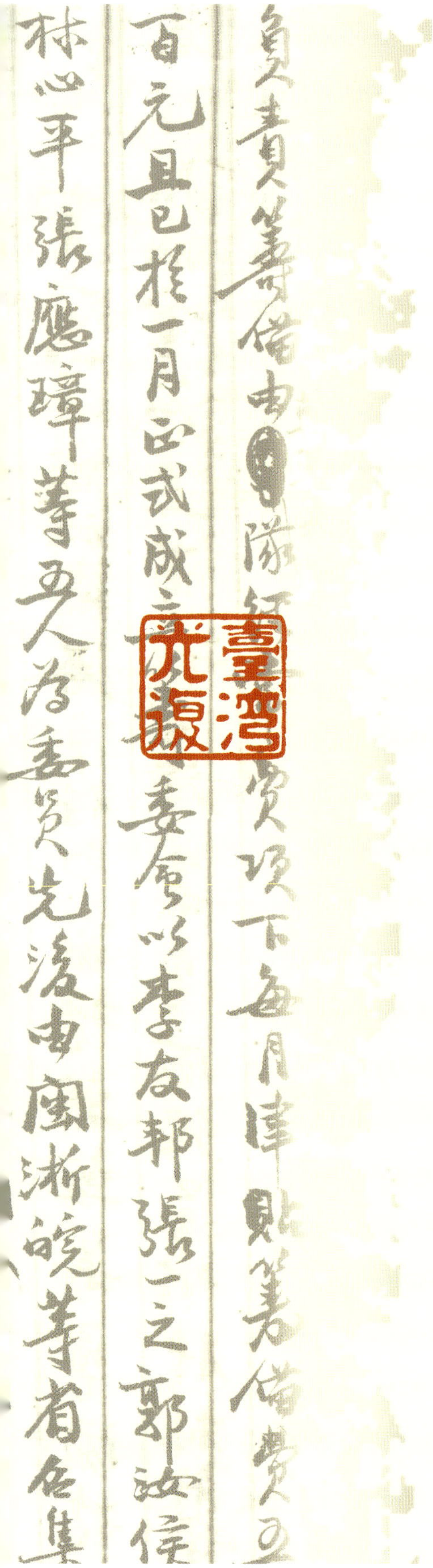

隆市民几乎全城出动，扶老携幼，迎接祖国军队的到来。在军队从基隆火车站登上开往台北专列时，台湾民众拥挤在铁道两旁迎候。火车进入台北时，30万市民夹道欢迎，并高唱《欢迎国军歌》，充分表达了台湾同胞热爱祖国和对胜利的喜悦心情。70军进驻了宜兰、台北、淡水、新竹各战略要地，并在台北设指挥部。黄涛率领的第62军分三个梯队从11月16日起由越南出发，陆续于11月18日、22日、26日在高雄港登陆，逐次进驻屏东、台南、嘉义、台中等地，并在台南设立军司令部。特务团与海军第二舰队也于10月22日在淡水、基隆两港登陆，向台北、高雄前进。

10月25日上午，中国战区台湾省对日受降典礼在台北市公会堂隆重举行。出席仪式的有陈仪、葛敬恩、柯远芬、陈孔达、李世甲、张廷孟、范诵尧等在台高级军政人员及中央各部特派员、长官公署暨警备总部各处处长、盟军代表顾德里上校、柏克上校、和礼上校等19人，台湾人民代表林献堂、陈忻、杜聪明、林茂生等30余人，新闻记者、来宾等10余人；日方代表则有日本台湾总督兼日军第十方面军司令官安藤利吉、台湾军参谋长谏山春树、总务长官代理农商局长须田一二三、高雄海军警备府参谋长中泽佑等5人，共约180余人。

上午10时，礼炮齐鸣，受降主官、台湾行政长官公署行政长官、台湾警备司令陈仪威严地宣布：中国战区台湾省对日受降典礼正式开始。在询明日方代表身份后，陈仪下达了第一号命令，“台湾日军已于9月9日在南京投降，我奉命为台湾受降主官，兹以第1号命令交与日本台湾总督兼第十方面军司令官安藤利吉将军具领，希即遵照办理。”随即由柯远芬参谋长向安藤转交了第1号命令及命令受领证。安藤用毛笔颤抖着在受领证上签字盖章后，由谏山春树向陈仪呈送降书，陈仪审阅无误后，命日方代表退出。短短5分钟，受降典礼结束。陈仪即席发表广播讲话，并代表中国政府正式宣告：“从今天起，台湾及澎湖列岛已正式重入中国版图，所有一切土地、人民、政事，皆已置于中华民国国民政府主权之下，这种具有历史意义的事实，本人特报告给中国全体同胞及全世界周知。”

下午3时，台湾各界人民代表，在公会堂举行盛大的台湾光复庆祝大会，陈仪率党政军及各方代表出席，并致祝辞，对台湾重回祖国版图表示热烈祝贺。为庆祝这一具有重大历史意义的时刻，台北40万市民，“老幼俱易新装，家家遍悬灯彩，相逢道贺，如迎新岁，鞭炮锣鼓之声，响彻云霄，狮龙遍舞于全市，途为之塞。”10月25日，也被定为“台湾光复日”。

10月26日，台北市大专院校学生及各界人士、市民数万人，再次聚集于台北公会堂，庆祝台湾光复，会后举行全市大游行，从早到晚，欢庆队伍络绎不绝，舞狮舞龙，表达台湾同胞热爱祖国的赤子之情。

11月3日，台湾省行政长官公署发表公告：中国一切现行法律适用于台湾，日据时代的一切法律、法令一律废止。1946年1月12日，中国政府正式宣告：“台湾人民原系我国国民，由于敌人侵略致使丧失国籍，兹国土重光，其原有中国国籍之人民自民国三十四年（1945）十月二十五起，应即一律恢复我国国籍。”从此，台湾同胞在事实上和法律上都恢复了中国国籍，回到了祖国的怀抱。

“王师北定中原日，家祭勿忘告乃翁”。在经历了离别祖国50年的亡国奴生活后，600万台湾同胞终于又回到了祖国母亲的怀抱，他们怎能不激动万分！广大台湾同胞奔走相告，互相庆祝，家家焚香祭祖，让长眠地下的列祖列宗共享这一特大喜讯带来的欢乐。1946年9月，林献堂率领台湾光复致敬团来到祖国大陆，拜祭中山陵和黄帝陵。

受降典礼后，接收工作即全面展开。为统一领导台湾地区的军事接收工作，台湾警备总司令部于11月1日在台北成立了台湾地区军事接收委员会，设主任委员1人，由警备总司令陈仪兼任；副主任委员1人，由警备总司令部参谋长柯远芬兼任；委员若干人，由第20军军长陈孔达、第62军军长黄涛、海军第2舰队司令李世甲、空军第22、23地区司令

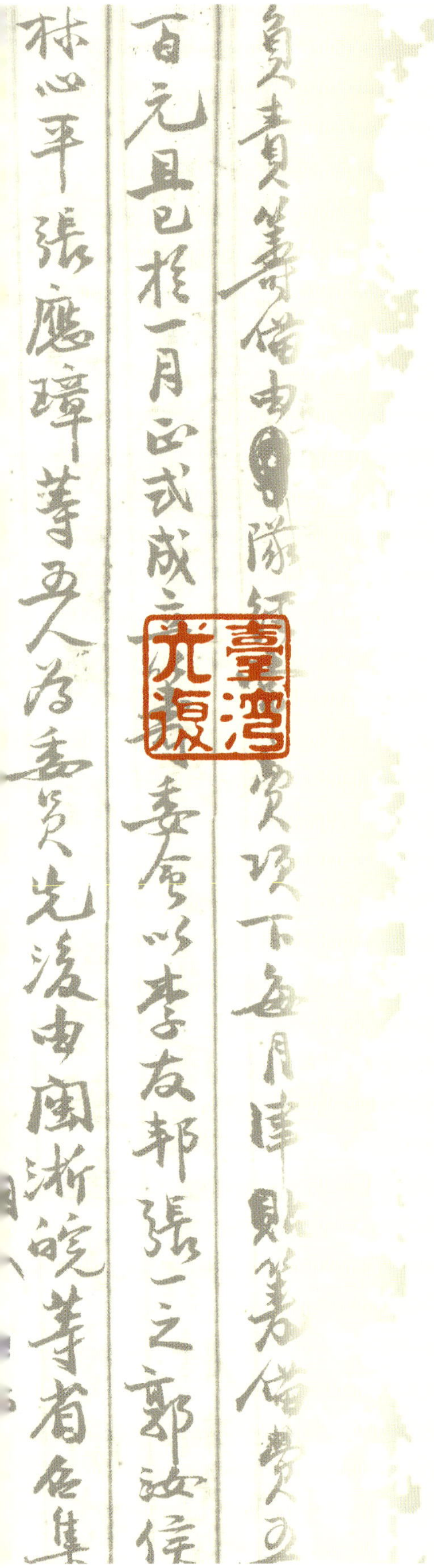

张廷孟、警备总司令部副参谋长范诵尧及各处处长、宪兵第4团团长兼任；下辖陆军第1、2、3和军政、海军、空军1、2及宪兵共8个接收组。

日据台湾总督兼日本第十方面军司令官安藤利吉自接受陈仪第1号命令后，所有职衔被解除，改任由日本第十方面军改称的台湾地区日本官兵善后联络部部长，接受陈仪的指挥。日本在台湾的兵力，到日军投降止，有第十方面军的陆军5个师团、6个独立混成旅团、1个空军飞行师团及海军等，共计近18万人，先后由中国军队接收。台北市日军第十方面军司令部缴械最快，由第70军接收，从11月15日开始至17日接收完毕。日军空军第8警卫师，由中国空军第22地区接收，从11月1日开始缴械，至1946年1月13日才缴完，历时74天。新竹日军第9师团，由第70军第75师接收，从11月5日开始缴械，12月10日接收完毕。丰原日军独立第75旅，由第62军第157师接收，从12月11日开始缴械，至1946年1月13日接收完毕。嘉义日军独立103旅，由第70军第75师接收，从11月12日开始缴械，至12月5日接收完毕。善化日军独立第72师团，由第62军第95师接收，从12月1日开始缴械，15日接收完毕。高雄日军独立第100旅团，由第62军第95师接收，从12月16日开始缴械，至1946年1月12日接收完毕。潮州日军第50师团，由第62军第157师接收，从12月10日开始缴械，至20日接收完毕。台中、嘉义地区的日军第71师团，由第62军第157师接收，从12月7日开始缴械，至次年1月3日完成缴械任务。澎湖列岛日军守备队，由海军第2舰队接收，从11月15日开始缴械，至次年1月13日接收完毕。

▷裕仁宣读“停战诏书”。
▽日本天皇裕仁召开御前会议，决定投降。

慶祝抗戰勝利
托庇神威重歸祖國

◁抗战胜利，台湾同胞欣喜若狂。图为国民党军队进入汉口市区时，台湾省旅汉同乡会竖立的标语。

▽举国欢庆抗日战争胜利。

南京受降会场全景。

◁1949年9月8日，中国陆军总司令何应钦乘专机赴南京主持中国战区日军投降典礼。图为何应钦走出机舱。〔左上图〕

◁盟军最高司令官麦克阿瑟将军在日本投降书上签字。〔左中图〕

▷盟军受降仪式于1945年9月3日在泊于东京湾的“密苏里”号上举行。

▽日驻华派遣军总参谋长小林浅三郎向何应钦递交降书。

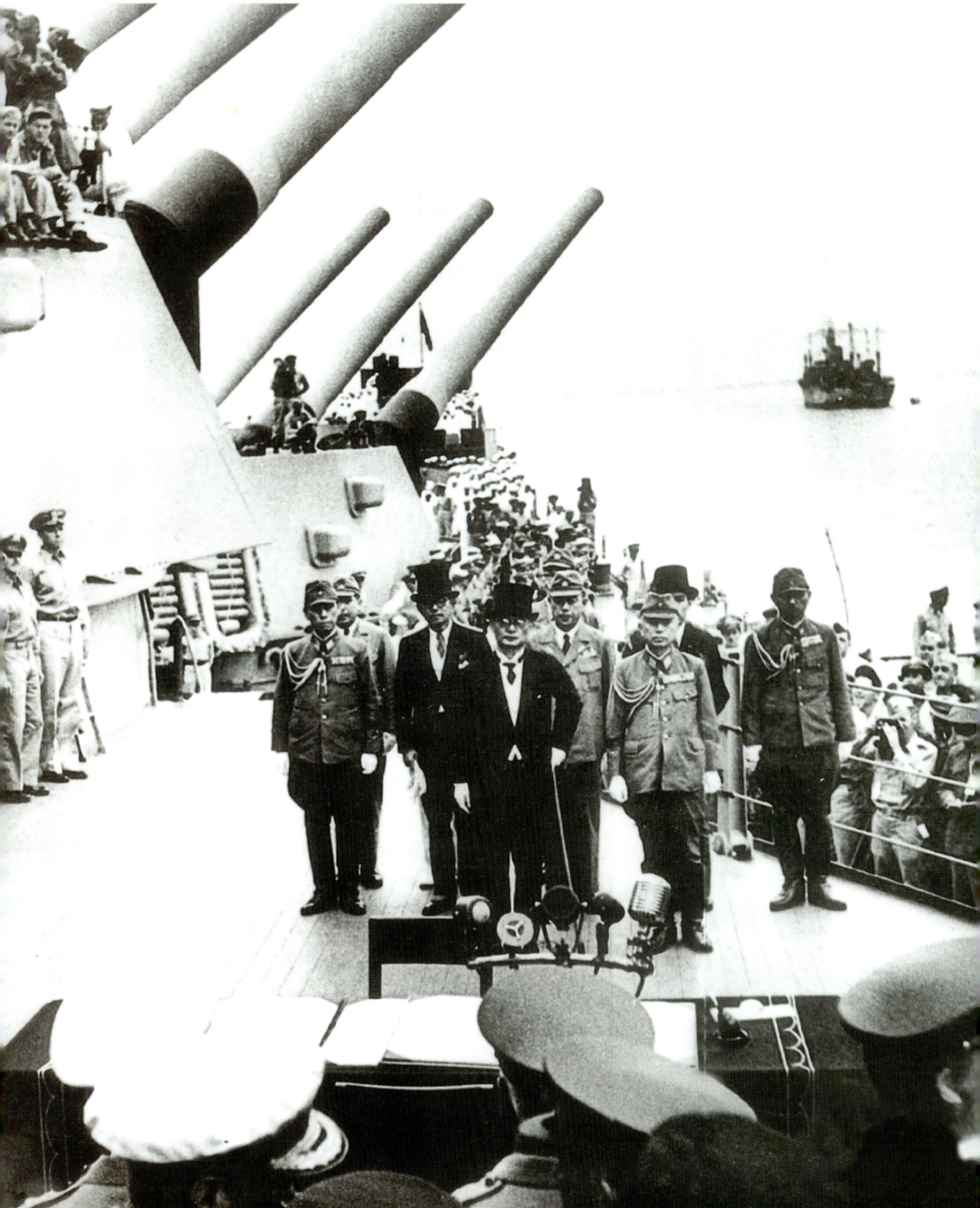

◁1945年10月5日，台湾前进指挥所莅台，昔日的台湾总督府成为前进指挥所的办公所在地。

▷10月6日下午，台湾前进指挥所官兵在台湾总督府旧址举行第一次升旗仪式。

▽中国政府代表、军令部部长徐永昌在日本降书上签字。

▽10月6日下午，前进指挥所副主任范诵尧与日驻台第十方面军参谋长谏山春树举行谈话，并向日军致送第一号备忘录。图为会场情形。〔左上图〕

▽1945年10月10日，前进指挥所在台北举行了台湾历史上第一次中华民国国庆纪念大会。图为范诵尧在纪念大会上致词。〔左中图〕

▽谏山春树受领第一号备忘录时签字盖章情形。〔左下图〕

▷中日双方代表洽谈日军投降应准备事项。

◁陈仪等步出机场。

▷台湾警备总司令部高级官佐合影。〔右上图〕

▷台湾警备总司令部全体官兵合影。〔右下图〕

▽1945年10月24日，负责台湾地区日本投降事宜的台湾行政长官兼台湾警备总司令陈仪飞抵台北松山机场，并在机场向台湾同胞发表了广播讲话。

▷ 主持受降典礼的台湾行政长官陈仪（右5）及台湾行政长官公署秘书长葛敬恩（右4）、参谋长柯远芬（右6）等合影。〔右上图〕

▷ 台北市公会堂内举行受降典礼之盛况。〔右下图〕

▽ 台湾省受降典礼于1945年10月25日上午10时在台北市公会堂举行。图为台湾民众聚集在公会堂外，等待着那激动人心的时刻。

◁陈仪接受安藤利吉降书后逐一检视。

▽安藤利吉在投降书上签字。

慶祝
臺灣光復
建設新台

◁参加中国战区台湾省受降典礼的中方代表合影。

▷台北太平町街上悬挂大幅标语，庆祝台湾光复。

▽台北学生举行大游行，庆祝台湾光复。

◁负责台湾地区海军接收的海军第二舰队司令李世甲。

▷1945年12月11日，进驻台湾接受防务的陆军第151师步兵452团部分官兵合影。〔右上图〕

▷1946年6月1日，国民党军某团各主官与团部全体官佐于台湾屏东合影。〔右下图〕

▽1945年12月11日，陆军第151师进驻台湾纪念。

陸軍第一五一師步兵四五二團同寅進駐台灣記念
中華民國三十四年十二月一日攝

韓團長就任三週年紀念各主官及團部全體官佐合影
中華民國三十五年六月一日於台湾東屏

◁▷ 缴获日军的部分武器弹药。

▽ 收缴的部分日军职印、衔印、队印等。

◁日据台湾总督兼第十方面军司令安藤利吉。

▷收缴的驻台日军宪兵部队位置图。

▽收缴的驻台日军指挥系统及主管名表。

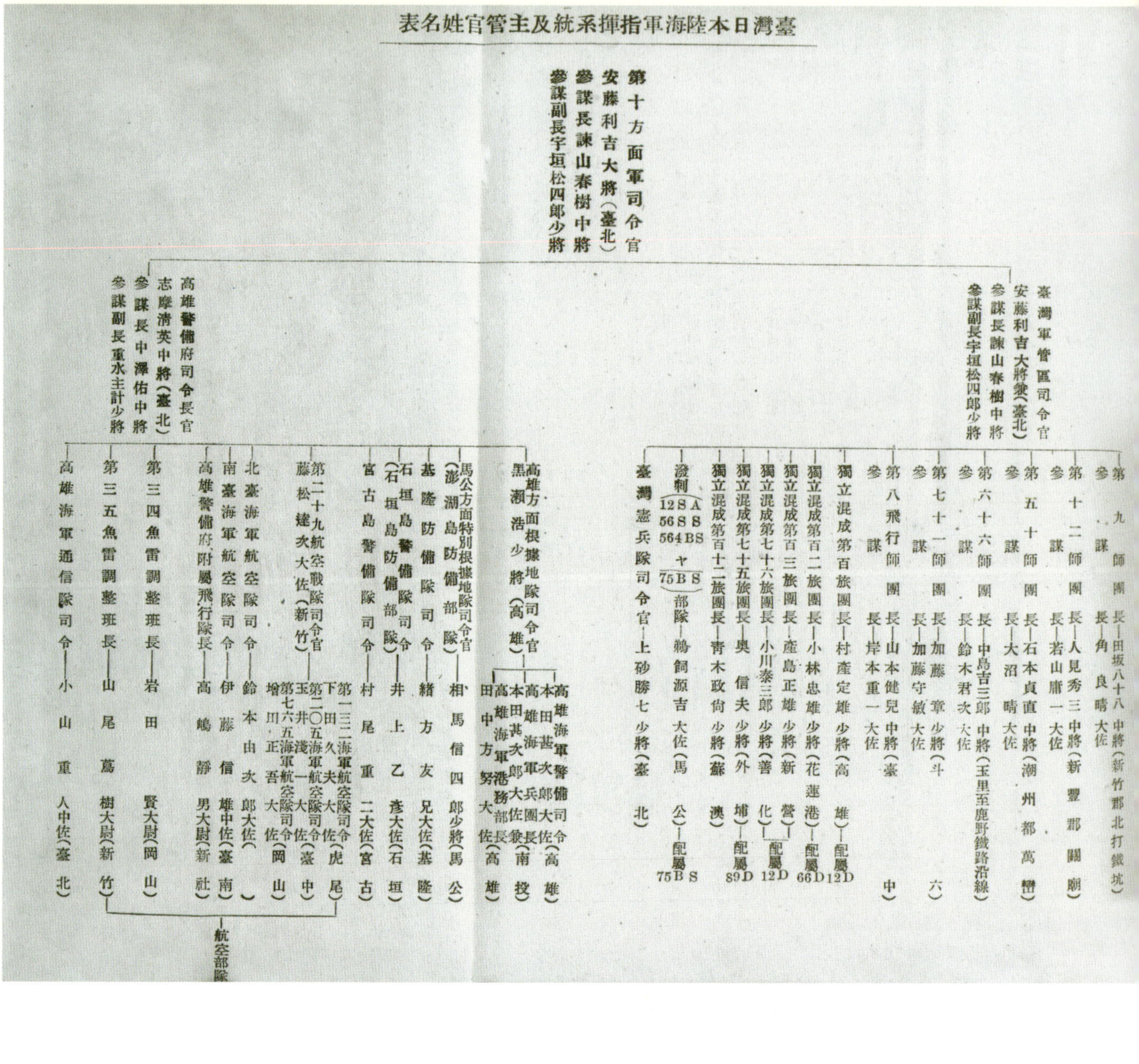

臺灣日本陸海軍指揮系統及主管官姓名表

第十方面軍司令官
安藤利吉大將（臺北）
參謀長諫山春樹中將
參謀副長宇垣松四郎少將

臺灣軍管區司令官
安藤利吉大將兼（臺北）
參謀長諫山春樹中將
參謀副長宇垣松四郎少將

- 第九師團長—田坂八十八中將（新竹郡北打鐵坑）
- 參謀長—角良晴大佐
- 第十二師團長—人見秀三中將（新豐郡關廟）
- 參謀長—若山庸一大佐
- 第五十師團長—石本貞直中將（潮州郡萬巒）
- 參謀長—大沼晴大佐
- 第六十六師團長—中島吉三郎中將（玉里至鹿野鐵路沿線）
- 參謀長—鈴木君次大佐
- 第七十一師團長—加藤章少將（斗六）
- 參謀長—加藤守敏大佐
- 第八飛行師團長—山本健兒中將（臺中）
- 參謀長—岸本重一大佐
- 獨立混成第百旅團長—村產定雄少將（高雄）—配屬12D
- 獨立混成第百二旅團長—小林忠雄少將（花蓮港）—配屬66D
- 獨立混成第百三旅團長—產島正雄少將（新營）—配屬12D
- 獨立混成第七十六旅團長—小川泰三郎少將（善化）—配屬12D
- 獨立混成第七十五旅團長—奧信夫少將（外埔）—配屬89D
- 獨立混成第百十二旅團長—青木政倘少將（蘇澳）
- 澄制（12SA 56SS 564BS ヤ 75BS）部隊—鵜飼源吉大佐（馬公）—配屬75BS
- 臺灣憲兵隊司令官—上砂勝七少將（臺北）

高雄警備府司令長官
志摩清英中將（臺北）
參謀長中澤佑中將
參謀副長重水主計少將

- 高雄方面根據地隊司令官 黑瀨浩少將（高雄）
  - 高雄海軍警備司令 本田甚次郎大佐（高雄）
  - 高雄海軍兵團長 本田甚次郎大佐兼（南投）
  - 高雄海軍港務部長 田中方努大佐（高雄）
- 馬公方面特別根據地隊司令官（澎湖島防備部隊）—相馬信四郎少將（馬公）
- 基隆防備隊司令—緒方友兄大佐（基隆）
- 石垣島警備隊司令（石垣島防備部隊）—井上乙彥大佐（石垣）
- 宮古島警備隊司令—村尾重二大佐（宮古）
- 第二十九航空戰隊司令官 藤松達次大佐（新竹）
  - 第一三二海軍航空隊司令 下田久夫大佐（虎尾）
  - 第二〇五海軍航空隊司令 玉井淺一大佐（臺中）
  - 第七六五海軍航空隊司令 增田正吾大佐（岡山）
- 北臺海軍航空隊司令—鈴本由次郎大佐（ ）
- 南臺海軍航空隊司令—伊藤信雄中佐（臺南）
- 高雄警備府附屬飛行隊長—高嶋靜男大尉（新社）
- 第三四魚雷調整班長—岩田賢大尉（岡山）
- 第三五魚雷調整班長—山尾蔦樹大尉（新竹）
- 高雄海軍通信隊司令—小山重人中佐（臺北）

—航空部隊

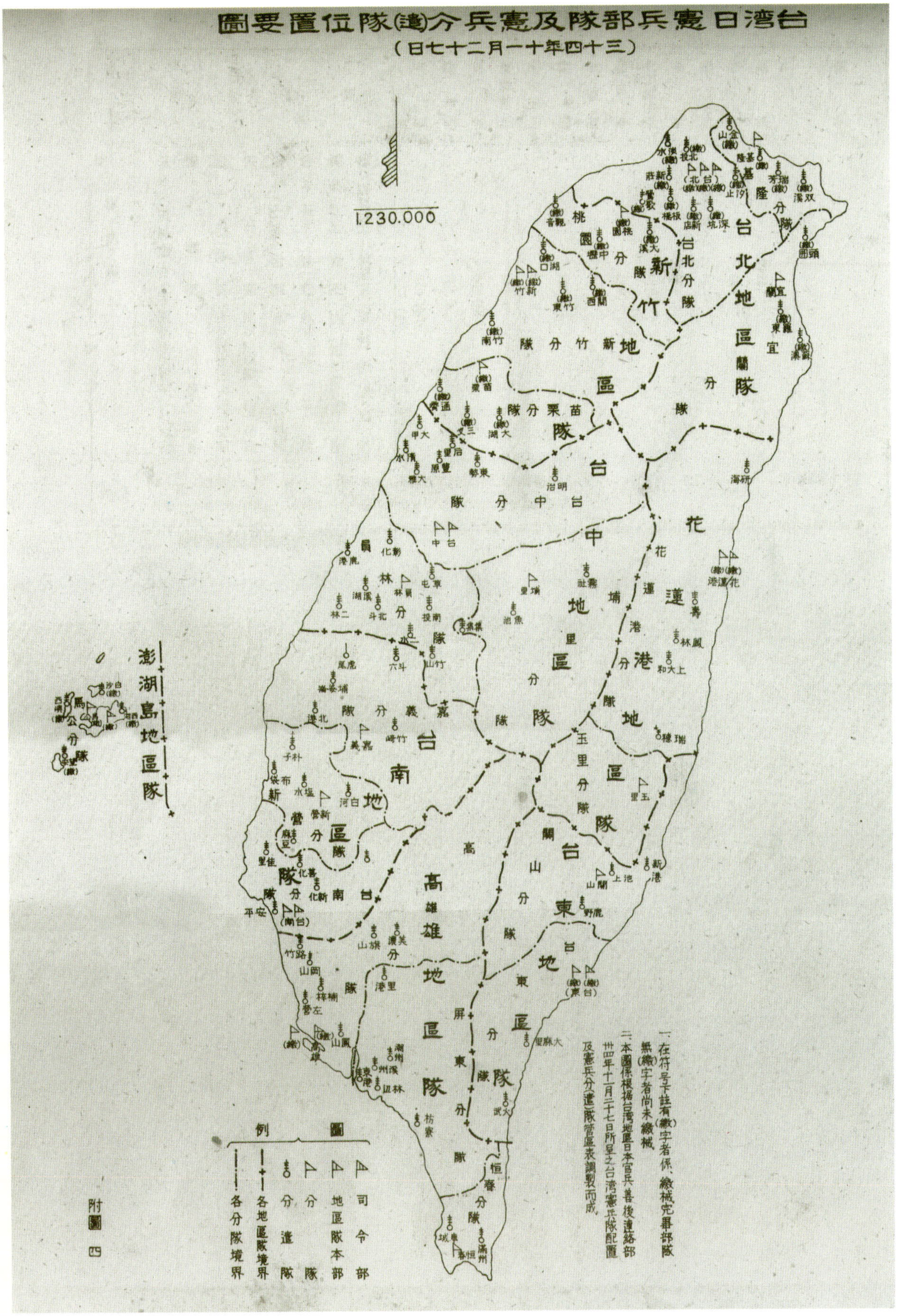
台湾日憲兵部隊及憲兵分(遣)隊位置要圖
(三十四年十一月二十七日)
1.230.000
台北地區隊
新竹地區隊
台中地區隊
花蓮港地區隊
台南地區隊
高雄地區隊
台東地區隊
澎湖島地區隊
一、在符号下註有(繳)字者係、繳械完畢部隊
無(繳)字者尚未繳械
二、本圖係根據台湾地區日本官兵善後連絡部
卅四年十一月二十七日所呈之台湾憲兵隊配置
及憲兵分(遣)隊管區表調製而成。
圖例
司令部
地區隊本部
分隊
分遣隊
各地區隊境界
各分隊境界
附圖四

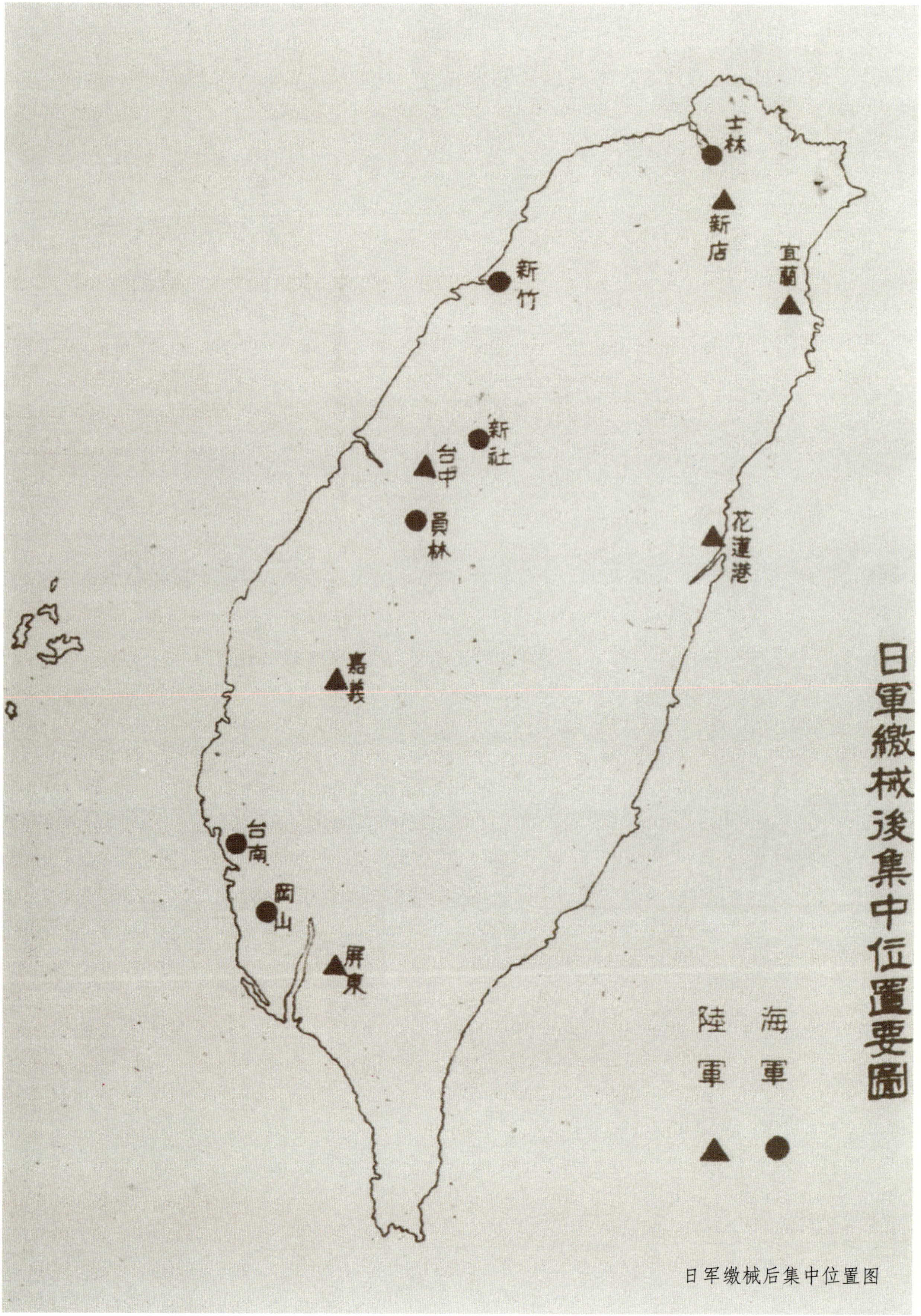

日军缴械后集中位置图

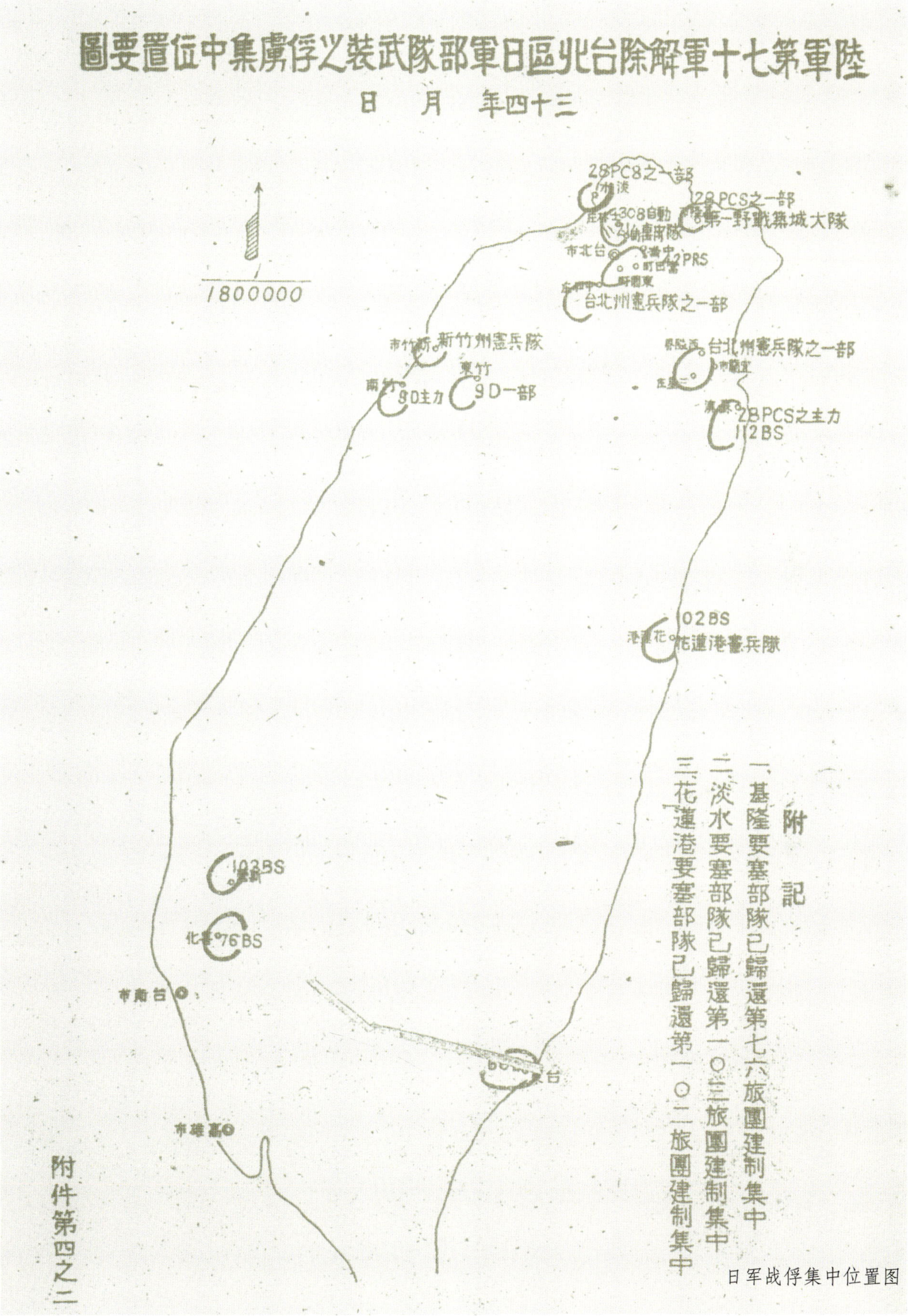
陸軍第七十軍解除台北區日軍部隊武裝之俘虜集中位置要圖
三十四年 月 日
1800000
28PCS之一部
28PCS之一部
第一野戰築城大隊
台北市
12PRS
台北州憲兵隊之一部
新竹市
新竹州憲兵隊
竹東
竹南
9D主力
9D一部
台北州憲兵隊之一部
28PCS之主力
112BS
102BS
花蓮港
花蓮港憲兵隊
103BS
76BS
台南市
高雄市
附記
一、基隆要塞部隊已歸還第七六旅團建制集中
二、淡水要塞部隊已歸還第一〇三旅團建制集中
三、花蓮港要塞部隊已歸還第一〇二旅團建制集中
附件第四之二

日军战俘集中位置图

▷林献堂代表台湾光复致敬团向国民政府主席蒋介石献旗。

▽1946年9月30日，林献堂、丘念台等率领台湾光复致敬团赴大陆，拜祭了中山陵和黄帝陵。图为代表团全体成员合影。

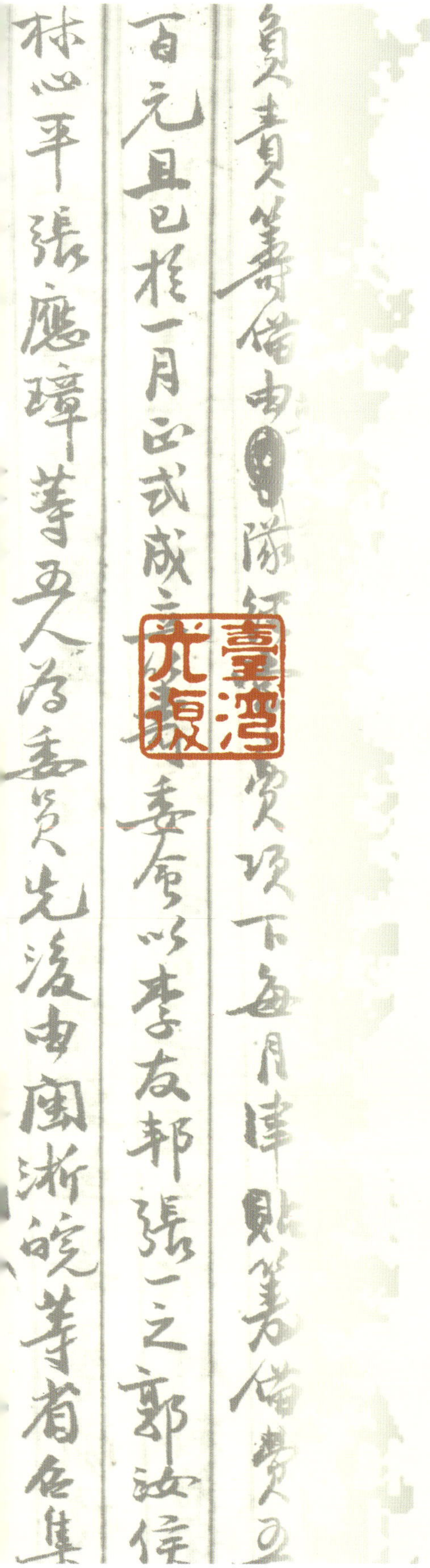

日俘日侨遣返纪实

台湾光复后，在台的日本人约有50万，包括军人、警察、军警眷属、侨民等。为加速复员速度及解决粮荒等问题，根据国民政府的指示，台湾省军政当局决定将他们全部遣送回国。

遣送首先从日俘开始。台湾光复时，在台湾缴械投降的日本官兵有近18万人。日军投降后，经陆军总部批准，成立了台湾地区日本官兵善后联络部，并由原台湾总督兼第十方面军司令官安藤利吉担任部长，所有日俘部队不分其原有建制，由日俘原部队长官自行负责管理。根据台湾省警备总司令部的命令，缴械日俘集中至指定地点，并从事海运、空运、营建、交通、工矿生产等“复旧”工作。为加强对日俘的管理，1945年12月16日成立了台湾省战俘管理处，由警备总司令部高级参谋王成章少将任处长，美军联络组派员兼任副处长，并在第62军及第70军、第2舰队司令部、空军第22及23地区司令部接收监护区内成立了5个战俘管理所，分别管理本防区内日俘。该管理处曾制定公布了《台湾省警备总司令部战俘管理处战俘教育计划大纲》及《巡回教育团教育实施办法》等，利用日俘集中待运间隙，以精神教育演讲会、巡回教育、广播教育、文字教育、政治座谈会及辩论会等形式，对日俘实施精神感化教育。同时，还要求日俘在工余时间，在工作地附近，利用空地种植蔬菜，并饲养家畜，制造鞋袜，以资自给。

日俘遣送工作由警备总司令部第三处具体负责，并于1945年12月设立了基隆、高雄二港口运输司令部，专司日俘之集中检查与遣送等工作，同时设立铁道运输司令部，负责将各地的日俘用火车以最快的方式运送至各港口，并与美军联络组保持密切联系与合作，以保证该项工作的顺利进行。日本官兵善后联络部及其在各地分设的联络支部则协助日战俘之输送、集中与遣送乘船等工作。原计划遣返日俘（包括少数韩俘）167424人，实际遣送165638人。

日本投降时，在台的日侨和日军眷属有30余万人，还有2万多琉球人。由于战败后的日本国内缺粮少房，很多日本人已在台湾生活了多年，再加上中国人在胜利后并未对日本人进行报复，所以有半数以上大约20万的日本人都不想回国，而是申请要作为台湾的永久居民。一些人为在台湾长期居住，还不断迁移住址。但国民政府考虑到以后管理的难度，没有批准他们的申请，决定将他们遣送回国。

1945年12月27日，台湾省行政长官公署成立台湾省日侨管理委员会，下设秘书室及调查、管理、输送三组，负责“日侨之调查、统计及管理事项”，及“遣回日侨之调配、输送及给养事项”。由民政处长周一鹗兼任主任委员，包可永、严家淦、胡福相、任可澄等任委员。并于各县市设日侨输送管理站，由各县市长兼任站长。1946年1月，日侨管理委员会对日侨展开详细调查，统计全省共有日琉侨322149人，内日侨308232人，琉侨13917人（琉球群岛的居民，属日本）。日侨分为三种：第一种包括行政主管人员，退伍军人，未经征用的警官警察、公务员及中小学教育人员，流氓，与台湾籍学生不能共学的中学以上学生，娼妓，工厂、大公司、商店、会社、银行经理，自愿回国者等，共计147909人；第二种为日军遗族、留守军人家属共计100735人；第三种包括奉准征用的工矿技术人员、工医农科教师、金融人员、行政人员、卫生技术人员、邮电人员、铁路人员、电气人员、港务人员、船舶技术人员、气象人员、水利技术人员、土木工程人员及其家属等共计59588人。

经过多次商量，日侨管理委员会决定，日本海陆军遗族及留守家属，列为首批遣送，次为一般普通日侨，琉侨最后遣送。划定台北、台中、新竹等县，台北、基隆、新竹、台中、彰化等市日侨向基隆港口集中；台南、高雄、澎湖等县，台南、高雄、嘉义、屏东等市日侨向高雄港口集中；花莲、台东两县日侨，因交通困难，由美方调配小型轮船，直开花莲港接运，由花莲港直驶东京。

3月2日至4月21日，由各县市载运到达基隆、高雄、花莲港口日侨人数，共计270852人。还有未经由县市站集中而自动向港口报到集中者计普通日侨、日军遗族及留守家属共13128人。至4月底，共遣送日军遗族及留守家族69246人，日侨221913人，共计291159人。

◁日俘们在集中营内从事体育锻炼。〔左上图〕

◁战俘管理处办公室内堆满了日俘的表册。〔左中图〕

▽陈仪（左）在台北市中山堂对日本战俘训话，其左为国民政府代表张群。

▷ 军风纪巡察团在高雄中山台对战俘训话。〔右上图〕

▷ 聚集在中山堂听陈仪训话的日俘。〔右中图〕

▷ 原台湾总督府成为日俘集中营。〔右下图〕

▽ 柯远芬、王成章及记者视察日本台湾官兵善后联络部时合影。

兵
兵
兵

◁柯远芬等视察台湾官兵善后联络部情形。〔左上图〕

◁谏山春树回答柯远芬、王成章等提出的问题。〔左下图〕

▷ 日俘们参与打捞被盟军飞机炸沉的日运输舰。〔右一图〕

▷战俘管理处官员巡视察各日俘集中营。〔右二图〕

▷日俘们在菜园里种植蔬菜。〔右三图〕

▷高雄中山台主席台上的军风纪巡察团。〔右四图〕

▽日俘们接受体检。

〔一〕

〔二〕

〔三〕

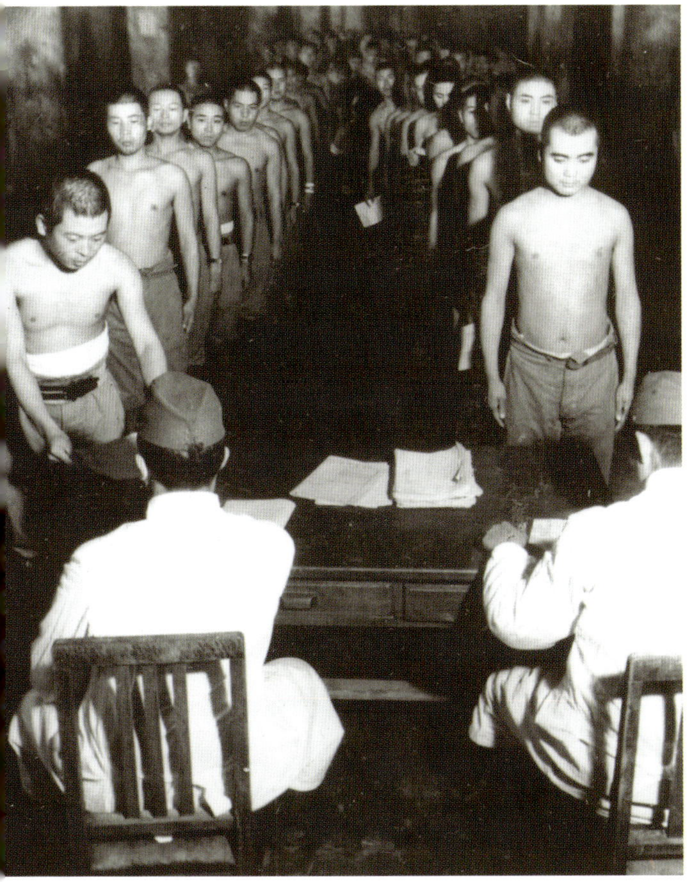

〔四〕

〔一〕

〔二〕

〔三〕

〔四〕

◁美军官到场协助。〔左一图〕

◁王成章亲自监督日俘体检。〔左二图〕

◁基隆集中营日俘准备返国。〔左三图〕

◁日俘们在集中营内从事体育锻炼。〔左四图〕

▷王成章及美军代表视察基隆港，准备遣送日俘。〔右上图〕

▷日俘们在战俘管理处的指挥下，清理街道旁边的废墟。〔右下图〕

▽高雄集中营的日俘正整理行李。

HAGI

▷运送日俘回国的船只。〔右上图〕

▷日俘们登船情形。〔右下图〕

▽王成章亲自抽查日俘的行李。〔中上图〕

◁▽日俘在遣返前接受中国宪兵的检查。〔左图、中下图〕

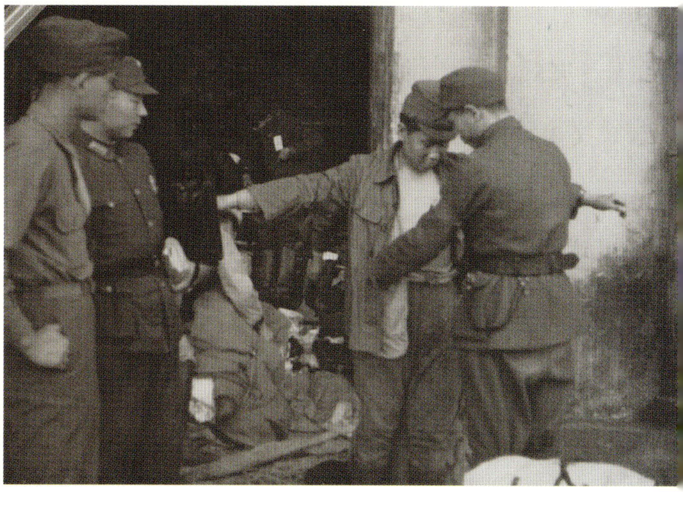

◁曾一度留用的日俘也被遣送回国。〔左上图〕

◁日侨管理委员会办公室。〔左下图〕

▷日侨集中在一起，即将被遣送回国。〔右一图〕

▷日侨们循序登车。〔右二图〕

▷集中在各地的日侨准备乘火车前往港口。〔右三图〕

▷停泊在港口负责遣送日侨的船只之一。〔右四图〕

〔一〕

〔二〕

〔三〕

〔四〕

◁装运日侨行李上船。
▽女检查员检查物品。

▷日侨自负行李上船。〔右上图〕
▷日侨登上返乡之舟。〔右下图〕
▽日侨上船前接受检查。

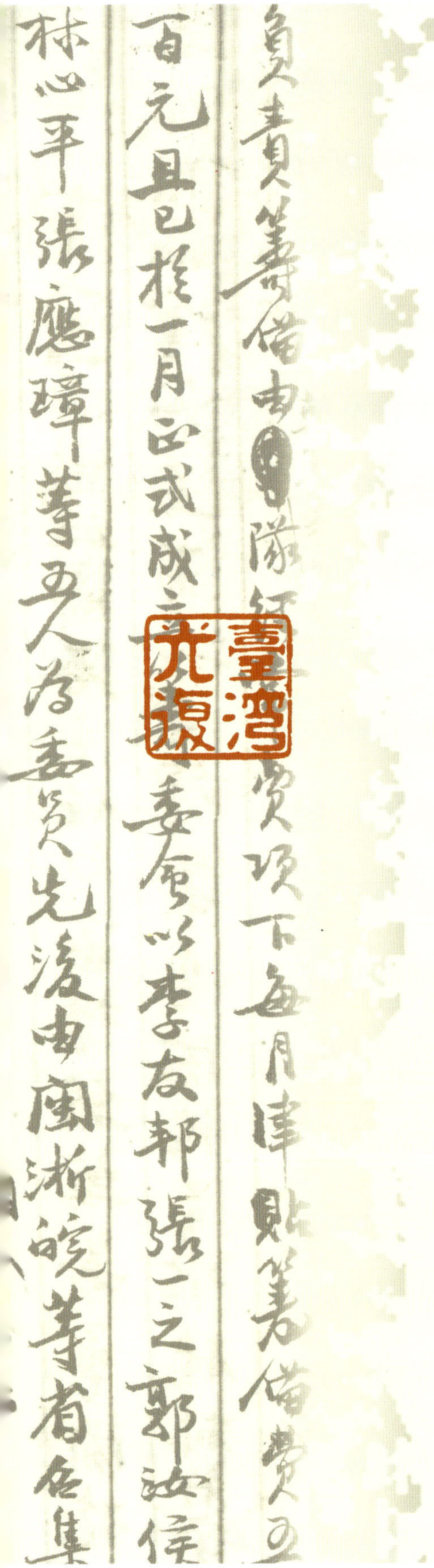

蒋介石夫妇视察台湾掠影

1946年10月21日，在台湾光复一周年即将到来之际，国民政府主席、中国国民党总裁蒋介石偕夫人宋美龄及国民政府总务局局长陈希曾、军务局局长俞济时、秘书沈昌焕等随员飞赴台北，开始了中国历史上第一位国家元首的宝岛之行。

在台期间，蒋介石、宋美龄下榻在台北草山（后改名为阳明山）宾馆。他们在陈仪等台湾党政军要员的陪同下，曾前往忠烈祠向革命先烈、抗战阵亡军民及率军收复台湾的明朝延平王郑成功敬献花圈，游览了风景名胜日月潭，巡视了日月潭发电工程，视察了基隆。蒋氏夫妇所到之处，都受到了台湾同胞的热烈欢迎。

此次来台，蒋介石一个最重要的目的就是出席纪念台湾光复周年大会。10月25日，台北中山堂前广场，彩旗飘扬，人山人海，到处洋溢着欢乐的气氛。蒋介石偕台湾党政军主要领导与台湾各地民众代表一起共同集会，纪念台湾回归祖国一周年。蒋介石发表了讲话，他说："欣逢台湾光复周年纪念，中正特来参加这次庆祝大会，与我相别五十年的台省同胞相聚一堂，共同庆祝台湾的光复，使我五十年的夙志，得如愿以偿，实在是平生感到最愉快最光荣的一天。""中央爱护台湾，远胜于全国其他任何一省，中央对台湾的重视，也远胜于其他的省份。"慰勉全体台湾同胞为建立新台湾更加努力，并祝台湾同胞"更强健，更进步，更自由，更幸福"。蒋介石的讲话，不断被台湾民众热烈掌声所打断。台湾青年团、妇女会代表台湾民众向蒋氏夫妇赠献了"功昭寰宇"、"德溥蓬莱"两面锦旗。庆祝大会后，蒋介石接见了台湾党政军工作人员，并嘱咐他们"注意领导民众，推行国语，认识历史，爱护国旗，熟悉国歌。"蒋介石还设茶会，招待台湾当地绅耆及党政军人员。

同一天，台湾全省首届运动会也在台北隆重举行，蒋介石出席了开幕式并致词，勉励青年恢复民族固有道德，"明礼义，知廉耻，负责任，守纪律"。

10月27日，蒋介石夫妇乘专机由台北飞抵上海，返回大陆，结束了为期一周的台湾之旅。在离开台北前，蒋介石向记者畅谈了此次巡视台湾的观感："中正此次来到台湾，看到台湾复员工作已经完成百分之八十，衷心甚为欣慰，尤其交通与水电事业，皆可说已恢复到战前日本时代的标准。因此，一般经济事业都能迅速恢复，人民都能安居乐业，以台湾的交通经济以及人民生活情形，与内地尤其是东北华北比较，其优裕程度，实不可同日而语。”并希望台湾全体同胞，“共同努力，来建设三民主义的新台湾”。

▷蒋介石夫妇步出台北松山机场。

◁ 蒋介石、宋美龄飞抵台北松山机场，陈仪等前往迎接。

▷ 台北女学生向宋美龄献花。〔右上图〕

▷ 10 月 25 日，台湾光复周年纪念会在台北中山堂举行。图为蒋介石夫妇前往中山堂时受到台湾民众夹道欢迎。〔右中图〕

▽ 1946 年 10 月 21 日，蒋介石夫妇乘坐“美龄号”由上海飞赴台北视察。图为到机场送行的国民党上海当局政要。左起：上海市警察局局长宣铁吾、上海市市长吴国桢、前任上海市市长钱大钧、上海市社会局局长吴开先。

▷ 蒋介石在台湾光复一周年纪念大会上发表讲话，受到台湾民众的热烈欢呼。

▽ 在台湾巡视期间，蒋介石夫妇曾拜祭郑成功。图为台湾郑成功祠堂。

◁ 台湾省参议会议长黄朝琴代表台湾民众向蒋介石夫妇献旗。

▷ 1947年初，国防部部长白崇禧赴台宣慰。图为白崇禧（左5）与高级随员合影。〔右上图〕

▷ 白崇禧等巡视日月潭，参观高山族同胞表演杵头。〔右中图〕

▽ 蒋介石夫妇在台北出席台湾省第一届运动会开幕式并发表讲话。

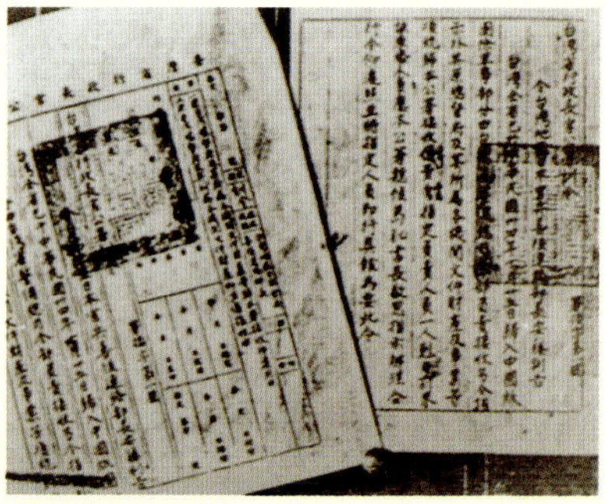

政体设置

针对台湾光复后行政体制设置问题
台籍志士倾注了极大的热情与心血
提出了许多主张和建议
这些建议大部分被国民政府所采纳
台湾光复后
国民政府在台湾实施独特的行政体制——
台湾省行政长官公署
两年后
撤销行政长官公署改设台湾省政府

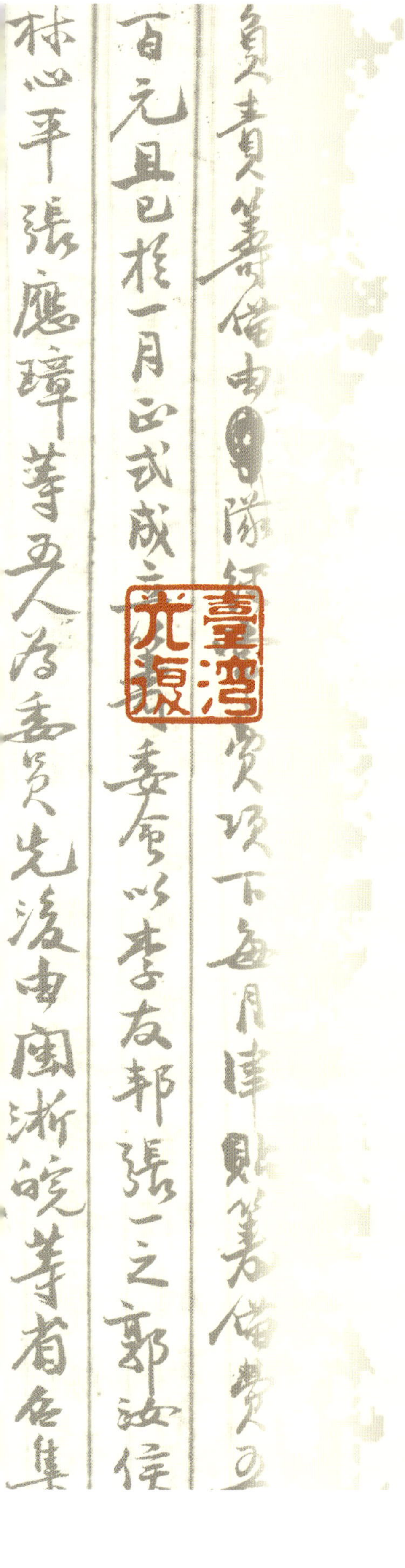

台籍精英与台湾政体设计

早在1943年8月23日，丘念台就致函中执会秘书长吴铁城，吁请恢复台湾行省：“惟复省之议，对倭宣战废约已将两载，竟未实现，不独未依东四省例设立台湾省政府，即党部亦未敢用台湾省党部之名，不能不令国内志士台岛遗民嗒然失望，事虽若极形式然一复省制则台岛革命热情可提高，陷区台侨可离敌内向，美英可息共管分治等妄议。敬恳公力促台湾复省早日实现。”直属台湾党部委员谢东闵也呼吁要研究台湾、恢复台湾行省、培养储备对台湾人地两宜的人材，为将来复台之用。1944年4月28日，直属台湾党部又上书中央党部秘书处及组织部，请求恢复台湾省制。

1944年6月，任职外交部的黄朝琴搜集了大量资料，进行系统而深入的研究，完成了《台湾收回后之设计》的专题研究，共十二章，包括“台湾之收回与外交问题”、“军事之布置”、“人事”、“日人之去留及其财产之处分问题”、“行政机构”、“警察制度”、“财政”、“货币制度”、“专卖事业”、“国营糖业”、“台湾之资源与工业化问题”、“教育”。他认为收回后之设计：“首应设置台湾实验省。台湾既已进至地方自治，原无再行总督政治之必要，日本所以不能废总督，改州为县，直辖于内务省（即内政部）实行一级制地方行政单位者，实因台湾为孤岛，具有其特殊之因素也。台湾原为我国行省之一，收回后应当恢复省制，然在日本统治五十年间，社会情形、经济状况、风俗习惯与各省已不相同，故不应遽以尚在讨论未经实验之新省制，施于台湾，应自军事行动终结接收完毕之日起，暂以六年为过渡时期，根据宪法草案第一百零二条‘未经设省之区域，其政治制度以法律定之’之原则，施以实验省制，将总督改为省长，仍采用幕僚长制以总务长官辅助省长综理全岛政务，不但执行中央法令，监督地方自治，且付与委任立法权，划定某种事项，为台湾省参议会立法之范围，藉以维持台湾之现状，一俟国内宪法公布自治完成后，徐图改革采用新省制，未为晚也。其次维持地方行政及自治制度。”该研究资料丰富，分析透彻，立论公允，具有严谨的科学性和可操作性，堪称对战后台湾省政府制度设计的代表作。

12月，柯台山在重庆完成《台湾收复后之处理办法刍议(政治大要)》，全面表述了他对战后台湾政体的设计：“按照实际情形赋予省府以立法权，在不违背中央法令下颁布政令，以便推进各种重要行政事宜。省政府之组织宜采用委员制，执行职务及职权之划分，幕僚长制似宜确立。省参议会之产生尤宜采用代表制。在省自治尚未实施之前，省府委员由中央指派，一待省自治实施，省委员会即由全省人民公选而组织。”

台湾调查委员会成立后，委员会将有关光复后台湾行政体制的意见，归纳为三种：一是把台湾作为中国的一个特殊区，同蒙古、新疆等地一样。二是如同中国内地各行省一样在台湾设立行省。三是既不与蒙古、新疆等一样，也不与各行省完全一样，而是两者兼而有之。从1944年7月起台湾调查委员会召开多次座谈会，广泛征求各方意见，以求得一个合理的实施方案。在座谈会上，林忠、连震东、丘念台、李友帮、李万居、谢南光、谢挣强、黄朝琴、林啸鲲、游弥坚、刘启光、宋斐如等畅所欲言，纷纷发表自己的观点和主张。

林忠认为：“台湾完全与闽省（即福建闽南）相同，而且在日人占领之下，其民族思想特别浓厚，所以台湾不宜视同蒙、疆等地，应视为内地的一省。但情形容有特殊，有些设施可暂与各省不同。”

黄朝琴认为：“台湾是从前的一省，所以收复必须改省。台湾离开祖国将五十年，政治、经济、建设以及风土习惯和国内相差很远，希台湾收复以后五六年内，以维持现状为目的，不以实验的名义而以实验的方式来治理。将来台湾省的制度，必须以单行法制定，不必与各省相同。行政机构有考虑的必要，日本在台湾的制度很好，原有的总督府，只须名称的取消，改为省政府。原来的总督府的机构不予更动，内地各省政府的机关太多，于台湾人不习惯。五十年来台湾的系统都是一元化，如遽加变更，使台人无所适从。台湾首长

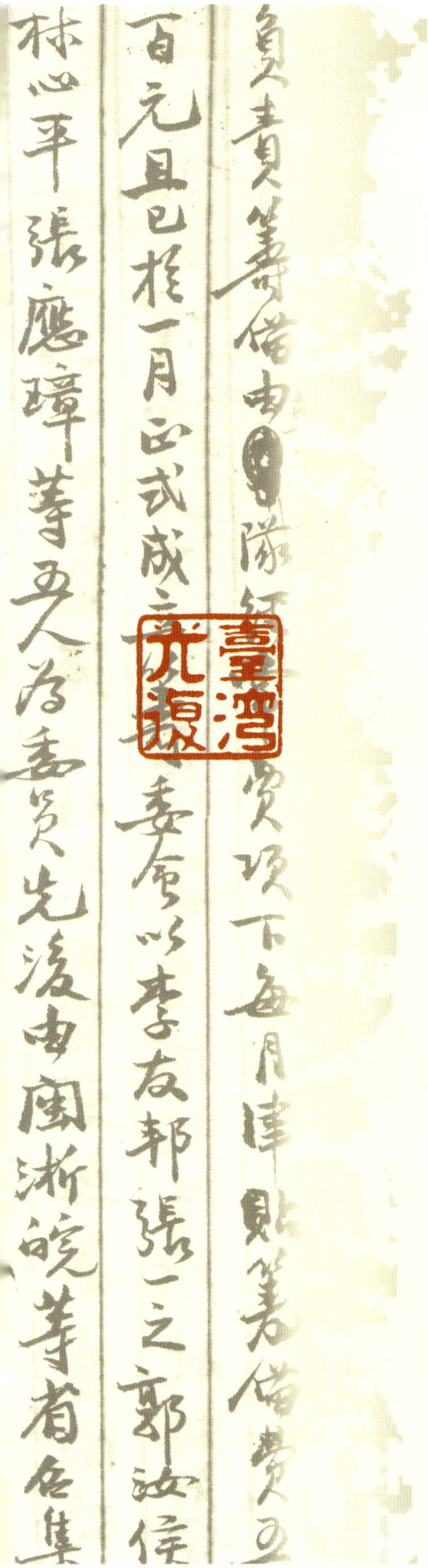

的权限应扩大。省长必须是强有力者，而亦有职权大的幕僚长。地方自治不必变更。”

谢南光认为：“黄先生所提出的台湾特别省制一节，可以说是我们台湾同志一致的要求。台湾在政治组织、经济制度、文化教育程度等，其水准均在水平线以上，所缺者党化教育思想教育而已。祖国于收复台湾，应尽量利用台湾的设施发扬光大，利用台湾建设资本主义经济的经验和人才来重建台湾，来建设祖国。人才与经验的交流实属必要。台湾各种制度设施中，优良者予以保存运用，不合国情者予以铲除。”

此外，对其他方面也进行了充分的讨论。

游弥坚认为：“我们在台湾以军事收复以后，关于各项问题，都应事先准备。如秩序的维护、货币的筹划、粮食的掌握以及台湾经过战争以后的卫生和难民的救济等，问题虽小，但很值得研究。”

柯台山强调：“祖国这几年来，对台湾收复工作，固然有成立专司机关去推进，观其结果，都脱不了治标路线进行，像这种头痛医头脚痛医脚的办法，恐难以应付时局的变迁。倘能察其实际，步步应付，对症下药，才是目前的办法。”

连震东则从小处着眼，认为：“台湾人的生活有许多地方是良风美俗，接收以后，我们要设法维持。台湾问题的前提，是一定要收复。收复以后，亦必须要比日本人好。台湾人需要自由、幸福、平等，相信一定可以做到。”

不难看出，台湾志士们要求光复后在台湾建立特殊省制这一点是一致的，要点为：台湾应恢复中国行省建制，改台湾总督府为台湾省政府，但台湾的省政府必须拥有立法权，可以制定单行法，省政府的组织机构也应照顾到台湾现实情况，不必受限于大陆省政府的机构编制，以便在台湾光复初期顺利地完成接收与过渡，避免出现大的波动。

1945 年 3 月，战后接收台湾的计划预案——《台湾接管计划纲要》经国防最高委员会核准备案。从该纲要的条文看，台籍志士对于光复后台湾行政体制的有关建议大部分被国民政府所采纳。

▷ 林忠，字坤义，台湾南投人。台湾革命同盟会发起人，1943年任国民党台湾直属党部执行委员兼书记长，台湾光复后调任台湾地区各广播电台接收专员兼台长、台湾省党部执行委员。〔右上图〕

▷ 黄朝琴，字兰亭，祖籍福建南安，后定居台南。1945年9月奉调为外交部驻台湾特派员并兼任台北市长，1946年出任台湾省临时参议会议长。〔右中图〕

▷ 谢东闵，字求生，台湾彰化人，1945年随长官公署入台，派任高雄接管委员会主任委员、高雄县首任县长，历任台湾省行政长官公署民政处副处长、台湾省教育厅副厅长、台湾省政府委员兼秘书长、台湾省议会副议长、议长等职。图为高雄县长任上的谢东闵。〔右下图〕

◁丘念台，台湾苗栗人，抗战爆发后曾任第七战区少将参议，1943年任国民党台湾直属党部委员，1945年任监察委员兼台湾省党部委员，1947年4月，任台湾省政府民政厅长（未就），旋任台湾省党部主任委员，1948年任监察院监察委员。〔左上图〕

◁连震东，字定一，台湾台南人，抗战时期曾任军事委员会战时工作干部训练团少将政治教官，台湾光复后调任台北接收委员会主任委员、行政长官公署参事兼代台北县长、台湾省参议会秘书长。〔左中图〕

▽1946年11月，出席“制宪国大”的台湾省代表与福建省及侨民代表合影。

▷台湾台南虎尾区区长谢挣强。〔右上图〕

▷李万居，字孟南，台湾云林人，战时曾任港粤办事处少将主任，台湾光复后调派接收台湾新闻事业，旋任台湾新生报社长，1946年4月，当选为台湾省临时参议会参议员、副议长，1947年10月，创办《公论报》，自任社长。〔右中图〕

▽1948年5月10日，台湾省参议员黄纯清、翁钤等组团赴南京向蒋介石献旗，祝贺其当选为总统。

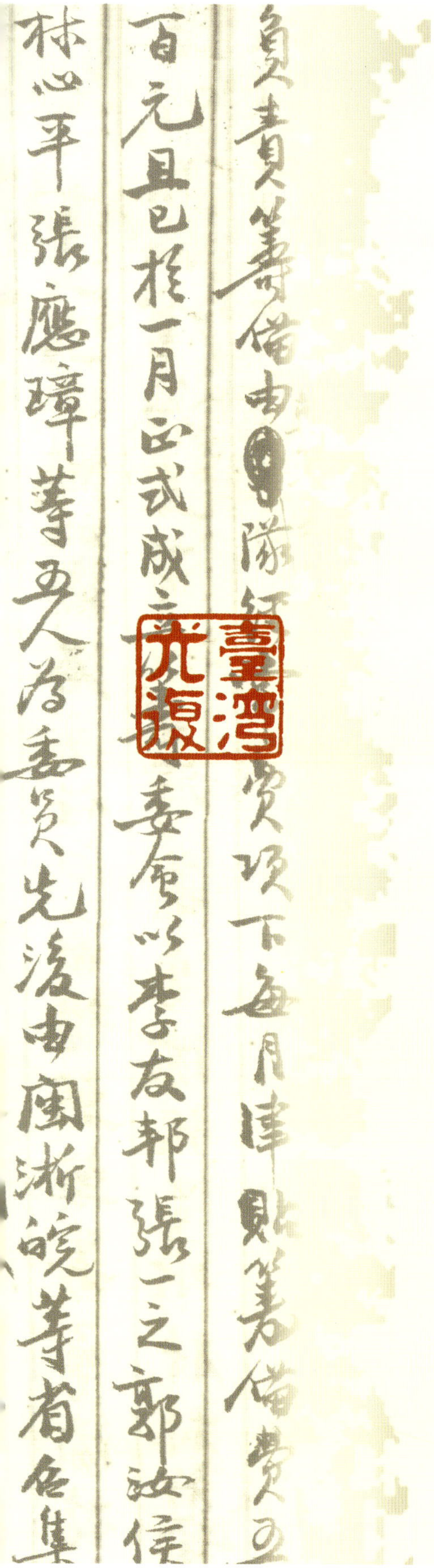

陈仪与台湾省行政长官公署

1945年8月15日，日本宣布无条件投降。按照事先制定的“预案”——《台湾接管计划纲要》，国民政府应立即成立台湾省政府，组织人员赴台。这时候，陈仪向蒋介石建议，既然台湾省最高行政机关比内地各省省政府拥有更大的权力，可用“行政长官公署”，以示与“省政府”有所区别。陈仪向蒋介石解释说，台湾省行政长官公署只是一个过渡机构，目的是“统一事权”，方便接收工作，平稳过渡。一旦接收完毕，各方面均井然有序，行政长官公署即改为省政府。

1945年8月27日，蒋介石正式任命陈仪为台湾省行政长官兼台湾省警备总司令。9月1日，行政长官公署和警备总司令部在重庆设立临时办事处，正式开始办公。10日，国民政府正式颁布《台湾省行政长官公署组织大纲》；20日，公布《台湾省行政长官公署组织条例》。10月24日，陈仪率长官公署官员飞台，并宣布于交接日起正式办公。

台湾行政长官公署的内部机构与组织，与各省省政府并无多大区别。光复初期，长官公署计设有九个处（秘书处、民政处、教育处、财政处、农林处、工矿处、交通处、警务处、会计处）、三个委员会（法制委员会、宣传委员会、设计考核委员会）及九个直属机构（专卖局、贸易局、粮食局、气象局、土地委员会、学产管理委员会、日侨管理委员会、日产处理委员会、石炭调剂委员会），合署办公。

长官公署与省政府的区别，主要有两点：一是长官公署比省政府权力更大。省政府的权限，在1944年4月公布的“省政府组织法”有很详细的规定。长官公署除同样拥有这些权力外，还多出了两项，一是在发行单行法规方面比省政府宽，二是长官公署可以指挥中央政府驻台机构。光复初期，国民党中央政府在台湾设置的机构有外交特别派员公署及各部驻台办公处等14家机构，这些机构虽有各自的主管机关，但都得服从台湾省行政长官公署。也就是说，在台湾，长官公署可以领导一切，中央驻台机构最多只能起到“方便联络”的作用。

长官公署与省政府的另一个区别是采用长官公署“长官制”，而省政府则是委员制。也就是说，在省政府，省主席的动议要省府委员会通过才能落实，而长官公署则不存在委员会通过的问题。此外，省主席一般是文职（战时除外），而行政长官则兼任警备总司令，文武集于一身，权限更是超出行政系统之外。

不用说，这种独特的长官制是一把双刃剑。高度集权，令行禁止，运用得当，有利于接收接管工作，平稳过渡；但与此同时，行政长官权力过多，一言九鼎，其个人战略眼光如何，对台湾的恢复和发展关系甚大，容易产生人存政举、人亡政息的弊端。

1945年10月24日，陈仪飞抵台湾，在台北松山机场发表演讲，称“本人此次非为做官而来，而是为台湾服务而来，一方面为人民谋福利，一方面为国家求建设。”并表示他“做事及勖勉部属，素来奉行六大信条，即一不撒谎，二不偷懒，三不揩油，四激发荣誉心，五爱国心，六责任心。今后仍当依此信条，努力建设新台湾，希望台胞协助”。

1946年间，由于台湾经济不振、社会不靖、贪污腐败案件频发，台湾省行政长官公署受到社会各界的抨击。翌年2月，“二·二八事件”爆发。事件平息后，为了平息余波，国民党政府撤销了行政长官公署，将其改组为台湾省政府，并任命魏道明为台湾省主席。

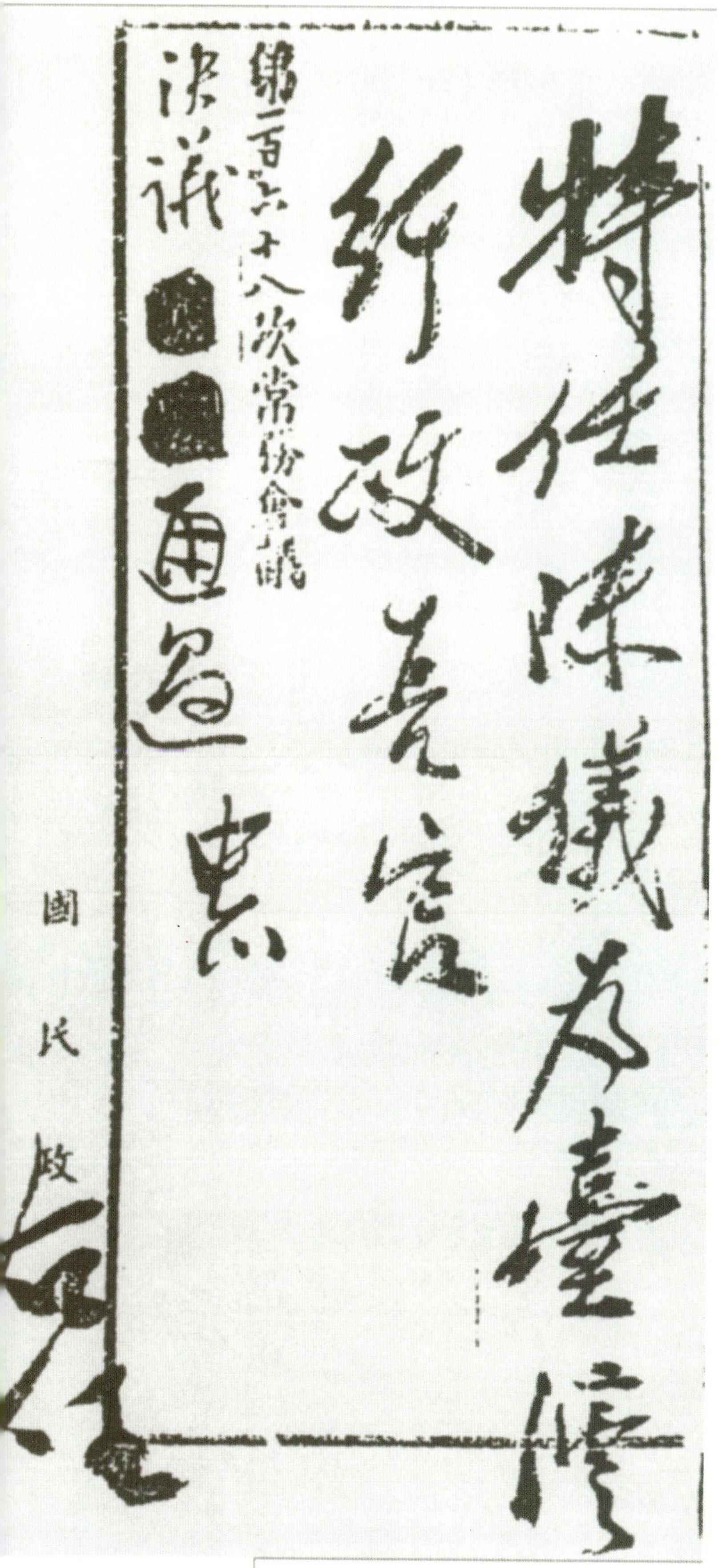
特任陳儀為臺灣行政長官
第一百六十八次常務會議
決議
通過
照
國民政

臺灣
行政長官

◁于右任签发台湾省行政长官任命书。

▷1928年，陈仪与项经方等赴欧考查时摄于德国柏林。

▽1948年3月，出席“行宪国大”的台湾省代表合影。

◁1945年10月，陈仪以台湾省行政长官公署长官兼台湾省警备总司令部总司令的身份赴台接收。

▷陈仪手书。

▽1948年6月3日，台湾省台中市各界人士召开禁烟纪念大会，并公开焚毁烟毒。

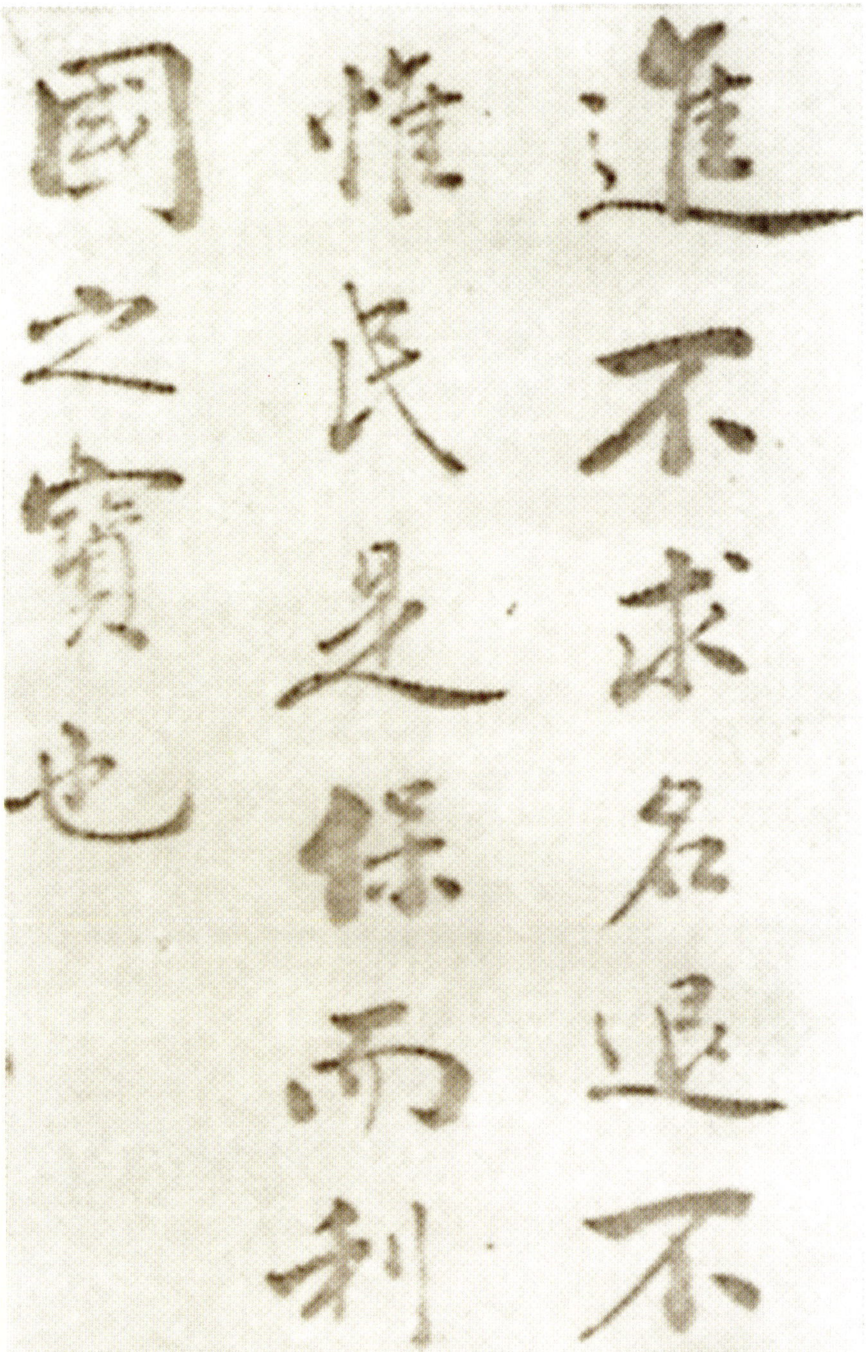

進不求名退不避罪惟民是保而利於主國之寶也

◁ 中央通讯社台北分处主任叶明颈。〔左一图〕

◁ 台湾省行政长官公署民政处处长周一鹗。〔左二图〕

◁ 花莲县参议会议长刘振声。〔左三图〕

◁ 屏东市参议会议长张吉甫。〔左四图〕

◁ 台湾省政府民政厅长杨肇嘉。〔左五图〕

◁ 高雄市桥头乡乡长余登发。〔左六图〕

▽ 台湾省临时参议会部分参议员合影，前排左4为议长黄朝琴。

▷ 任台湾省临时参议会参议员时的林献堂。〔右一图〕

▷ 台湾省党部视察李清波。〔右二图〕

▷ 台湾省党部主任委员李翼中。〔右三图〕

▷ 台湾省行政长官公署警务处处长王民宁。〔右四图〕

▷ 台湾省临时参议会参议员林日高。〔右五图〕

▷ 台湾省警备部副参谋长苏绍文。〔右六图〕

▽ 1948年6月3日，台湾省高雄市各界人士召开禁烟纪念大会，公开焚毁烟毒、烟具。图为与会代表合影。

◁1935年，陈仪任福建省政府主席时摄于省政府内。

▷陈仪手书。

▽1948年6月3日，台湾省台南县召开禁烟纪念扩大宣传会，并公开焚毁罂粟花、壳、茎、叶。

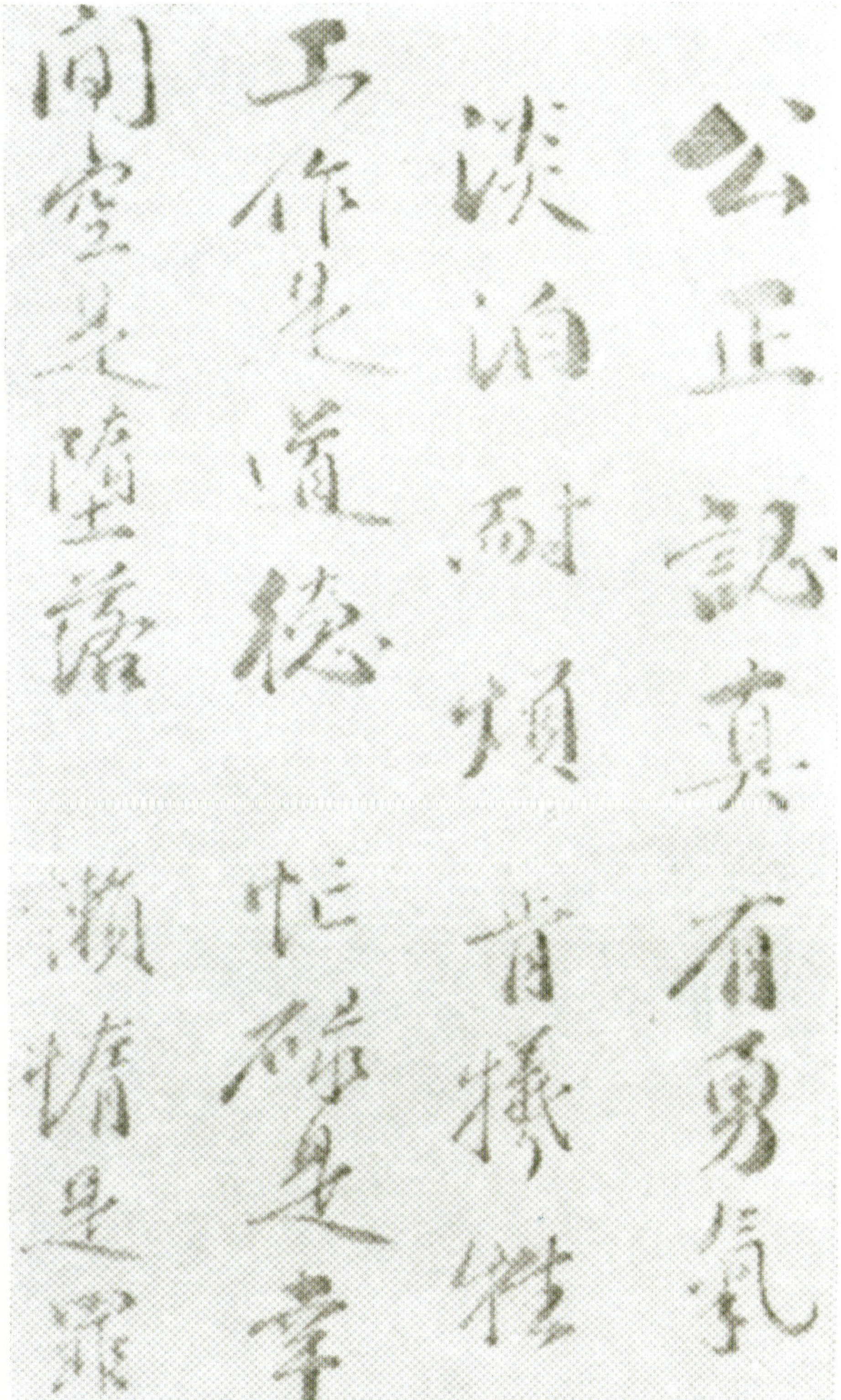
公正誠實有勇氣
淡泊耐煩肯犧牲
工作是道德 忙碌是幸福
閑空是墮落 懶惰是罪惡

▷陈仪录赠外甥丁名楠绝句二首。

▽1936年冬陈仪与夫人沈惠及女儿陈文瑛在南京。〔下左图〕

▽1904年留日时的陈仪与鲁迅（后右）、许寿裳（后左）、邵文鎔（前左）在日本东京合影。〔下中图〕

▽台湾省行政长官公署发表的第一个训令。〔下右图〕

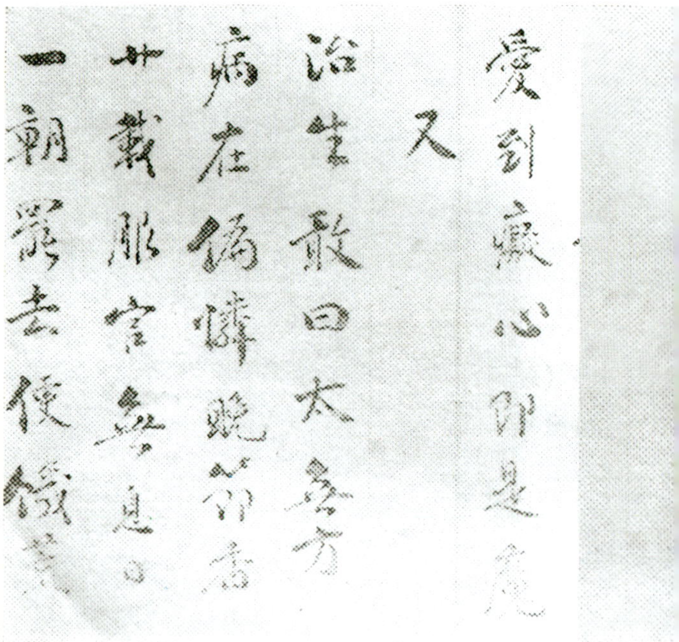

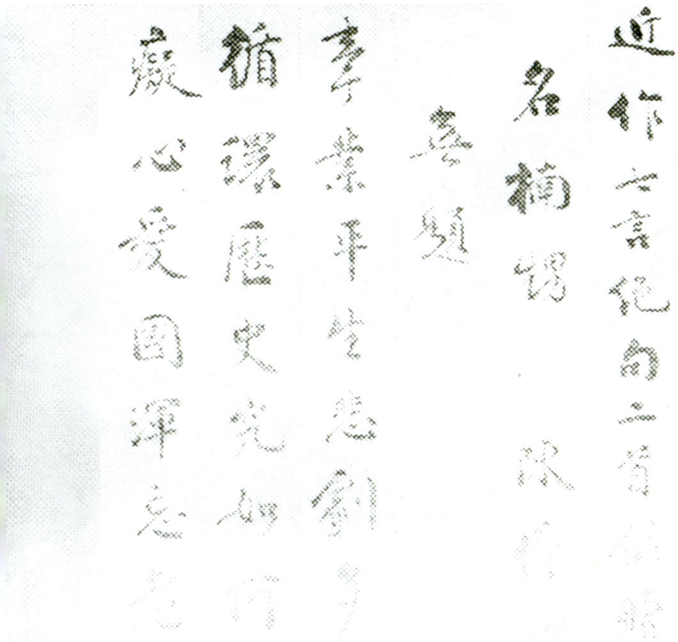
近作七言絶句二首
循環歷史究如何
癡心愛國渾忘老

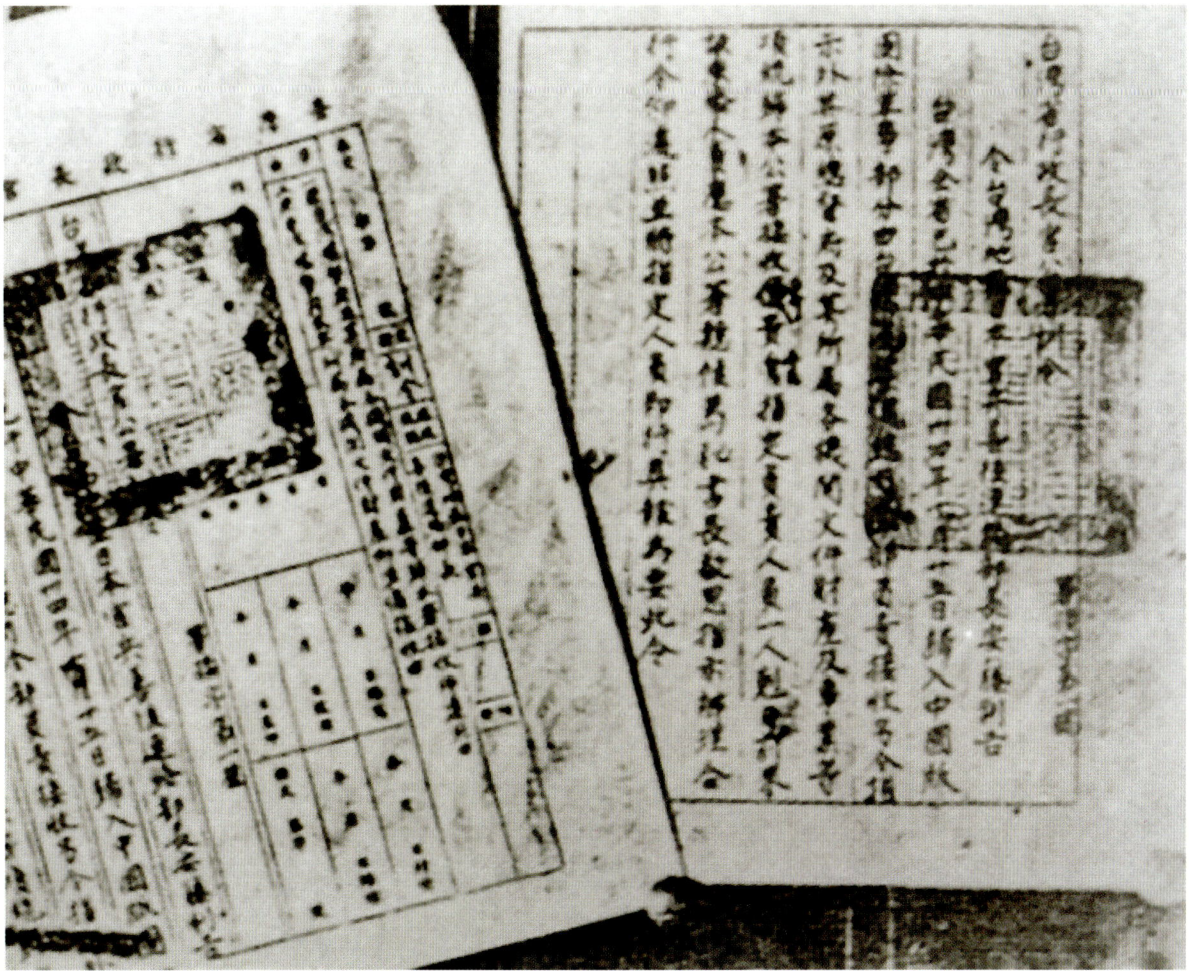

◁ 台湾省行政长官公署工矿处处长包可永。〔左上图〕

◁ 台湾省行政长官公署交通处处长任显群。〔左中图〕

◁ 任台湾省行政长官公署民政处副处长时的谢东闵。〔左下图〕

▷ 1948年6月3日，台湾省基隆市各界人士召开禁烟纪念大会。〔右上图〕

▷ 1948年7月14日，台湾省台北县政府公开焚毁罂粟花壳。〔右下图〕

▽ 台湾省行政长官公署秘书长葛敬恩。

中國油輪有限公司接收黑潮丸並改名永灝輪攝影記念
民國叁拾六年拾弍月叁拾壹日高雄市

◁ 1947年12月31日，中国油轮有限公司在台湾接收日产“黑潮丸”号油轮，并改名为“永灏”轮。〔左上图〕

◁ 接收“黑潮丸”号油轮签字情形。〔左下图〕

▷ 资委员会台湾电力总管理处一角。〔右上图〕

▷ “永灏”轮全貌。〔右中图〕

▽ 1947年4月，台湾省行政长官公署改组为台湾省政府。图为台湾省政府办公大楼外景。

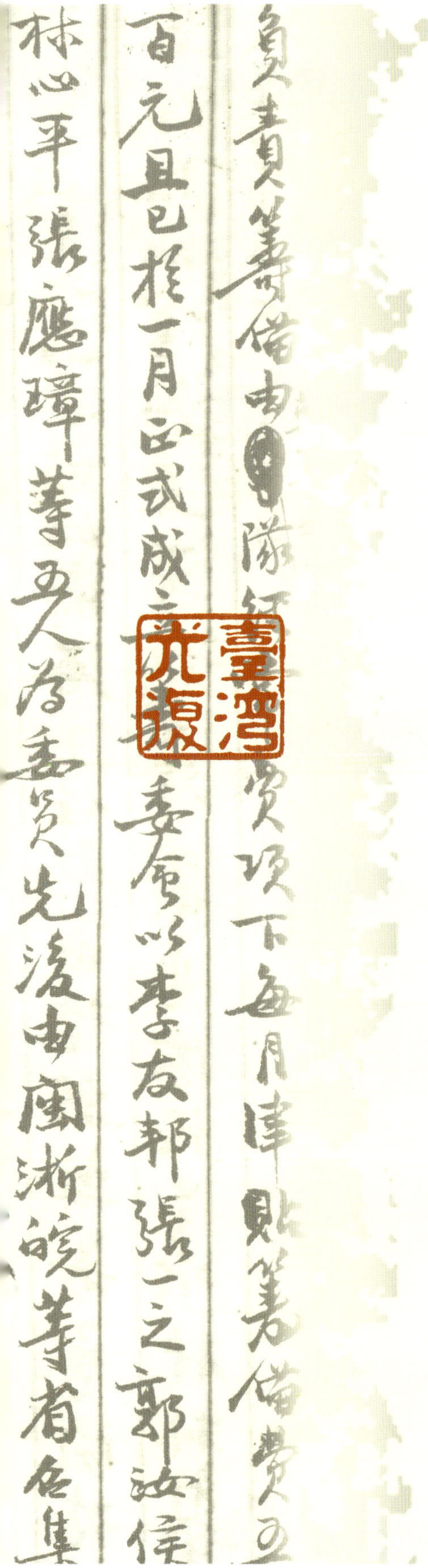
負責籌備由
隊
項下每月津貼籌備費五
百元且已於一月四日成立
委會以李友邦張一之郭汝侯
林心平張應璋等五人為委員先後由閩浙皖等省召集
臺灣光復

新港鄉農業會肥料分配盛況

百废待兴

二战期间台湾饱受炮火摧残
原有的生产设施遭到极大毁坏
光复初期
全岛四处疮痍
满目荆榛
社会经济亟待救济与复苏
国民政府收复台湾后
一方面立即成立善后救济总署台湾分署
在当地组织和开展了必要的善后救济工作
一方面对日产采取整体接收政策
在省内推行公营经济政策
并建立起独立的货币体系
使台湾战后经济得以恢复和发展

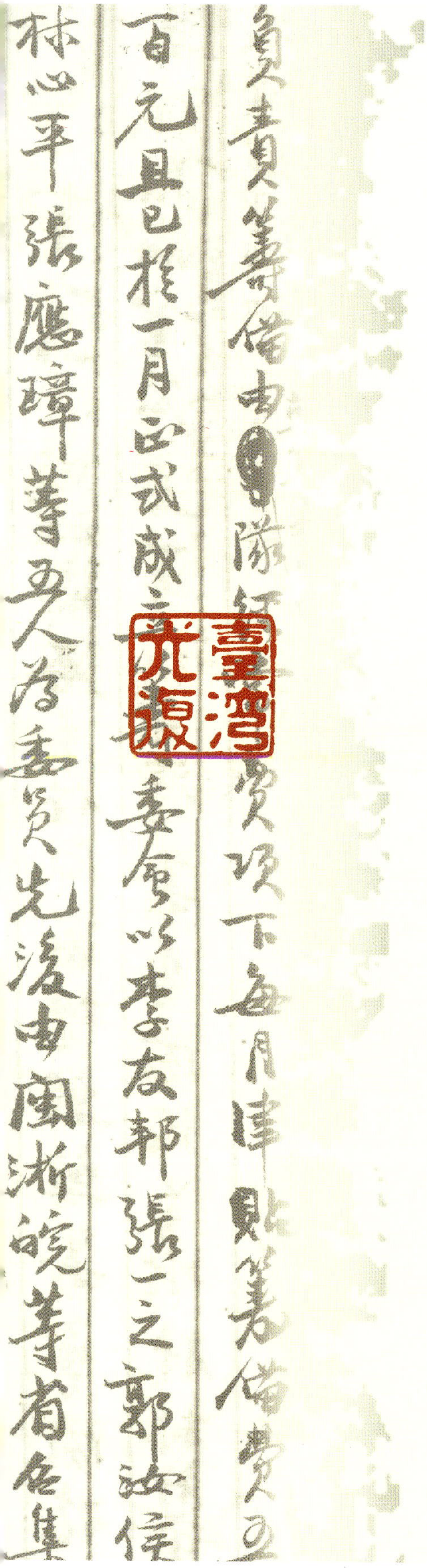

盟军空袭对台湾基础设施的破坏

日本长期将台湾作为“南进基地”，据台时期在岛上广建军事基地，修筑机场和军港，扩充军火和物资储备。二战期间，台湾在日本对东南亚和华南的扩张中发挥了重要作用，太平洋战争爆发后其战略地位益显重要：满载战略物资的日本舰船往往是由从台湾基隆基地起飞的飞机护航；穷途末路的日本军国主义还以台湾、琉球、小笠原群岛构成“最后的海上防线”，谋作困兽之斗。太平洋战争末期，随着盟国军队的节节胜利，战线逐渐向日本本土推进，当时台湾岛内有传闻说美军将在此登陆，进而向日军发起总攻，其实美国海军确有从马里亚纳群岛攻击驻扎于此的日军航空基地的打算，不过由于缺少足够部队而改在冲绳岛登陆。

为进一步打击和摧毁日军残余航空兵力，在战争最后结束之前的一年多时间里，盟军出动了大批次机群，或利用快速航母特混舰队，或从菲律宾、塞班岛等基地出发，向日据台湾连续发动猛烈空袭。日军在台指挥机关及军事设施无疑被盟军列为空袭的首要目标，台北市内的台湾总督府、台南市日军兵事部、基隆市日海军武官府等所在地均遭重创。1944年10月13日，美机对高雄县境内台湾飞行机第三制造厂进行的空袭，一举摧毁了那里的飞行员宿舍以及停放的飞机和发动机，1945年4月下旬炸毁嘉义空军基地，5月20日又轰炸了台南飞行场。在1945年5月31日美机对台北市的大空袭中，位于该市的台湾总督府、台湾总务长官邸、台湾军司令部等处全被炸成废墟。澎湖县马公镇一带是驻台日军军事重地，频繁光顾的美机在此倾泻弹药无数，日军军需、施设、工作部设于马公测天岛、马公大案山等要塞的兵舍、仓库、作业工场等军用设施以及马公虎井屿炮台、东海兵团粮食库、海军码头、火烧坪火药库等重要据点被悉数炸平。

为切断日军战略物资的来源，台湾工矿企业亦成为盟军打击的重点。台南的台湾拓殖株式会社、明治制糖株式会社、台拓化学工业株式会社，高雄的台湾肥料工场、台湾炼瓦工场、东铁工场，新竹的苗栗炼油厂、酒精工厂、中方水泥公司，花莲的盐水港制糖公司寿丰工厂、台湾石绵公司丰田工厂、东台湾运送会社等企业工场、仓库等，均屡遭盟军轰炸，损失惨重。1944年月10月12日、13日，盟军接连两天轰炸了花莲地区的东邦金属制炼株式会社、日本铝株式会社、台湾专卖局花莲港支局，重创该地区钢铁构筑的工作工场、制品仓库等。台湾原有生产设施遭到毁灭性破坏，全省约1/4的工厂毁于美军轰炸，其中以电力工业、制糖业受损最重。战时毁于战火的制糖工厂达34家之多，作为全台电力中心的日月潭电站两个发电所的高压设备全被炸毁，溪口、松山、恒春等火力发电所也相继毁损，各种发电设备、输电线路损失惨重。为破坏在台日军的抵抗能力，盟军还对台湾铁路、港口等交通网线实施了重点轰炸，全省各主要城市火车站均是美机投弹的对象，大小桥梁、路基被毁者更无计其数，高雄、基隆、新高、马公四大港口的船坞码头也毁坏大半，光复初期台湾交通已基本陷于瘫痪。

据1945年6月国民党中央设计局台湾调查委员会编制的《台湾被炸损失统计表》统计，仅1944年10月至1945年5月15日止，美军飞机对台空袭次数就在1万架次以上。如此大规模的密集轰炸，在有效攻击日军在台军事、经济目标的同时，难免累及无辜，对大量民用设施造成误炸。据战后台湾省行政长官公署民政处营建局对全省各县公路建筑物状况进行的调查显示，分布于城乡各地的商铺街市、农户民宅等民用公共设施及寺庙、教会、学校、医院等设施在二战中遇袭挨炸的情况屡见不鲜，平民在空袭中屡有伤亡。1945年3月1日台南市被袭时，全市就有10余所学校受损，孔圣庙、历史博物馆等亦尽受池鱼之殃。轰炸过后，台湾各大中城市各类基础设施被破坏殆尽，昔日熙攘热闹的街市上到处是败垣颓墙、瓦砾遍地。

战事结束近半年，台湾省行政长官公署派员视察全省时，各地仍“断片残痕触目皆是”，足见其受损程度之严重。据善后救济总署台湾分署所呈报的台湾省都市损坏报告统计，高雄市受损最重，战事毁损率高达57%，基隆市紧居其后达56%，战时受损率过半的台南市为51%（系按建筑物计算），嘉义市按全市区之面积计算为40%，若按街道房屋计则高达80%，而新竹、台北、屏东、彰化、台中等台湾主要城市的战事毁损率系由各该市公共工程局仅就住宅一项调查统计得出，分别为30.9%、27%、11.9%、4.6%和1.5%。

台湾岛内满目荆榛，弹痕累累，在硝烟初散的战争废墟上，百废待兴，各业待举。

▷台南市北区光复路原日军兵事部于1945年3月1日全被炸毁。〔右上图〕

▷1944年10月13日，高雄县台湾飞行机第三制造厂被炸的飞机残骸。〔右中图〕

▷台南市北区光复路原日军兵事部于1945年3月1日全被炸毁。〔右下图〕

◁1944年10月13日，高雄县台湾飞行机第三制造厂被炸的飞机残骸。

▽澎湖马公镇中山路原日军重炮兵联队1945年3月14日被炸后情形。

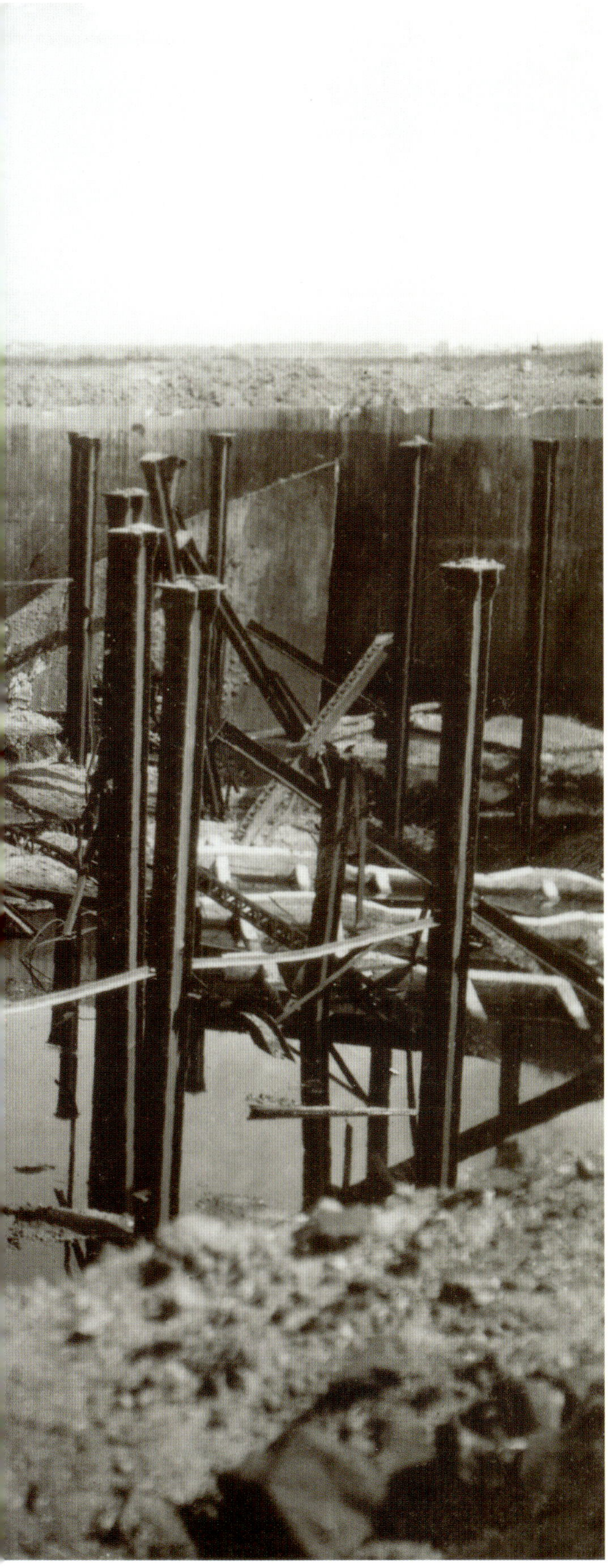

◁澎湖马公日军军需部重油池1945年4月4日被炸后情形。

▽台湾总督府在1945年5月31日美机对台北市的大空袭中被炸。〔右上图〕

▽1944年10月12日上午9时，美机对花莲县铝株式会社电炉工场实施轰炸，致使该工场钢筋建筑及设备受损。〔右下图〕

◁ 停泊于澎湖县马公岛附近的日本旗风号驱逐舰1945年1月5日被炸沉之场景。

▷ 1945年4月22日，台中县政府对面的商店和住宅被炸。

▽ 1945年6月基隆港码头建筑物被炸受损情形。

清水表具店
御家庭ノ不用品委託販賣部
開設致シマシタ早速御利用ノ
御願申上マス

◁位于台南县北门区佳里镇的台拓化学工业株式会社佳里仓库1945年5月10日遇炸后夷为平地。〔左上图〕

◁1945年5月22日上午11时，台南县东石区六脚乡酒精工厂遭袭，图为该厂第二压榨室蒸汽机及蒸汽管等机器设备被炸毁状况。〔左中图〕

▷位于花莲县寿丰乡溪口村的台湾电力公司溪口发电所于1945年3月5日被炸烧毁。〔右上图〕

▷战时台湾制糖业损失惨重，图为位于嘉义区大林镇的日糖兴业株式会社台湾支社大林制糖所1945年5月25日被炸受损情形。〔右下图〕

▽新竹县苗栗炼油厂1945年5月17日遭袭，机器损坏率达77%（图中“×”者为其旧址）。

◁ 台中市火车站于1945年4月22日被炸受损。〔左上图〕

◁ 台南市区在1945年3月1日空袭中成为一片废墟。〔左下图〕

▽ 屏东市民族路中站两侧聚集的商店被炸后迟迟未能复原。

◁遭美机轰炸后，台南市火车站建筑物墙壁上弹痕累累。

▽基隆市战时受损严重，图为1945年6月基隆市政府被炸情形。

▷1945年5月31日高雄市大阪商船会社被炸情形。

▽1945年6月2日上午11时，一架执行轰炸任务的美机在新竹县苗栗火车站上空受伤坠碰天桥，该站月台亦连带焚毁。照片中有“×”者为天桥原址，有“O”者为美机残骸之机头部分。

◁战时台湾各地文化设施亦遭美机误炸，图为高雄戏院被炸后所余残垣断壁。

▷1945年3月1日，位于台南市东区开山路的师范学校被炸，全校27间校舍大半毁坏，因未能及时修复而影响到该校学生入学。

▽1945年6月基隆港码头建筑物被炸受损情形。

◁ 澎湖县马公镇光复里中山会馆西面民宅1945年6月13日被炸惨状。

▽ 1945年5月15日，新竹国民学校（即第四国民学校）被炸后所剩之狼藉。

◁屏东市中正路中段两侧商店与图书馆于1945年5月1日被炸。〔左上图〕

◁1945年5月17日台南市历史博物馆被炸之惨状。〔左下图〕

▷▽1945年4月18日，彰化市孔子庙也难逃被炸厄运。

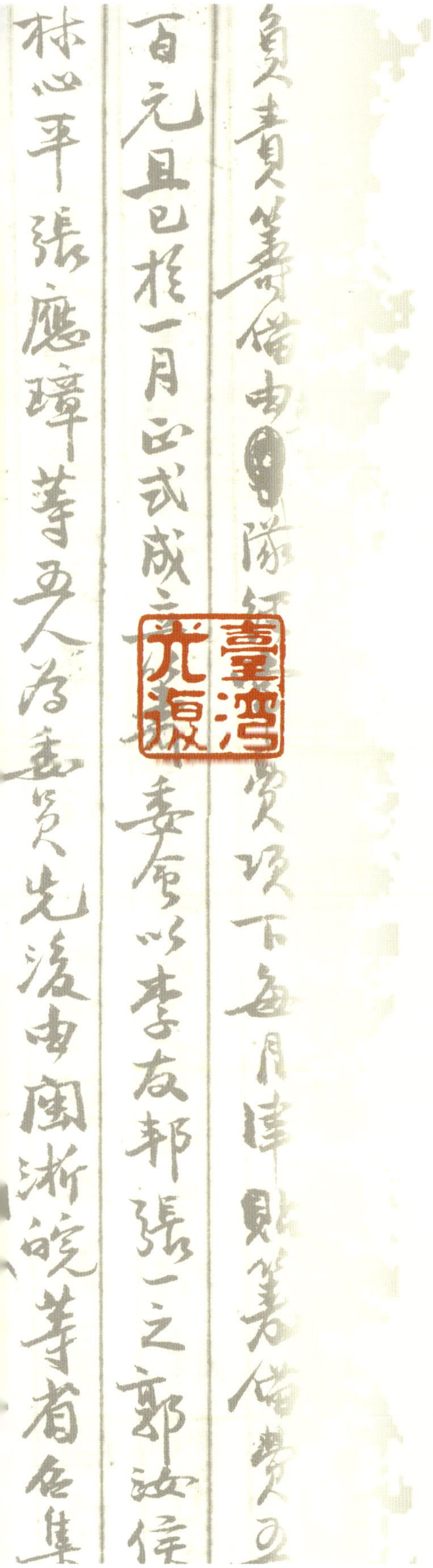

善后救济总署在台湾

光复后的台湾亟待救济，行政院善后救济总署也将其划为战后救济区域之一。1945年10月，国民政府任命钱宗起、高翰为正副署长，负责筹设善后救济总署台湾分署。同年11月1日台湾分署在台北市前明治生命馆旧址正式成立，设振务、储运、卫生、总务四组和秘书、技正、视察、会计四室，嗣以业务增加又添设四个工作队与临时驻澎办事处，全面办理台省善后救济事务。

台湾分署自成立之初到1946年3月为调查计划阶段，于救济物资未到之前先期展开一系列社会经济调查工作，编制了《台湾经济调查报告》、《台湾省米谷与肥料》等资料。1946年4月至年底为救济时期，救济物资相继抵达，善救工作全面展开，当中又以难民的救济遣送接待和以工代赈、修复战时灾害为主。1947年1月到该分署结束止为善后时期，着重于农田水利与公路桥梁房屋等修复工作，以及慈善机关的培植等事务。

战争期间，台湾民间人力财力因积年被征，造成田园荒芜，工厂停工，人民生活困难，全省需要救济的人数计有20万之众。善后救济总署台湾分署对因战争而产生的孤寡赤贫人员首先施以救济，食品、衣着类赈济物资或由该署工作队直接散发，或派员会同地方政府发放，有的则委托各县市善后救济协会会同当地政府机关发放，由该署派员分区抽查监督。台湾分署在其存在期间，还对省内发生的台南地震、风火疫灾等意外灾害，工人渔民、高山族同胞、澎湖饥民、文教人员及学生等贫困人群进行了广泛赈济。在台湾分署的组织救济下，当时台湾饥馑情形较中国其他各省并不严重，在食品救济方面基本可满足所需，历年发生粮荒的澎湖县亦得以安然渡过。

受战时轰炸影响，台湾40%人口赖以为生的工矿事业十几残破，失业人数激增。台湾分署在业务政策上注意贯彻总署善后重于救济的原则，陆续举办了各大都市复旧、重要农田水利修筑、台北高雄两县三处公路桥梁修复、宜兰防洪堤防修复、高雄恒春区平民住宅建筑、高雄港码头仓库修复、台湾肥料公司基隆肥料厂房屋建筑以及澎湖鱼港修筑等多项工赈工程，用以增进生产，改良社会经济状况。其中作为先导的都市复旧工程千头万绪，最为繁复，包括各大城市炸毁区的空地清扫、卫生清除以及下水道、自来水、公园、道路、桥梁修复工程，总计台币11703714.8元。台湾分署另于农田水利方面的工赈事业用力最多，共耗资13436402元。台南县嘉南大圳干支给水诸线修复工程为全省水利修复工程的首要，该水利工程灌溉面积占台省灌溉总面积的三分之一，与桃园大圳并为台湾南北最大的水利工程，经济价值至为重要。因战时给水线年久失修，堰堤日渐破坏，台湾分署于战后出资完成此项修复，对于保障台省粮食生产裨益极大。

战后初期台岛流落外地的返籍难民约10万余人，善后救济总署台湾分署受命协同各有关机关对流离人民进行遣送，受其资送回乡者达11899人。分署对返籍台胞抵台后先供给饮食，再酌情分别给予车旅费；对因病不能立即返乡者，备车送往医院免费治疗，痊愈后再资遣回乡；难民回乡后生活仍困难者可向当地县市政府登记，在该署施赈时享有优先获得的权利。台湾分署还推动各界组成台湾省儿童福利协会，并提出一定款项作为儿童福利基金，以收容失依儿童。另外，台湾分署在卫生防疫、农业与工矿善后业务等方面也有所作为，向全省八县九市30万家农户分配了肥料，几占全省耕地面积的三分之一，对于当地水稻、甘薯、蔗糖等农作物的增产效果至大。

善后救济总署台湾分署在台工作期间成效颇著，尤以赈恤业务成果最为卓著：因其较早即着手举办工赈，使部分民众得获工作与救济，有助于减缓城市失业问题；平粜面粉与粮食散赈，又使得贫民在台湾粮食生产尚未恢复之前即获普遍救济，对减轻当时的粮食恐慌颇多助力；以农田水利为主的工赈工程不仅直接救济了农村劳力，也间接增加了全省的谷米生产；对地方上发生的临时灾害则趋救及时，使伤病者可得迅速医治，减轻了灾民的痛苦；向其他慈善救济机关拨发物资、捐赠房屋、补助经费等，为各慈善救济机关的业务发展奠定了基础。台湾分署在计划设计上注意以实惠及民、物尽其用为原则，分配救济物资在遍及全省乡村各地的基础上，对贫瘠地区优先多量给予。以施给蚊帐布疋事宜为例，除将一小部分发给医院及各慈善机关外，大部分都发给衣帐缺乏的高山族同胞，因其深居山中疫疠猖獗之地，容易感染各种传染病。为对当地人民生活环境与体质健康有所改良，分署派工作人员赶赴高山乡村，向每户送发可容五六人共卧的大蚊帐一顶，衣料两套，约17000余户高山族同胞受惠于斯。

1947年5月31日，行政院善后救济总署台湾分署奉令宣告结束。

▷嘉南大圳修复工程开工情景。〔右上图〕

▷分署所举办的修筑台中街道工赈工程。〔右下图〕

▽分署用车护送患病的返籍难民入院医治。

◁ 台湾分署署长钱宗起偕有关工作人员正在视察嘉南大圳水利工程的途中。

▷ 分署提供的救济帐篷成为灾民的临时避难所。〔右上图〕

▷ 图为桃园水利工程开工典礼。〔右中图〕

▽ 1946 年 12 月 5 日台南发生大地震后，分署派出赈灾专车运送救济物资分振灾民。

〔一〕

〔二〕

〔三〕

〔四〕

△战时遭破坏的台湾南部大桥——枋山桥。

◁由分署拨给台湾省立救济院缝衣机而设立的缝纫工场。〔左一图〕

◁分署工作队深入乡村散发救济食品及衣物。〔左二图〕

◁堆积于仓库的大批肥料后由台署分发到台湾农户手中。〔左三图〕

◁分署修复后之枋山桥全貌。〔左四图〕

▷分署曾向台湾当时最著名的私立慈善机关——台北爱爱院提供大量援助。图为爱爱院内的一批收容者。〔右一图〕

▷台湾新港乡农业会经办台署肥料配发情形。〔右二图〕

▷台东卑南大圳导水线挖土工程之进展情形。〔右三图〕

▷台东县自来水池正在修复中之场景。〔右四图〕

〔一〕

〔二〕

〔三〕

〔四〕

◁分署在各国民学校设立牛乳站供应牛乳。

▷分署向贫弱儿童散发炼乳。

▽1945 年 11 月 1 日，台湾善后救济分署在台北正式成立，负责办理台湾地区善后救济事务。图为分署全体人员在分署大门前合影。

◁ 各地返台难民陆续登岸后由分署接待返籍的情景。〔左上图〕

◁ 台署向基隆港务局租用的分署专用仓库。〔左下图〕

▷ 由分署捐建的台北盲哑学校宿舍。〔右上图〕

▷ 高雄、基隆为台湾南北两大港，所有物资进出均由两港吐纳。图为由台湾分署出资补助修复的高雄仓库。〔右中图〕

▷ 居于深山的台湾高山族同胞是善后救济总署实施救济的对象。图为分署工作人员发给高山同胞蚊帐及衣料时的情景。〔右下图〕

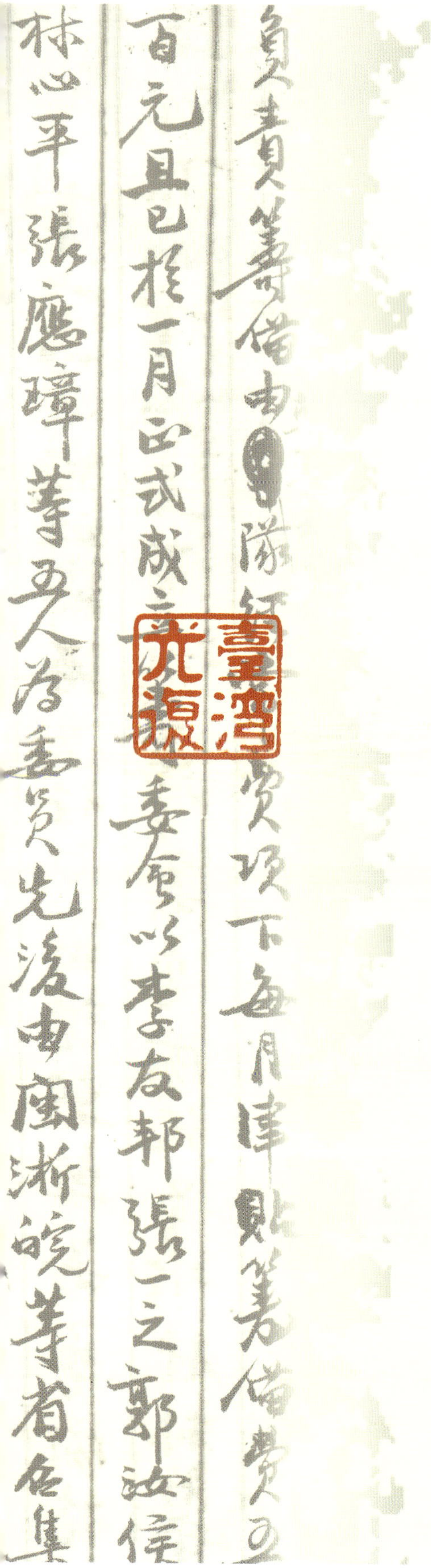

光复初期台湾的经济体制

战争的破坏，使重归中国版图的台湾经济百业凋敝，工农业生产水平大幅度下降。对于国民政府来说，台湾光复后应如何接收，采取何种经济政策以尽快恢复和发展当地经济便成为当务之急。

鉴于台湾情况的特殊性与复杂性，国民政府在当地采取了一套独特的接收措施。1945年11月1日组织成立的台湾省接收委员会是全省接收日产工作的最高领导机关，由陈仪兼主任委员，分为农林渔牧、工矿、粮食、交通等11个组，分别接收台湾总督府及日帝政府各机关所属财产。为尽量保持台湾经济发展所需物质基础，委员会各接收组将具体接收工作分为两步：先选派监理人员在应行接收的各敌伪产业中成立监理委员会，一面监督其继续维持生产以保证需要，一面整理财产账务，培养相关技术管理人才，待时机成熟后即予正式接收。台湾当局接收日产工作基本做到了统筹安排、有条不紊，台湾日产也免于劫收的厄运。故而有评价说“台湾的接收工作，在大体上说来，远较内地任何收复省市做得好”，有利于光复后台湾经济的恢复与发展。

日本帝国主义在台湾长达半个世纪的统治，使日人产业遍及全台各个角落，台湾工业绝大多数为日本帝国政府、台湾殖民当局及各大财阀所垄断，由台胞经营的寥寥无几。光复后，台湾当局对为数众多的日产采取了收归国有的接收方针，由于台省行政长官陈仪向来秉持国家资本主义的观念，这种由国家建立控制国计民生经济体系的理念很快便转化为事业国营的经济政策在台付施实施。根据1946年7月5日公布的《台湾省接收日资企业处理实施办法》，各机关所接收的日资企业，凡与国计民生关系密切的以拨归公营为原则，其余部分标售民营。但较小规模的企业标售工作迟迟未能展开，仍由政府维持经营，公营经济遂在台湾整个工业经济中占据主导地位，民营工业微乎其微。

台湾公营事业可分为国营、国省合营、省营、县市营及党营等几种。国营系资源委员会独资经营，台湾工矿事业中由资源委员会独办的仅限于石油、铜矿、铝业三种，分别成立中国石油公司台湾油矿勘探处、台湾铜矿筹备处与台湾铝业筹备处进行接办；糖业、电力、制碱、肥料、水泥、造纸、机械造船等台湾工矿业由资源委员会和台湾行署合办，属国省合营性质；煤矿、电机、纺织、化学制品、机械工业等行业，则划归台湾省独资经营。1947年4月，台湾行署将工矿处、农林处所辖各公司合组为台湾工矿股份有限公司、台湾农林股份有限公司，以便对省营公司实施统一管理。

1946年5月1日，台湾糖业股份有限公司、台湾水泥股份有限公司、台湾电力股份有限公司三家豪门国企同期成立。日本侵占台湾期间极力发展机器制糖业，以至战前台湾产糖量仅次于古巴、印度和爪哇，不过战时台湾制糖业已趋萎缩。光复初期鉴于资金短缺，技术人员不易补充，加之战时受损工厂未能完全开工等种种困难，台湾糖业公司只好尽量利用日据时留下来的旧有设备，边修复边生产。一方面改原限价收购政策为分糖法，鼓励蔗农扩大生产；一方面分期分批收回已出租的土地发展自营农场，以扩大甘蔗种植面积，使台湾糖业生产在极其困难的条件下得以缓慢复苏。台湾水泥股份有限公司成立后，对全省水泥实施统制生产。1947年，国民政府从国家财政中拨出50万美元专款，同时还从联合国农村复兴基金中争取到53万美元的贷款，并向加拿大贷款26万美元，投资于台湾水泥业。由于资金充足，台湾水泥工业很快恢复起来。

接收前台湾共有发电所34所，其中水力发电所26所，火力发电所8所，可发电34万千瓦，而接收时仅能发电4万千瓦。台湾电力股份有限公司以“开发台湾全省电力资源，供应全省用电，促进台湾全省电气化”为企业宗旨，在台湾当局和台湾银行的扶植下积极修复电力事业，使之很快便有了一定起色：截至1947年，台湾全省输电干线已统一使用14万伏特的双路高压供电线，最大发电量增至21万千瓦以上，变压器也由一套增为六套。除发电设备为1.25万千瓦的乌来

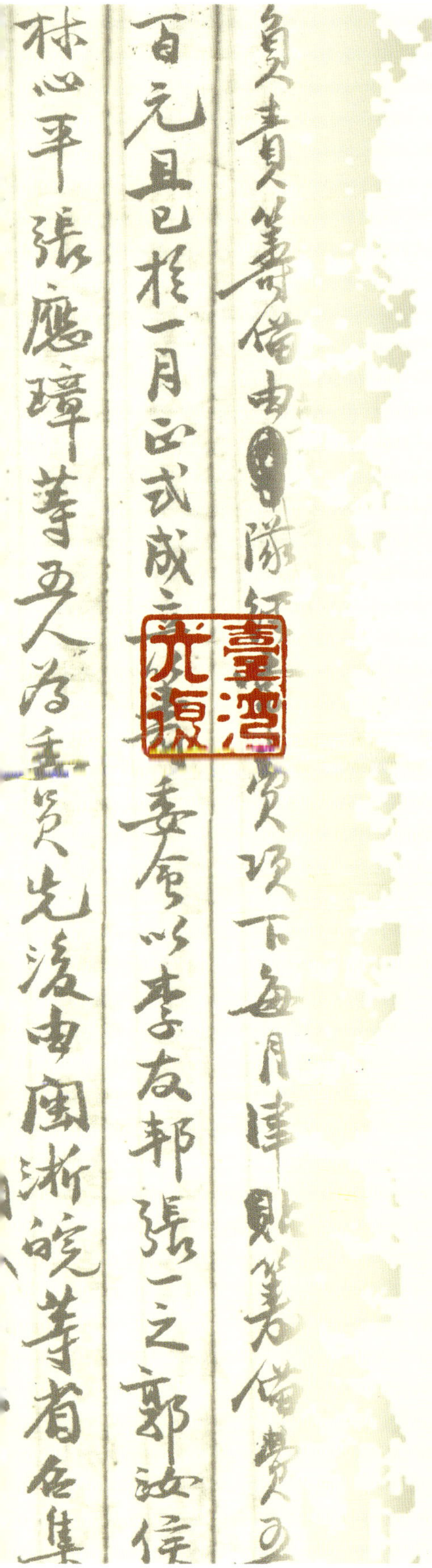

发电所修建工程外，天冷、雾社、南势、竹东及北部等发电所也正在积极修建中。其中日月潭10万千瓦水力发电所是全岛最大的水电工程，它利用当地得天独厚的自然资源，向社会源源不断地提供了巨大电能，因而被誉为台湾工业的神经中枢。

至于机械工业，接收前台湾原有制造工厂72家，制造产品多为制糖工业所需各种机械器具及原动机，其次为船舶和农用机具。所有日资机械工厂被接收后，分别改组为台湾机械公司和台湾省工矿股份有限公司机械分公司复工，成为光复后最初几年台湾机械工业的主体。另外，台省化肥、造纸、樟脑、橡胶、油脂、碱等化学工业经努力恢复，各类化工制品月产量亦有所增进。

◁ 光复后，台湾石油工业归资源委员会独资经营，属国营性质。图为中国石油公司台湾油矿探勘处500立方公尺储气罐。

▷ 台湾油矿探勘处钻井作业。

▽ 日据时代的专卖局光复后改为烟酒公卖局，是台湾省行政长官公署在台所建公营经济体系中的重要利源之一。

◁ 台湾糖业公司生产车间的压榨机。〔左上图〕

◁ 台湾油矿探勘处苗栗炼油厂之原油罐。〔左中图〕

◁ 中国石油公司台湾油矿探勘处苗栗炼油厂全景。〔左下图〕

▽ 台湾电力公司大观发电所外观。该发电所系利用浊水溪水资源，由日月潭贮蓄，经320米落差冲击五台水轮发电机发电。

▷ 台湾蔗农正在蔗田辛勤劳作的情形。

▽ 1946年5月1日成立的台湾糖业股份有限公司接收了日本在台原四大制糖会社的资产与业务。图为台湾糖业公司从蔗农手中收购甘蔗装上火车情形。

◁台湾糖业公司出品的白砂糖成品。〔左上图〕

◁图为大观发电所内的水轮发电机。〔左中图〕

◁台湾肥料公司第五厂电石炉全貌。〔左下图〕

▷图为日月潭贮水池余水口。日月潭水位高70尺，水量大时余水即由此流出发电。〔右上图〕

▷台湾肥料股份有限公司于1946年4月成立，日据时期的五家化肥厂分别改组为该公司第一至第五厂。图为该公司第一厂罗东分厂外景。〔右下图〕

▽台湾电力事业划由国省合营，图为台湾电力公司高雄火力发电所外景。

◁ 台湾水泥股份有限公司高雄厂鸟瞰。〔左上图〕

◁ 台湾纸业股份有限公司台北厂全景。〔左中图〕

◁ 台湾机械公司是光复初期台湾机械工业的主体，图为该公司高雄机器厂主要生产设备——铁板剪切机。〔左下图〕

▷ 台湾碱业公司盐酸合成塔。〔右上图〕

▷ 高雄水泥厂旋窑全景。〔右中图〕

▷ 台湾水泥公司苏澳水泥厂生料部的石灰石带运机。〔右下图〕

◁ 台湾茶厂的茶叶烘干机。〔左上图〕

◁ 高雄机器厂生产的 2 吨起锚装卸两用机。〔左中图〕

◁ 台湾的茶园与茶厂。〔左下图〕

▽ 台湾火柴厂 1948 年注册的“宝岛”牌火柴商标。

▽ 台北华台火柴厂 1948 年注册的“金扇”牌火柴商标。

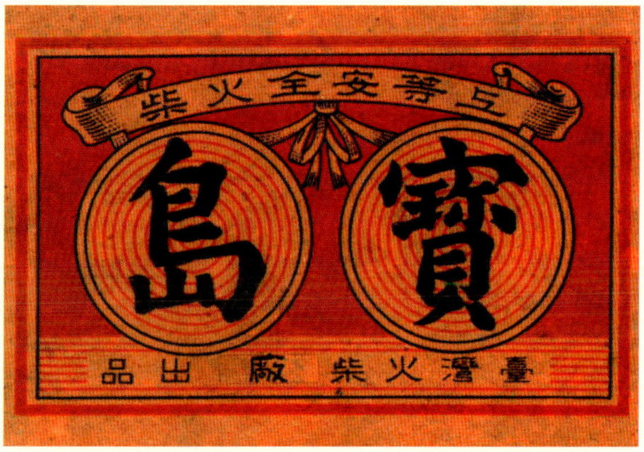

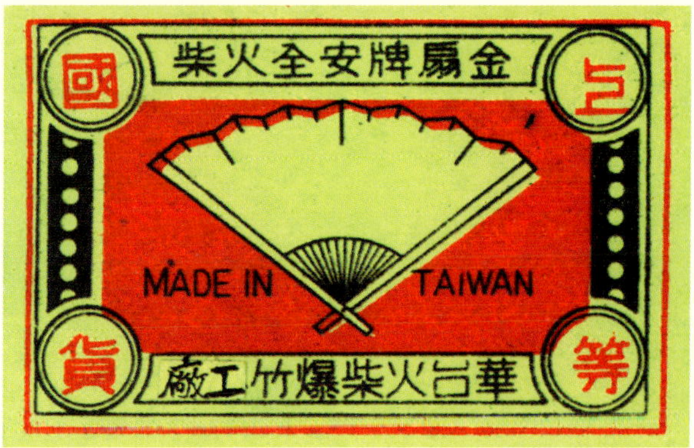

▷ 台湾碱业公司电解工场。〔右上图〕

▷ 台湾纸业公司台北厂的四库式磨木机，每日可产机械木浆75吨。〔右中图〕

▷ 台湾纸业公司的烟纸盘切机，每台每小时可切纸200镑。〔右下图〕

▽ 台湾台北蔡生源斋1947年注册的糖果商标。

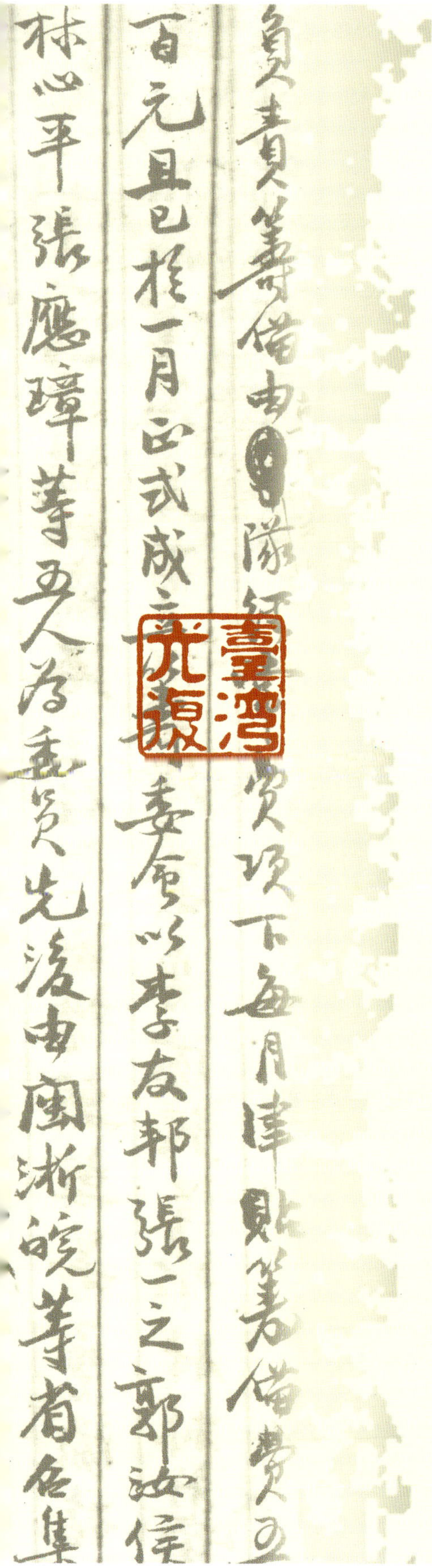

防波堤——台币的发行

日据时代，台湾通货以株式会社台湾银行发行的台湾银行券（简称旧台湾银行券）为主，也有少量日币在台湾流通，截至日帝投降时为止，总共发行了14亿余元的旧台湾银行券。在此后将近两个月的时间里，旧台湾银行券发行额急剧上升，甚至出现了大量的台银千元券。1945年11月8日，台湾省行政长官公署通令冻结台银千元券，使台湾通货膨胀有所缓和。1946年2月以后，台湾银行又将旧台湾银行券加印中华民国同年号后继续发行，以解燃眉之需，结果致使业已趋紧缩的通货膨胀很快又旧病复发。

光复初期，台湾各项建设急需钱款，确定台湾货币问题迫在眉睫。早在抗战胜利前，台湾调查委员会就组织台湾金融研究会，对台湾光复后使用何种货币，以及是否与大陆一同使用法币等问题进行专门研究。按照所拟《台湾金融接管计划草案》的设想，光复后法币暂不进入台湾，另由中央银行发行印有台湾地名的过渡性流通券，以应付台湾市场。1945年10月25日，国民政府财政部颁布《中央银行发行台湾流通券办法》与《台湾省汇兑管理办法》，决定由中央银行发行中央银行台湾流通券作为台湾地区的法币，对其印制、发行、准备金、汇兑诸事均作有详细规定。但在台湾流通券发行权问题上，台湾省行政长官公署与财政部之间一开始就存在严重分歧：陈仪反对财政部和中央银行插手台湾金融业务，认为台湾流通券若全由中央银行操纵，台省行署就无权根据台湾经济发展的需要加以利用，台湾仍难逃通货膨胀的厄运；财政部则强调台湾银行券若改由台湾银行发行，就会与中央银行统一发行政策抵触。行政院就此召开专门会议进行讨论，鉴于台湾情形特殊，决定台湾币制问题最终按陈仪的意见解决。

1945年12月17日，财政部公布《中央银行派员监理发行新台币办法》，规定由台湾银行发行新台币，作为台湾地区通行的法币，新台币的印制、发行，新旧币之间的汇兑比率与期限，新台币发行准备金等，均由台湾银行独立办理，但中央银行得在台湾银行派驻监理人员，监督其业务。1946年9月1日，台湾行署令准台湾银行即日起正式发行新币。台湾银行则发布通告，凡持旧币者必须到各当地银行，在限期内将旧币掉换为新币（即后来所说的旧台币）。到1946年底，旧台湾银行券大体回收、补兑完毕。

台湾行署不失时机地在当地建立相对独立的货币体系，一面可与台湾整个经济的恢复发展配合协调起来，一面又可减轻祖国大陆急剧贬值的法币对台湾金融业的冲击，故而独立的台湾货币体系的确立，对台湾经济的恢复与发展具有重要意义。

旧台币发行之初，台湾人民对当局维持台湾独立的货币体系抱有无限希望。1947年9月3日，台湾银行邀集国内知名人士召开台币及其汇率问题座谈会，著名经济学家周伯棣在谈到台币作用时曾预言，旧台币的发行至少能起到两个作用：一是防波堤的作用，“如在台湾不发行台币，而采用法币为通货，则国内经济波动必将直接影响到台湾，使台湾作无谓的牺牲”；二是水闸作用，“台湾的经济水准在内地各省之上，台湾人民用五十年的痛苦换来的成绩，我们应该珍重、爱惜，将来须由内地向台湾看齐，而不应该拉着台湾向内地看齐，在这个意义上来说，维持台币实是维护台湾较高的经济水准，这就好比是一个水闸，维持上流较清的水流。”

事实证明，旧台币对于隔离内地通货膨胀、减轻法币对台经济冲击确实起到了一定作用。抗战胜利后，由于国民党当局的腐败与搜刮，法币泛滥成灾，造成内地各省物价飞涨，民不聊生；尽管光复后台湾也存在通胀问题，然而相对大陆国统区极度贬值的法币，旧台币的贬值程度要低得多。旧台币虽自成体系，但毕竟也是国内货币的一种，不可能不与法币发生联系。在战后法币币值每况愈下的情况下，为防止和缩小法币给台湾经济带来严重冲击，台湾省政府还不断适时调整台币与法币的汇率，以保持两种币值的相对平衡。1947年5月，台湾省政府经力争而取得自由调整台币汇率的权力，之后随着大陆金融状况的严重恶化，台币对法币的汇率不断提高，法币对台湾经济的损害因而大为减少。

金壹圓
臺灣銀行

ONE YEN IN GOLD.
憑票在臺灣銀行
隨時換金壹圓
適有將票私行假
造或為改作定按
國律治罪不貸
THE
BANK OF TAIWAN
Promises to pay the
bearer on demand
ONE YEN
in Gold.
大日本帝國政府印刷局製造

◁日据时期台湾银行发行的台湾银行券壹圆兑换券之正反正。〔左上图〕

◁创办于1899年的台湾储蓄银行是当时省内唯一的贮蓄银行，专门吸收民众零细存款，光复后成为台湾银行储蓄部。〔左下图〕

▷日据时代台湾银行发行的拾圆及伍圆面额台湾银行券，图案正面是台湾神社，背面为鹅銮鼻灯塔。〔右图〕

创办于1899年的台湾银行是台湾金融中枢机构，具有发行银行券与纸币的特权。图为日本据台时的台湾银行大厦。

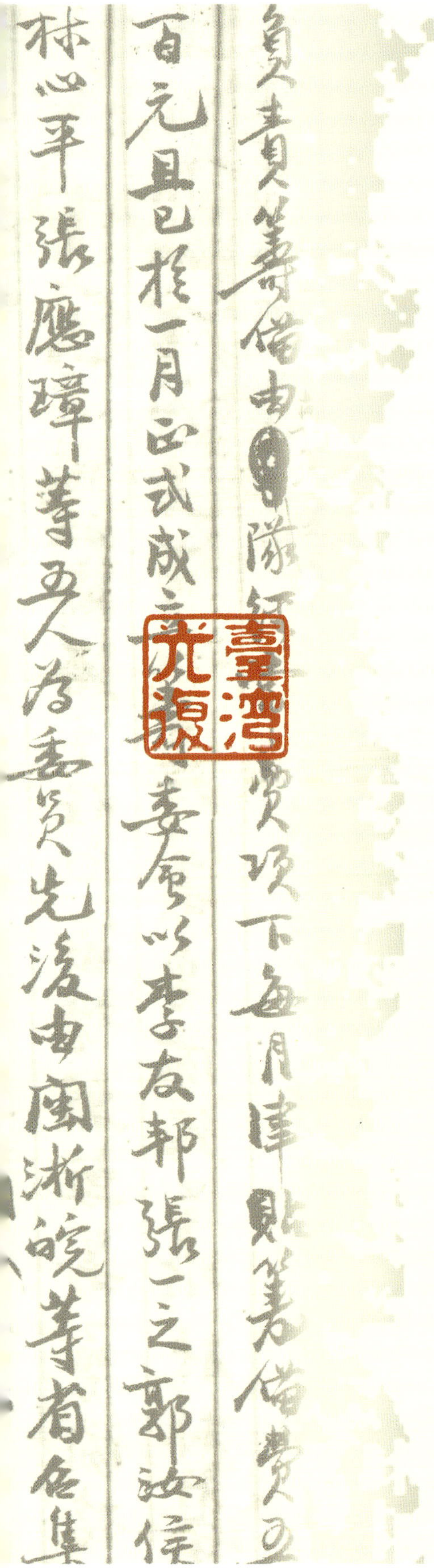
負責籌備由[illegible]隊[illegible]員項下每月津貼籌備費五
百元且已於一月正式成立[illegible]委會以李友邦張一之郭汝信
林忠平張應璋等五人為委員先後由國術館等省各集

文化重建

台湾光复后
面临的首要任务就是清除日本殖民教育思想和制度
代之以实行中华民国教育方针和制度
1946 年 8 月
台湾新的教育制度于新学年度开学起全面实施
这是台湾教育“从日本人时代之所谓皇民化而转变到祖国化之起点”
也是光复后台湾现代教育体制建立的起点
光复初期推行的国语运动
对促进两岸交流
增进台胞对祖国的认识与理解
发挥了积极的作用和影响

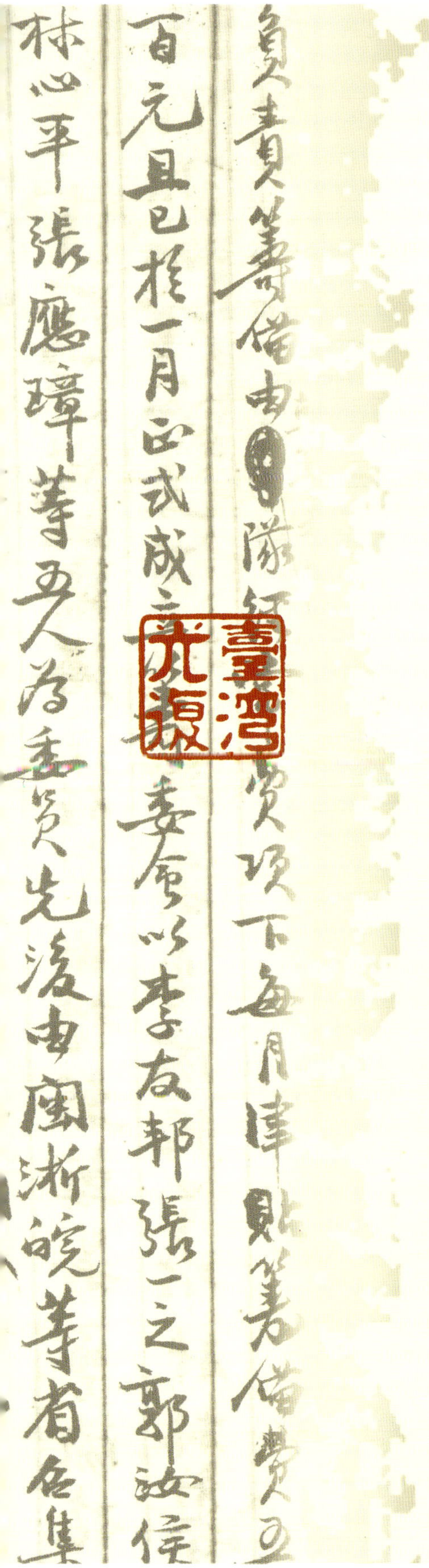

建立实施台湾新的教育制度

日本占据台湾不久，为了泯灭台湾人民的民族意识，以达到同化的目的，极力推行奴化教育政策。日本占领当局在台湾设立了多所“国语”（日语）学校，训练师资，并设立“国语”（日语）传习所，对台湾人民实施日语训练。同时，普设初等教育机关，并特别重视实业教育，训练各类技术人员，以配合日本对台湾及南洋的开发。而对高等专门学校和大学教育则加以限制，各专门学校及仅有的一所大学（台北帝国大学）招收的多为日籍学生，台湾学生只占这些学校学生总数的四分之一。

日本在台湾实行的殖民教育制度则是所谓的差别教育制度，即对日本学生及本地学童采取分别教育。初等教育分为三种：小学校师资最强、设备最好，专收日本学童；公学校师资与设备都很差，专收台湾学童；教育所专收“番童”（即高山族子弟），由日警担任教师，对儿童实行管制教育。太平洋战争爆发后，实施所谓日台共学制，将初等教育教育机关一律改名为国民学校，却又分课程为1、2、3号表，即与上述三种学校相对应，实际仍不能一视同仁。其教育原则为“以皇国之道为准绳”，“进行国民基础锻炼”，“锻炼中坚有为的皇国国民”等。1943年起，为适应日本扩大侵略战争、学生从军的需要，日本又在台湾实施了义务教育制度，“目的是以教育的彻底来促进本岛人的皇民化”。

台湾光复后，铲除日本殖民奴化教育便成为台湾省行政长官公署的一项重要任务。1945年11月7日台湾行政长官公署颁布了《台湾省各级学校及教育机关接受处理办法》，对各教育机关与各级各类学校的接收工作做出了规定。教育部即派员接收了台北帝国大学各学部及附属医学、农林两专门部暨大学预科，并改名为国立台湾大学；各专门学校及台北市各中等学校由台湾省行政长官公署教育处派员接收；其他地区的中等学校及国民学校则由各州厅接管委员会及市政府派员接收。接收后，各级学校均依照国内现行学制进行改组，各公立中等以上学校，一律改为省立，原有数量，均予维持。各国民学校仍继续办理，并将介教场及高山族之教育所，一律改为国民学校各社教机关，并另行设立民众教育馆等社教机关，图书馆、博物馆、运输场等仍继续办理。同时，教育处还订定了保证学校不停课的过渡措施。如对公立国民学校，明确规定校长一律由国人接替充任，同时“暂就原校教职员工中遴选学识能力较优或当地具有教员资格之台胞，委派代理校务，并取具学历主任，报候审核”；对中等学校，“暂就原校或邻校教职员中遴选学识能力较优之台胞，委派代理校务，并负责保管所有设备及财产，听候派员接办”；“接管的学校及教育机关，除国语、国文、公民、史地教育，应由国人充任外，得酌量暂时留用日籍教职员，以免业务停顿”。

在接收过程中，当局从一开始就着手进行台湾教育的改造，先后颁布了《台湾省中等国民学校教材编辑委员会组织规程》、《台湾省中等国民学校教员甄选委员会组织规程》、《台湾省中等国民学校教员甄选办法》、《台湾省各级学校学年假期划一办法》等一系列的法规。至1946年3月底，接收工作基本完成。从1946年4月至1946年7月，台湾当局将重点转向了确立新的教育方针，为新旧教育制度的接轨作准备。1946年8月，台湾新的教育制度于新学年度开学起全面实施，这是台湾教育“从日本人时代之所谓皇民化而转变到祖国化之起点”，也是光复后台湾现代教育体制建立的起点。

◁工专的机械设备之一。〔左上图〕

◁工专的机械设备之二。〔左中图〕

◁工专的机械设备之三。〔左下图〕

▽被迫接受日文教育的公学校小学生毕业照(1920年)。

▷ 台湾光复后，原台北帝国大学改名为国立台湾大学。

▽ 台湾日据时期的“州立台北工业学校”改建为台湾省立工业专科学校（简称工专）。图为该校大门。

◁ 工专水利实验室。〔左上图〕
◁ 台湾省立法商学院教学楼。〔左下图〕
▷ 台湾省立农业专科学校农场。〔右一图〕
▷ 省立台北师范学校大门。〔右二图〕
▷ 省立台北女师教室。〔右三图〕
▷ 省立工商高级职业学校大门。〔右四图〕

〔一〕

〔二〕

〔三〕

〔四〕

◁ 省立台中工业职业学校学生在课余割草。〔左上图〕

◁ 省立台北农业职业学校大门。〔左中图〕

◁ 省立基隆女中大门。〔左下图〕

▷ 台湾嘉义市国民学校。〔右上图〕

▷ 基隆国民学校的游戏设施。〔右下图〕

▽ 省立台北女中之教学楼。

◁ 省立台南女中由日据时期的台南第一、第二高等女子学校合并而成。图为台湾省立台南女中学生考试情形。〔左上图〕

◁ 台湾嘉义国民学校学生课外活动。〔左中图〕

◁ 台湾省立高雄女中由日据时期的高雄第一、第二高等女校合并而成。图为该校大门。〔左下图〕

▽ 省立台南师范学校附小的学生正在上地理课。

〔一〕

〔二〕

〔三〕

〔四〕

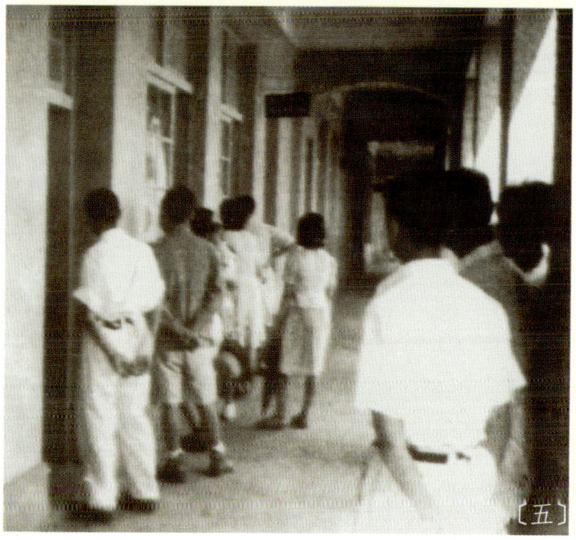
〔五〕

〔六〕

◁ 台湾高雄女师教员李志刚。〔左一图〕

◁ 赴台湾讲学的著名作家许寿裳。〔左二图〕

◁ 奉命赴台推行国语教育的魏建功。〔左三图〕

◁ 高雄国民学校教室。〔左四图〕

◁ 高雄国民学校召开学生会，会前学生家长参观教学。〔左五图〕

◁ 在台南师范学校附小就读的高山族儿童。〔左六图〕

▷ 台湾光复后，废除了日式教育，推行国语、国文。图为台湾省立台北师范学校附小上国语课情形。〔右上图〕

▷ 台北小学生上课情形。〔右中图〕

▽ 台北女中学生在上自习课。

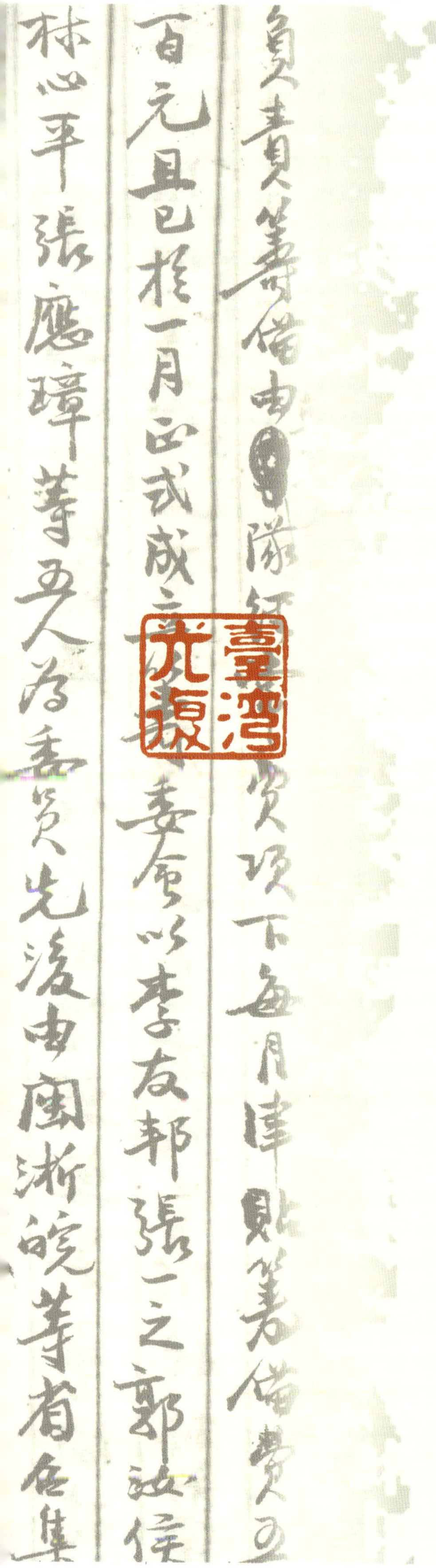

光复初期国语运动的作用和影响

日本统治时期，“在全岛强制推行日语教育，在普通学校中，台籍教师一律穿和服，讲日语；学生在学校和家里必须讲日语甚至在偏远村庄都设立了日语讲习所”，“上了年纪的阿公阿婆也被迫去上课”，“台湾初归祖国，因受日本人五十年的文化压制，年轻一辈的人只知有日语、日文，而不知有祖国语文；六七十岁的老人，虽然会说闽南话及用‘孔子白’读书，但仍多不了解方言与国语的关系”，“台湾省的情形是：政府机关、学校，以至一般社会，还多是用日本话”。光复时，台湾同胞30岁以下的人，不但不会说国语，不会认汉字，甚至讲台湾话也没有讲日本话那么方便。在城市里人们交谈的主要语言多是日语，通信也用日文。因此，陈仪在到台后不久发表的“施政要点”中，就希望台胞三四年内能说国语。为此，台湾省教育处报请国民党中央政府教育部，调派该部“国语推行委员会”委员魏建功、何容及干事王炬等来台协助教育。大陆院校国语专修科的毕业生，也有相当一部分被派赴台湾“担任国语推行工作”。

魏建功等人到达台湾以后，把筹建机构作为当务之急。1946年4月2日以魏建功为主任委员的台湾省国语推行委员会（简称“台湾国语会”）正式成立。魏建功和委员们发表了许多文章，编印了国语书刊，为推行国语摇旗呐喊。魏建功在文章中说“（日本统治者）在他们处心积虑之下侵略我国，强夺本省去统治了五十一年，硬要本省父老昆弟诸姐妹用他们的东京话做国语，是绝对要不得的！”“台湾光复了以后，推行国语的唯一的意义是‘恢复台湾同胞应用祖国语言声音和组织的自由’！”魏建功领导台湾国语会编订了《国音标准汇编》，作为推行标准国语的根据，由台湾省行政长官公署公布，并作为地方政府法律实行。

台湾教育主管部门为推行国语，一方面对社会上私人或机关团体传习国语者予以示范及协助，使其合乎标准；另一方面，对台湾语文教育问题作实验研究，寻求有效的解决途径。同时还从各地约请国语教员分发各级学校任教。1946年3月9日，台湾省行政长官公署教育处颁布《台湾省各县市推进国语实施办法》和《台湾省各县市国语推进员任用及待遇办法》，规定除设台湾省国语推行委员会外，在各县市政府所在地设置分会或推进所，各乡镇区设置讲习所工作站，负责办理该地国语推行事宜。

台湾推行国语运动首先是在正规学校内实施国语教程。当时有的学校如天主教教会开办的台北静修女校，在日本投降后就停止日文课程，延请来自大陆的老师讲授国语课。该校还开始在音乐课中用国语教唱歌曲。有的老师教唱的都是抗日歌曲，如“义勇军进行曲”、“毕业歌”等。其次是由政府出资举办的国语补习班。一些颇负盛名的大陆作家、学者如许寿裳、台静农、李霁野、黎烈文等，也越过海峡，走上台湾大学的讲坛，传播祖国文化，促进教育改革。台胞对国语运动也响应热烈，不管是政府免费举办的，还是私人办学，就连社会上收费的国语补习班，报名就读者都十分踊跃。对于政府办学，报名者更是争先恐后。由70军政治部借用当地中、小学教室开办的10余处“国语补习夜校”，处处爆满。学生中，年长者六七十岁，年轻的十几岁；有家庭妇女、职业妇女、职工、商贩和普通劳动者（如人力车夫）等。开学那天，学生们争着翻看新书，前来认识老师，课室里气氛十分热烈。而一旦开课，教学秩序井然。学生们无论老幼都学得很认真，力求把每个字的语义，特别是语音搞清楚，很多学生都有打破砂锅问到底的劲头。比较一般补校、夜校，“国语补习夜校”中途辍学的极少，几乎不见减员，当时有的报刊说，台湾老百姓拼命学国语。一些老师通过教学，与学生成为经常往来的朋友，国语学习也起了沟通友谊的桥梁作用。

光复初期，台湾省国语推行委员会推行国语运动，以及由此带动起来的“国语热”，对国语在台湾的普及，无疑功不可没。国语在台湾的普及，对促进两岸交流，增进台胞对祖国的认识与理解，具有不可低估的作用。

◁ 由天主教会1917年在台北创办的静修女学校，是台北第一所私立学校，也是台湾光复后积极推行国语教育的一所私立学校。〔左上图〕

◁ 台中市女中开办了国语实习班。图为学生毕业时领取证书情形。〔左下图〕

▷ 台湾光复后，白川神社被改建为民教馆，提醒台湾民众勿忘日本割占台湾之耻。〔右上图〕

▷ 台湾省立台北图书馆及博物馆。〔右中图〕

▷ 台湾光复后，尊崇儒学，图为台北孔庙。〔右下图〕

▽ 白川神社是日本为纪念侵台战争中阵亡的白川宫能久亲王而建造的，是日本对台湾实行殖民统治的标志性建筑。图为台北白川神社正殿。

图书在版编目（CIP）数据

台湾光复档案·历史图像/海峡两岸出版交流中心，中国第二历史档案馆编．—北京：九州出版社，2005.10
（台湾光复档案）
ISBN 7-80195-386-X

Ⅰ.历… Ⅱ.①海…②中… Ⅲ.抗日斗争 史料－台湾省－图集 Ⅳ.K295.8-64

中国版本图书馆CIP数据核字（2005）第118337号

台湾光复档案·历史图像

作　　者　海峡两岸出版交流中心
　　　　　中国第二历史档案馆
责任编辑　张成之　刘小曼
责任校对　曹　晓
出版发行　九州出版社
地　　址　北京市西城区阜外大街甲35号（100037）
网　　址　www.jiuzhoupress.com
电子信箱　jiuzhou@jiuzhoupress.com
印　　刷　北京国彩印刷有限公司
开　　本　889×1194毫米　16开
印　　张　15
字　　数　60千
图　　数　415幅
版　　次　2005年10月第1版
印　　次　2005年10月第1次印刷
书　　号　ISBN 7-80195-386-X／K·81
定　　价　880.00元（全两册）

台湾光复档案

海峡两岸出版交流中心　中国第二历史档案馆

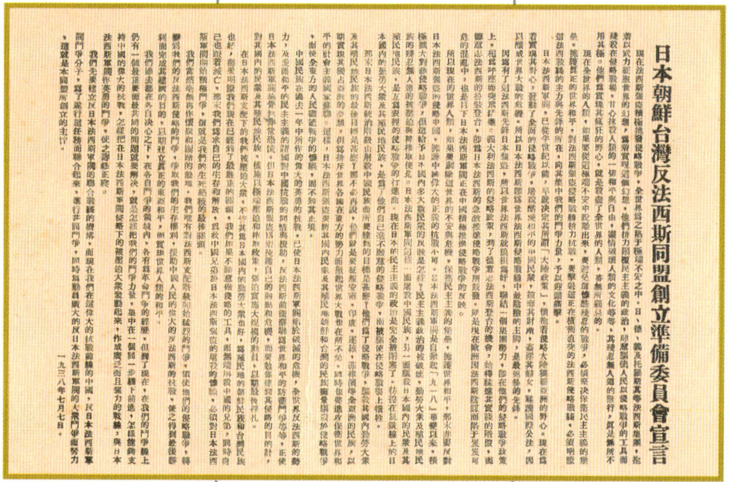

日本朝鮮台灣反法西斯同盟創立準備委員會宣言

一九三八年七月七日。

文献
史料

九州出版社

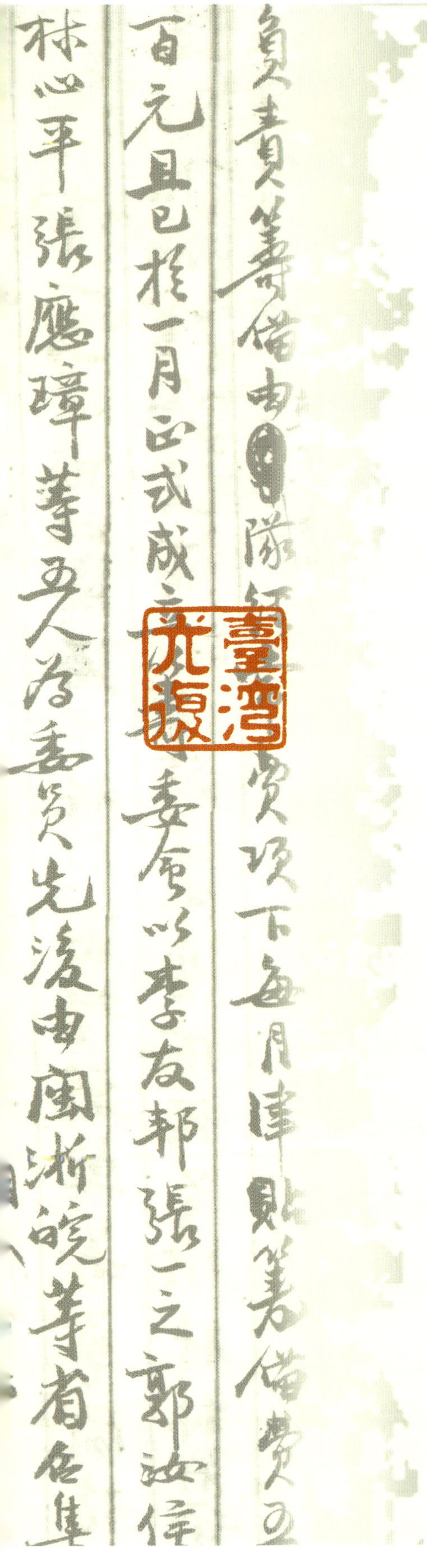

負責籌備由[illegible]隊經費項下每月津貼籌備費五
百元且已於一月正式成立[illegible]委會以李友邦張一之郭汝信
林心平張應璋等五人為委員先後由閩浙皖等省召集

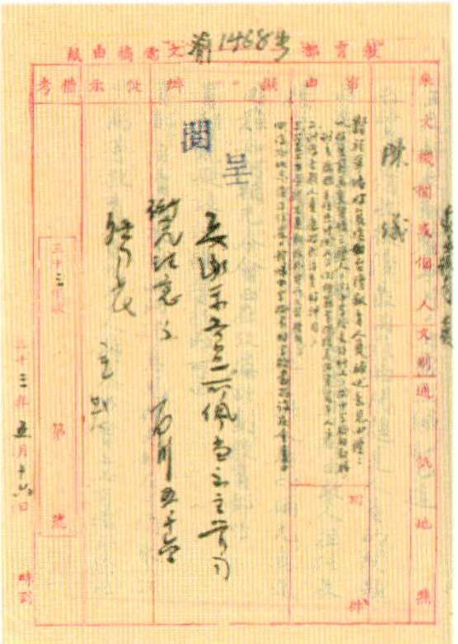

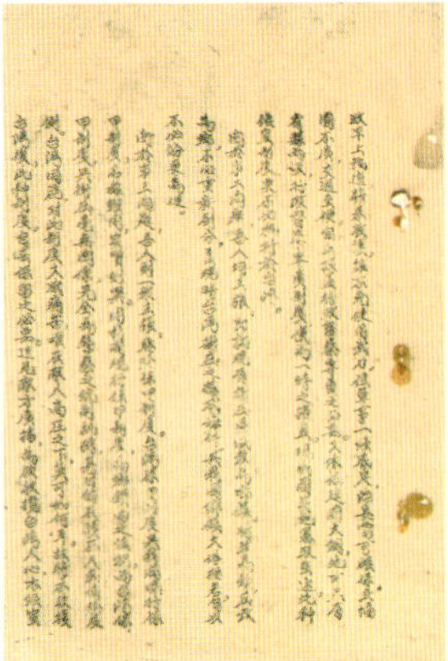

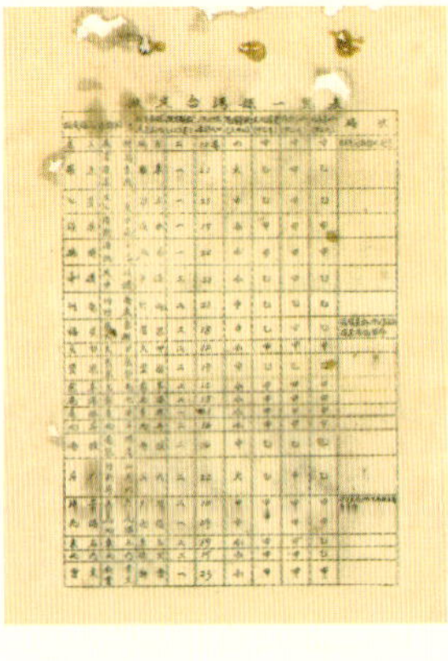

目　录

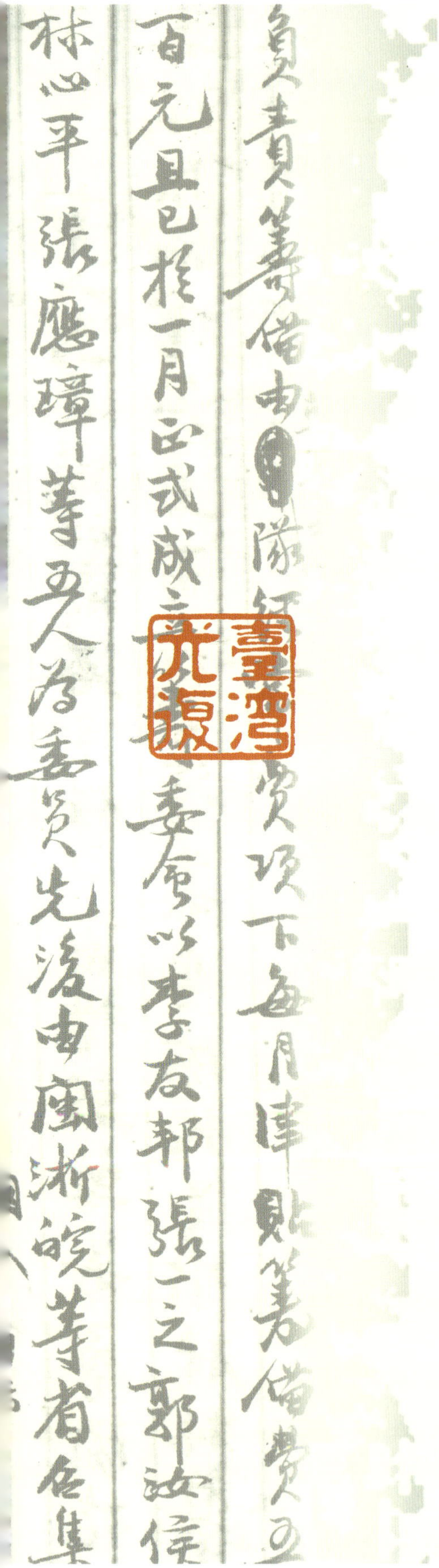
負責籌備由□隊□□項下每月津貼籌備費五
百元且已於一月正式成立□□□委會以李友邦張一之郭後傧
林心平張應璋等五人為委員先後由閩浙皖等省召集

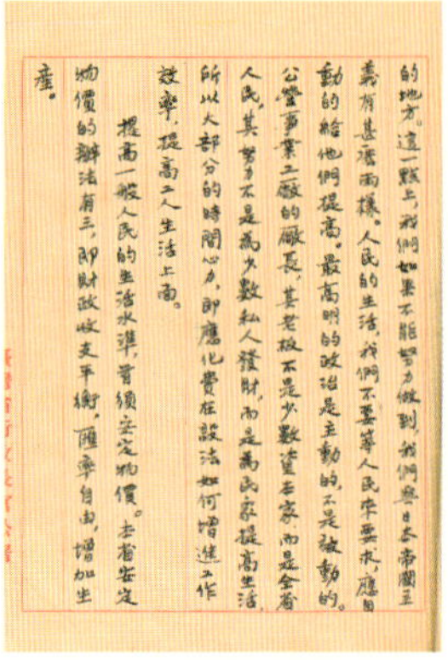
的地方。這一點上，我們如果不能努力做到，我們與日本帝國主
義有甚麼兩樣。人民的生活，我們不要等人民來要求，應自
動的給他們提高。最高明的政治是主動的，不是被動的。
公營事業工廠的廠長，其老板不是少數資本家，而是全省
人民。其努力不是為少數私人發財，而是為民衆提高生活，
所以大部分的時間心力，即應化費在設法如何增進工作
效率，提高工人生活上面。
　提高一般人民的生活水準，首須安定物價。本省安定
物價的辦法有三，即財政收支平衡，匯率自由，增加生
產。

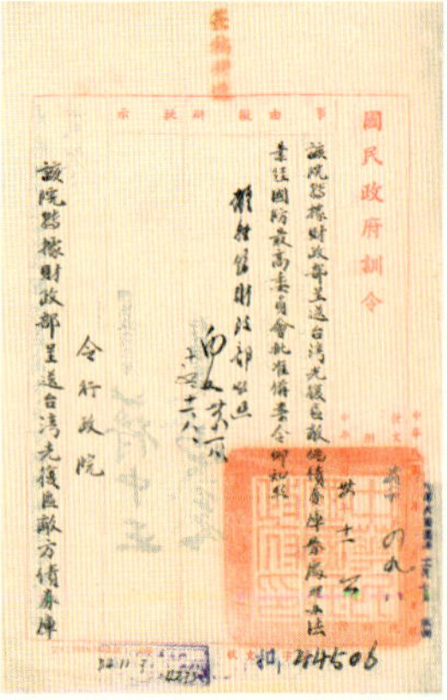
國民政府訓令
令行政院

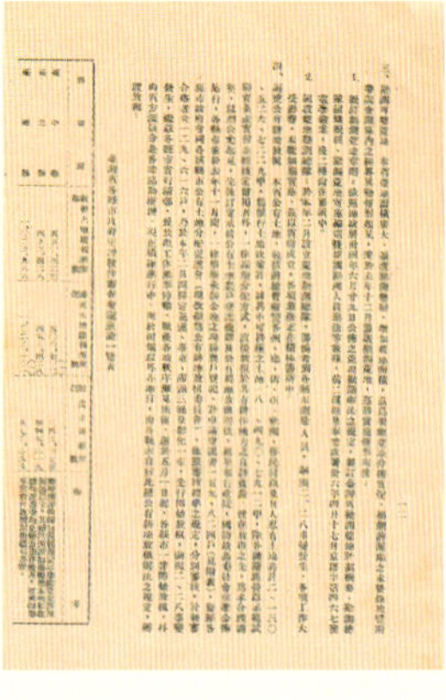

目　录

内務部 民治司第二科收 連雅堂呈

呈請復福建原籍由 附保願證書各一件

基 民治 120

呈

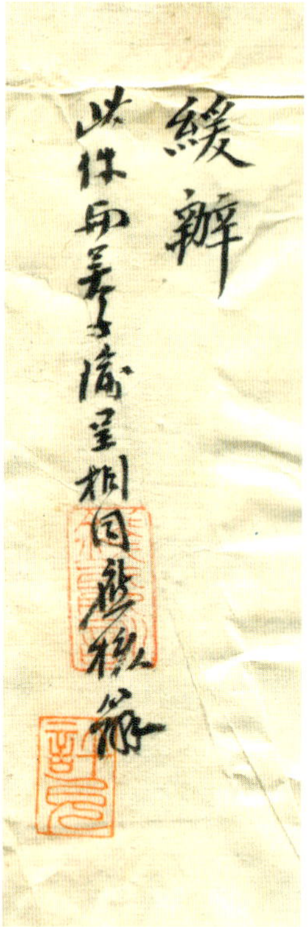
緩辦

次長

司長

科長

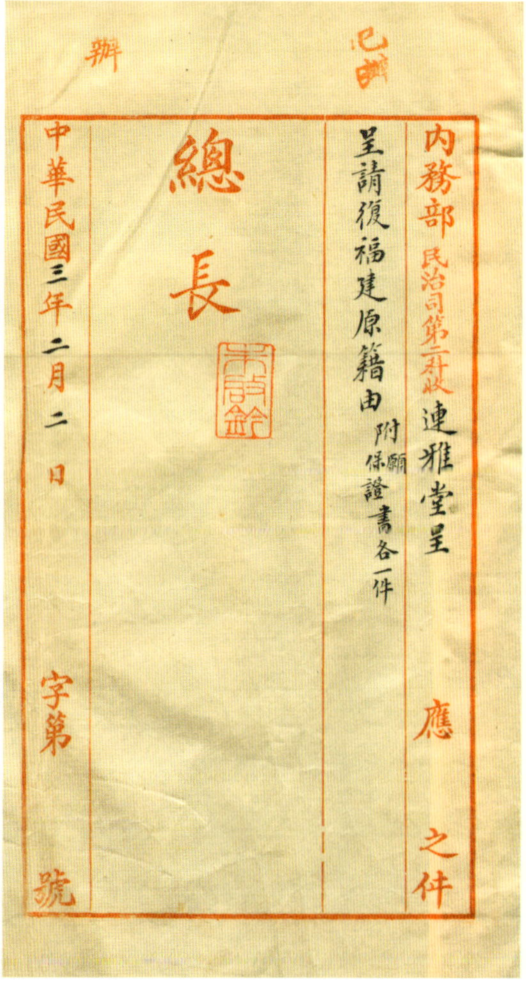
已辦 辦

内務部 民治司第二科收 連雅堂呈 應 之件

呈請復福建原籍由 附保願證書各一件

總長

中華民國三年二月二日 字第 號

原籍福建龍溪縣
馬崎社
現籍日本臺灣台中廳台中街
現寓北京南柳巷
晋江邑館

具呈人連雅堂

為呈請事茲依中華民國國籍法第十八條及施行規則第六條所規定呈請許可復籍理合另具願書及保證書謹呈

内務總長鑒核施行

具呈人連雅堂

中華民國三年一月三十一日

呈

為出具願書請准復籍事茲依中華民國國籍法第
十八條及施行規則第六條所規定願回復中華民
國國籍並遵守中華民國一切法律理合出具願書

謹呈

內務總長鑒核

具願書人連雅堂

原籍福建龍溪縣
新聞記者

中華民國三年一月三十一日

為保證事茲因福建龍溪縣人連雅堂願仍依中華
民國國籍法第十八條及施行規則第六條所規定
回復中華民國國籍查與中華民國國籍法之規定
相符甘願出具保證書此證

北京南柳巷晉江邑館
具保證書人李聰海

北京南柳巷晉江邑館
具保證書人林少英

中華民國三年一月三十一日

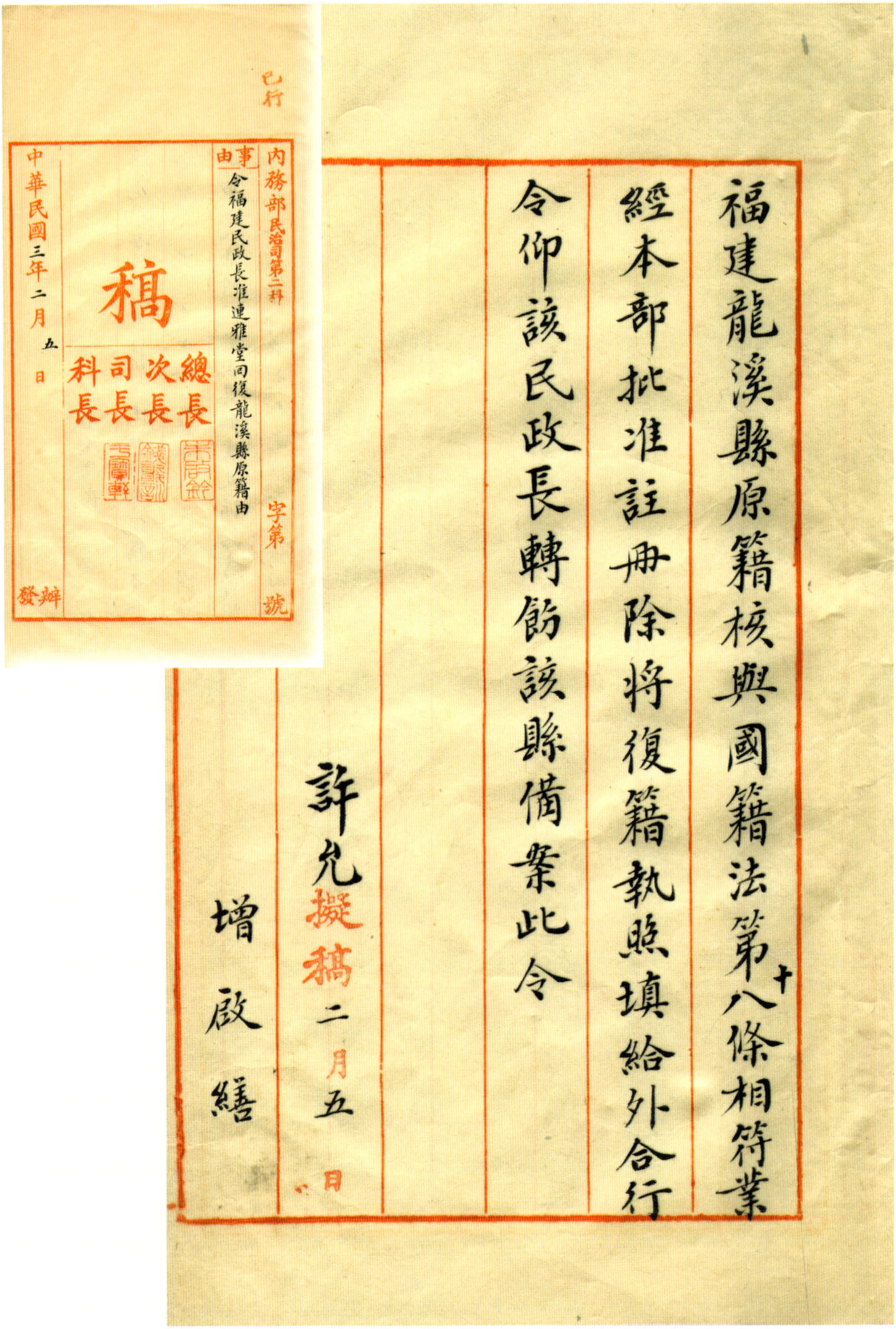

已行

内務部民治司第二科

字第 號

事由 令福建民政長准連雅堂同復龍溪縣原籍由

稿

總長 次長 司長 科長

中華民國三年二月五日

辦發

福建龍溪縣原籍核與國籍法第十八條相符業經本部批准註冊除將復籍執照填給外合行令仰該民政長轉飭該縣備案此令

許允擬稿 二月五日

增啟繕

内務部指令第　　號

令福建民政長

據連雅堂呈稱原籍福建龍溪縣現籍日本
臺灣臺中廳臺中街茲依中華民國國籍
法第十八條所規定出具願書及保證書請
許可復籍等情前來查連雅堂所請回復

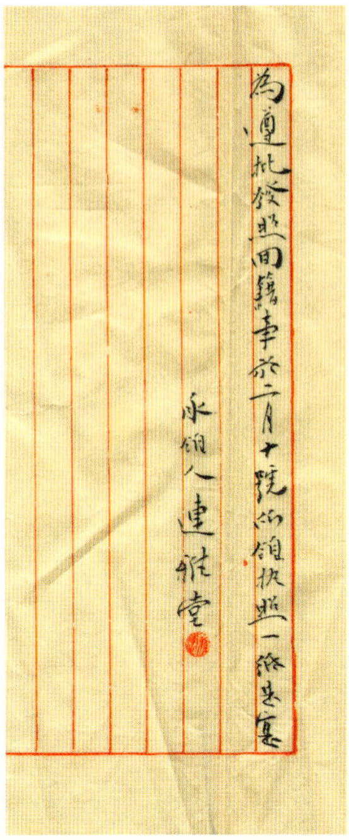
為遵批發照回籍事於二月十號所領執照一紙是實

承領人連雅堂

已辦註冊

內務部民治司第二科收連雅堂呈 應之件

請更名連橫由

總長

中華民國三年二月十三日

字第 號

次長

司長

科長

核准

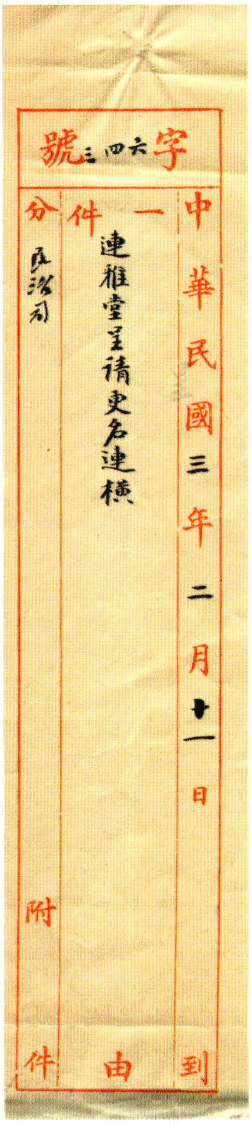
字六四三號

中華民國三年二月十一日到

一件 連雅堂呈請更名連橫 由

分 民治司

附 件

民政

基圳

民治

呈

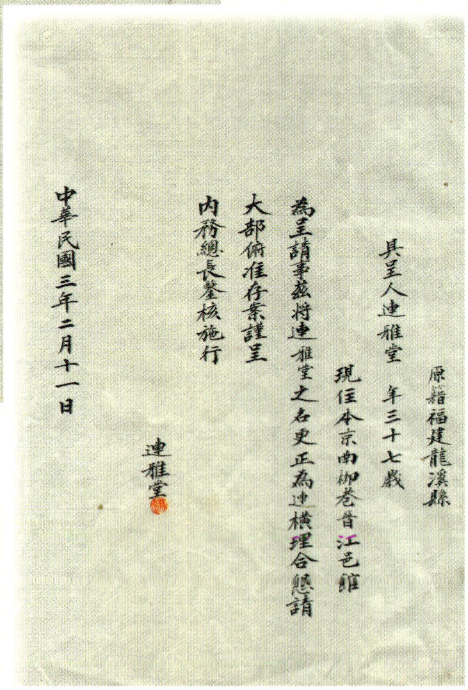
原籍福建龍溪縣

具呈人連雅堂 年三十七歲

現住本京南柳巷晉江邑館

為呈請事茲將連雅堂之名更正為連橫理合懇請

大部俯准存案謹呈

內務總長鑒核施行

中華民國三年二月十一日

連雅堂

已行

内務部 民治司第[illegible] 字第 號

事由 令福建民政長准連雅堂更名由

稿

總長 次長 司長 科長

中華民國三年二月十四日 辦發

許允擬稿 二月十四日

劉大鑒繕

内務部指令第　　號

令福建民政長

據連雅堂呈稱現年三十七歲原籍福建龍溪縣擬請更名連横等情前來業經本部核准註册除批示外合行令仰該民政長轉飭該縣備案此令

及其殖民地民族的最後目標是甚麽？那不必再說，他們就是要征服安南，印度，暹羅，菲律濱等全亞洲的民族，以期實現其獨占亞洲的夢想，但爲排斥世界各國在東方的勢力而掀起世界大戰也在所不免。同時也要進攻保衛世界和平的社會主義國家蘇聯。這樣，日本法西斯強盜要將其國內民衆及其殖民地朝鮮和台灣的民族盡量驅殺於侵略戰爭，而使全東方的人民盡遭戰爭的慘禍，而不知其止境。

中國民族在過去一年中所作的偉大的英勇的抗戰，已使日本法西斯軍閥陷於破滅的危機，全世界反法西斯的勢力，及愛護和平的民主主義的諸國對中國抗戰的同情與援助，反法西斯前衛蘇聯爲世界和平的防衛鬥爭等等，正使日本法西斯軍閥感覺到非常恐慌。但日本法西斯強盜爲着掩護自己的弱點和危機，而要勉強達到其侵略的目的計，對其國內的民衆及其殖民地民族，橫施以極端壓迫和榨取政策，強迫實施大規模的動員，以期最後掙扎。

在日本法西斯支配下的我們被壓迫大衆，不管其爲日本國內的勤勞大衆也好，爲殖民地的朝鮮民族和台灣民族也好，都要明瞭我們現在已經到了最嚴重的關頭，我們如果不願意做侵略的工具，而無端屠殺中國的兄弟，同時自己也跟着滅亡，那末我們爲求自己的生存和解放，爲救中國兄弟於日本法西斯強盜的屠殺的慘禍，必須對日本法西斯軍閥開始積極鬥爭，這就是我們的生死絕續的最後關頭。

我們當然毫無再作懷疑和躕躇的餘地。我們唯有對法西斯支配階級開始猛烈的鬥爭，須使他們的侵略戰爭，轉變爲我們的反法西斯侵略的鬥爭，爭取我們的生存權利，援助中國人民的偉大的反法西斯的抗戰，使之得到最後勝利而完成其建國的目的，以期建立眞正的東亞和平，而實現世界人類的和平。

我們過去都在各自决心之下，在各自鬥爭的領域內，各有爲革命鬥爭的經歷，但到了現在，在我們的鬥爭線上仍有一個最重要而最共同的問題就要解决，就是怎樣把我們的鬥爭力量，集中在一個同一步驟下前進，怎樣能夠支持中國的偉大的抗戰，怎樣把在日本法西斯軍閥侵略下的被壓迫大衆發動起來，作成廣泛而且強力的戰線，與日本法西斯軍閥作英勇的鬥爭，使之壽終正寢。

我們先要建立反日本法西斯軍閥的聯合戰綫的機溝，而現在我們在這偉大的抗戰前線的中國，反日本法西斯軍閥鬥爭分子，爲了遂行這任務而聯合起來，進行共同鬥爭，同時爲動員廣大的反日本法西斯軍閥的大衆鬥爭而努力，這就是本同盟所創立的主旨。

一九三八年七月七日。

日本朝鮮台灣反法西斯同盟創立準備委員會宣言

現在法西斯强盜積極挑發侵略戰爭，全世界爲之陷于極端不安之中。日、德、義及托羅斯其等法西斯集團，抱着以武力征服世界的幻想，爲着實現這個幻想，他們拚力顚覆民主主義的政治，肆意驅使人民以侵略戰爭的工具而殘殺在侵略戰場，甘心抹殺人類的一切和平與自由，盡情破壞人類的文化等等，其殘忍無人道的獸行，眞是無所不用其極。他們爲實現其瘋狂的野心，就是殺盡了全世界的人類，亦無所顧忌的。

現在全世界的人類，如果要從這極端不安中脫離出來，要避免這慘酷殘忍的戰爭，必須堅决保衛民主主義的堡壘，擁護眞正的世界和平，對法西斯强盜侵略戰線拚力抗戰。要擊退這正在横衝直突的法西斯侵略戰綫，必須明瞭這法西戰綫的主力與先鋒的所在，向其集中我們的鬥爭力量，予以迎頭痛擊。

日本法西斯軍閥，已從半世紀以前，早就决定其所謂「大陸政策」，懷抱着侵略大陸獨覇亞洲的野心。現在爲着實現其野心，發動了全面的侵略戰爭，屠殺酷愛和平的中國民衆，掠奪其財産，姦淫其婦女，蹂躪國際公法，因以釀成世界大戰的危機。所以日本法西斯即爲世界法西斯侵略戰線中最陰險的主脚，是最兇暴的先鋒。

因爲有了這法西斯先鋒日本强盜，所以世界法西斯就狼狽爲奸，聯結一個集團勢力，即在他們的侵略戰爭政策上，相爲呼應而突飛猛進。義大利法西斯的侵略政策，到了德意志法西斯登台的機會，始得猛進其實踐的階段，而德意志法西斯的扮裝登台，即爲日本法西斯的急激推進侵略戰爭所鼓發。就是現在歐洲因法西斯陰謀而陷于岌岌可危的混亂中，也是目下日本法西斯軍閥正在中國積極推進侵略戰爭的反映。

所以現在的世界人類，如果要剷除這世界的不安與危機，保衛民主主義的堡壘，擁護世界和平，那末非要反對日本法西斯强盜的侵略中國，擁護中國偉大的正義的抗戰不可。日本法西斯軍閥是自掀起「九一八」事變以來，積極擴大對華侵略戰爭，但這給予日本國內多大數民衆的反映是怎樣？民主主義政治的被破壞，勤勞大衆及殖民地民族的殘忍無人道的被壓迫與被榨取便是。日本法西斯軍閥這樣一面屠殺中國民族，另一面驅殺日本國內的民衆及其殖民地民族，是互爲表裡的侵略戰爭的行進曲。現在日本的民主主義的政治是完全被閉塞了。彷徨在飢餓線上的日本國內的勤勞大衆及其殖民地民族，是爲了他們自己毫不願意的侵略戰爭，而被驅使在侵略戰場上犧牲。

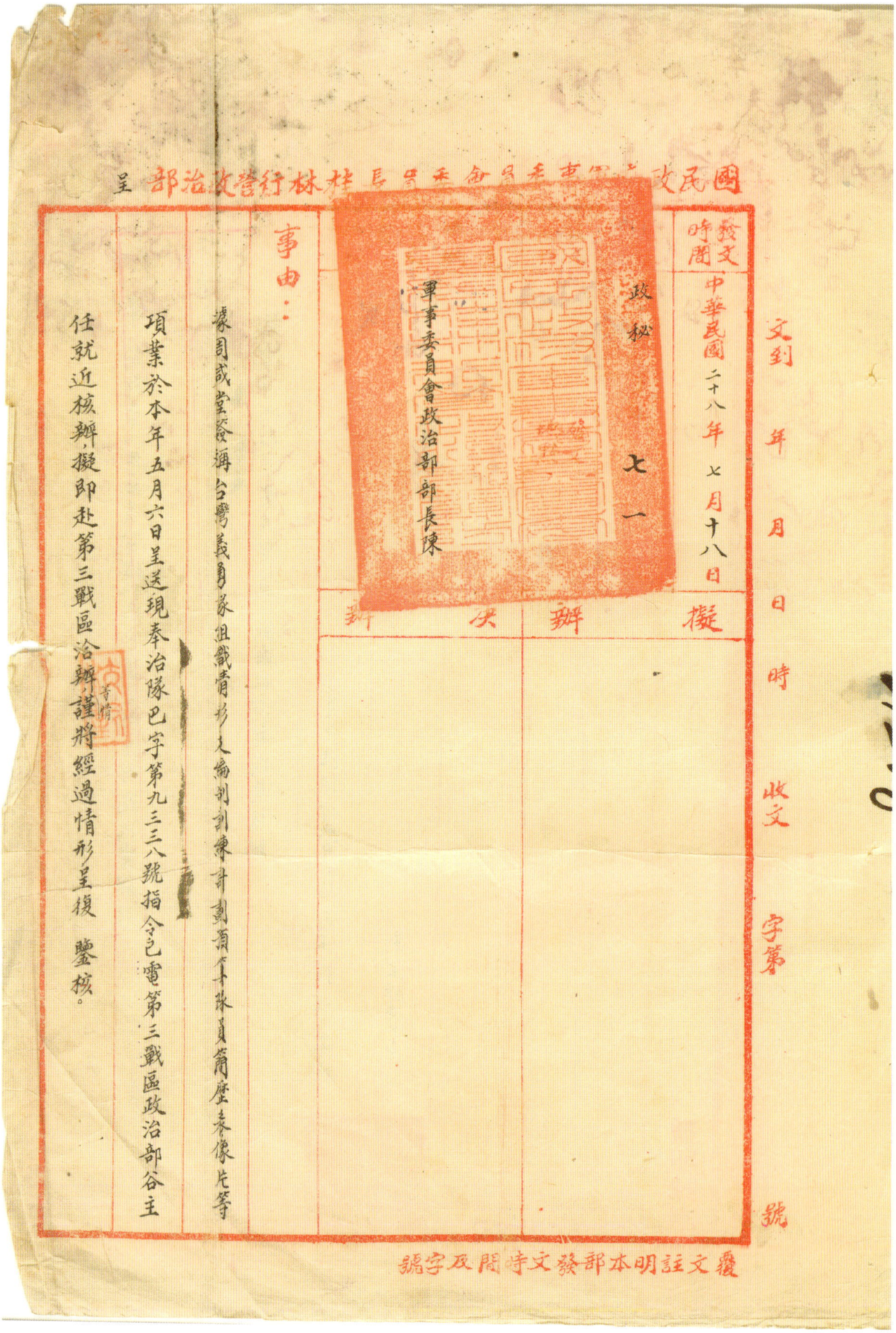

國民政府軍事委員會委員長桂林行營政治部 呈

發文時間：中華民國二十八年七月十八日

政秘 七一

軍事委員會政治部部長陳

擬辦　　決辦

事由：

據司戒堂簽轉台灣義勇隊組織青少年團訓練計劃預算隊員簡歷表像片等

項業於本年五月六日呈送現奉治隊巳字第九三三八號指令已電第三戰區政治部谷主

任就近核辦，擬即赴第三戰區洽辦，謹將經過情形呈復 鑒核。

發文註明本部發文時間及字號

文到　年　月　日　時

收文　字第　號

說明：

奉

鈞部二十八年七月八日治人巳字第三零五七一號代電辦理

辦法：

懇併治隊巳字業迅電第三戰區政治部從速核辦

委員長桂林行營政治部主任 梁寒操

副主任 魯宗敬

國民政府軍事委員會委員長桂林行營政治部主任

監印陳志[illegible]

字第565號
28 7 19

國民政府軍事委員會政治部來電紙

來電紙第 958 號

來電地名及發電人名	桂林 周咸堂 潘文治
來電韻目	齊
收到日期	28年7月13日18.05時
譯電人簽名	周用
摘由	關於呈請成立台灣義勇隊乞迅予批准並將該隊之組織人事經費明示
擬辦	第三廳 三科
批示	

重慶政治部賀秘書長轉呈陳部長鈞鑒關於呈請成立台灣義勇隊各件已於五月八日呈核前據金隊長來函稱可奚問題件已決定第三戰區指揮靜候部令等語查該隊三個月預備訓練已於五月尾期滿各方屢次請求該隊派員工作均以尚未正式成立而婉拒再加以經費極端困難生活窘迫萬狀急待成立是以

國民政府軍事委員會政治部來電紙

第二頁

懇乞鈞座從速批准俾將該隊之組織人事經費等明示祇遵職

周咸堂潘文治謹呈有印

國民政府軍事委員會政治部來電紙

來電紙 第 781 號

來電地名及發電人名	來電韻目	收到日期	譯電人簽名
支台 鲁宗敬	皓、申聖	28年9月22日10時	殷元夫

摘由

查籌組台灣義勇隊事，曾於七月敬日派周咸堂往上饒第三戰區政部面謁谷主任接洽，據周返桂面稱該隊之成份，及組織情形工作概況，已由谷主任派員切實調查竣事，並已分別函電報請鈞座批准預算，正式成立，以便分派工作，在案。查該隊隊員大半係医療生產建設等各種專門人才，值此二期抗戰時期誠屬急需，且彼等均能拋棄待遇較豐之工作，踊躍參加祖國抗戰，殊屬難得，懇請鈞座從速准予成立，以利抗戰，如何乞示遵。

擬辦

侍如

批示

Loy

部長陳 5114 奉查籌組台灣義勇隊事曾於七月敬日派周咸堂往上饒第三戰區政治部面謁谷主任接洽據周返桂面稱該隊之成份及組織情形工作概況已由谷主任派員切實調查竣事並已分別函電報請鈞座批准預算正式成立以便分派工作在案查該隊隊員大半係醫療生產建設等各種專門人才值此二

国民政府军事委员会政治部来电纸

第二页

期抗战时期诚属急需且彼等均能抛弃待遇较丰之工作踊跃参加祖国抗战殊属难得恳请钧座从速准予成立以利抗战如何乞示遵职鲁宗敬叩皓申圣印

簽呈移理

三七廿

查台湾義勇隊籌委會籌備情形及編制人員經費預算，已於五月八日由周咸堂報請核办，并經本部以治隊巳字第九三三八號指令并電第三戰區政治部谷主任就近核办在案。嗣桂林行營政治部電呈轉請從速核定，又以治人巳字第三〇五七一號代電指復，飭將組織情形及編制報部再核在案。查此案以第一厅與總務厅分别主办，致有此遲延。現據周咸堂電稱「據金隊長來函稱可無問題，并已決交第三戰區指揮，靜候部令」等語，其編制人事及經費預算，擬併着第三戰區政治部

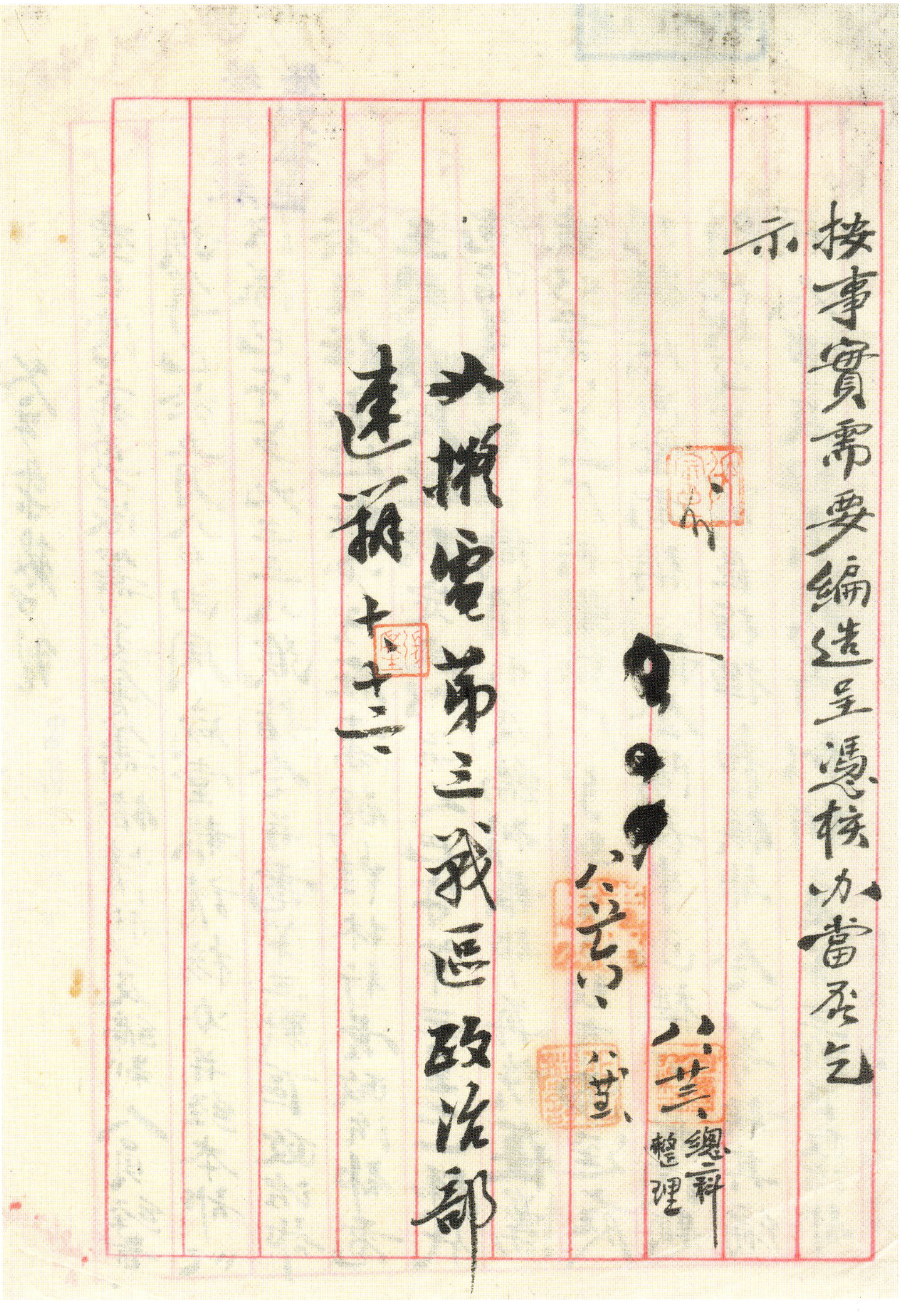
接事實需要編造呈憑核办當否乞
示

總務科
整理

大撫寄第三戰區政治部

速辦 十二

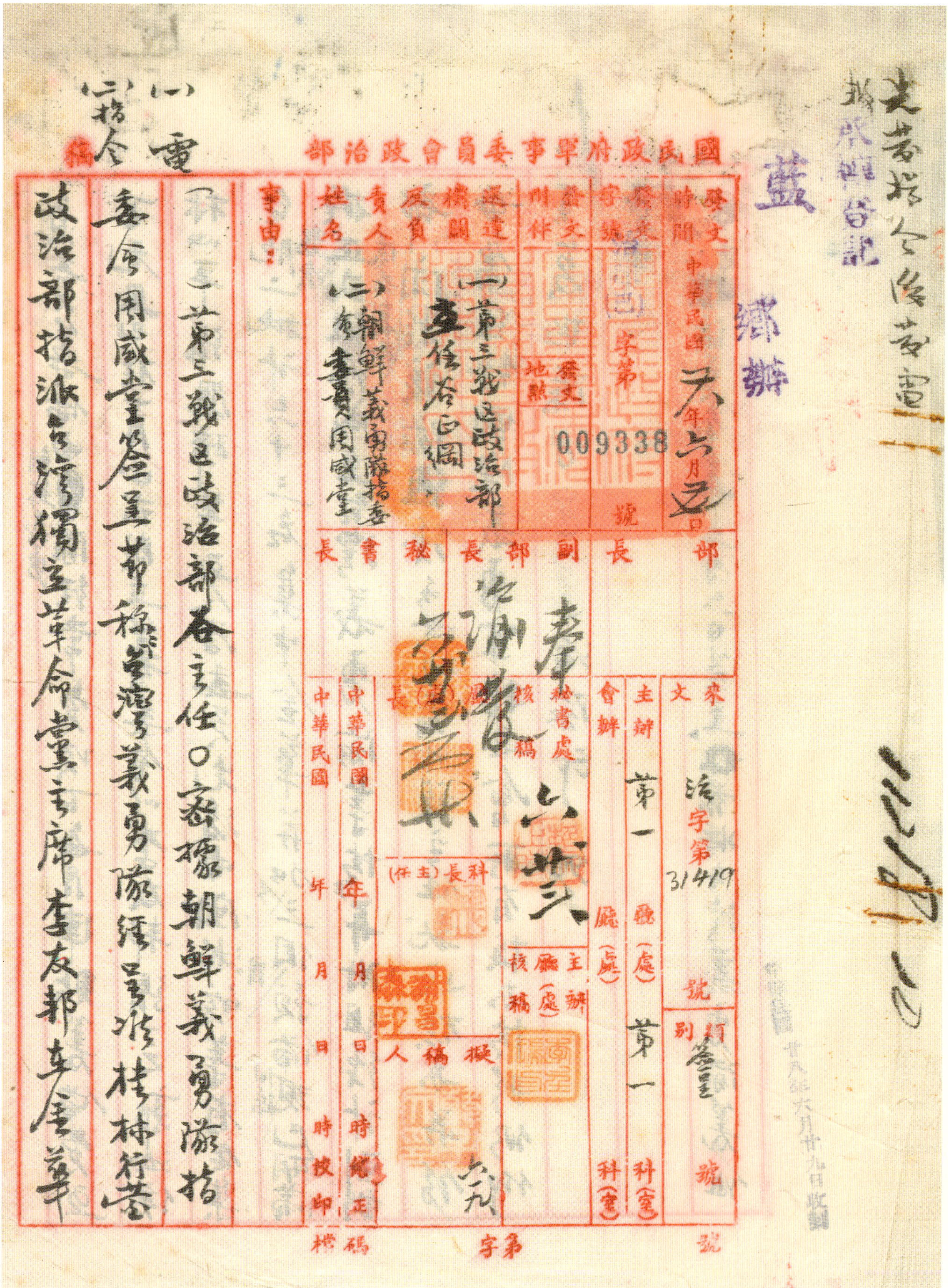

先荷指令後發電

抄代理發記

監辦

國民政府軍事委員會政治部

發文時間：中華民國 年六月廿二日

發文字號：字第 號

發文附件

發文地點

送達機關及負責人姓名：(一)第三戰區政治部主任谷正綱 (二)朝鮮義勇隊指委會周咸堂

009338

部長　副部長　秘書長

來文：治字第31419號

類別：簽呈

(一)電 (二)指令 稿

事由：

(一)第三戰區政治部谷主任〇密據朝鮮義勇隊指

委會周咸堂簽呈節稱臺灣義勇隊經呈准桂林行營

政治部指派臺灣獨立革命黨主席李友邦與金華

負責籌備由朝鮮義勇隊經常費項下每月津貼籌備費五百元且已於一月正式成立籌委會以李友邦張一之郭汝侯林心平張應璋等五人為委員先後由閩浙皖等省召集台胞二批計六十三名集中金華并加以訓練俱預備現已期滿擬正式組織成立台灣義勇隊等情并附組織計劃到部

查於該隊組織各節着由該主任就近核辦并飭毋庸組織國際義勇軍指委會所有核辦情形仰呈復

巴陳 〇 呈(東)洽隊印

事由：

據該員本年五月六日簽呈 前將台灣義勇隊籌組

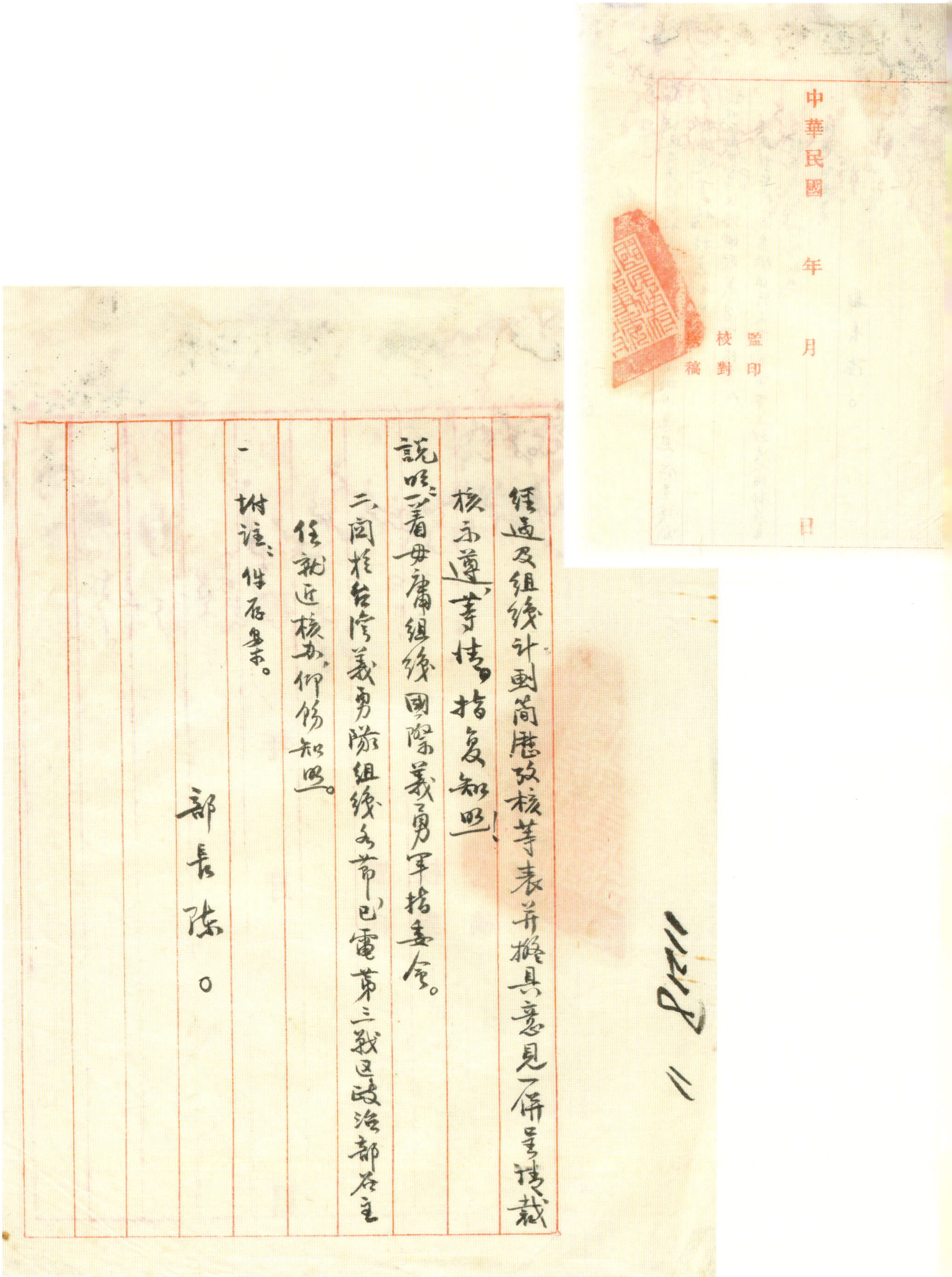
經過及組織計劃簡歷考核等表并擬具意見，俾呈請核裁
核示遵，等情，據復知照！
說明：一、着毋庸組織國際義勇軍指委會。
二、關於台灣義勇隊組織事節，已電第三戰區政治部谷主
任就近核辦，仰飭知照。
一、附註：件存案。
部長 陳○

中華民國 年 月 日
監印 校對 核稿

台灣義勇隊籌備委員會用箋

敬啟者敝會自本年一月間在
貴會指導及援助之下成立以來先後已集合隊員六十餘名在金華開始編隊訓練並展開一般文化工作經過尚稱良好茲以一切籌備事項業告就緒而於隊員成份亦經詳細調查結果頗為純潔為早達台胞參加抗戰起見似有將台灣義勇隊正式組織成立之必要爰派張委員一之攜帶台灣義勇隊組織計劃草案及其他各件趨前請教務懇

11218

11

台灣義勇隊籌備委員會用箋

貴會予以指示並乞代為呈報
政治部審察裁核俾便早日成立而利抗戰工作
為禱此致
朝鮮義勇隊指導委員會

台灣義勇隊籌備委員會

台灣義勇隊籌備委員會印

四月二十九日

計送
一、籌備組織台灣義勇隊前閩浙粵等地台胞情形一件
二、台灣義勇隊組織計劃草案一件
三、台灣義勇隊隊員簡歷表台灣義勇隊少年團團員簡歷表共六一件

台灣義勇隊籌備委員會用箋

四、台灣義勇隊隊員成績考核表台灣義勇隊少年團團員成績考核表共一件
五、台灣義勇隊隊員預備訓練計劃一件
六、台灣義勇隊隊員訓練期内工作概况一件
七、台灣義勇隊統計表一件
八、台灣義勇隊隊員籌備期内生活情形之一班（相片十張）一件

（完）

1128 19

12366

報告　　六月十九日

查本處原址於六月十一日被敵機炸燬後，當即遷往上南區馬路一九五號臨時辦公，並呈報
鈞部在案。茲已覓定中二路二三六號為固定辦公地址，即日遷入照常工作。敬祈
准予備案，實感公便！謹呈
秘書長　賀　轉呈
部長　陳

台灣義勇隊重慶通訊處代表　職　劉啟光

劉啟光

819

14077

國民政府軍事委員會政治部 稿

電

發文時間	發文字號	發文	附件	送達機關及負責人姓名
中華民國 年 八月卅日	治選(巴)字第3275號	發文地點		台灣義勇隊李隊長

部長　副部長　秘書長

事由：

金華台灣義勇隊李隊長友邦（八）密該隊有無派劉啓光爲駐渝通訊處代表仰即查復再該隊組織詳細情形暨全隊官兵名冊迄未報部仰併造報爲要巴陳

來文 字第 號

類別

主辦 廳（處）科（室）

會辦 廳（處）科（室）

廳（處）長

科長（主任）

擬稿人

主辦 廳（處）

核稿 廳（處）

中華民國 年 月 日 時繕正

中華民國 年 月 日 時校印

檔碼 字第 號

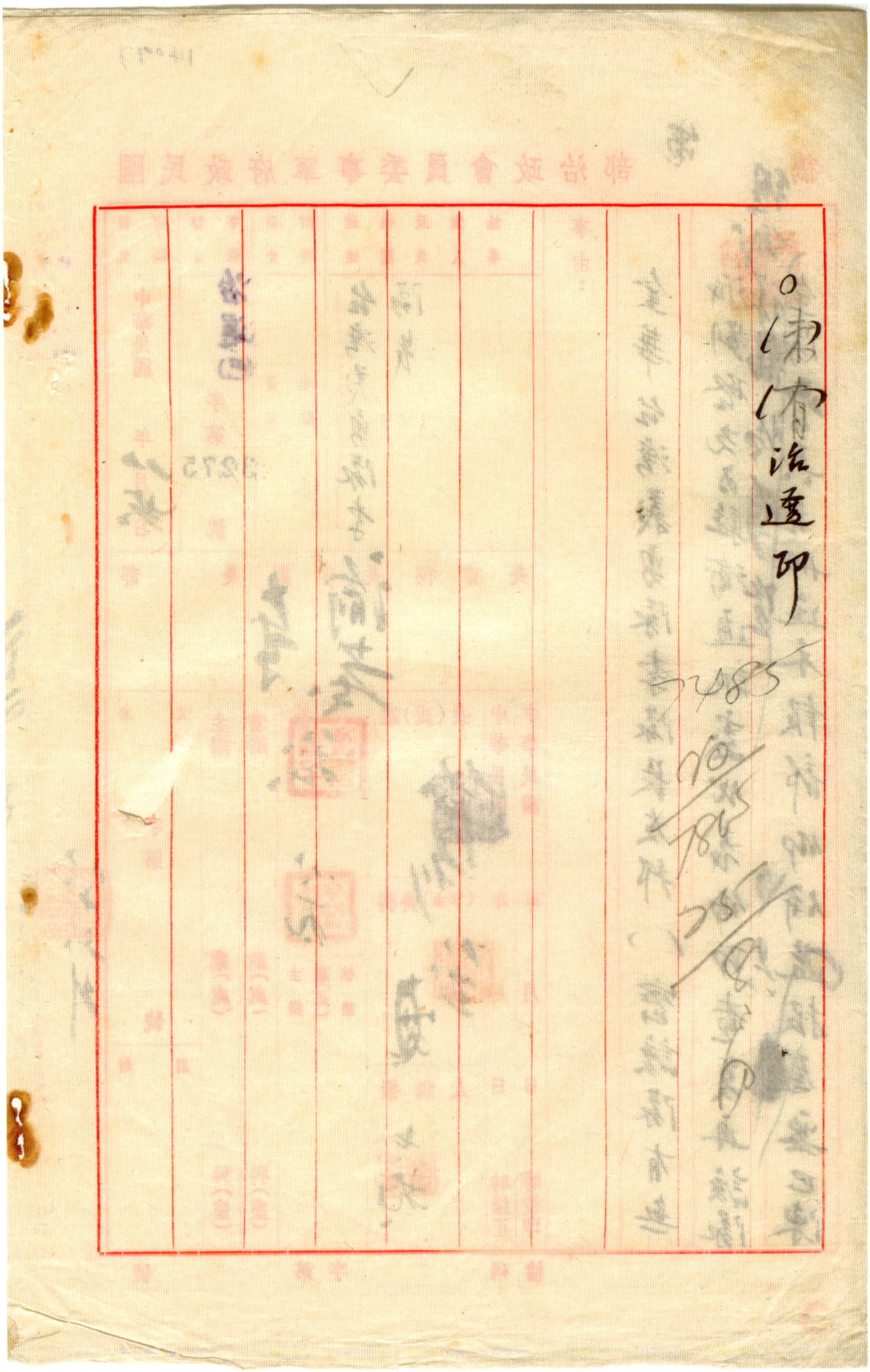

台義渝政字第十二號

國民政府軍事委員會政治部台灣義勇隊重慶通訊處 呈

案奉 鈞隊本部卅年一月八日隊字第一七八號快郵代電開「銜略—本隊經常費業經獲准自卅年元月份起在渝具領、而領導台灣革命運動之統一革命党、不久亦將在渝成立、各方接洽、連絡事務日繁，通訊處規模已不足應付當前需要、爰着自本年二月一日起、將重慶通訊處改稱駐渝辦事處、擴充組織、仍由該員充任主任、仰即知照並就近呈請 部座鑒核備案為要、」等因遵即刊刻長方形篆字圖記一顆，文曰「國民政府軍事委員會政治部台灣義勇隊駐渝辦事處圖記」擬自二月

一日起改称啟用事関更改名称理合報請
鑒核備案
謹呈
辦公廳主任滕轉呈
部長張
副部長梁 王
職劉啟光

中華民國三十年一月卅日

地址：中華路一五〇號附一號

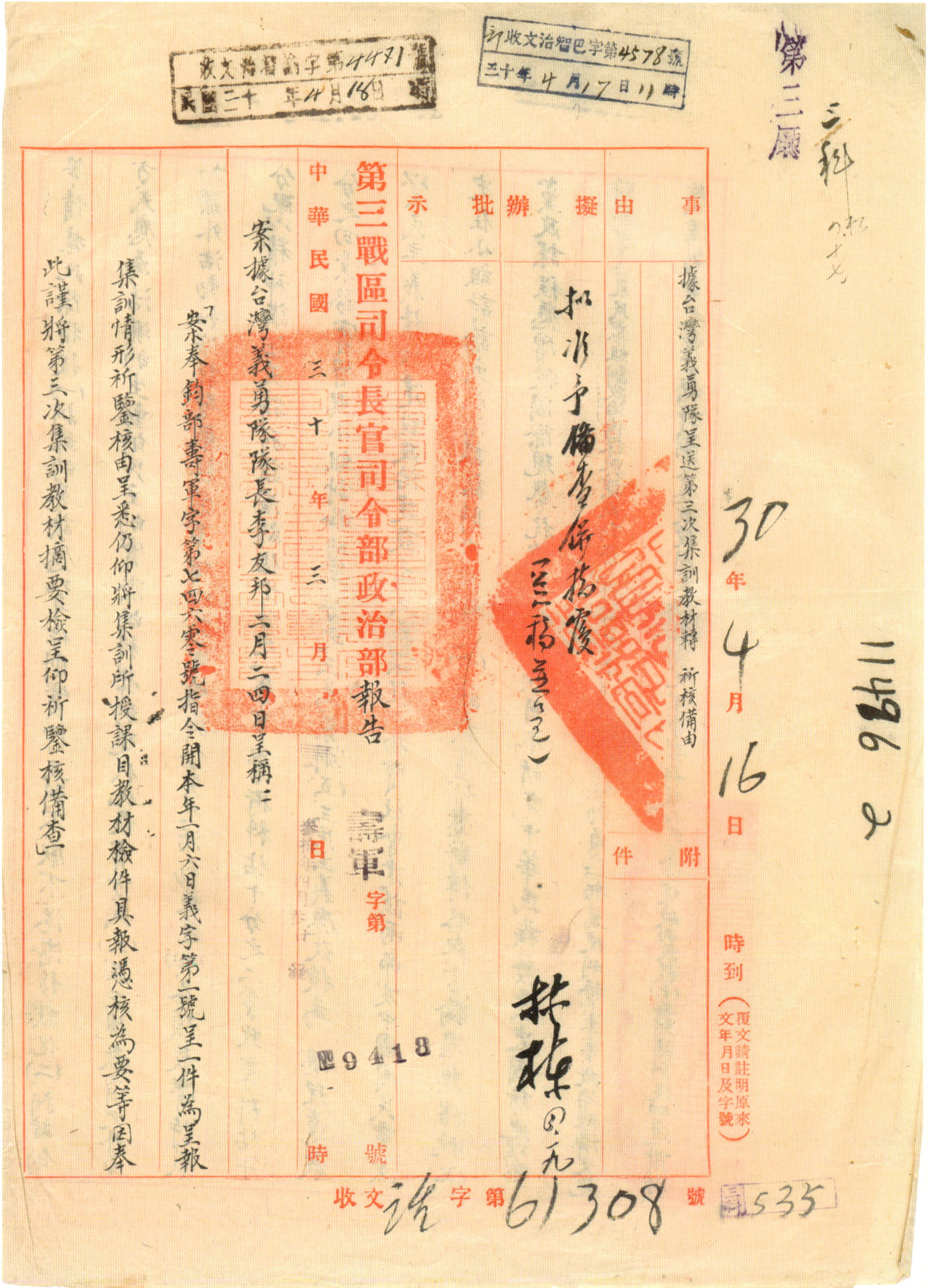

收文指智渝字第4471號
民國三十年4月16日

收文治智巴字第4578號
三十年4月17日11時

第三廳
三科

第三戰區司令長官司令部政治部報告

中華民國三十年三月 日

軍字第 號

事由：據台灣義勇隊呈送第三次集訓教材轉祈核備由

擬辦：擬准予備查

附件

30年4月16日 到時

（覆文請註明原來文年月日及字號）

案據台灣義勇隊隊長李友邦二月二四日呈稱：「案奉鈞部壽軍字第七四六零號指令開本年一月六日義字第一號呈一件為呈報集訓情形祈鑒核由呈悉仍仰將集訓所授課目教材檢件具報憑核為要等因奉此謹將第三次集訓教材摘要檢呈仰祈鑒核備查」

收文渝字第61308號

等情據此除指復(一)訓練的要訣應以身作則實行五到不厭不倦潛移默化(二)訓練的方式應為活潑的生動的民主的實際的科學的現代化教育方式(三)在正規教育之外另加課外活動如演說壁報娛樂等項以啟發受訓人員之活動技能(四)各項教學時數分配以精神講話或特別講演約佔十分之一軍事學術科佔十分之二黨政學科佔十分之四業務實習與小組討論約佔十分之三為原則(五)三民主義應改授為 總理遺教以三民主義精神建設政治建設為正式課程以物質社會建設兩部及中國國民黨黨史在小組討論或政治講話時內講授之(六)總裁言行應擇傳略與言論思想擇授(七)黨政課程應增授國際現勢抗戰建國綱領日本研究中華民族發展史國防地理戰時社會政策民眾組訓政治偵探與諜報勤務(八)精神總動員為國家總動員之一部為使明瞭軍事政治經濟文化整個動員之意義計嗣後應改授國家總動員(九)軍事學科應加授交通爆破兩教程(十)每期結訓後仰遵附頒

報告書式造報憑核外理合備文報請

鑒核

謹呈

部長張

附呈台灣義勇隊第三次集訓教材摘要一份

第三戰區司令長官司令部政治部主任李壽雍

11496 3

國民政府軍事委員會政治部台灣義勇隊第三次集訓教材目錄

甲、黨義

一、三民主義

乙、總裁言論

丙、軍事學

一、戰術學

二、防毒教範

三、步兵典範令

四、簡易測圖

五、兵器學

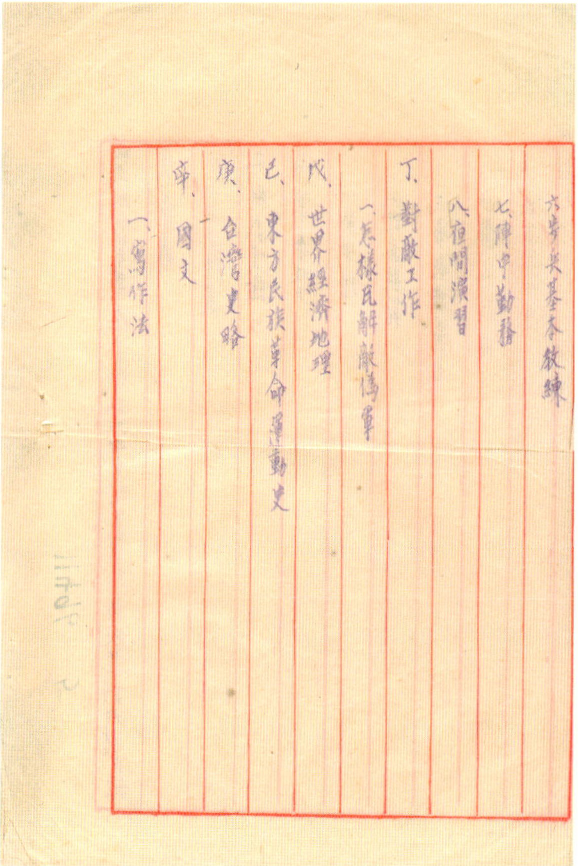
六、步兵基本教練
七、陣中勤務
八、夜間演習
丁、對敵工作
一、怎樣瓦解敵偽軍
戊、世界經濟地理
己、東方民族革命運動史
庚、台灣史略
辛、國文
一、寫作法

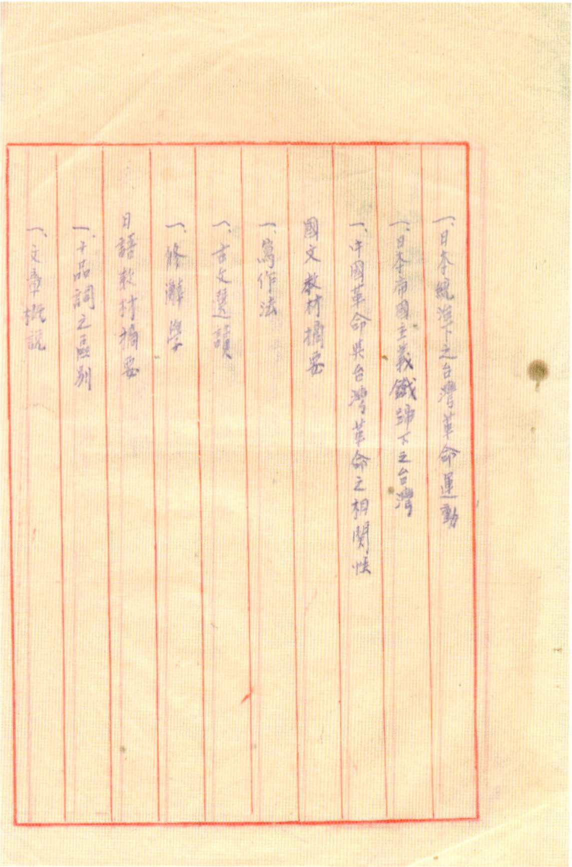
一、日本統治下之台灣革命運動
一、日本帝國主義鐵蹄下之台灣
一、中國革命與台灣革命之相關性
國文教材摘要
一、寫作法
一、古文選讀
一、修辭學
日語教材摘要
一、十品詞之區別
一、文章概說

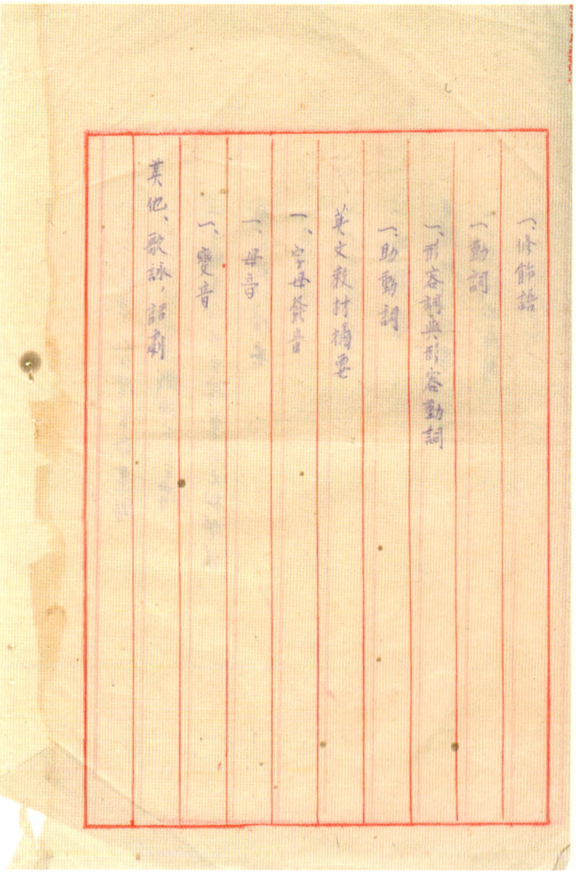
一、修飾語
一、動詞
一、形容詞與形容動詞
一、助動詞
英文教材摘要
一、字母發音
一、母音
一、變音
其他、歌詠、話劇

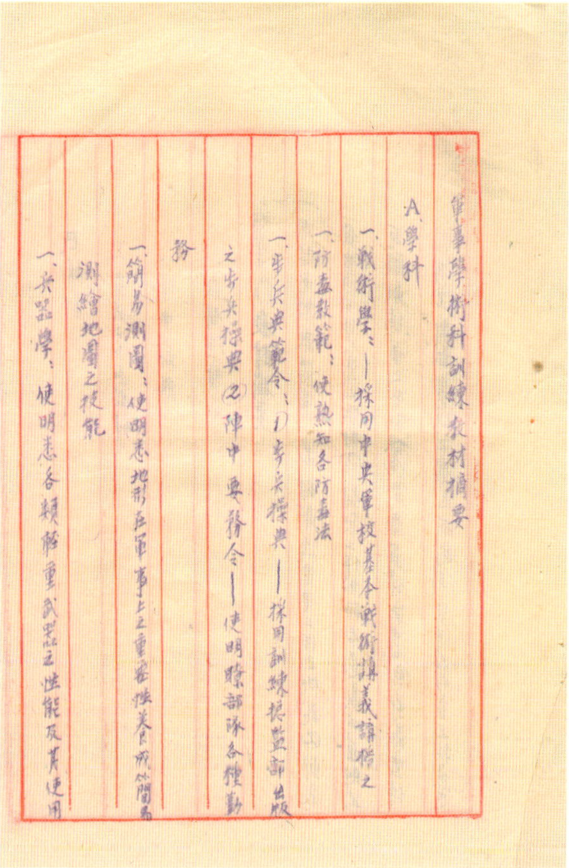
軍事學術科訓練教材摘要
A、學科
一、戰術學：——採用中央軍校基本戰術講義諸將之
一、防毒教範：使熟知各防毒法
一、步兵典範令：(1)步兵操典——採用訓練總監部出版之步兵操典(2)陣中要務令——使明瞭部隊各種勤務
一、簡易測圖：使明悉地形在軍事上之重要性並養成作簡易測繪地圖之技能
一、兵器學：使明悉各類輕重武器之性能及其使用

法

B、術科

一、步兵基本教練

一、陣中勤務

一、夜間演習

對敵工作教材摘要

一、怎樣瓦解敵偽軍：①對敵偽宣傳工作之概說②對敵偽宣傳工作人員之任務③對敵工作的根本意義與原則④瓦解敵偽軍之可能性⑤對敵宣傳戰略⑥對敵宣傳戰術⑦對敵宣傳之遞送技術⑧宣傳品內容之注意及

演⑨使用署名之方法⑩對韓台旅征壯丁之宣傳內容與作法⑪俘虜訊問法與優待法⑫教育俘虜與利用俘虜法⑬敵情調查與偵察⑭敵後士兵與群眾做瓦解敵偽軍工作⑮組織群眾成立對敵偽宣傳隊⑯怎樣聯絡對敵機關部隊班……等

世界經濟地理教材摘要

一、什麼是經濟地理學

一、殖民地與殖民地的分割

一、戰後的世界

一、現階段世界經濟的特徵與經濟地理

一、世界諸國的分類

東方民族革命運動史教材摘要

一、研究運動史的意義

一、滿清入主中夏的略述

一、三民主義是救國救民的主義

一、甲午戰後至歐戰期間的中日關係

一、歐洲大戰中的中日關係

台灣史略教材摘要

一、台灣史略

一、台灣革命運動史之分期

一、研究時須用科學方法分析演繹歸納

一、三民主義的原理

一、民生為歷史的中心

一、天下為公

一、倡導民族民權民生主義

一、總理以民生哲學做基礎

一、力行三民主義

一、充實黨的力量

一、認識什麼是實行國民革命的程序

一、訓政時期

一、心理建設 倫理建設 社會建設 政治建設 經濟建設
一、依據三民主義，貫徹綱領，加緊完成抗戰必勝建國必成
丙、領導全國精神總動員以盡抗戰建國所負之使命
二十八年二月二十日國民參政會開會詞
一、在兩次大會期間有最所欲貢獻的兩件事
一、領導全國精神總動員應為本屆大會的工作重心
一、根據共同道德觀念建國信念而努力奮鬥犧牲
一、希望充分表現積極的精神發揮真誠純一互信共信的精神
一、願與共患難榮辱一心一德以盡抗戰建國所負之使命
（附記：本教材於每週上課一小時重在講述）

三民主義講授進度摘要（每週輪講）
一、三民主義的內容及其涵義
二、三民主義的哲學基礎
三、民族主義的特質
四、中華民族的危機及復興民族的要點
五、民權思想與民權運動
六、民權主義的特質
總裁言論講授教材摘要
甲、革命哲學的重要
一、立國的精神
一、中華民族性之發展
一、總理知難行易的學說
一、革命之道理
一、知止兩字的效用
一、總理學說的淵源
一、科學及組織的意義
一、致格誠正修齊治平的意義
一、沒有革命哲學基礎的危險
乙、三民主義之體系及其實行程序
一、研究三民主義就可以立即建設新中國

（二、古文選讀）
壬、英語
癸、日語
其他、歌詠、話劇

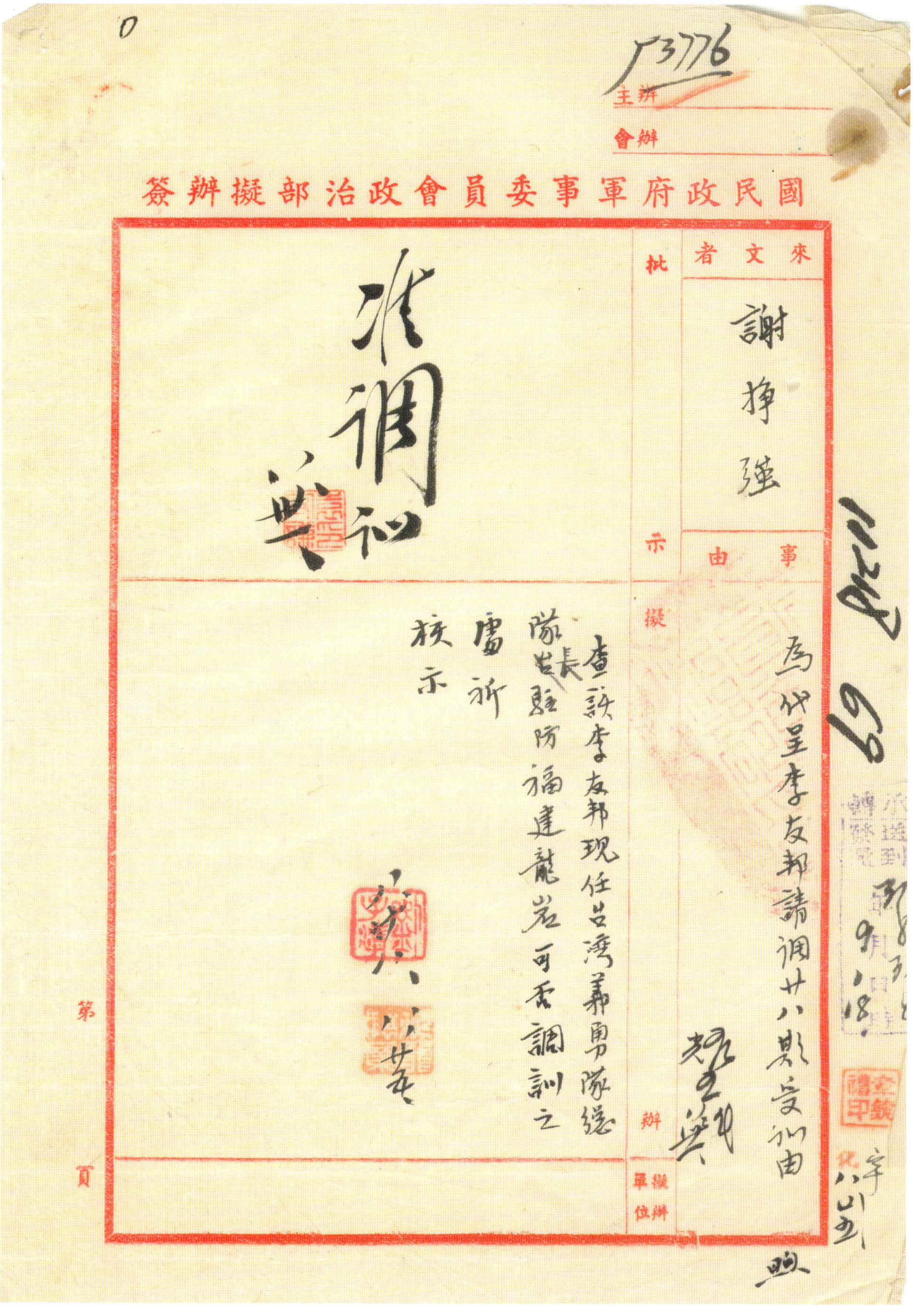

P3776

主辦

會辦

國民政府軍事委員會政治部擬辦簽

來文者：謝掙強

事由：為代呈李友邦請調廿八期受訓由

擬：查該李友邦現任台灣義勇隊總隊長，駐防福建龍岩，可否調訓之處，祈
核示

批示：准調

擬辦單位

第　頁

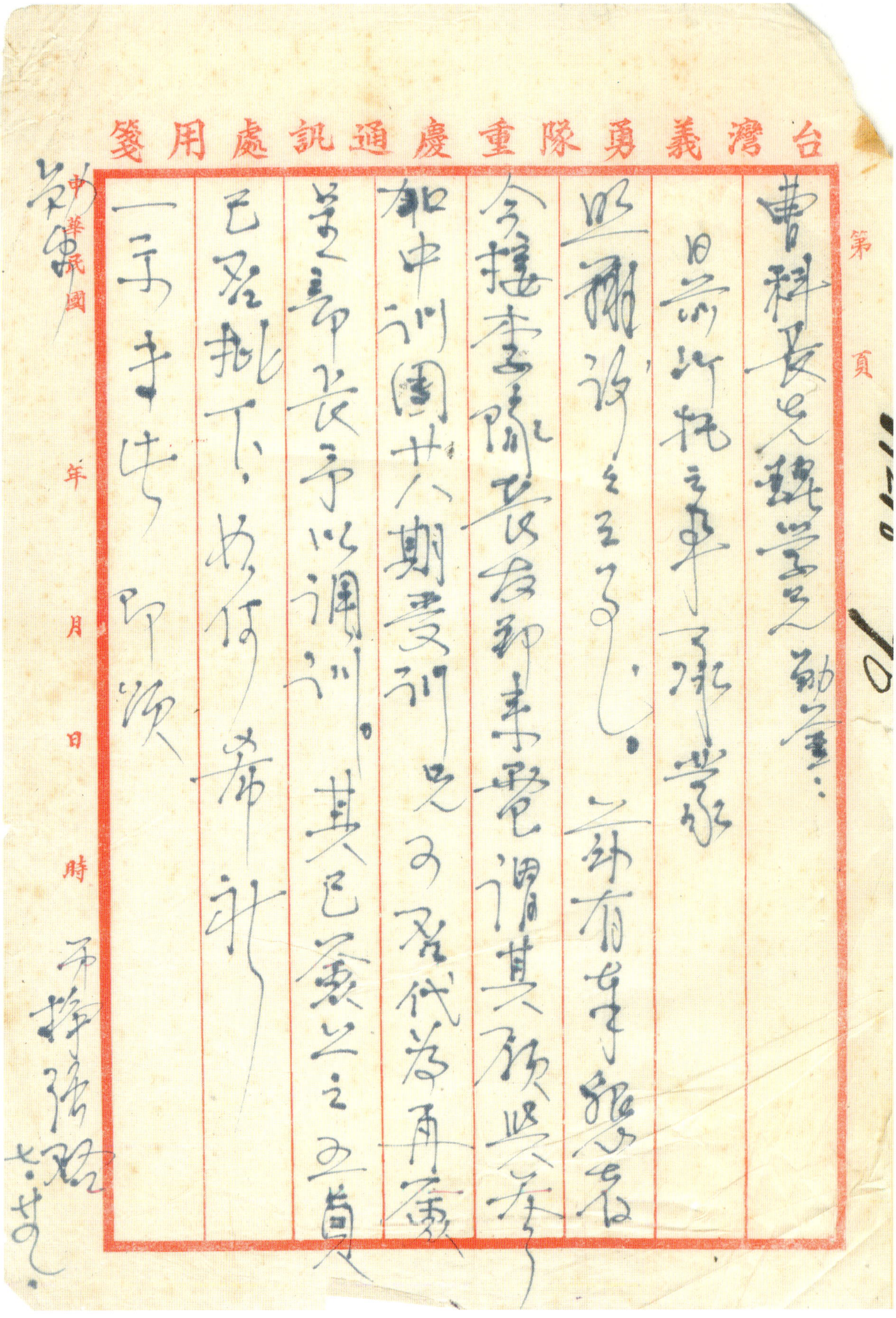
台灣義勇隊重慶通訊處用箋

曹科長兄魏堂之勛鑒：

日前所托之事，承蒙

照辦，謝謝之至為感。又外有事懇者，

今接李隊長友邦來電，謂其願照送

部中訓團廿八期受訓兄之又名代為再處

弟之部長弟以調訓。其已簽上之五員

已名批下，如何希祈

一手辦，即頌

弟 梓琦 七·廿九

中華民國　年　月　日　時

第　頁

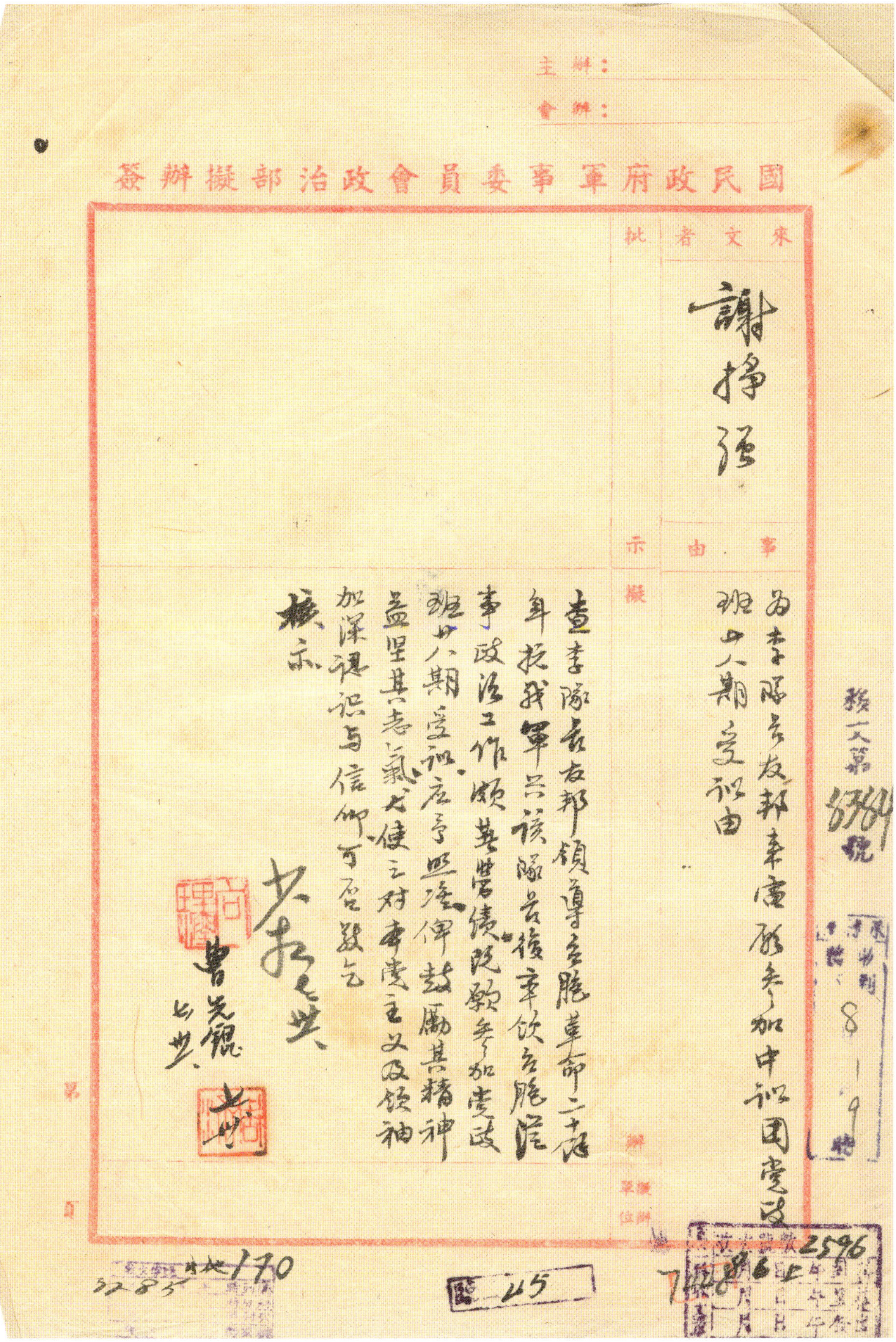

國民政府軍事委員會政治部擬辦簽

主辦：

會辦：

來文者：謝掙强

事由：為李隊長友邦來電願參加中訓團黨政班廿八期受訓由

擬辦：查李隊長友邦領導台胞革命二十餘年，抗戰以還該隊長復率領台胞從事政治工作，頗著勞績，設准參加黨政班廿八期受訓，應予照准，俾鼓勵其精神，益堅其志氣，尤使之對本黨主義及領袖加深認識與信仰，可否敬乞核示。

曹先錕 六.廿

發文第6384號

對台灣廣播稿

十一月三日下午五時半播送

親愛的台灣同胞們：

今天向大家報告關于菲律賓方面的戰況以及最近日敵因菲島作戰失敗所引起的種々動搖事實。

太平洋盟軍登陸雷伊泰和薩馬島以來，僅僅半個月，已把雷、薩兩島完全控制了。最近盟軍又南下進抵馬吉島，順利前進。這次，盟軍在菲島東南腹部登陸，攻佔西積島雖然不大，但在戰略上是非常成功的，我們如果打開地圖一看，就可以知道整個菲律賓已被切成兩段了，這樣一來，和馬吉左近的宿务、尾格剌、保荷以及極南部單独存在的民答那峨，就陷于孤立了。前次日敵集結海空軍冒險要和美軍決戰，為的就是企圖增援陷于孤立的各島守軍，不然的話，畢竟不能呼應，只有重演「塞班、關島的全員「玉碎」！這一戰，日本艦隊被擊沉五十八艘，其中有航空母艦四艘，戰鬥艦十艘，日機損失五百多架，日本軍部還在國內誇大宣傳菲島海空戰大獲勝利？實在十分可笑！日本海空軍勝利得全部向後逃跑。跟着，日軍在馬尼剌宣布戒嚴，盟軍空軍却日夜轟襲呂宋各要地，遠東觀察家預料美軍在最近之將來，將在呂宋東海岸擇處登陸。我們相信：這一着是極有可能性的、而且不久就可能出现。同时、我们可以肯定的推断：菲島戰事必然在最近兩三月内全部解决。这一点、小磯首相知道得更清楚、他公開演(講)説：「西南太平洋戰局、以菲島及其周遭為主戰場、現在已正式開始決戰矣！無完全武裝之菲島安全、對于强大美軍之侵襲、僅以該國國民憤激之情緒、殊不能保障」！

在菲島正在進行激烈的海空戰的時候、由中國基地起飛之盟國「超級空中堡壘」又作第三次的襲擊日本本土九州、被炸地区计有宫崎、大村、天草、熊本、佐賀、大牟田等地、太村機場及飛機修理廠、倉庫設備都中彈起火、燒個淨光、这可证明盟国空軍随时随地都可以打击日本本土。

现在我们再看看日寇在菲律宾遭遇吃了败战以后，国内所引起的恶化反响：

第一，日本国民在「战争前途无望」的悲观情绪下，普遍怨恨政府，惹来战争的恶果，劳力费财，又把人民性命提到海外孤岛去送死，因为遇到塞班、关岛日守軍的全部「玉碎」，是极可恐怖的事迹，最近在雷伊泰和萨马岛日守軍又「玉碎」了二万四千多人。他们更顾虑到将来菲律宾守不住了，同盟国空軍可以利用菲岛机场越过台湾、琉球进攻本土，那必然要蒙受悲惨的损失，因此，今日日本国民表面上服從政府，内心却深恨入骨，特别是对于軍部人物的抱怨。

第六，大规模戰争的消耗，使日本無法長久支持，日本海軍力量削弱了，短期内就無法再製造，日本海軍之所以不敢多出交戰，就是这個原因，日本飛机製造之告難產，在大规模空战下，每月產量抵不過損失數字，蕭島周圍作戰一個多月，日本飛机就損失弍千餘架，除此之外，还有一切軍用物資的供應，日本也無法長久維持，敵相小磯對國民分析當前戰局說過：「若無最大限度之必要兵器彈藥為之補給，皇軍無論如何精强，但欲獲勝利，仍殊困難」。這些話正是露出日軍兵器彈藥的缺乏，已感缺乏。又小磯報告菲島海空戰說：「吾人所最痛惜者，即無法予皇軍將士以必要之航空機及其他新兵器」。這就說明日本缺乏飛機，以致海軍失翼，大吃敗戰。

第三，小磯對菲律賓戰事，已感無能為力，事實上，日本生產力遠不及美國，註定了日本必敗的命運，任何三頭六臂的內閣，也無法解救當前的難關。由于盟軍之襲琉球、炸台灣、登陸菲島，一連串的對日打擊行動，繼續出現，使小磯魂散胆落，徬徨無措，遠東政治家預料：「小米聯合內閣，不久又將改組」，因為國內政

党不容他一再挨打，一点没有办法，正像塞班陷落，同时也
宣告东条垮台的事例。现在小矶为了恐惧国内该党
的怨责，所以临时拉拢了许多在野政客和退伍军官，
授以内阁顾问的名义，使其参预国事，同时设置计
划局，所谓担任国政运营之智囊团作用，其实是小矶
和缓政潮，推卸责任的把戏。又据东京广播，前月廿四日
小矶亲到大阪，招集有力财界和军官共恳谈，他们谈的
什么呢？事实说明了，为的是恐惧盟军进攻本土，不得不
加强大阪的防务。前两天，日本海军省就发表任用海军
中将冈新为大阪警备府司令官的消息，另一方面，小矶要防守

本土，但飛机缺乏，限于財力和材料，無法大量生産，所以到大阪討好一班財閥，希望他們出力出錢来加強飛机的生産，这很可以顯示小磯内心的苦悶，假如不能達到目的，小磯作戰没把握，只有摹仿東条出之下台的妙法。

從上面許多事實看来，盟軍登陸菲島，確實給予日本最大的打击，同時迫使日本更接近總崩潰的途程，这些話一点没有誇張，請各位留意觀察吧！

親愛的台灣同胞們！盟軍登陸菲律賓，當地的抗日游击隊就起来响應，[redacted]協同盟軍作戰，这是正義忠勇的表現，他們知道菲島戰事結束後，菲律賓就有独立自由的保障，你们是中国的同胞兄弟，你们不能永久屈服于日本人，祖国每一个同胞都在怀念你们，希望大家从速反省，大家团结起来打垮日军，恢复我们的失地与自由。最后遥祝各位同胞健康。（完）

立夫先生：

周一鶚兄述及

先生對於台灣教育的意見，具見

關懷台胞，毋任欣感。教育是台灣復員與建設中的重要工作，茲畧述意見如左，藉供

參攷。

台灣收復以後，應做工作自然很多。

國防最高委員會黨政工作考核委員會用箋

但弟以為最重要的一種却是教育。台灣與各省不同。他被敵人佔據已四十九年。在這四十九年中，敵人用盡心計，不斷的施行奴化教育。不僅奴化思想而已，並禁用國文國語，普遍的強迫的實施日語日文教育，閩日語講習所，達七千餘所之多，受日語教育者幾占台人之半數，所以台灣五十歲以下的人，對於中

國防最高委員會黨政工作考核委員會用箋

國文化及三民主義，差不多沒有了解的機會，自然是茫然。這真是十分的危險。收復以後，頂要緊的是根絕奴化的舊心理，建設革命的心理，那就為主的要靠教育了。

可是收復以後很困難的工作，是教育。台灣教育相當發達，有研究所五（台灣經濟事業得力於研究工作不少），文法理工農醫六科具備的大學一，農工商醫專科學校四，高等學校一，男女中學三。師範學校四，職業學校一四，職業補習學校六三，小學校九五九，特種學校等（如盲啞學校）二十，私立學校十七。台灣人口只六百餘萬，而有這樣多的學校，是他省所不及的。我們收復以後，對於必需的事業，必須維持，使不停頓，使台人了解革命的功效，並不致貽敵人以口實。教育方面，如何維持這許多學校呢？第一是師資問題。專校以上學員教員多半是日人。據最近統計，人數達九五七人，中等學校（中學師範職業）一七〇九人，小學校九九〇八人，其他學校一四二人。以上共計教員二〇、六〇九人，如何淘汰舊的，補充新的，須早為准備。否則有學校而無教員；教育勢必至於停頓，那是很不好的。

如何早為准備，希望貴部注意及之。大概高等以上教員九百餘人，將来除留舊有的外，只能從各省物色。至於中學以下的一萬餘人，收復以後，多數恐怕只能用舊有的。完全補充，完全淘汰，事實上不可能。第以為收復後教育上急要工作，是立即成立一師範學院，擴充舊有師範學校。一方面用短期制，（要救急只好如此）大量就地培養師資；一方面把舊有教員分期調訓。

收復前教育上必須準備的工作，第一，是師資。師資的師資，即師範學院師資學校的教員。第二是中等學校的行政人員。（校長、教務主任、訓育主任、總務主任。至於小學、數量太多、無法預備、只好以後再説）。第三、是國語、國文及歷史的教材。（這三種在台灣須特別注重）。

弟對於教育是門外漢。以上只就收復台灣的立場、略貢芻蕘、以備

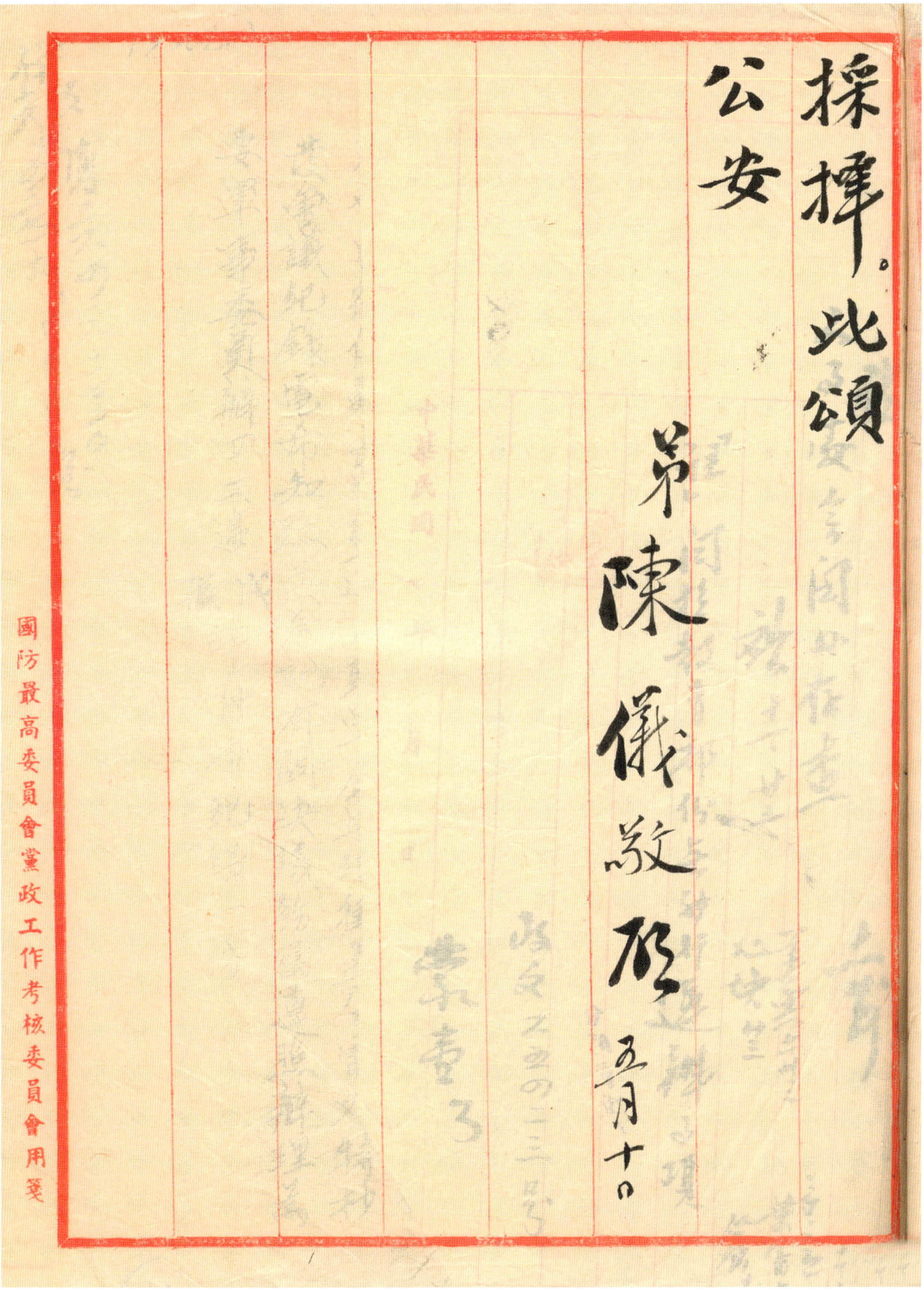

採擇。此頌
公安
弟陳儀敬啟
五月十日

國防最高委員會黨政工作考核委員會用箋

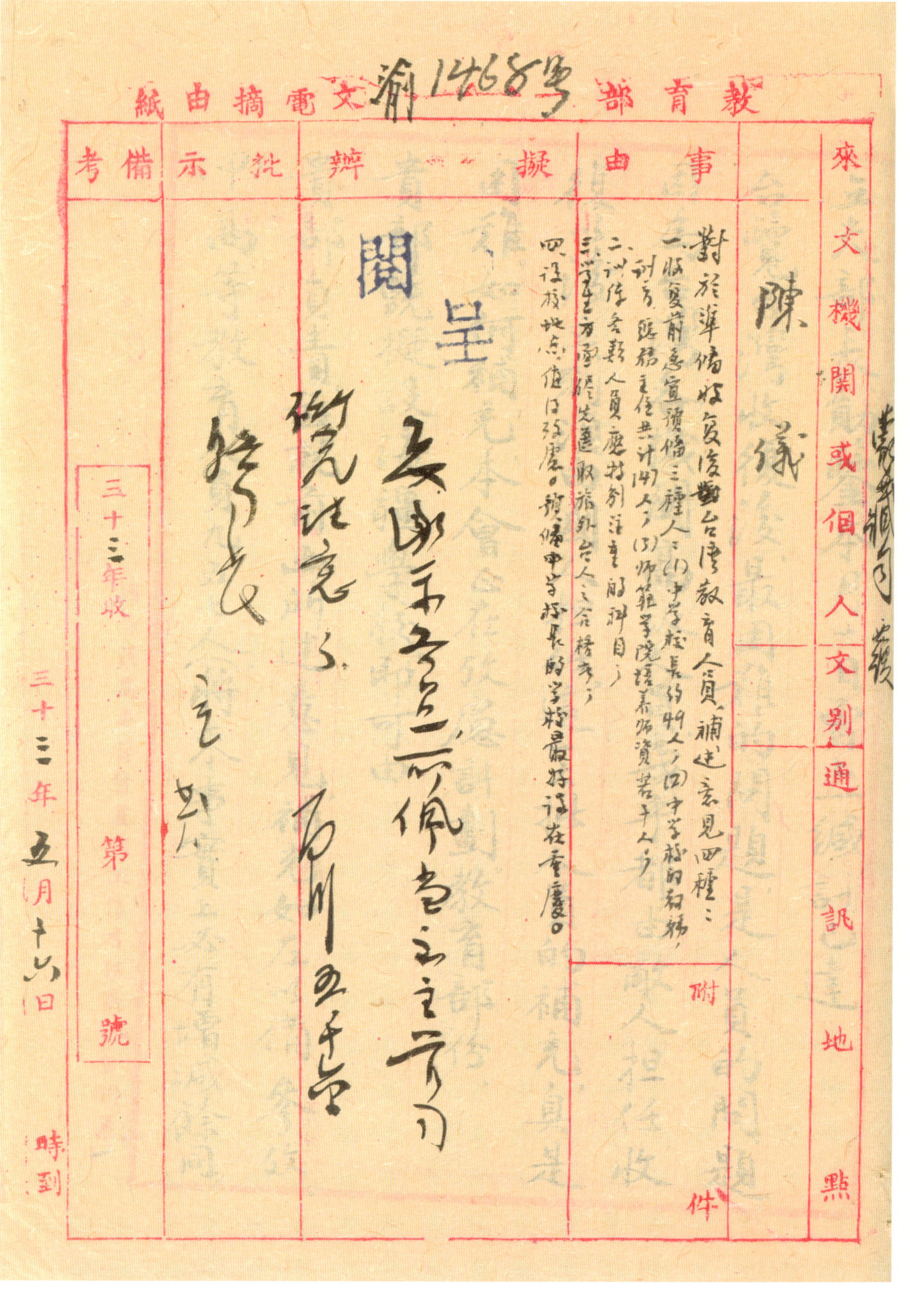

教育部文電摘由紙 渝1468号

來文機關或個人：陳儀

事由：對於準備收復後台灣教育人員，補述意見四種：一、收復前應宜預備三種人：(1)中学校長約49人，(2)中学校的教務、訓育、體育主任共計147人，(3)師範学院培養師資若干人；二、訓練各類人員應特別注重的科目；三、学生方面從先選取旅外台人之合格者；四、設校地點，但以在重慶。預備中学校長的学校最好設在重慶。

擬辦：呈

批示：閱

三十三年收 第 號

三十三年五月十六日 時到

立夫部長勛鑒：本月十日曾上一緘，計已達
台覽。台灣收復後，最困難的問題，是人員的問題。因為台灣各機關高級人員，幾乎都由敵人担任，收復以後，立刻須由國人担任，這一大批人員的補充，真是困難。如何補充，本會正在考慮計劃。教育部份，
貴部既擬設海疆學校，即可由
貴部負責。茲就前函所述意見補充如左，以備參考
（甲）高等教育人員九五七人（將來事實上必有增減，餘同）

國防最高委員會黨政工作考核委員會用箋 一

（研究所人員在外）需要專才，决非短時期内所能預備。小學人員近萬人，數量太多，亦應請預備。中等學校人員一千六百餘人，全數預備，亦很困難。弟以為收復前所急宜預備的，均只能限於三種人。

（一）中等學校校長約計四十九人。原來的中學校及高等女學校各三十校，可改為初級中學。師範學校四所，農林、商業學校各六所，工業學校二所，可暫仍舊。高等學校一所，可暫改為高級中學。但這都只是假定

(二)中等學校的教務、訓育、總務主任，每校共三人，合計一百四十七人。

(三)師範學院。台灣現有中等學校教員一六〇九人，這許多人員，定有不少被淘汰的，一方面將來中等學校必須擴充，所以師資的補充與培養，為數不少，須有一師範學院，方可以應需要，及師範學校的公民、國語、國文、歷史、地理、教師，假定每校十人，這是至少的數目，約共計五十人。

以上共計約二百五十人左右，最好於收復以前預備，

（乙）以上各類人員的訓練，關於國父遺教、總裁言論、國語、歷史及抗戰以來政治設施，應較其他學校特別注重。

（丙）學生方面，旅外台灣人中如有合格人員，儘先選取（但不合格的台人不能因為是台人而通融）

（丁）設校地點，值得考慮。如果所預備的是甲項一類人員，那末，倘使設在福建，師資十分困難，為師資計，最好設在重慶，因為大部分教員，可由各大學教授兼任。

以上四種意見，是否有當，敬請

斟酌。專此即頌

勛安

弟 陳儀 敬啟

五月十五日

國防最高委員會黨政工作考核委員會用箋 五

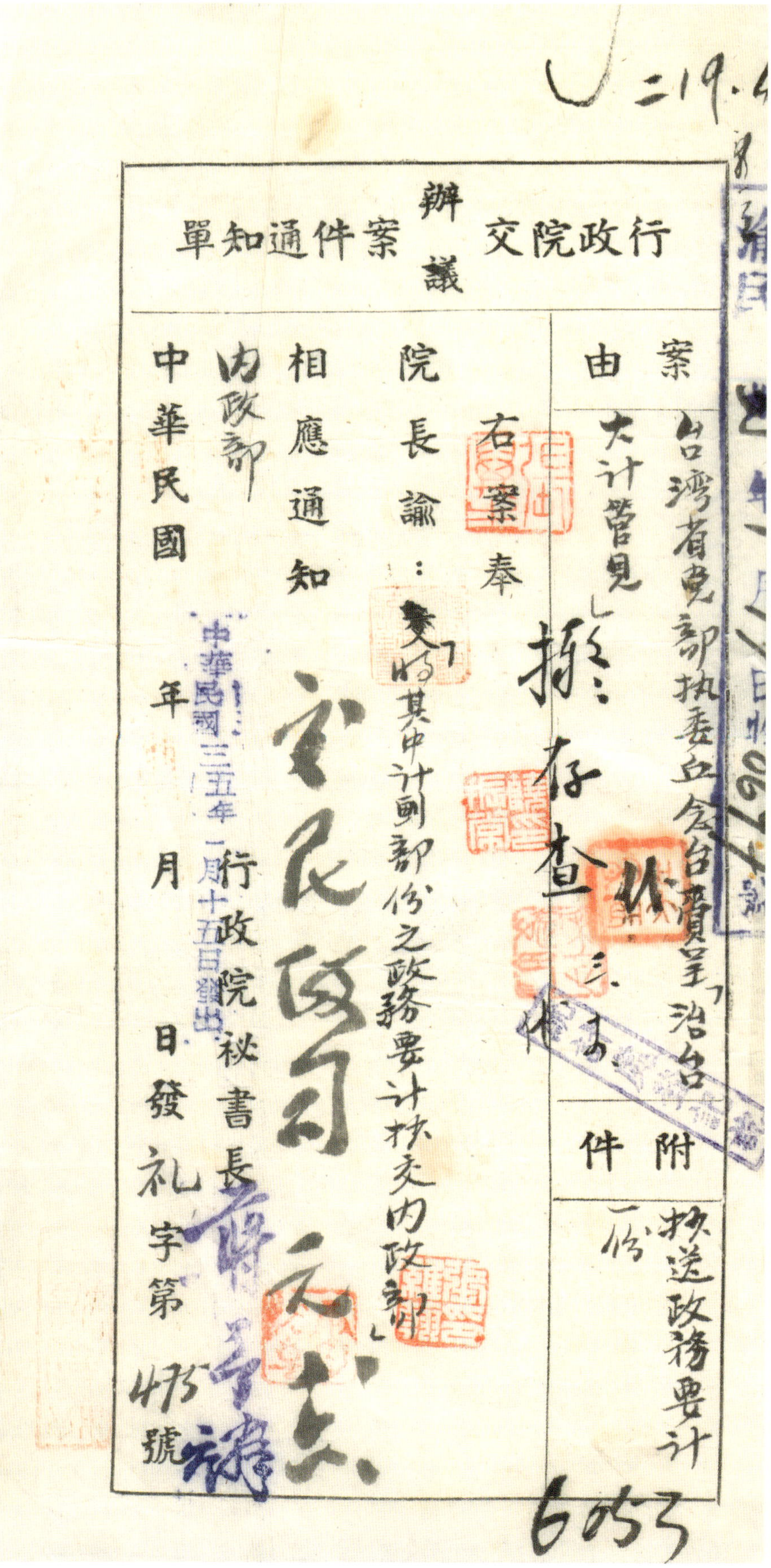
行政院交辦議案件通知單

案由：台湾省党部执委丘念台签呈「治台大计管见」

附件：抄送政務要计一份

右案奉

院長諭：「交內政部，其中計劃部份之政務要計抄交內政部」

相應通知

內政部

行政院秘書長

中華民國 年 月 日發 礼字第475號

中華民國三五年二月十五日發出

交民政司

擬存查

6053

抄原政務要計

1、主政當任省內外才德職員務多用台人次及閩粵寔務人員務少調動國內人員勿超過百分之三十並避免國內派系警察尤應仍用台人而國人單督導、

2、早施民权政治行使四权凡政制法令賦稅均尊重民意如此始能使民心內向。

3、應保持已具法治良風有貪污應較國內嚴懲。

4、產業金融先求安定勿急興革惟原日政府財團之收入應均歸省有賦稅以減為原則國內所無則廢島內所無不增。

5、廢除一切过去压迫剝削差別歧視之法令。

6、理蕃應寬大勿輕蔑務灌注文化依教育程度而予政权治倭亦然。

7、應速請中央改正台灣省府組織與各省一律勿有歧異致拂民情惑民志並請即委派选定台省參政員及國大代表此為目前要举。

丁4（192×272公厘）一版印

台湾行政區域研究会第一次会議紀錄

時間　三十四年二月廿七日上午九時

地点　本会会議室

出席人　李萬居　孫克寛　周延儒　黄國璋　林忠

康燈

主席　夏濤聲　　紀錄　康燈

行礼如儀

召集人夏濤声報告

今天本研究会開第一次会，研究会我們可以不拘形式，請各位多發表意見。本会的成立是遵照陳主任委員的意思，主任委員以為我國在收復台湾以前，在各种設施方面，必須先有準備，擬定具体方案，俟接收時可以根據實施。而這些設施方面尤以（一）行政區劃（二）土地問題（三）公营事業為重要，

（一）是行政制度問題，（二）（三）是民生主義的实施問題，所以先成立這三個問題的研究会。邀請主管部会署本局各主管組、台灣人士的專家與本会同仁共同研究，俟有具体方案時，陳主任委員再自己出席參加。

陳主任委員對於本問題的研究，有一些意見，希望我們參考這些意見來研究具体方案。（陳主任委員意見附紀錄後）其中關於設置秘書處長一項，這是國內各省府所無的，主旨在使省府秘書長成為实際的幕僚長，所以另置秘書處長，綜理秘書處的事務，至關於撰擬文稿，另設机要室办理，直轄於秘書長。

台灣割讓於日本以後，行政制度變更頻繁，在前期廿幾年纔步上軌道，在一九二〇年第一任文官總督始決定五州二廳制，立下了現制五州三廳的基礎。日人在台灣的行政區劃的大概情形如此，但我國接收以後，當然須依照本國的縣市制劃分，至如何劃分，這是在本研究会应討論的重要問題之一。關於縣的劃分，本會孫先生同志已擬好一張劃區草圖，以供各位參考，林同志的意思想將台灣劃作五十縣和一個市。

我們對於行政區可以分成縣討論，台灣設省已由 總裁在中訓團明白表示，當然不成問題，省以次有無設專員的必要，我們可以根據陳主任委員的意見加以討論。至於縣市區劃中最重要的問題也是本研究會的中心問題，關於行政區域不外根據自然環境、政治地理或根據理想來劃分，台灣的縣區如何劃分，請各位多多發表意見。

孫克寬 在討論之先，希望本會供給研究題目，以性質相近的會員擬任初步研究，以後再就其性質相近者互相聯繫討論，以所得結果提出會議作綜合討論。陳先生的意見可作研究參考，請油印分送各會員。

在制度上，內地有的不見得可以在台灣推行，國內現行的制度，有許多地方發生問題，如鄉鎮的規定問題就有這樣情形，專員制度似無必要，但如澎湖一地，於戰略上、在管理上應否設專員，是值得研究的。又如番族在台灣相當重要，應否另設區劃，或在縣以下設何種組織來管理，問題甚不簡單，所以請先分配研究題目。

李萬居 請先提供資料，以便研究。

黃國疇 會期不必太短，每星期開會一次似無必要，請照孫先生意見分配題目由各自研究，兩星期開會一次。

夏濤聲 擬在行政區劃和行政組織兩个大題目之下，分作下列小題目。

甲、關於行政區劃者

（一）專員制度是否需要？

（二）縣市區域如何劃分？

（三）鄉鎮區域是否依現行街庄區域或重新劃分？

（四）台灣現行保甲制度是否保留，和照國內的保甲制加以改組？

乙、關於行政組織者

（一）省政組織應如何？

（二）縣市組織應如何？

（三）各級民意機關應如何？

（四）鄉鎮保甲組織應如何？

孫克寬 第一種是我們研究的前提，如台灣的自治實施是否應與國內一樣，這種基本原則，在台灣的行政機構應否加強等問題，倘能解決，我們所研究的問題也就易解決了。尤以自治的問題，先解決於在台灣受日人的奴化教育五十年，能否能够實行自治？

夏濤聲 台灣縣現在五十以下已有民意機關，且一切實施自治的條件，想較國內為好。陳先生的意思，想以台灣作一個三民主義的實驗區，以實施地方自治為中心，是不成問題的。

三

林忠 台灣人受教育的已在百分之九十五以上，而且民族意識甚強。城市人口在五萬五千以上，即可成市，每年增加新的市，現在共有十八個市。設市的目的，就是以市民自身來管理市的事。

夏濤聲 林同志擬定的縣區域，是合併數郡而劃分的，故未變動的原界，並將界限略為變更，林同志的辦法值得研究，其次是番界的問題，本人以為番地的名稱不應存在，如有必要可在縣以下設區管理。

李萬居 根據人口地理，台灣劃分三十縣，甚表贊同，因為縣區域過大，必不能辦得好。

夏濤聲 本人亦以為三十縣是適宜的。台灣人口現在約有六百五十萬，除台北市約五六十萬外，如劃為三十縣，每縣平均人口為二十萬左右，將來最大的縣，最小的也不會小於十萬，最多的也不會多於三十萬。澎湖人口雖少，但在地理上特殊，劃為一縣。

黃國疇 關於區域的劃分，交通條件也非常重要。

夏濤聲　台灣的交通現在很便利，以鐵路而論，公營商營共有六千公里。

上面所提出的幾個題目，請各位就有關部門加以研究，研究結果提出於下次會討論。

黃國璋　本人擬任行政區域部分，自然地理方面請周同志研究。

孫克寬　本人研究的問題，尚須與內政部主管部門交換意見後再提出。

散會　十時半。

台灣行政區劃研究會第二次會議紀錄

時間：三十四年三月十五日

地點：本會會議室

出席人：李萬居　孫克寬　林忍　謝南光　何孝怡

康瑷　夏濤聲　錢宗起

主席：夏濤聲

紀錄：康瑷

行禮如儀

甲　報告事項

一、宣讀上次會議紀錄

二、謝南光同志報告日人統治下台灣行政區劃的大概情形，在人口標準上，衛生狀況非常好，公共[illegible]，[illegible]平均十萬二千人，實際以一

郡二十萬人居多數，僅有於一郡祇有一萬人，市平均人口為十[illegible]
萬人，也有三十五萬人的[illegible]
三廳時，方官在劃分台灣為八個自治單位，六廳時代一廳人
約三十萬人，以為五州三廳時，一個自治單位平均約六十多萬人，
劃擴充到一百萬人，現在分[illegible]的人口已達一百五十萬人。

二六

討論事項

一、主席提議：按照上次會議所決定之題目依次討論，關於行政區劃部分[illegible]制度[illegible]請公決案。

決議：台灣省設行政督察專員制度。

二、主席提議：縣市區域如何劃分請公決案。

決議：台灣現有八縣市，[illegible]行縣[illegible]直轄於省政府，縣數決定二十[illegible]
[illegible]

三、主席提議：鄉鎮區域是否依現行街庄區域或重新劃分請公決案。

決議：鄉鎮區劃照現行街庄區域，鄉改為庄、街改為鎮。

四、主席提議：台灣現行保甲制度是否保留抑照國內的保甲制加以改組請公決案。

決議：台灣保甲制度應予廢止。

散會

台灣村政區劃研究會報告書

本會奉命成立，其任務在研究台灣各級行政區域應如何劃分及各級機關（行政機關與民意機關）應如何組織，作成具體建議，以為將來接收台灣時設施之參考。會員除由本會各工作同志担任外，並聘請主管部本局有關組人員及專家多人參加，先後共開會四次，曾就行政區域與各級行政機關及民意機關組織問題，分別研討，獲得初步結論，茲提出報告如左：

一、關於行政區域者

台灣在清末割讓於日本前，即已設置。辦粗具省之規模。故收復之後就原有之疆域設省，已為中央之決策，此點毋待多論。而「台灣接管計劃綱要」第八條規定：「地方政制以台灣為省，接管時正式成立省政府，下設縣市，就原有州、廳、支廳、郡、市改組之，街庄改組為鄉鎮，保甲暫仍其舊」及同綱要第十三條規定：「台灣原有之三廳改設為縣，不變更其區域，原有之州、市以人口（以十五萬左右為原則），面積，交通及原有市郡支所疆界（以合二、三郡或市或支所，不變更原有疆界為原則）為標準劃分為若干縣市，縣可分為三等。街庄改組鄉鎮，其原有區域亦暫不變更」皆為對於行政區域問題之原則的指示。本此原則吾人曾提出左列四項問題加以研究。

（一）行政督察專員制度台灣是否需要？

（二）鄉鎮區域依現行街庄區域抑重新劃分？

（三）台灣現行保甲制度是否保留？抑照國內的保甲制度加以改組？

（四）縣市區域如何劃分？

關於第一問題，吾人一致意見，均認為台灣無設置行政督察專員的必要。因行政督察專員制度係南昌行營所創設，初僅適用於剿匪省分，名為行政督察，實則偏重剿匪。此種制度雖漸推行於各省，而其原因仍一在治安問題，（一則由於幅員廣，我國內地交通尚未臻發達之境也）。台灣在敵人統治之下，行

政早上軌道，將來收復以後，雖不免使用武力，但軍事一經底定，治安當可確保。其幅圍不廣，交通至便，自無設置行政督察專員之必要。又依據建國大綱，地方只有省縣兩級，行政督察專員制度僅為一時之權宜，現我國其他區域多廢此種權宜制度，更不必施行於台灣。

關於第二問題，吾人均主張，即就現有之街庄區域改為鄉鎮，街改為鎮，庄改為鄉，不必重新劃分。蓋現時台灣街庄之構成條件，與我國鄉鎮大體相若，自以不必紛更為便。

關於第三問題，吾人則一致主張，廢除保甲制度。台灣保甲制度與我國現行保甲制度，名稱雖同，實質則異。同我國現行保甲制度，為鄉鎮內之組織，而台灣保甲制度，與街庄毫無關係，完全為警察之統制機構，其目的在鎮壓人民消除反側。台灣同胞對此制度久感痛苦，唯在敵人高壓之下，莫可如何耳。故將來收復台灣後，此種制度，自無保留之必要。近見敵方廣播，尚欲收攬台灣人心，亦頗宣布決定本年內廢除台灣保甲制度。足見此種制度，久為台民所厭之久矣，決不適於今日也。吾人又何以不主張將我國現行保甲制度移植於台灣？因鄉鎮既全為自治團體，保甲則帶有部勤性質，我國以鄉鎮為基本團體，例如戶口查，即不能徹底辦到，故不得不暫以保甲於鄉鎮之內，而今日台灣則不然，不使行政推行，無須保甲，而街庄自治条件，亦較其他省更無需保甲為其內層。且我國於將來收復台灣時，即宣佈廢除敵人數十年來用以壓迫台胞之保甲制度，尤足表示我政府解放台胞，予台民以自治之決心。

第四，縣市區域如何劃分？此為行政區劃之中心問題。吾人欲解決此一問題，必須理論與事實兼顧。台灣究應劃為若干縣市，吾人自可根據種種理論，先假定一數目，但同時必須顧及種種實際条件與限制。吾人研討此一問題時，常注意兩項原則，即一、在可能範圍內，不變更原有之郡界，使省去劃界之麻煩與紛擾。二、在可能範圍內，維持每縣以十五萬左右人口為原則之規定，不使縣與縣之間人口相差太大。本此原則，吾人決定將台灣劃為三十縣。（詳圖）並就人口、面積、文化程度、經濟條件、交通条件作一比較表（附表）。據此比較表所示，人口最多者為二十九萬，除澎湖一县外，最少者亦在十萬以上，而縣之平均人口數為十七萬五千人。就其等言，得一等縣九，二等縣十八，三等縣三。而必須提出說明者，則為台灣現有之十二個市，吾人均主張依舊保留，作為直隸於省之市。依據市組織法之規定，市分二种，一為院轄市，其地位與省相等；一為省轄市，其地位與縣相等。而省轄市之条件，為下列三种之一：一、省會。二、人口在二十萬以上者。三、在政治經濟文化上地位重要，其人口在十萬以上者。以此条件衡量台灣現在之市，合於標準者，只台北、高雄二市。勉強可合標準者，有台南、基隆、台中、嘉義四市，其他皆不能與條件相合。然吾人何以主張保留？其理由有二：第一，市組織法現在試驗中，市之增多，為地方進步之結果，同時市之設立亦為促進地方進步之工具。故吾人希望將來市之標準能夠降低，俾其數目可以增多。此事雖尚在研究中，但希望台灣能先作一試驗。第二，市為自治單位，在台灣未設市之地方設市，人民即獲得若干自治權，雖設市以後人民負擔不免加重，但因自治之意，可使其樂為之。以現台胞重視自治之心理，此種心理似宜善予培養，以求地方自治之徹底實現。基於上述兩種理由，故吾人主張台灣現有各市，均暫予保留，並一律受省政府之指揮監督，以期為地方自治之示範。

二、關於各級機構組織者

在「台灣接管計劃綱要」中，僅說到台灣成立省政府，與「接管後之省政府，應由中央政府以委託行使之方式，賦以較大之權力」及「縣市政府在接管後，省政府應賦以較大之權力」。至於各級政府及民意機關應如何組織，則為尚待研究之問題。本會陳主任委員對此問題，有比較具體的指示，並囑本會研究，提供方案。此一部分，吾人提出研究者，共有左列四題。

（一）省政府組織應如何？

（二）縣市政府組織應如何？

（三）鄉鎮保甲組織應如何？

（四）各級民意機關應如何設立？

依省政府組織法（二十年三月二十三日修正公布）之規定，省政府設下列各廳處：（一）秘書處，（二）民政廳，（三）財政廳，（四）教育廳，（五）建設廳，并規定必要時，得增設實業廳及其他專管機關，而行政院公布之省政府合署辦公暫行規程，省政府內之機構，除上列廳處外，則多一保安處。現行各省政府之組織，因係依據上述兩項法令，惟實際上因政務與業務之增加，已增設不少機構，故一省政府內之單位，多則至十五六個，最少亦在十個以上。台灣省政府將來組織究應如何？吾人依照陳主任委員之指示，並幾經研討，主張除依省政府組織法規定之廳處外，應增設會計、人事、警務、農林四處及地政局，并主張依照現制，實行合署辦公，分層負責。吾人何以主張增設上列處局，除會計處為各省政府所通有，無須說明外，僅略述理由如次。台湾在敵人統治下，人事制度業已確立，已為現代政治基礎之一，我國收復後自應妥予保持。惟台湾現行之人事制度其所根據之基本法規，多數均為日本法規，將來收復後，自當依照我國法令，更張補充，以圖改進。故人事行政工作，勢必繁重，實有設處專管之必要。其次，吾人何以主張不設保安處而設警务處？因在政治已上軌道之國家，軍政應完全分離，保安處帶有軍事性質，實為我國在現時情形下一种臨時制度。台湾為國防要地，將來自須駐紮相當兵力，在收復之初，因鎮壓反叛，終當由中央授予省政府主席直接兼統軍隊或其他使用兵力之权力，但軍政系統必須分開，不可混為一談。吾人絕對希望台湾將來無地方团隊之存在，關於台湾內部治安，應完全由警察負責，藉以符合軍民分治實施憲政之要求。台湾農林已甚發達，故必須設處專管。至設立地政局，係欲實行 總理平均地权之遺教，以解决台湾土地问題。此外，現時各省政府尚有許多直轄机構，如衛生、社会、粮政、合作等等，吾人均主張将来在台湾应分属於各所處，以免省政府内单位过多之弊。又台湾各种事業，現時相當發達，如交通局、專賣局，機構均甚龐大，收復之後，此种事業或許仍須設局管理。但应視其性質，分隸各所處。如交通局应隸属建設所，專賣局应隸属財政所，其他可以類推。吾人並主張台湾省政府将来应經常設立下列委員会：一、設計考核委員会，二、法制委員会，三、訓練委員会，分别負綜合企劃之責。

関於縣市政府組织应如何一問題，吾人之意見如次：現在各省之縣政府鑑依照行政院公布縣政府裁局改科暫行規程，早经实行裁局設科，機構較前简单灵活，但縣政府内之单位仍逐漸增多，有至十餘科室者，实嫌散漫。故主張将来台湾縣政府只設民、財、教、建、警五科，秘書、会計二室，不再增加单位。市照市組织法办理，但除台北一市外，其餘均只設科不設局，以期机構简化。

関於鄉鎮保甲之組织，吾人主張保甲廢除，鄉鎮則就街庄役场改組為鄉鎮公所。一面依據鄉鎮組織，對於條例加以變通，一面則須顧及當地之實際情形，使鄉鎮逐漸成為人民之真正自治團体。

吾人欲解決各級民意機關應如何組織之問題，必須先明瞭台灣及我國之現行情形。現在台灣總督府內雖設有一評議会，但純係諮詢機關，無關民意，但在州設有州会（所無之）市設有市会，為州市之議決機關，其議員半數由於選舉，半數則由上級官所任命，雖不能稱為純民意机關，實具有民意机關之性質，與我國省臨時參議会縣臨時參議会頗為相似。街庄設有街庄協議会，其会員雖亦係半數選舉，半數由上級机關任命，但非議決机關而為諮詢机關，此為與州会市会不同之點。敵人近已宣布，即將總督府評議会街庄協議会改為議決机關，但此不过因戰事失利，欲藉此以籠絡人心，非真有意予台人以自治也。至我現行情形，在省則有省臨時參議会，在市有市臨時參議会，而縣臨時參議会後方各省亦已設立，凡此皆係臨時性質，為抗戰期間之过渡办法，将来宪政開始，自當成立正式參議会。至於鄉鎮之民意机构，依縣各級組織綱要及鄉鎮組織暫行條例之規定，有鄉鎮民代表会。惟各省實施情形，頗不一律耳。吾人深悉及早實行憲政已為中央之決定政策，故於檢討台湾及我國現情之後，一致認為台湾於收復後，各級民意机构應及早成立，無施行臨時过渡办法之必要。关於縣市一級，縣參議会組織法、縣參議員选举法、市參議会組織法、市參議員选举法，均早經公布，將來自有軌道可循。鄉鎮民代表会亦只須就鄉鎮組織暫行条例稍加變通，即可成立。惟省級民意机构之根本法規，尚望中央能早日制定，俾有遵循。台湾同胞受教育者已佔百分之九十三以上，对於选举亦已有相当经验（州会市会議員及街庄協議会会員之选举，皆已實行多次）。將來實行选举，成立各級民意机构，自無困難也。

附台湾縣市劃分圖一份 擬定台湾縣市一覽表一份

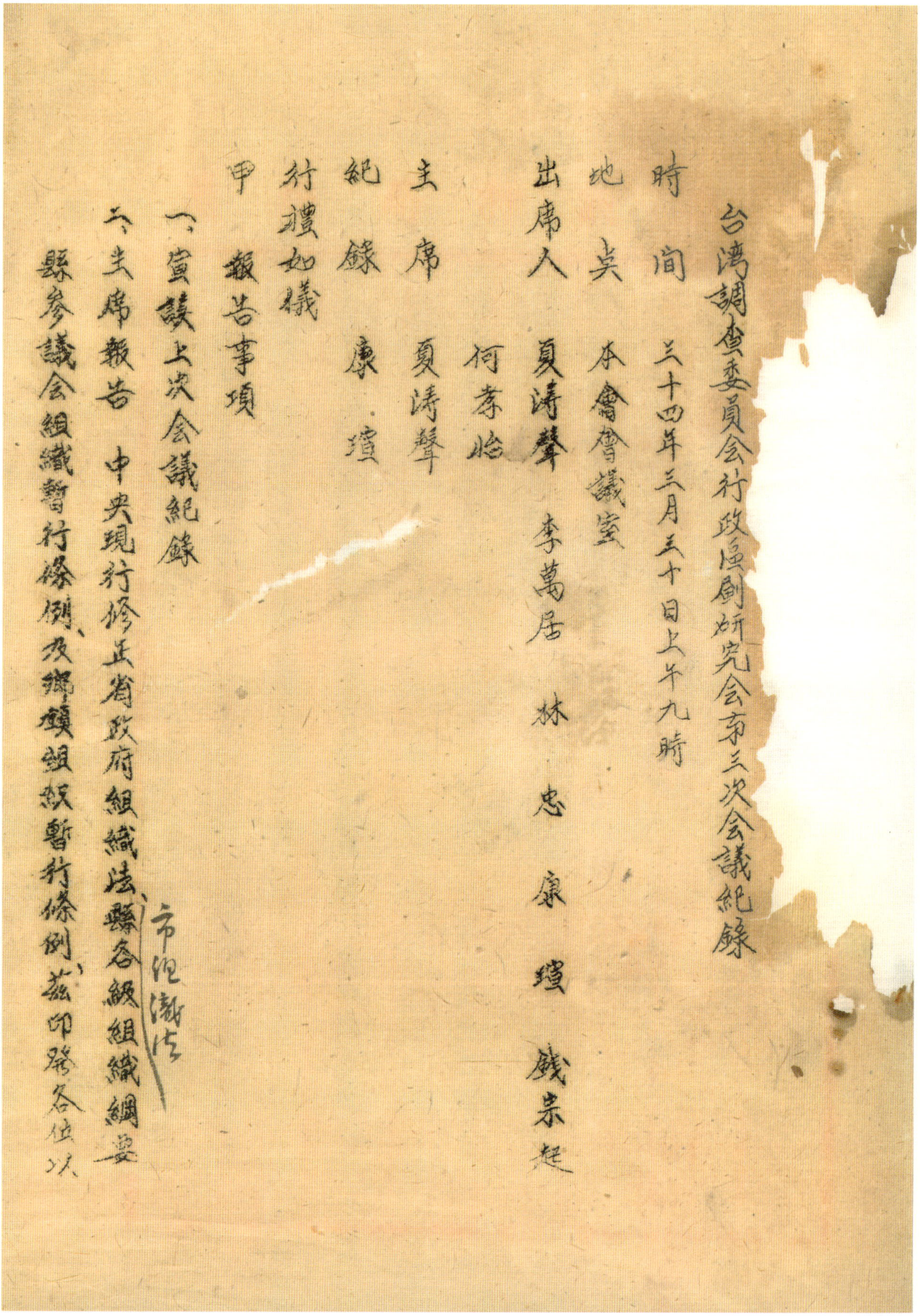

台湾調查委員会行政區劃研究会第三次会議紀錄

時間 三十四年三月三十日上午九時

地点 本會會議室

出席人 夏濤聲 李萬居 林忠 康璿 錢宗起

何孝怡

主席 夏濤聲

紀錄 康璿

行禮如儀

甲 報告事項

一、宣讀上次会議紀錄

二、主席報告 中央現行修正省政府組織法、市組織法、縣各級組織綱要

縣參議会組織暫行條例、及鄉鎮組織暫行條例，茲印發各位以

供参考。

乙 討論事項

一、上次会議決定，関於縣市區域之劃分，交謝南光林忠兩同志擬定，現就謝林兩同志擬台湾縣市劃分図表，（図表另附）當否請公決案。

決議：台湾縣市劃分照謝林兩同志所擬修正通过，交林同志另製図表。

二、主席提議：継続討論第一次会議決定題目，関於行政組織部份，省組織應如何決定，請公決案。

決議：參照陳主任委員意見決定如下：

子、省政府設民財建教四廳，秘書、会計、人事、警務、農林五處及地方局，照中央現制施行合署辦公，分層負責。

丑、秘書處長不必要、惟須設主任秘書。

寅、關於各重要行政事務之隸屬、決定如下：

a 衛生設局、隸屬於民政廳。

b、合作事業設管理局、隸屬於建設廳。

c、社会行政歸民政廳掌管。

d、粮食行政歸農林處掌管。

e、商務行政歸建設廳掌管。

卯、各委員会歸該主任委員意見決定。

辰 各省営事業、歸由該主任委員意見決定、其隸屬處如左：

a、交通局隸屬建設廳。

b、専賣局隸屬財政廳。

c、電氣事業、糖業、礦業三管理局、隸屬建設廳。

一

d、貿易公司、省銀行隸屬財政廳。

己、各教育研究機関照陳主任委員意見决定直轄省政府。

三、主席提議：縣市組織應如何決定、請公決案。

決議：縣設民財建教警五科秘書会計二室。台北市設局其餘各市設科

四、主席提議：各級民意機関應如何决定請公決案。

決議：省設省参議会、市設市参議会、縣設縣参議会不冠「臨時」二字、

各級参議会為議決機関并行民選。

五、主席提議：鄉鎮保甲組織應如何決定、請公決案。

保甲取消。鄉鎮照現行組織條例実施。

散会 十二時半

台灣調查委員会行政區劃研究会第四次会議紀錄

時　間　三十四年四月二十日上午九時

地　点　本会会議室

出席人　錢宗起　何孝怡　孫克寬　林　忠　康　境

夏濤聲

主　席　夏濤聲

紀　錄　康　境

行禮如儀

甲、報告事項

一、宣讀上次会議紀錄

乙、討論事項

一、主席提議、本会有関問題，業经研討完畢。自應作成書面報告報請台灣調查委員会核辦，此項報告書已由本人草就茲提出討論當否請公決案。

決議：修正通過。

四、主席宣布本会工作已畢，今日即宣告結束，承諸位熱心參加，得有結果，本人深表謝意。

散會

擬定台灣縣一覽表

擬定縣名	原郡(厅)區	擬定新縣域所在地	擬定縣級(123等)	1945年估計人口	面積等級(大中小)	文化程度(甲乙丙)	經濟條件(甲乙丙)	交通條件(甲乙丙)	備考
省三	基隆	瑞芳	二	14萬	小	甲	甲	甲	省三為刘銘傳之别号
羅東	宜蘭 羅東 蘇澳	羅東	一	21	大	乙	甲	乙	
七星	文山 七星	汐止	一	21	中	乙	甲	乙	
淡水	淡水 新莊	淡水	一	15	小	甲	甲	甲	
桃園	海山 桃園	桃園	一	24	小	甲	甲	甲	
中壢	大溪 中壢	中壢	二	21	小	乙	甲	乙	
竹南	竹南 竹東	竹南	二	21	中	乙	乙	乙	
福星	苗栗 大湖	苗栗	二	18	中	乙	甲	乙	羅福星於1913年在苗栗發動革命
大甲	大甲	大甲	二	14	小	甲	甲	甲	
豐原	豐原 東勢	豐原	二	17	中	乙	乙	乙	
霧峯	大屯	霧峯	二	12	小	甲	甲	甲	
鹿港	彰化	鹿港	二	18	小	甲	甲	甲	
員林	員林	員林	一	21	小	甲	甲	甲	
北斗	北斗	北斗	二	16	小	甲	甲	甲	
南投	南投 能高	南投	二	16	中	乙	乙	乙	
斗六	竹山 新高 斗六	斗六	二	22	大	乙	甲	乙	
清芳	嘉義	民雄	二	10	中	甲	甲	甲	余清芳於1915年在台南起革命
北港	虎尾 北港	北港	一	29	中	甲	甲	甲	
東石	東石	東石	二	19	小	甲	甲	乙	
北門	北門	佳里	二	15	小	甲	甲	乙	
曾文	新營 曾文	新營	一	23	小	甲	甲	甲	

擬定台湾市一覽表

擬定市名	原市名	1941年人口	1945年估計人口	備考
台北	台北	367,213	400,000	
基隆	基隆	106,523	110,000	
宜蘭	宜蘭	24,038 (1932)	40,000	
新竹	新竹	90,800	95,000	
台中	台中	97,590	105,000	
彰化	彰化	61,632	65,000	
台南	台南	153,879	165,000	
爽文	嘉義	98,298	105,000	林爽文曾於1786年發動革命
高雄	高雄	183,185	200,000	
屏東	屏東	59,917	65,000	
花蓮港	花蓮港	11,670 (1932)	40,000	
熔樓	新高	12,684 (1932)	40,000	
計			1430,000	

註：計30縣，1945年估計人口5250,000人，一等縣九，二等縣十八，三等縣三，平均每縣人口為175,000人。

延平	新化 新豐	新化	一	24	小	甲	甲	甲	延平為郑成功之别号
淵亭	岡山	岡山	二	16	小	甲	甲	甲	淵亭為刘永福之别号
鳳山	旗山 鳳山	鳳山	一	21	中	甲	甲	乙	
東港	東港 屏東	東港	二	21	大	乙	乙	乙	
恒春	潮州 恒春	恒春	三	13	中	乙	乙	乙	
澎湖	澎湖所	馬公	三	7	小	乙	丙	乙	
台東	台東所	台東	三	10	大	丙	丙	丙	
鳳林	花蓮港所	鳳林	二	12	大	乙	乙	乙	

提案

代擬統一加強台灣革命工作以利收復台灣案

理由

(一)台灣原為我國領土，自乙未割台後，即變為倭寇南進根據地，威脅我國及南洋之生存，為保障抗戰勝利及建國成功計，必須收復台灣，現已成為定論，查我黨向為對台工作每年耗費鉅款，煞費苦心，亦已為周知之事實，惟台灣黨部付託未得其人，在國內則排除同志於黨外，對台灣島內亦不免失其連絡，此固非當局預料所及，但影響前途甚鉅，察其結果可能激成左列各種趨勢，致使吾黨工作終歸失敗

(甲)在台灣島內之知識份子及民眾因黨部無力領導，將不免另謀出路，被迫走入共產黨，而與我黨立於敵對地位

一

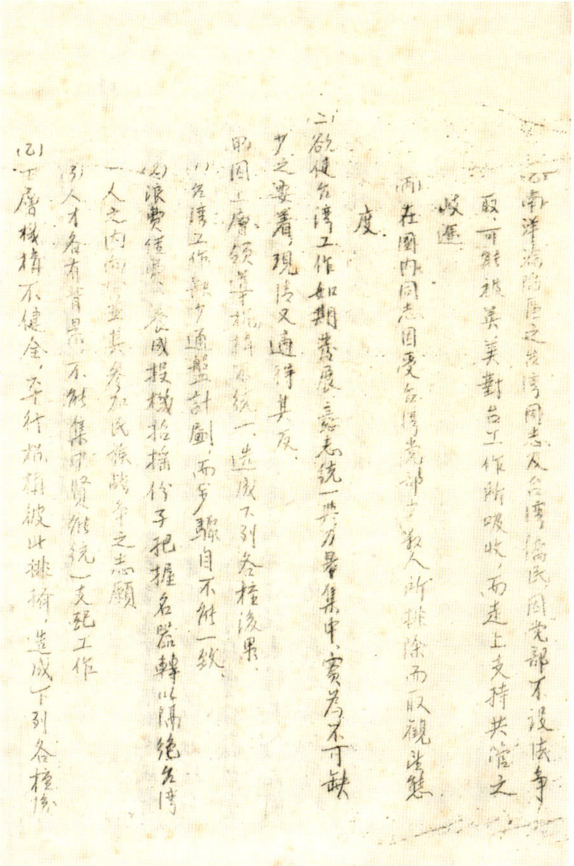
(五)南洋濠洲各地之台灣同志及台灣僑民，因黨部不設法爭取，可能被英美對台工作所吸收，而走上支持共黨之歧途。
而在國內同志，因受台灣黨部少數人所排除，而取觀望態度。
(二)欲使台灣工作如期發展，意志統一與力量集中，實為不可缺少之要着，現情又適得其反，即因上層領導機構不統一，造成下列各種後果
(1)台灣工作缺少通盤計劃，而步驟自不能一致。
(2)浪費經費，養成投機取巧分子把握名器，轉以隔絕台灣一人之內向，並其參加民族戰爭之志願
(3)人才各有背景，不能集中賢能統一支配工作
(乙)下層機構不健全，各行其是，彼此排擠，造成下列各種後

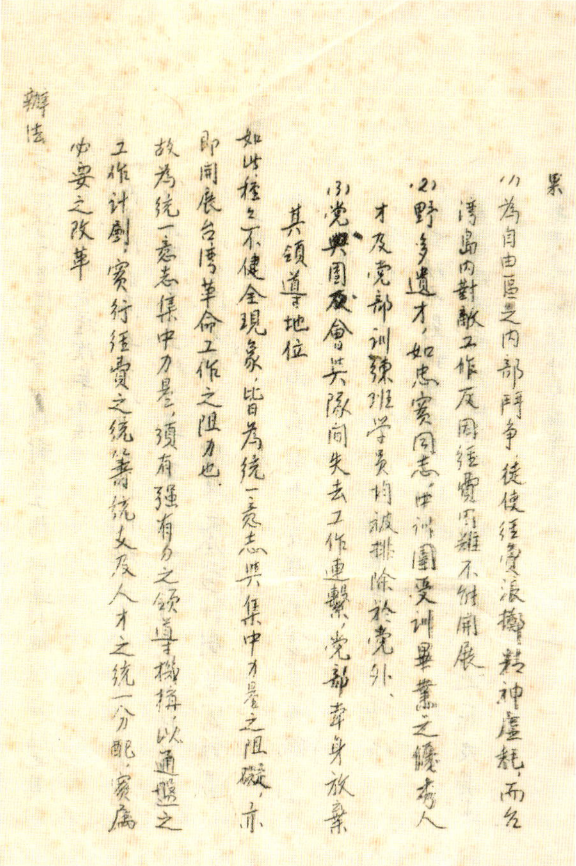
果
(1)為自由區之內部鬥爭，徒使經費浪擲，精神虛耗，而台灣島內對敵工作反因經費困難不能開展
(2)野多遺才，如忠實同志「中訓團」受訓畢業之優秀人才及黨部訓練班學員均被排除於黨外、
(3)黨與團及會與隊間失去工作連繫，黨部本身放棄其領導地位
如此種種不健全現象，皆為統一意志與集中力量之阻礙，亦即開展台灣革命工作之阻力也。
故為統一意志集中力量，須有強有力之領導機構，以通盤之工作計劃，實行經費之統籌統支及人才之統一分配，實屬必要之改革
辦法

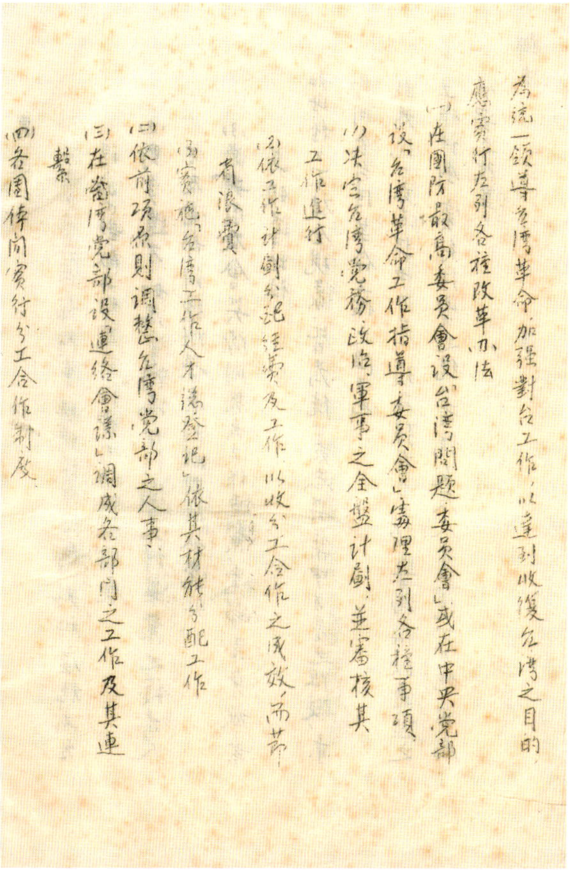
為統一領導台灣革命，加強對台工作，以達到收復台灣之目的，應實行左列各種改革辦法
(一)在國防最高委員會設「台灣問題委員會」或在中央黨部設「台灣革命工作指導委員會」處理左列各種事項
(1)決定台灣黨務、政治、軍事之全盤計劃，並審核其工作進行
(2)依工作計劃分配經費及工作，以收分工合作之成效，而節省浪費
(3)實施「台灣工作人才登記」依其材能分配工作
(二)依前項原則調整台灣黨部之人事、
(三)在台灣黨部設「連絡會議」，調成各部門之工作及其連繫
(四)各團體間實行分工合作制度

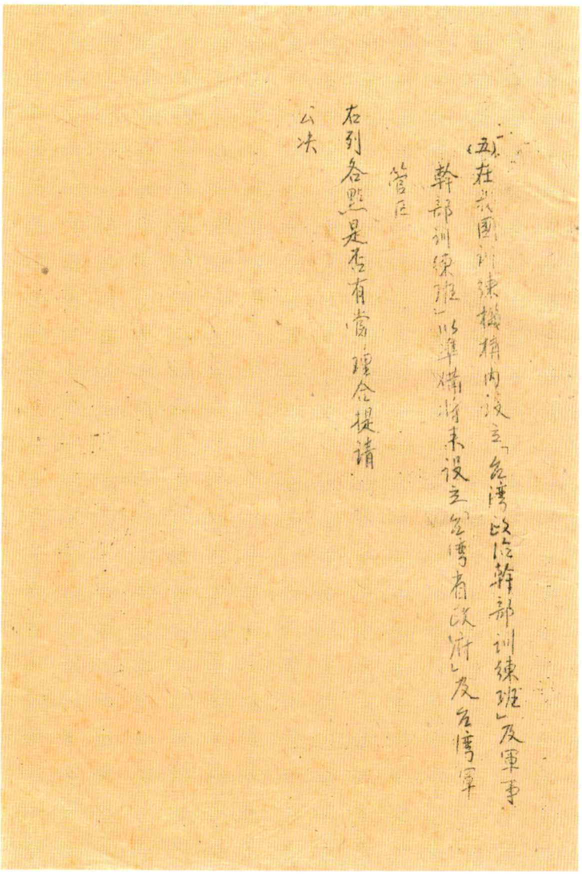
(五)在我國訓練機構內設立「台灣政治幹部訓練班」及軍事幹部訓練班」以準備將來設立「台灣省政府」及台灣軍管區
右列各點是否有當，理合提請
公決

此函送由陳組長芷町轉呈

主席鈞鑒：昨晚蒙

面諭將台灣總督府令台灣負責辦法

檢呈

鈞覽。茲送檢奉總督府官制官規上下二冊，地方機關官制官規一冊，日本統治下的台灣行政制度一冊，又本處負責參考資料一冊，職對台幹班學員講演之日本統治台灣經過一冊，均乞

中央訓練團用箋

鈞座：
總督府官制官規上冊中之台灣總督府
之事務委任事項（一五二頁）、台灣總督府
官房與各局事務分掌規程（第九頁）及台灣
總督府內務局處務規程（二四頁）中之事務分
掌、事務委任，即係分層負責之具體的規
定。我國中央及省縣之機關，亦概以此為藍本，
再將各機關之實際業務，分別作一番分析，綜核之
研究，分別釐訂各該機關分層負責之規程，依此實施。實施過

中央訓練團用箋

程中，随时注意改正，七绮年年之後，此项不应负责规程，即可声明行政效率必有改日见增进。此种工作亦可称为行政建设，亦即改进行政之基本工作，必须及早完成者也。並此了，必须由中央部令等一致实行，以免各机关单独为之，必致推拖难通也。谨将所述意见呈上。钧座之给面询，余俟，即当趋谒请示。敬请

钧安。

职 陈仪 谨呈

卅四年六月十九日

附书六册

台灣收復後各級機構組織問題，希在行政區劃問題研究會中一併討論。省、縣、市、區（如要時可設）鄉鎮保甲，應以本國現行法令為主。但可參酌台灣現行法令另定補充辦法。這種法，可分為兩類：一就本國法令加以修改，一增加。各級機關員額，亦須參照本國及台灣的現制，加以規定。專員可不設，須敘述理由。民意機關，如省參議會、縣參議會之類，亦須規定。

中央訓練團用箋　年　月　日

對於省政府組織的意見

(一)除秘書處民、財、建、教四廳及會計處外應設下列各機構

甲、人事處。除任用外兼管「考選」「銓叙」兩項。考試機構暫委托省政府行使。

乙、警務保安處。(或警務處、保安處分設)

丙、農林處。建設廳主管工、鑛、商。商或歸財政廳

農林漁牧由農林處主管。

丁、地政局。實行平均地權。

中央訓練團用箋

年 月 日

以上共四廳五處一局，此外須注意事項如下

(甲)衛生、社會兩項事業機關須發展，行政人員須學習，不必設獨立機關，由民政廳主管。

(乙)秘書處主管文書、事務、統計、編譯及不屬於其他各廳處之事，須專設處長一人。

(丙)設機要室主管檢稿及以前屬秘書室之事，直屬秘書長。

(丁)合作不必設專處，或隸民政，或隸建設。

(二)設三委員會

甲、設計考核委員會 參政治、經濟、文化三部分

中央訓練團用箋

年 月 日

乙、法制委員會

丙、訓練委員會

以上均直屬省主席。

(三)設下列各事業機關、交通局、專賣局、電氣局、糖業局、貿易公司、礦業公司、省銀行。

(四)台灣研究院、台灣大學、各專科學校及訓練團、均直隸省主席。

中央訓練團用箋

年 月 日

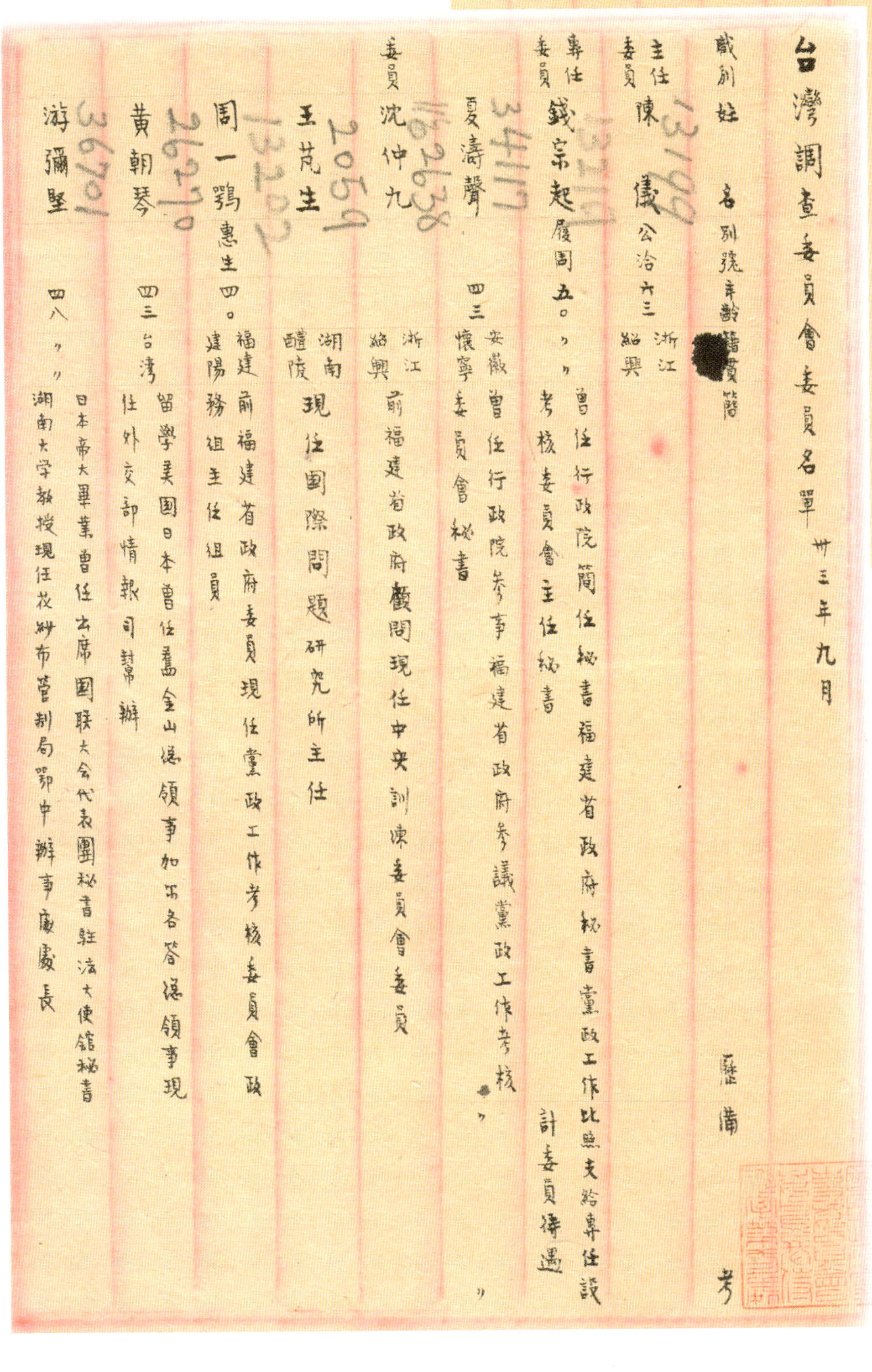

台灣調查委員會委員名單 卅三年九月

職別 姓名 別號 年齡 籍貫 履歷 備考

主任委員 陳儀 公洽 六三 浙江紹興

專任委員 錢宗起 履周 五〇 〃 〃 曾任行政院簡任秘書福建省政府秘書黨政工作考核委員會主任秘書 比照支給專任設計委員待遇

夏濤聲 四三 安徽懷寧 曾任行政院參事福建省政府參議黨政工作考核委員會秘書 〃 〃

委員 沈仲九 浙江紹興 前福建省政府顧問現任中央訓練委員會委員

王芃生 湖南醴陵 現任國際問題研究所主任

周一鶚 惠生 四〇 福建建陽 前福建省政府委員現任黨政工作考核委員會政務組主任組員

黃朝琴 四三 台灣 留學美國日本曾任舊金山總領事加爾各答總領事現任外交部情報司幫辦

游彌堅 四八 〃 〃 日本帝大畢業曾任出席國聯大會代表團秘書駐法大使館秘書湖南大學教授現任花紗布管制局鄂中辦事處處長

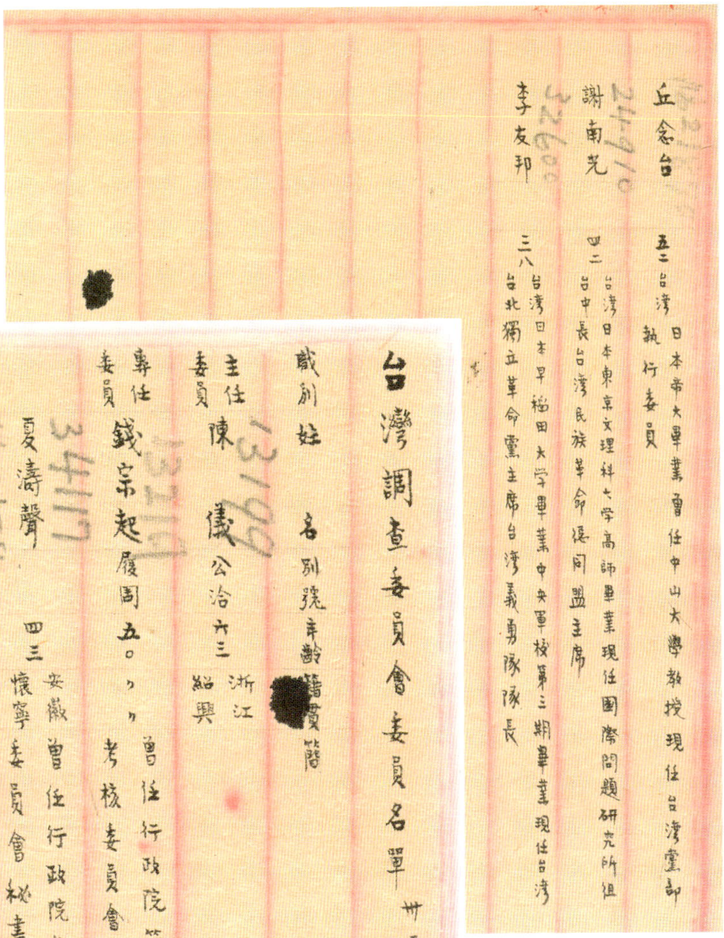

丘念台 五二 台灣 日本帝大畢業曾任中山大學教授現任台灣黨部執行委員

謝南光 四二 台灣台中 日本東京文理科大學高師畢業現任國際問題研究所組長台灣民族革命總同盟主席

李友邦 三八 台灣台北 日本早稻田大學畢業中央軍校第三期畢業現任台灣獨立革命黨主席台灣義勇隊隊長

臺灣省軍事接收總報告書目錄

臺灣警備總部接收總報告書目錄

臺灣軍事接收總報告書序

自開羅會議宣言，臺灣及澎湖列島應歸還我國，三十三年四月 主席蔣公設臺灣調查委員會，命余主其事，延攬專家，剖析臺情，加以研討，軍事而外，旁及政治、經濟、文化、交通，胥有接收之方案。迨三十四年八月，日本無條件投降。九月，國府命余任臺灣省行政長官兼警備總司令，於是臺澎之收復，乃入實施的階段。十月下浣，余在渝籌備完成，飛臺視事。廿五日上午九時，日本臺灣總督兼第十方面軍司令官安藤利吉率其衆降，臺澎復歸版圖。余即依法組織臺灣地區軍事接收委員會，自兼主任委員，而以警備總司令部柯參謀長遠芬副之，其下分組辦事，並設處遣送日俘，歷時四閱月而畢。茲書所述，即其經過，都六編三十章，凡圖籍兵器之目錄，日軍往昔之部署，以及日俘遣送之情況咸備焉。憶自馬關條約割我臺灣，於今五十一年，日人慘淡經營，旣着眼於經濟之搾取，而尤致力於軍事之設備，以爲南進據點。今者時異勢殊，臺灣省六百萬同胞，得本我國愛和平守信義之固有道德，相與生息於三萬六千方公里之美麗山河，不再爲異族負隅圖逞之地。然而居東海之濱，滄波浩蕩，疊嶂雄峙，兀然爲國防之前哨，與東南之屛藩，此後軍事設施，如何取長舍短，衛國固圉，胥有待於愼重之考慮，與夫全面之戮力，則此書之作，或足爲鑒往知來之一助，而非可以斷爛朝報視之者歟。其役也，柯君遠芬始終其事，昕夕無閒，匡予實多，而省行政長官公署葛祕書長敬恩，警備總司令部范副參謀長誦堯，分任前進指揮所正副主任，先余入臺佈置，厥功甚偉，並識於此，示不忘也。民國三十五年四月陳儀序

第一篇 臺灣軍事接收準備

第一章 本部編組經過

一、本部：

本部於三十四年九月一日，暫假重慶國府路第一四〇號爲臨時辦公處，正式成立，並開始辦公，當時因編制尚未奉頒，僅使用少數人員辦理必要工作，九月十日，奉軍事委員會中微令一亨簽字第(397)號代電，頒發本部組織規程，及編制表，本部計設機要室，第一、二、三、四處，副官處，經理處，軍法處，調査室，並直轄特務團一團，通信連一連，軍樂隊一隊，除調査室由調査統計局運行派員組設其人事不歸本部管轄（直屬部隊分列後面）外，當即着手於本部內部之正式編組，一面向各有關機關，調用幹部，一面自行甄選，九月十七日復奉頒關防印信，於是積極展開工作，並將各級到差人員，請軍事委員會核委，迄十月九日離渝，首途進駐臺灣之時，共有官佐屬八三員，且全數請委完畢，課長以上人員，且太部按奉任職令，抵臺後工作繁鉅，一面請由各方甄選介紹，一面自行物色人員，日漸充實，然尙感不敷，經電奉委座三十四年亥皓政務參予督電准增設額外人員計本部二〇員，特務團五員，現除二、三、處缺外，已全數派委補足額，

二、特務團：

該團係奉軍事委員會三十四年務參二字第(533)號申刪代電，核准由閩省抽調强有力之保安部隊一個團編組之，當即令飭團長朱瑞祥，率領必要人員共七員，於九月下旬，由渝飛閩籌辦，按修正三十一年陸軍師步兵團編制，於十月一日成立迄本部進駐臺灣後，相繼開抵臺北，一面擔任勤務，一面積極訓練

三、通信連

該連係由陸軍通信兵獨立第一營將第二連整個撥編，按修正三十一年陸軍師通信連編制改編，於十月一日成立，隨部進駐臺灣，

四、軍樂隊

本部軍樂隊，准軍政部三十四年務參一(829)號酉江代電，應用丙種編制，當於三十四年十一月十七日組織成立，樂器係就接收器材中撥用，

第二章 在重慶之準備工作

本部奉命統一接收臺灣（包含澎湖列島）地區軍事工作，以任務之重大及臺灣情形之特殊，自日本投降後，卽加緊準備，於民國三十四年九月一日在重

76

臺灣警備總部接收總報告書

慶國府路一四〇號，組織本部臨時辦事處，正式開始辦公，當時由本部柯參謀長遠芬，負責主持，會同各軍事機關學校商調工作人員，羅致幹部，九月初旬到處辦公者，僅柯參謀長遠芬、邱秘書濬、人事課劉課長義和、王參謀廷棟、杜副官津等四五人，嗣後各機關調來人員，陸續報到，工作亦漸次增多，其時正值初秋時節，重慶氣候炎熱異常，各員均能奮發努力，夜以繼日，當時之緊張情形，實屬難得，玆將自九月一日至十月九日在重慶之主要準備工作列舉如左：

一、與中央各有關部會商洽重要事項、

二、派本部第二處林處長秀欒、副官處王處長民寧、參加九月九日南京總受降典禮、

三、批定臺灣省佔領計劃、及情報蒐集計劃、並頒發遣臺部隊官兵守則、

四、向美軍總部切取連絡，每週並定期舉行中美參謀會報、商討佔領計劃、及空運輸送等問題、

五、向軍政部交涉撥配通信連、及無線電第五區臺、並在福建編成本部特務團、

六、交涉海陸空各項交通運輸工具、

七、與本部所指揮之62A 70A 208D 209D（208D 209D係控置於福建、作本部預備隊、於接收順利後解除序列）、憲兵第四團、海軍第二艦隊、空軍第22 23地區、本部特務團等部隊、密取連絡、並適時予以命令指示其行動、及其應遵守之事項、

八、商辦補充及補給諸事項、

九、請委新補人員及人事考核、

十、派本部副參謀長范誦堯、率同參謀十三員、與長官公署人員、合組前進指揮所、由渝運飛臺北、與投降日軍作初步接洽、並提交備忘錄、蒐集情報、籌備第一次部隊登陸及受降等事宜、

十一、籌製全部官佐服裝、

第三章 前進指揮所之派遣及工作

第一節 前進指揮所之派遣

本部與臺灣行政長官公署、鑒於實際需要、在渝籌組前進指揮所、於卅四年九年廿八日、以署渝務一字第九三號命令、派臺灣省行政長官公署葛秘書長敬恩、兼任該所主任、臺灣省警備總司令部范副參謀長誦堯、兼任該所副主任、並由行政長官公署及警備總司令部各單位、指派專門委員、及參謀人員、共計四十七員、憲兵第九團派兵一排、在重慶國府路一四〇號組織成立、於十月五日上午七時全所官兵七十一員名、在重慶白市驛機場、分乘美運輸機五乘、運飛臺北，當日午後六時以前，各機均先後平安到達臺北市松山機場，當時來機場歡迎者，有我國空軍及日軍第十方面軍中將參謀長諫山春樹等數十人、

77

第二節 前進指揮所之工作

十月六日十五時、前進指揮所全體官兵在臺灣總督官邸舊址舉行第一次升旗典禮、十六時交付長官公署及警備總部第一二號備忘錄與日本第十方面軍參謀長諫山春樹、范副主任十月八日及十一日與諫山春樹作兩次談話、指示日方各部隊應行集中地點、以及臺灣地區日軍在正式向我投降前、應遵守之事項、十月十日上午十時、全體官佐暨地方士紳人民、於臺北市舊公會堂內、舉行臺灣省第一次國慶紀念慶祝大會、當時情況至爲熱烈、午後六時、並於總督官邸舊址舉行宴會、招待盟軍及地方代表在國慶紀念以後、全所之主要工作爲準備國軍登陸之各種應行準備事宜、其主要者如左：

一、派遣參謀偕美軍連絡軍官赴港口偵察現地狀況、港口設備被破壞情形、以及可能停泊艦艇之噸日等、

二、調查現有營房之容量、以爲分配國軍宿營兩參考、

三、在基隆成立辦事處、同時派員赴淡水等地、辦理國軍登陸時之運輸補給宿營等事宜、

四、調查訪問臺北暨各地金融工鑛物資之實際狀態、

五、派員監督日軍調動之實施、

自十月十七日、長官公署及警備總部官佐二百餘人抵臺後、全所工作乃轉爲移交長官公署及警備總部之交代工作、同時奉命於十月二十五日將前進指揮所撤銷、各官佐均回原來建制服務、該所任務已告順利完成、（附：臺灣省行政長官公署警備總司令部前進指揮所職員錄、中國戰區臺灣省警備總司令部備忘錄、臺軍字第一、二、三、號、范副主任與諫山參謀長第一、二、次談話紀錄各一份）

臺灣省行政長官公署警備總司令部前進指揮所職員錄

臺灣省行政長官公署

職別	姓名	任務	備考
秘書長	葛敬恩	前進指揮所主任	
秘書	樓文釗	幕僚	
秘書	鄭南渭	〃〃	
秘書	葛允怡	〃〃	
秘書	張邦傑	〃〃	
參議	張錫祺	〃〃	
財政專門委員	馬咸	調查監視並準備接收	
財政專門委員	陳鑑谷	〃〃	
金融專門委員	張武	〃〃	
工礦專門委員	湯元吉	〃〃	
交通專門委員	徐人壽	調查監視並準備接收	
農林專門委員	曾憲璞	〃〃	
交通專門委員	楊志章	〃〃	
市政專門委員	黃朝琴	〃〃	
新聞事業專門委員	李萬居	〃〃	
民政專員	盧明	〃〃	
教育專員	梁翼鎬	〃〃	
教育專員	林紹賢	〃〃	
工礦專員	李佛續	〃〃	
金融專員	陳伯夏	〃〃	
金融專員	徐建平	〃〃	
農林專員	過立先	〃〃	
廣播事業專員	林忠宜	宣傳	
廣播事業專員	林柏中	〃〃	
中央通訊社	葉明勳	採訪	
上海·大公報	費彝民	〃〃	
大公報	李純青	〃〃	
中央日報	楊正和	〃〃	
攝影記者	林世璋	攝影	
譯電員	樓綏棱	電報	
副官	劉琦	隨從	

臺灣警備總司令部

職別	姓名	任務	備考
少將副參謀長	范誦堯	前進指揮所副主任	
少將參謀主任	蘇紹文	幕僚	
少將參謀	王民寧	〃〃	
少將參謀	陳漢平	〃〃	

78

79

80

少將參謀	馬德尊	幕僚
上校秘書	瞿絡琛	〃〃
上校參謀	蔣碩英	〃〃
上校參謀	朱嘉賓	〃〃
上校參謀	羅遠芳	〃〃
中校參謀	施長雲	〃〃
中校參謀	郭華榮	〃〃
中校參講	王廷棟	〃〃
少校參講	胡維達	〃〃
上尉參謀	劉家駒	〃〃
中尉譯電員	蔣立人	譯電
軍薦二階無線電臺臺長	馬光泰	通訊

中國戰區臺灣省警備總司令部備忘錄

臺軍字第一號

日　期：中華民國三十四年十月五日

致：臺灣日本第十方面軍司令安藤利吉將軍、

由：中國戰區臺灣省警備總司令部、

一、本人以中國戰區臺灣省警備總司令地位、奉

中國陸軍總司令一級上將何應欽、轉奉

中國戰區最高統帥特級上將蔣之命令、接受在臺灣省（含澎湖列島下同）日本高級指揮官、及其全部陸海空軍與其輔助部隊之投降、

二、日本駐臺灣省、第十方面軍司令官安藤利吉將軍、自接受本備忘錄之日起、應立即執行本總司令之一切規定、並應由安藤利吉將軍、負責指揮該區日軍之投降事宜、

三、安藤利吉將軍於接受本備忘錄後、閞於下列事項、應立即對臺灣省地區之日本陸海空軍下達必要之命令、

甲、對本總司令所指揮之部隊、及盟國官兵、不得有任何敵對行爲、

乙、駐臺灣之日本陸海空軍、不得向非本總司令所指揮之任何部隊投降、並應在現地聽候本總司令命令、

丙、駐臺灣省日本陸海空軍、所有武器、器材、船艦、車輛、及一切交通通信設施、飛行場、海港、應保存完好並應以聯隊、（獨立大隊或中隊）爲單位、收存保管聽候本總司令命令呈繳、不得有藏匿遺棄及毀損之行爲、

丁、臺灣附近海上及陸地障碍物、均須於本年十月十五日以前、清掃完畢、

戊、所有在臺灣地區、尙未釋放之盟國戰俘、應即造冊報告、恢復自由、妥爲招待、及保護、聽候本總司令規定送達指定地點、

四、安藤利吉將軍、於接到本備忘錄後、應即忠實迅速調製並辦理下列各事項、限五日內完成送交本部前進指揮所、

81

1. 臺灣（含澎湖下同）全部二十萬分一及五萬分一軍用地圖各二十份、所有各種比例尺、軍用地圖、亦應列製清冊二份準備移交、

2. 臺灣全部兵要地誌及附圖各二十份、

3. 臺灣全部日軍之兵力配備要圖、（含陣地編成及強度與防守計劃）指揮系統大隊長、（獨立中隊）以上各級主官及各級司令部職員之姓名出身經歷表冊各二份、

4. 臺灣全部日軍人馬武器彈葯裝備車輛分類數目表冊（大隊及獨立中隊以上爲單位）各二份、

5. 臺灣各要塞詳圖及說明書表（含武裝設備）各二份、

6. 臺灣全部交通網狀況圖、（含公路鐵路郵航線路）及現存交通工具種數廠站設備與材料等表冊說明書各二份、

7. 臺灣全部通信連絡圖表、及現存通信器材種數表冊各二份、

8. 日軍在臺灣所有一切軍事、教育設備、器材、書籍等、圖表淸冊各二份、

9. 臺灣日軍被服、糧秣、燃料、彈葯、等之補給系統方法、及現品分存位置圖表各二份、

10. 臺灣日本空軍現有飛機油彈、與配件等種數位置、軍用飛行場站及修造廠之位置設備圖表說明各二份、

11 日本政府在臺灣所有各種工廠建築物之位置、種數工人數目、與生產能力及一切管理經營情形說明圖表各二份、

12 臺灣陸地上、於作戰期間所設置、各種障碍物之位置、種數、及效能說明圖表、與清掃概況說明各二份、

13 日本政府在臺灣現存軍用物資種數、及貯存位置、分布情形、圖表說明各二份、

14 臺灣海圖（包括臺灣各港冊及臺灣各港通他港間之總圖分圖並臺灣各港之詳圖另附武裝設備說明）並與航行有關之書表（如臺灣沿海潮汐書等）各二份、

15 臺灣沿海水雷敷設圖、（包括雷區所在水雷種數敷設線水雷性能當時如何敷設以及敷設深度等）及水中障碍物沉設圖（包括沉置所在及材料種數）並上列區域內各種障碍物之清掃情形說明各二份、

16 臺臺現有各艦艇船舶等之駐泊圖並說明（包括噸位船齡性能各項設備武裝配備並各艦艇長輪機長及各船舶長管輪者之姓名）各二份、

17 以上各艦艇船舶現存料件、（包括燃料滑油彈藥五金材料糧食藥品航行所用圖書旗幟灯具航海與輪機之航海日記簿等）清冊各二份、

18 馬公要港司令、及其他沿海或內河港塞海軍指揮部最近職員錄各二份、

19 臺灣各港海軍工廠、（包括軍械修造及艦艇船舶修造）位置圖附說明書（包括設備能力及餘存備用材料）各二份、

20 臺灣各港海軍倉庫圖及庫存器材清冊各二份、

21 臺灣各港信號臺所在圖附設備說明及旗幟灯具等清冊各二份、

22 臺灣要塞及各海港碼頭位置及設備圖表說明各二份、

23 臺灣水道測量工作概況說明二份、

24 臺灣所有陸地及海港各種軍事及一般設備於戰爭前後一切損毀情形圖表、（須註明損毀年月日及原因）各二份、

五、爲監視日方執行余之一切命令及規定、與確保双方之連繫、並爲準備接收之進行便利與迅速起見、特派臺灣省行政長官公署秘書長葛敬恩中將、及本部副參謀長范誦堯少將、分任前進指揮所正副主任、並率領所要人員、先至臺北設置本部前進指揮所、希卽爲準備一切並應公爲保護及予以各種便利、對其所轉達本總司令之一切命令與規定或有何要求時、均應迅速照辦、

六、投降實施之正式手續、及時間與地點另行通知、

中國戰區臺灣省警備總司令陸軍上將　陳　儀

本備忘錄由本部前進指揮所主任葛敬恩中將轉交安藤利吉將軍或其代表

中國戰區臺灣省警備總司令部備忘錄

臺軍字第二號

日　期：中華民國三十四年十月五日、

致　：臺灣日本第十方面軍司令官安藤利吉將軍、

由　：中國戰區臺灣省警備總司令部、

一、本總司令指揮之部隊、將於十月十五日以後陸續開抵臺灣、其集中地區、容再通知。爲求本總司令之部隊到達臺灣初期給養無缺起見、希於十月十二日以前在臺北準備大米三十萬公斤、淡水十萬公斤、臺南十萬公斤、高雄十萬公斤、臺東及花蓮各五萬公斤、馬公二萬公斤。

二、日本駐臺灣地區之陸海空軍、應卽就現位置集中、非奉本總司令命令不得移動、在集中地並應準備三個月之給養、三個月後之軍糧依情況再定辦法。

中國戰區臺灣省警備總司令陸軍上將　陳　儀

本備忘錄由本部前進指揮所主任葛敬恩中將轉交安藤利吉將軍或其代表

中國戰區臺灣省警備總司令部備忘錄

臺軍字第三號

日　期：中華民國三十四年十月十三日

致　：臺灣日本第十方面軍司令官安藤利吉將軍

由　：中國戰區臺灣省警備總司令部

一、我軍卽將於臺北地區登陸、限現駐臺北地區之日軍各部隊、於本（十）月十五日以前、全部（第五項規定殘留人員除外）由大園庄、桃園街、鶯歌庄、土城庄、新店庄、平溪庄、貢寮庄、三貂角相連之線、（含線上各地）以北地區撤出、二十日以前、由中港頭分庄北埔庄內灣角板山阿王山員山庄二結三結相連之線（含線上各地）以北地區撤出、

二、現駐前項地區日軍各部隊撤退後之進駐地區、應避開人口聚華市鎮、及交通要點、其進駐地點及撤退實施情形並須隨時附詳圖具報、

三、基隆臺北市淡水鐵路沿線、須於本（十）月十五日以前、完成供給臺軍字第二號備忘錄所載之給養、及所要屋舍等準備、

四、基隆港限本（十）月十五日以前、須完成準備可供約三萬人迅速登陸之碼頭、及所要器材設備、並於基隆鐵路車站集中能以迅速輸送之所要車輛、機車及其燃料等、

五、灣運涉第五號必需殘留臺北基隆淡水之日本諸海軍部隊、交通輸送人員、及病院患者、全留外、餘可按需要程度、酌留四分之一乃至十分之一、惟全數不得超過弍千人、（含交通輸送人員及病院患者）該灣運涉第五號附表簽註發還、

中國戰區臺灣省警備總司令陸軍上將　陳　儀

本備忘錄由本部前進指揮所主任葛敬恩中將轉交安藤利吉將軍或其代表

范副主任與諫山參謀長第一次談話紀錄

時　間：十月八日上午九時十分

地　點：總督府官邸

參加人員：范副主任　諫山參謀長　日中校參謀

林忠口譯

紀　錄：胡維達　施長雲

談話內容：

諫：

關于日軍處理問題、當按貴方指示實施、現爲考慮如何對貴國有利起見謹建議如下。

1. 日軍還國時期、及輸送方法、當按貴國指示、將於停戰之時期中、力求自力更生、
2. 除自耕自給外、並願意協助貴國復興臺灣工作、
3. 盡量免除煩擾貴國國民、
4. 希能將現有日軍、集中一處、惟盼勿移動過遠、
5. （詳見日方致我文書內）
6. 關於日軍在臺自給計劃、將派主辦參謀前來報告並請指示、
7. 現有在臺日軍、除耕種以求自力更生外、並希能按各兵種之專門技術、協助建設各項事業如通信兵隊可協助辦理電信、工兵隊可協助鐵路等、交通工作、

范：自十一日起、貴官應派一連絡參謀來本指揮所工作以便隨時接洽、

諫：本人如時間允許亦將常來請示、報告在臺日軍一般配置如下：

1. 9D 駐新竹
2. 第八飛行師團原駐臺北新竹現已集中臺中
3. 7D 駐臺南
4. 12D 駐臺南々部及高雄一帶
5. 103B 原駐淡水現已移駐高雄
6. 76B 原駐基隆、現移臺南附近
7. 54D 在屏東
8. 66D 原駐臺北、現移花蓮港、至臺東鐵路沿線戰事結束後、駐臺北日軍爲免與貴軍發生誤會、故已遷駐他處、此層請予諒解以免誤會、
9. 澎湖島之軍隊部署如舊
10. 爲求自力更生及免軍隊間散無事計、已令一部軍隊分駐未開墾區請予諒解、

請貴官示知貴軍到達日期地點、以便準備一切、

范：當視海運情形而定、惟一部已於十二日自寧波起運、

諫：臺灣治安問題、迄今尚無暴動事件發生、惟自戰事結束後、臺灣已爲貴國管治、一般人民對警察干涉管理、業有置諸不理者、尤以鄉村間時有加害警察事項發生、集中一處之移交軍火、已有被竊事項、故爲增强治安效能起見、擬於各地增派憲兵、協同警察執行任務、現各地共有憲兵壹萬六千人、並配有武器、爾後對該憲兵之處置請予以指示、

范：請示長官後才能決定、

諫：目下軍隊已行移動將如何處置、

范：可暫按計劃進行、貴官所定部隊移動計劃、與我方大致相同、細節事項、俟我人員到齊後、當再詳細研討、

諫：爲免部隊意外之移動、請多賜連絡、以免影響自給計劃、戰時臺灣原係定量分配、目下此種制度已告中止、而黑市與官價相差甚遠、臺灣原定每年收糧二次、第一期八月、當時適值戰事結束、較忠厚者、已繳額全數、而一部迄今尚未全部繳出、爲求公允起見、請仍令按數繳納、以免影響爾後軍糧供給、

范：

一、在本所未到達臺灣前、與到達臺灣後、將所有日軍私賣及毀壞與埋藏軍火等事、貴官執行任務愈忠誠、則於貴國前途愈有利、

二、聞貴方有一部份幹部私賣軍糧、及軍用品等、請貴官嚴查自行處辦、否則將來由我國查出、必予追究、

諫：此事我方亦有所聞、並已開軍法會議調查、且自己追回一部、爾後希貴方能檢同證據以便公辦、

范：一、陳長官與長官部及總部人員約二百名、不久即可到臺、關於辦公宿舍等地點請爲考慮、

二、本軍到達時之營舍

1.日軍現駐營地、應儘量縮併之、以備我軍駐紮(例如以兩師合併一師)

2.所有用具都留下尤其蚊帳、

3.防止誤會、希貴軍自行設法刷絕設備

4.軍械等之交與注意堆積及保存之良好以備使用、

5.葛主任在南京與貴官會談事項、諒必陸續實行、如尚未實行、希即實行並繼續辦理、

三、海陸空軍統一接收

四、高雄附近有六千噸之船、沈沒後須半年方能掃淸、應由日海軍負責從速淸掃、

五、國慶日慶祝大會、午前十時在公會堂舉行、午後六時在總督官邸宴會、請爲通告、並維持治安、

六、饋函一封請帶回、

十時三十分談話終結

范副主任與諫山參謀長第二次談話紀錄

時　間：十月十一日上午十時

地　點：總督官邸

參加人員：范副主任、朱課長嘉賓、諫山參謀長、杉浦中佐

紀　錄：施長雲

談話內容：

范：1.我方與貴方各部門負責人員之會談、由本官與貴官負總責、今後細碎事項、由各部門自行會談隨時請示、

2.我軍在基隆登陸之各種事項、務請從速準備、

3.請貴官派參謀一位、與本所朱課長會同擔任我軍在基隆臺北淡水等地設營事宜、

4.營房破爛須從速修理、

5.貴方軍隊移動後、詳細位置希爲報告並附要圖

諫：

1.關於甚軍貴軍登陸之事項、當遵命全部準備、

2.總務部長、仍在日本總督府、移交事項統歸其負全責、請貴官電呈陳長官、轉呈蔣主席轉請麥克阿瑟元帥、准彼回臺擔任交代事宜、

3.日軍曾有六個師團駐臺灣、大多沿海岸駐防、所有營房、均甚簡陋、貴軍不能全部利用、擬空出一部分學校以備軍用、

4.營房破爛、目下修理困難、臺日軍經費拮据、此點請諒解、

5.日軍調動、十月十五日前、可完畢、詳細情形當製圖報告、

十一時談話結束

第四章　部隊之開進及部署情形

本部於卅四年十月五日、派遣前進指揮所由渝飛臺北市、向日軍提交備忘錄、令駐臺北地區之日軍各部隊、於本（十）月十五日以前、全部（殘留人員外）由大園庄、桃園街、鶯歌庄、土城庄、新店庄、平溪庄、貢寮庄、三貂角相連之線（含線上各地）以北地區撤出二十日以前由中港、頭分庄內灣、北埔庄、角板山、阿玉山員山庄、二結、三結、相連之線（含線上各地）以北地區撤出嗣後我軍各部隊之開進登陸及部署情形如左：

（一）主要着眼點：

我軍以迅速佔領臺灣南北地區各要點、要線、並控置各重要港岸、以監督日軍集中、及我方各種命令之澈底執行、

（一）開進及部署情形：

一、臺北地區指揮官、第七十軍軍長陳孔達中將、以主力於卅四年十月十三日由寧波乘船出發、十七日十一時在基隆港登陸、先以一團兵力佔領灘頭

陣地掩護、登陸而後、逐次向宜蘭臺北淡水新竹各要點推進、並向敵監視警戒、另以一部續由寧波乘船、於廿六日十六時在基隆港登陸完畢後、即向新竹附近地區推進、

二、臺南地區指揮官、第六十二軍軍長黃濤中將、以主力於卅四年十一月十八日十四時、在左營軍港登陸、一部於廿二日十二時續由高雄港登陸、另一部於廿六日在高雄港登陸、逐次向屏東臺南嘉義臺中等附近地區推進向敵監視警戒、

三、本部特務團朱團長、率領該團、暨海軍第二艦隊司令部李司令、率領海軍陸戰隊第四團之一部、由福州乘船於十月廿三日分在淡水基隆兩港登陸、向臺北高雄附近地區推進、

四、空軍第廿二廿三兩地區司令部、早于九月十四日及廿六日、由司令張延孟率領各級人員飛臺、並分駐臺北臺南兩地區、

五、憲兵第四團（欠第二營）高團長維民、先以一連（第五連）於十月八日在淡水登陸、團部及第一連於十月廿四日登陸、其餘陸續由各港登陸後、並分駐全省各要地、對敵監視並協助警察維持治安、

六、配屬本部之軍政部無線電第五區臺、先隨本部前進指揮所、由空運到臺、開始通信、本部通信連連長彭壽鶴、率領全連於十二月十二日在基隆港登陸後、向臺北市推進、擔任本部通信、

七、第二〇八師二〇九師爲總預備隊、位置於福州附近、地區集中待命、

八、本總部官佐、及長官公署人員二百零七員、由柯參謀長遠芬率領、於十月九日由渝飛滬、十一日轉乘美輪、經寧波渡海於十月十七日十五時在基隆港登陸完畢後、即進駐臺北市本部（前臺北州廳）、

第五章　受降經過

卅四年十月廿五日上午十時、在臺北市中山堂（前公會堂）舉行中國戰區臺灣省受降典禮、九時起參加人員即陸續入場、禮堂佈置至爲莊嚴、到我方代表　陳長官、葛秘書長、柯參謀長、陳軍長、李艦隊司令、張空軍司令、范副參謀長、黃師長、省黨部主任委員李翼中、中央各部特派員、長官公署暨本部各處處長、盟軍代表顧德里上校、柏克上校、和禮上校等十九人、以及臺灣人民代表林獻堂、陳炘、杜聰明、羅萬俥、林茂生等三十餘人、新聞記者李萬居、葉明勳等十餘人、日方代表臺灣總督兼第十方面司令官安藤利吉等五人共參加典禮人員共約一百八十餘人、九時三十五分本部派第三處上校課長朱嘉賓、前往日臺灣總督府率同日方投降代表至公會堂、九時五十分引導日方投降代表入會場休息室、九時五十五分各受降代表暨參加人員入席、本部兼總司令入席後全體肅立奏樂、九時五十七分派本部高級參謀陳漢平至休息室、引導日方投降代表臺灣總督兼第十方面軍司令

官安藤利吉大將、臺灣軍參謀長諫山春樹中將、總務長官代理農商局長須田一二三、高雄海軍警備府參謀長中澤佑少將一行入場、向兼總司令行禮由引導官報告兼總司令後、始令日方投降代表就坐、十時正鳴砲開始典禮、首由兼總司令宣佈自己身份及所負任務。（略謂：臺灣日軍業於中華民國三十四年九月九日在南京投降、本官奉中國陸軍總司令何轉奉中國戰區最高統帥蔣之命令、爲臺灣受降主官、茲以第一號命令交與日本臺灣總督兼第十方面軍司令官安藤利吉將軍受領、希即遵照辦理、）語畢即以是項命令及命令受領證交本部柯參謀長遠芬、轉交安藤利吉將軍、於受領證簽字蓋章後、由諫山春樹遞向兼總司令前呈上降書、兼總司令審閱無誤後、命日方代表退席、仍由引導官引導離場、簽字典禮完畢後、兼總司令即席廣播、正式宣佈臺灣日軍投降、其詞於如后：

本人奉中國陸軍總司令何轉奉中國戰區最高統帥蔣之命令、爲臺灣受降主官、此次受降典禮、經於中華民國三十四年十月廿五日上午十時在臺北中山堂舉行、均已順利完成、從今天起、臺灣及澎湖列島、已正式重入中國版圖、所有一切土地人民政事皆已置於中華民國國民政府主權之下、這種具有歷史意義的事實、本人特報告給中國全體同胞、及全世界周知、現在臺灣業已光復、我們應該感謝歷來爲光復臺灣而犧牲的革命先烈、及此次抗戰的將士、並應感謝協助我們光復臺灣的同盟國家、而尤其應該敬我衷心銘感不忘的是創導中國國民革命運動的　國父孫先生、及繼承　國父遺志完成革命大業的蔣主席。

廣播完畢兼總司令退席、全體肅立、奏樂、禮成。參加人員離場、此具有歷史價值之典禮遂告完成、我方與盟方代表、及本部全體參加人員、並在會場大門前攝影以留紀念、從此全臺灣數十年來桎梏、一但解除、重投祖國懷抱、其空前歡躍、實難以言語筆墨形容、即臺北四十餘萬市民、慶祝此具有重大歷史意義之日、老幼俱易新裝、家家遍懸灯彩、相逢道賀、如迎新歲、鞭炮鑼鼓之聲、響澈雲霄、獅龍遍舞於全市、途爲之塞、下午三時、臺灣各界、在中山堂舉行慶祝臺灣光復大會、到各界人民代表　兼總司令曾親臨致訓、勉勵全臺同胞爲建設三民主義的新臺灣而努力邁進！六時散會

第六章　軍事接收委員會之組成及工作

甲、軍事接收委員會之組成

一、臺灣省警備總司令部、（以下簡稱本部）、爲統一臺灣地區軍事接收步驟、俾接收實施順利起見、特組織臺灣地區軍事接收委員會、（以下簡稱本會）於民國卅四年十一月一日正式成立、並擬訂臺灣地區軍事接收委員會組織規程（如付件第）令頒實施、

二、接收委員會辦公處組織（如附表一）

90

三、本會以下設陸軍第一、第二、第三及海軍、、空軍、軍政憲兵等共七個接收組分擔接收業務、其組織系統如附表一

乙、工作概況

一、各接收組接收業務劃分暨起止日期（如附表三）

二、本會爲使接收業務迅確實施起見、經先後組織接收軍品點驗組兩組、第一組以本部第一處處長、蘇紹文兼組長、于卅五年二月十四日出發、點驗臺北、基隆、淡水、宜蘭、花蓮、新竹等地區陸軍第三組及憲兵軍政等接收組接收之軍品、于三月十八日點驗完畢、第二組以本部高級參議周鏡澄、兼組長、于卅五年二月五日出發點驗臺中、嘉義、臺南、高雄、馬公、屏東等地區、陸軍第二及軍政憲兵海軍等接收組接收之軍品、于三月十日點驗完畢

三、各點驗組點驗經過詳第六篇第一章、

（附件第一）

臺灣地區軍事接收委員會組織規程草案

第一條　臺灣省警備總司令部、遵照　委員長蔣、申魚令一亨代電、及陸軍總司令何、頒發接收委員會通則、統一臺灣地區軍事接收步驟、俾接收妥善起見、組設臺灣地區軍事接收委員會（以下簡稱本會）、

第二條　本會之任務如左

一、關於接收法令之執行事項、

二、關於接收手續及相互有關事項之商討、擬議審核事項、

三、關於統一發給接收證件及封條事項、

四、關於接收表冊之査核彙報事項、

五、關於接收營建物資之運輸保管事項、

六、關於接收人員部隊之考核糾正事項、

七、其他有關接收事項、

第三條　本會設主任委員一人、由警備總司令兼任、副主任委員一人、由警備總司令部參謀長兼任、

第四條　本會置委員若干人、由六十二軍軍長、七十軍軍長、海軍第二艦隊司令、空軍第二十二第二十三地區司令、警備總司令部副參謀長、及各處長、憲兵第四團團長兼充之、

第五條　本會設辦公處、置處長一人、由警備總司令部范副參謀長兼、任負責處理一切經常業務、下置專門委員及秘書參謀副官軍需書記司書各若干人、由警備總司令部接收組、調派人員兼任、分擔業務、務當駐處辦公、

第六條　本會下設左列各組分擔接收執行任務

一、陸軍組三組　由警備總司令部、及直轄部隊、併六十二軍、七十軍、派員組成之、

二、軍政組一組　由軍政部特派組組成之、

三、海軍組一組　由第二艦隊人員組成之、

四、空組軍二組　由空軍第二十二第二十三地區人員組成之、

五、憲兵組一組　由憲兵第四團人員組成之、

第七條　前條各組由警備總司令部參謀長、及各部隊長、爲組長、承主任委員之命、處理本組業務、

第八條　本會各組接收業務之劃分、依附表之規定、

第九條　本會每週在警備總司令部、總司令辦公室、開會一次、必要時得由主任委員或副主任委員召集臨事會議、開會時由主任委員爲主席、主任委員缺席時由副主任委員主席、

第十條　本會開會有必要時、得請行政長官公署及其他有關人員參加商討、

第十一條　本會職員、概爲無給職、但必要時得酌支舟車費、派赴臺北市以外地區辦理接收之人員、併得按規定支給旅費、

第十二條　本會議事規則及辦事細則另定、

第十三條　本規程草案呈報軍事委員會核准後改爲規程、

第十四條　本規程自公布之日起先行實施、

（附表二）

接收委員會辦公處組織表

職別	官佐階級	官佐員額	士兵階級	士兵名額	備考
處長	少將	一			兼任
專門委員	上（少將）校	二—三			兼任
秘書	軍荐二階	一			兼任
參謀	上（中）校 中（少）校	六 四			陸海空軍憲兵軍政共八組每組事務由參謀一人負責辦理計需八人外雜務二人共八人
副官	上（中）尉	二			兼任（一能臺語日語者）
軍需	三等正 （二）等佐	一			兼任
書記	軍委一（二）階	一			兼任
司書	軍委三（四）階	二			兼任
傳達軍士			上（中）士	一	由傳達排調派
傳達兵			上等兵 一等兵	六 四	同右
合計		一九		一一	

92

附表二

臺灣省軍事接收委員會組織系統表

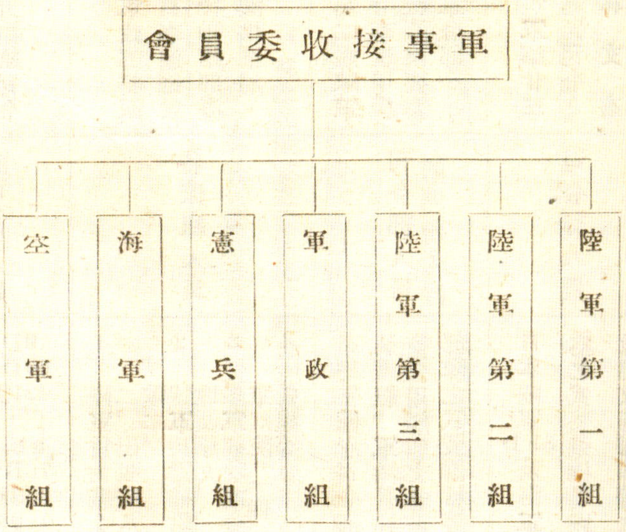

93

附表三

軍事接收經過概況表

組別	陸軍第一組
主持人	警備總司令部參謀長柯遠芬
組成	警備總司令部各處室人員及直轄部隊長
接收單位	日軍10AA 臺管區TL213 34□ 教育隊之一切軍品及全臺灣日軍通信鴿通信犬後復補接收及161AA 162AA 臺灣日本兵事部之軍品
接收起止日 起	十一月一日
接收起止日 止	元月廿二日
備考	TL代表通信兵團

94

陸軍第二組	六十二軍軍長黃濤	六十二軍及所屬師司令部人員	12D 50D 71D 75BS 100BS 42 RS 16 SAR 64 PRS 30 SEP ◎◎354 中隊 第九鐵道大隊 33電信聯隊及臺南臺中高雄臺東各部憲兵一切軍品	十二月四日	十二月底	
陸軍第三組	七十軍軍長陳孔達（現升副總司令	七十軍及所屬師司令部人員	9D 66D 42PRS ◎◎214 308 中隊 76BS 28SEP 1 野築城大隊 102BS 112BS 及臺北新竹兩區憲兵隊之軍品	十一月一日	十二月十六日	
軍政組	軍政部特派員李進德兼後勤總部臺灣供應局	特派組人員	1 陸軍貨物廠：本分廠各一、支廠二、出張所八、連絡所五、農耕隊二、2 陸軍兵器補給廠：修理廠二彈葯地區庫九、3 陸軍病院本分院共四十九個內空軍病院（二個）4 營建等	十二月一日	二月十四日	
海軍組	第二艦隊軍令李世甲後改臺南要塞軍令部	司令部人員	高雄警備府司令部所屬海軍部隊之武裝艦艇、軍港營建廠庫器材物資及軍警公用船舶文卷書類併澎湖陸軍潑刺部隊之武裝器材等	十一月一日	十二月十一日	
空軍一組	空軍第廿三地區司令林文奎	司令部人員	日本陸軍8FD及海軍航空部隊及民用航空之武裝飛機場廠倉庫營建設備器材物品文卷書類等之在臺北地區者	十一月一日	元月卅日	十二月一日取消併入第廿二地區司令部共爲一組

空軍第二組	空軍第二十二地區司令 張柏壽	司令部人員	同第一組之在臺南地區者			
憲兵組	憲兵第四團團長 高維民	團營部人員	臺灣臺北臺中臺南高雄臺東花蓮港六市日本憲兵隊武器等軍品	十一月一日	十二月十八日	卅五年二月十五由張團長接辦

附記

一、軍令部派接收委員接收測量器材經查冊列所有材料均屬砲工兵器材附件

二、軍政部派要塞視察組三組分別視察高雄馬公基隆三個要塞區

三、航委會派臺空軍第三飛機製造廠接收空軍修造器材統由空軍第二十二地區司令部代接移交

二、

台灣省行政長官公署組織條例草案（審查修正）

第一條 台灣省設行政長官公署隸屬於行政院置行政長官一人依據法令綜理台灣全省政務

第二條 台湾省行政長官公署於其職權範圍內得發布署令並得制定台灣省單行條例及規章

第三條 台湾省行政長官公署得受中央之委託辦理中央行政台湾省行政長官对於在台湾之中央各機關有指揮監督之權

第四條 台灣省行政長官公署設左列各處

一、秘書處

二、民政處

三、教育處

四、財政處

五、農林處

六、工礦處
七、交通處
八、警務處
九、會計處

第五條 台灣省行政長官公署必要時得設置專管機關或委員會，其組織規程由行政院定之。

第六條 台灣省行政長官公署置秘書長一人，輔佐行政長官處理政務。

秘書長下設機要室、人事室，各置主任一人。

第七條 台灣省行政長官公署會計處置會計長一人，各處置處長一人，必要時得置副處長一人，承行政長官之命綜理各該處事務，並指揮監督所轄機關事務及所屬職員。

○各處視事務之需要分別置秘書科長技正（督學）視察（編審技士）技佐科員

台灣省辦事員承長官之命辦理事務其員額由行政院定之

○第八條　台灣省行政長官公署設置參事四人至八人命令撰擬審核關於本署法案

第九條　台灣省行政長官公署得聘用顧問參議諮議等人員

第十條　本條例自公布日施行

秘書長
机要室
人事室
秘書處

建提本會第四屆第一百七十三次會議討論

(事由)令仰從速審查台灣省行政長官公署組織大綱由

國民政府立法院訓令

建院議字第二一六七號

令法制委員會

中華民國三十四年九月六日

案奉

國民政府三十四年八月三十一日處字第三三七號訓令開「行政院呈以奉國防最高委員會交下台灣省行政長官公署組織大綱由業該院酌予修訂，因台灣亟需接收，時間急迫，未及擬訂法案完成立法程序，擬請核定施行，以應要需等情，應准照辦，除令行政院轉飭台灣省行政長官遵照外，合行抄發該組織大綱，令仰知照，並轉飭所屬知照」等因，合行檢發原件，令仰該會從速審查具報，並限於本次院會提出。

此令

計檢發台灣省行政長官公署組織大綱一份，辦畢仍繳

院長 孫科

摘要定、

同注の、

台灣省行政長官公署組織大綱草案（審查修正）

第一條 台灣省行政長官公署隸屬於行政院依據法令綜理台灣全省政務

第二條 行政長官於其職權範圍內得發署令並得制定台灣單行條例及規程

第三條 行政長官受中央之委託辦理中央行政對於在台灣之中央各機關有指揮監督之權

第四條 台灣省行政長官公署設左列各處

一、秘書處

二、民政處

三、教育處

四、財政處

五、農林處

七、交通處
八、警務處
九、會計處

第五條 行政長官公署、必要時、得設置專管機關或委員會，視其性質隸屬於行政長官或各處，其組織由行政長官定之

第六條 行政長官公署置秘書長一人，輔佐行政長官綜理政務並監督各處及其他專設機關事務

秘書處下設機要室、人事室，各設主任一人

第七條 行政長官公署會計處設會計長一人，各處設處長一人，必要時得設副處長一人，承行政長官之命綜理各該處事務並指揮監督所轄機關事務及所屬職員

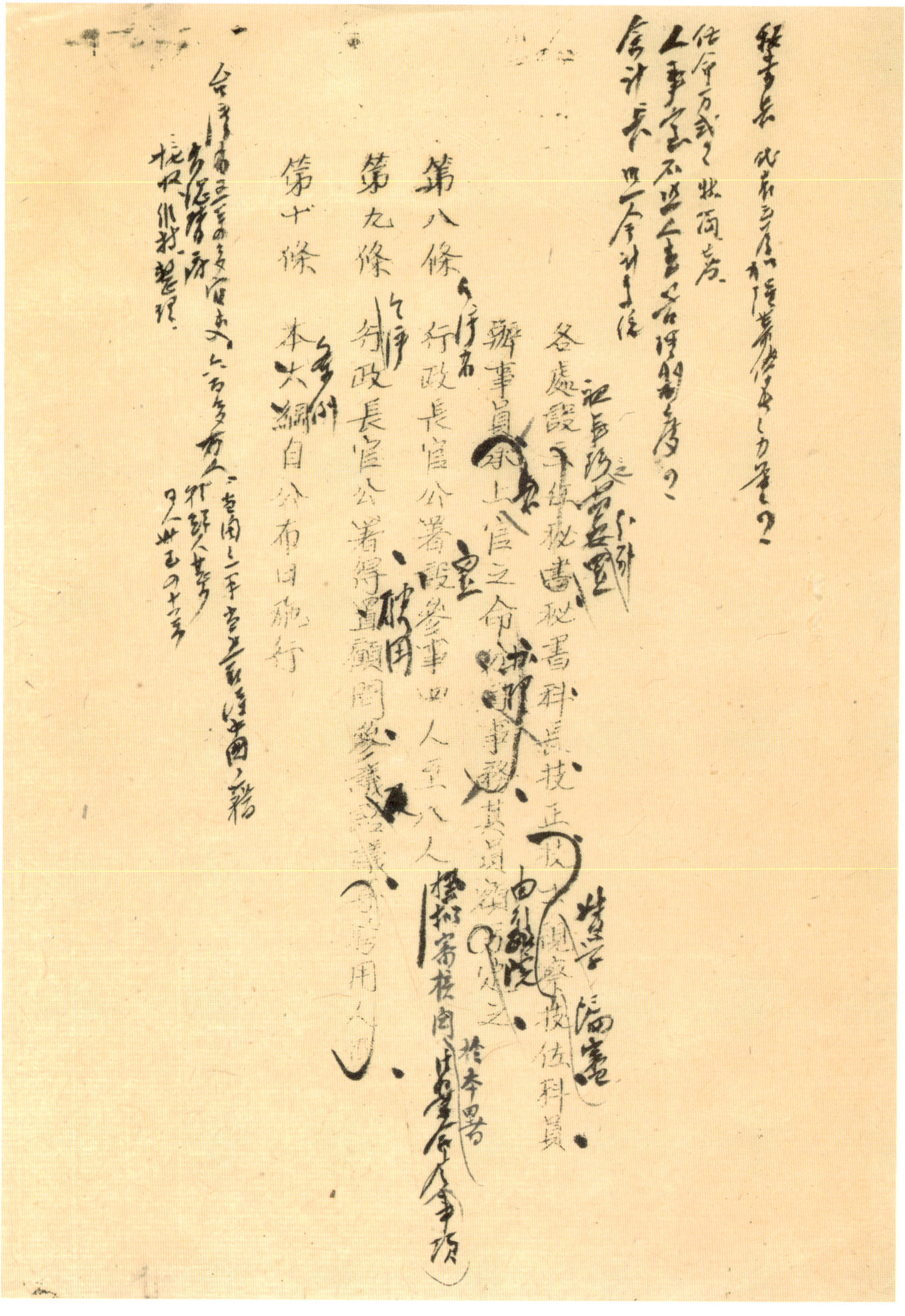
各處設秘書秘書科員技正技士視察技佐科員
辦事員承上官之命辦理事務其員額另定之
第八條 行政長官公署設參事四人至八人
第九條 行政長官公署得置顧問參議諮議
第十條 本大綱自公布日施行

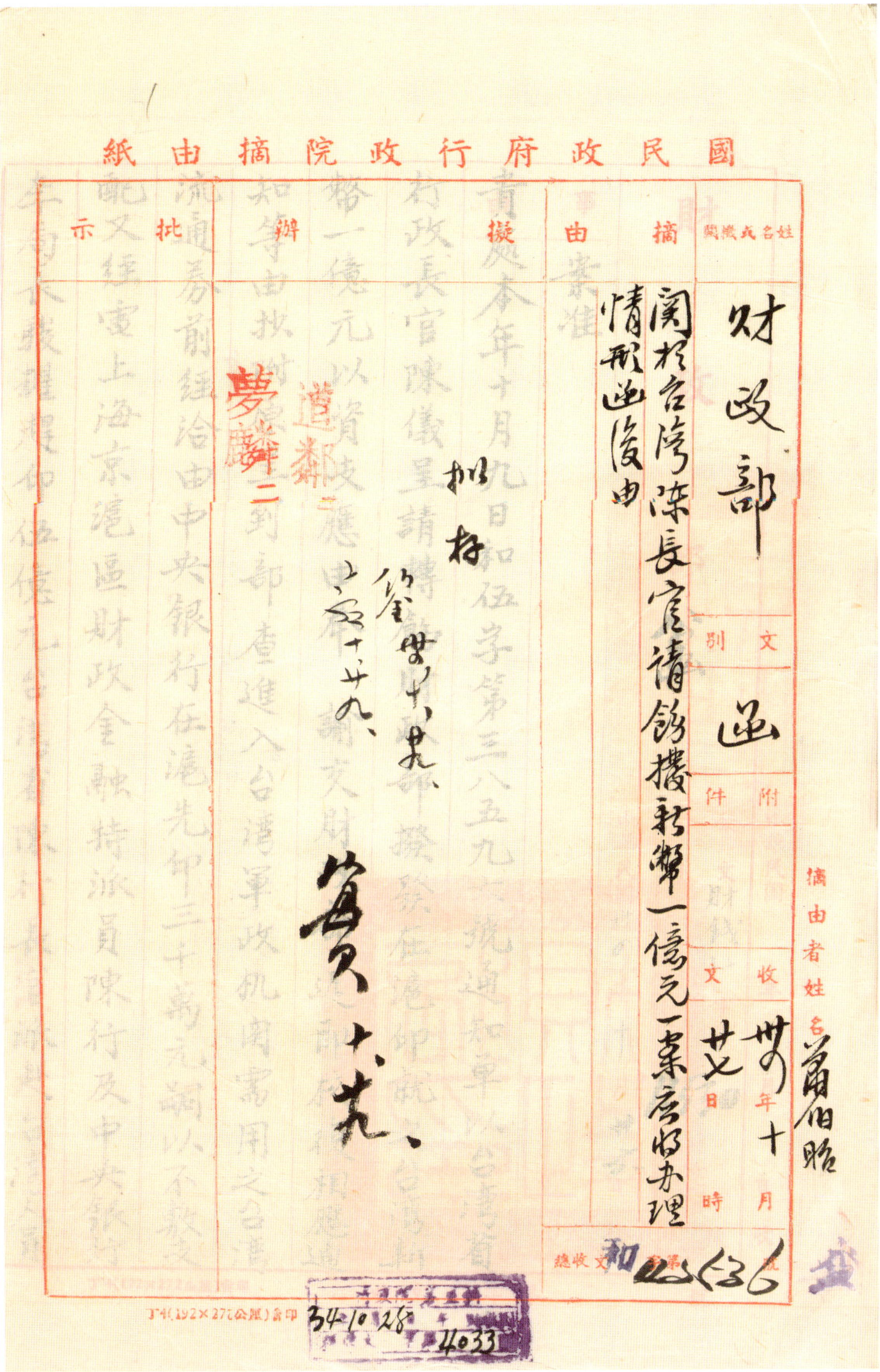
国民政府行政院摘由纸

姓名或机关	财政部
文别	函
附件	
收文	卅四年十月廿七日 时
摘由	关于台湾陈长官请领拨新币一亿元一案应如何办理情形函复由
拟办	拟存 鎣 卅四、十、廿九、 十、廿九、
批示	十、廿九、

摘由者姓名 萧伯照

总收文 和 字第 22436 号

34 10 28 4033

財政部 公函

中華民國 年 月 日收

發文 財錢山 字第 11530 號

附件

中華民國卅四年十月廿六日發

事由

案准

貴處本年十月九日和伍字第三八五九六號通知單以台灣省行政長官陳儀呈請轉飭財政部撥發在滬印就之台灣新幣一億元以資支應由奉

諭交財政部迅即核復相應通知等由抄附原呈到部查進入台灣軍政机関需用之台灣流通券前經洽由中央銀行在滬先印三千萬元嗣以不敷支配又經電上海京滬區財政金融特派員陳行及中央銀行李局長駿耀趕印伍億元台灣省陳行長官派赴台灣人員

丁4(192×272公厘)會印

收文 字第 號

需用款項除已由京滬區財政金融特派員辦公處就偽中儲行清理處庫存內撥付日幣五十二萬二千四百八十一元三角外並已由部函陳長官先就在滬印妥台灣流通券三千萬元提運至台應用餘俟續有印就再行提用在案至台灣流通券換法幣間滙兑將來應由中央銀行予以管理相應復請

查照特陳為荷 此致

行政院秘書處

財政部長

俞鴻鈞

查陳長官前後所请：(一)利用中央銀行已印成之台灣地名法幣十六億元、由中央銀行委託台灣銀行代為發行；(二)由台灣銀行自行另發行。現財政部復文，對於(一)項利用因成券及委託台灣銀行均不同意，是否即照陳長官所请第二項：(由台灣銀行自辦發行)辦理？请

核。

照第二項辦理

翁文灝 卅四、十、廿六

行政院交辦案件通知單

案由	台灣省行政長官陳儀呈請轉飭財政部撥發在滬印就之（台灣）新幣壹億元以資支應由
附件	抄原呈一件

右案奉

院長諭：「交財政部迅即核辦逕復具報」

相應通知

財政部

行政院秘書長蔣○○

中華民國卅四年拾月廿六日發和叁字第38596號

026275

簽呈

承辦機關號次

侍從秘書號次

事由：請轉飭財政部撥發在滬印就之新幣壹億元以資支應由

查接管台灣後所需流通紙幣、前經商准財政部由中央銀行印製台灣新幣、以資應用、近經向中央銀行查詢、據稱此項新幣已在上海印製、本月十五日以前可交壹億元等語、茲以本署赴台接收人員本月中旬即將出發工作、需款迫切、特懇

鈞長俯准轉飭財政部即將在滬業已印就之新幣壹億元、迅予撥發以資支應、至此項新幣與法幣及台幣價值折算標準、再行商討訂定、合併陳明、

謹呈

行政院院長宋

擬：相應交財政部迅即核辦逕復具報

擬：辦

批示

第 一 頁

34105 7 3380

38596

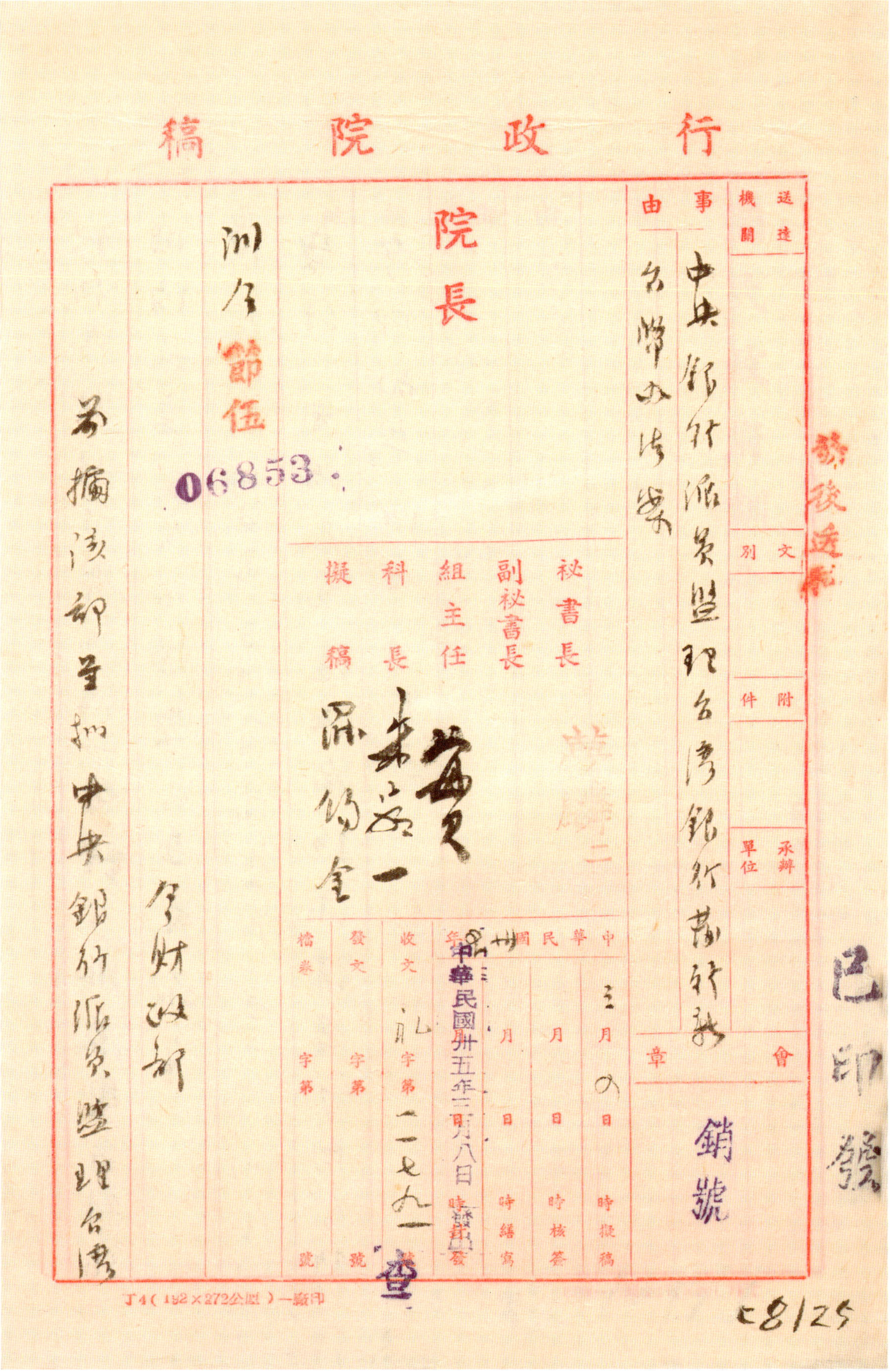
行政院稿

送達機關

事由：中央銀行派員監理台灣銀行發行台幣辦法案

文別

附件

承辦單位

會章

銷號

院長

秘書長

副秘書長

組主任

科長

擬稿

中華民國卅五年三月四日時擬稿

中華民國卅五年三月八日時發出

收文 礼字第一一七九一號

訓令 節伍

06853

令財政部

前據該部呈擬中央銀行派員監理台灣

已印發

c8125

丁4（182×272公厘）一廠印

銀行發行新台幣辦法一案，經令准備案，并轉飭
國防最高委員會備案在卷。茲奉
國民政府卅五年三月一日處字第一五二號訓令以
案准國防最高委員會核准備案，并因令行
令仰知照。此令。

丁4（192×272公厘）一號印

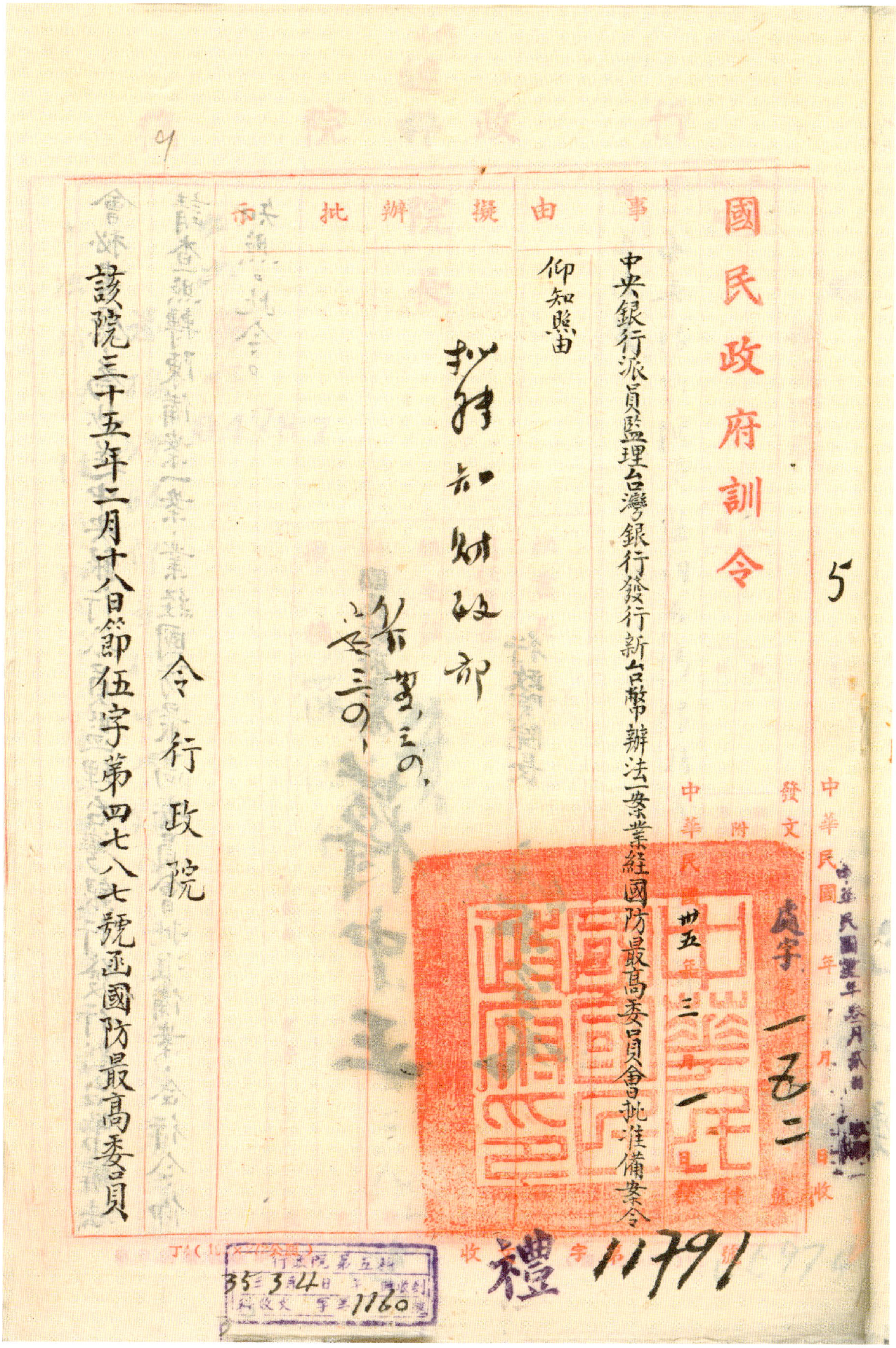

國民政府訓令

發文處字第一五二號

附件

中華民國卅五年三月一日發

事由：中央銀行派員監理台灣銀行發行新台幣辦法一案業經國防最高委員會批准備案令仰知照由

擬辦：抄轉知財政部

批示：

令行政院

該院三十五年二月十八日節伍字第四七八七號函國防最高委員

收禮字第11791號

行政院第五科 35.3.4 收文 1160 號

會秘書廳，為抄送中央銀行派員監理台灣銀行發行新台幣辦法
請查照轉陳備案一案，業經國防最高委員會批准備案，合行令仰
知照。此令。

國民政府主席 蔣中正

行政院院長 宋子文

監印 監印陳光遠

了4（192×272公厘） 國營中心印書局承印

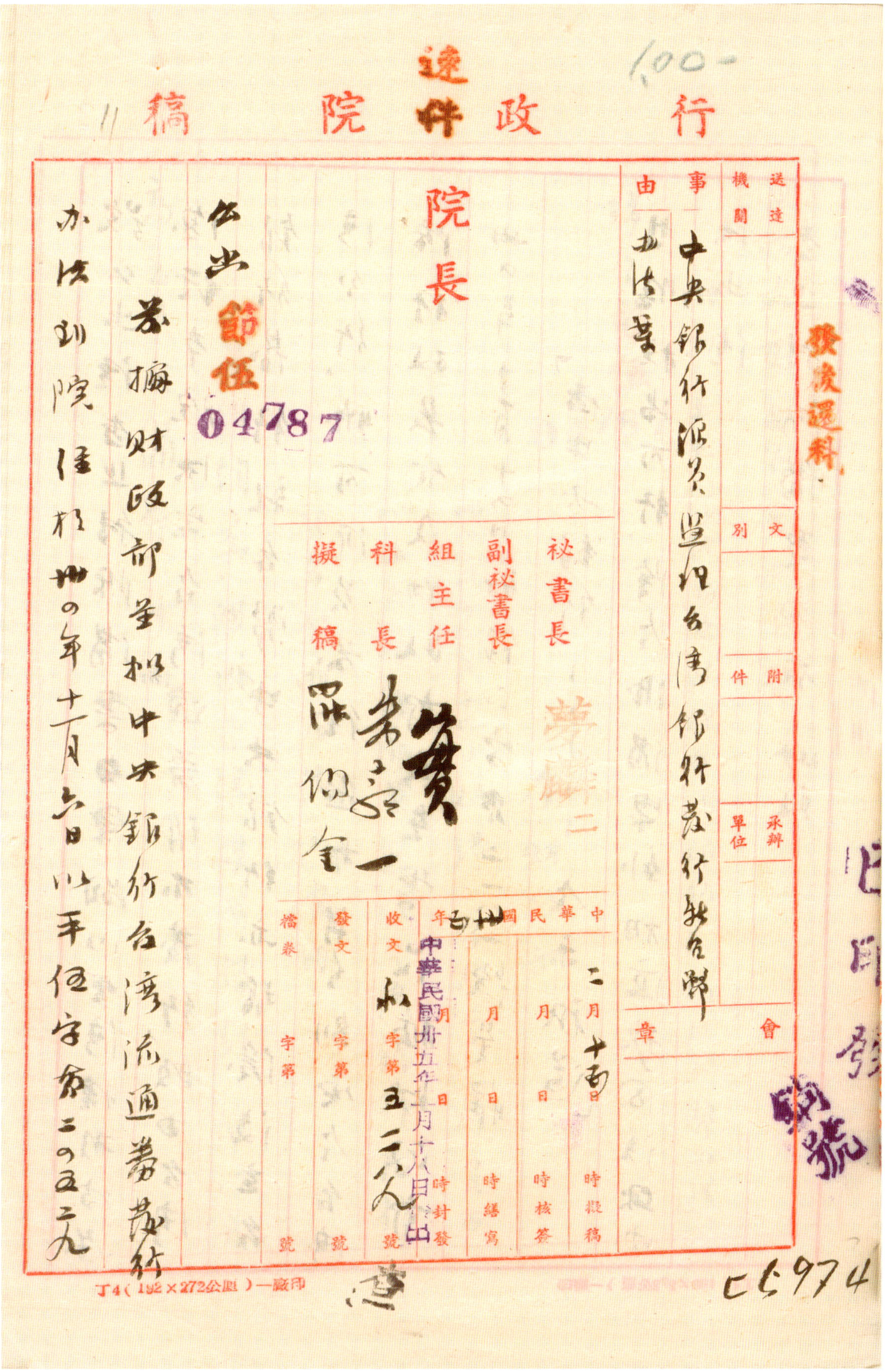

100-
行政院稿
速件
送達機關
事由　中央銀行派員監理台灣銀行發行新台幣办法草
文別
附件
承辦單位
會章
院長
秘書長
副秘書長
組主任
科長
擬稿
令出
節任
04787
茲梅財政部並派中央銀行台灣流通券發行
办法到院任相卅四年十一月六日以平任字第二〇五二九
中華民國卅五年二月十四日時擬稿
月日時核簽
月日時繕寫
收文 字第五二八八號
中華民國卅五年二月十八日封發
發文 字第 號
檔卷 字第 號
發交遞科
已印發
丁4（192×272公厘）一廠印
CC974

號公函請查照轉飭準備業由專關以台灣情形特殊，
應經本院決定台灣流通券暫不發行，改由台灣
銀行發行新台幣，中央銀行亦指派復設立台
灣分行，惟可派員前往監督，并分別電令台灣
省行政長官及財政部查案核辦財政部
卅四年十一月十四日財錢乙字第二八一號呈稱
「查中央銀行……………令未祇遵」
等情核尚可行，除令准備案外相應抄同該呈
請函達
查照轉飭準備為荷　此致

丁4（192×272公厘）一廠印

國防最高委員會秘書廳
附抄"中央銀行派員監理台湾銀行發行新台幣辦法"一件
增人 節伍 04787
令財政部
卅四年十二月十四日財錢乙字第二一八一號呈為
擬中央銀行派員監理台湾銀行發行
新台幣辦法請核備由
呈件均悉。准予備案並轉飭國防最
高委員會備案 此令

丁4(192×272公厘)會印

速件

簽呈紙 發後還科 第 頁 收文和字第五一一八九號

由京新來

關於台灣幣制，前經本院決定：台灣流通券暫不發行，改由台灣銀行發行新台幣，中央銀行亦暫緩設立台灣分行，惟可派員前往監督，並分別電令台灣陳長官及財政部在案，茲財政部遵照前令擬具「中央銀行派員監理台灣銀行發行新台幣辦法」到院，查原辦法尚稱妥適，且已由部公布施行，並已分行台灣長官公署及台灣區財政金融特派員，似可令准備案，並叙明前案轉報　國防最高委員會備案，至前報　國防最高委員會之「中央銀行台灣流通券發行辦法」似可一併叙明暫緩實施，當否，請

丁4（192×272公厘）

簽呈紙 第 頁 收文 字第 號

示

可 講 一、六

高崑峯謹簽 卅五、一、十、

報一元廿四、

黃 一、廿、

鈞院本年十一月十日機字第二六八〇號指令開台灣情形特殊該省目前幣制仍照陳長官所擬辦理中央銀行暫緩在台灣設立分行惟可派員前往監督台灣流通券暫不發行等因當經電京滬區財政金融特派員行轉飭備印台灣流通券并知中央銀行台灣區特派專員林崇墉並電中央銀行查照在案茲由部制定中央銀行派員監理台灣銀行發行新台幣辦

丁4（192×272公厘）

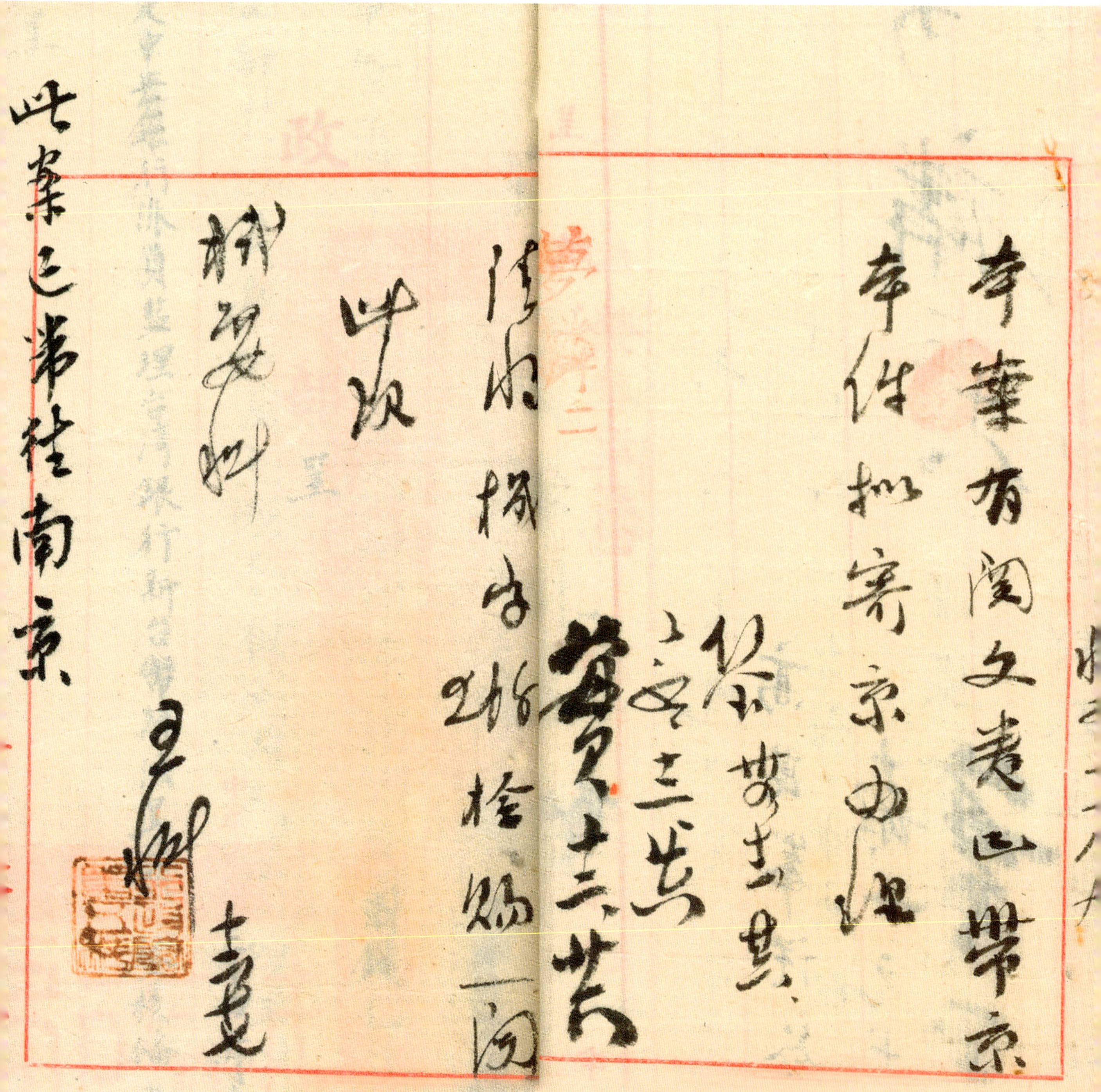
本件擬寄京辦理
此次
此案已帶往南京

財政部 呈

發文 財錢乙字第二一八一號

中華民國三十四年十二月十四日發出

中華民國卅四年十二月拾五日收到

事由 制定中央銀行派員監理台灣銀行新台幣辦法呈請鑒核備案由

附件

謹呈

查中央銀行發行台灣流通券案前奉

鈞院本年十一月十日機字第二六八〇號指令開「台灣情形特殊該省目前幣制仍應照陳長官所擬辦理中央銀行暫緩在台灣設立分行惟可派員前往監督台灣流通券暫不發行」等因當經電京滬區財政金融特派員陳行轉飭傳印台灣流通券轉知中央銀行台灣區特派專員林崇墉並電中央銀行查照在案茲由部制定中央銀行派員監理台灣銀行發行新台幣辦

收文 和字第51189號

34.12.17 5017

19

法除公布暨函中央银行查照办理并分电台湾省行政长官公署及台湾区财政金融特派员办公处外理合检同原办法一份呈请

鉴核备案令示祗遵

谨呈

行政院

附件

财政部部长俞鸿钧

谨呈

20

中央銀行派員監理台灣銀行發行新台幣辦法

(一)中央銀行為監理台灣銀行發行新台幣派員駐在台灣銀行執行本辦法規定之事務

(二)中央銀行派駐台灣銀行監理之任務如左

一、監督新台幣之印製及發行

二、檢查新台幣發行準備金

三、審核關於新台幣收換舊台幣事項

四、封存及保管已印未發之舊台幣及印版戳記

五、檢查舊台幣之印製發行數額及準備金之實況

六、秉承中央銀行總行核定新台幣之滙率

七、其他奉令飭辦事項

(三)派駐台灣銀行監理應將第二條規定各項任務之執行

情形按月編造報告呈報中央銀行總行核轉財政部查核

(四)派駐台灣銀行監理對於第二條規定各事項如查有違反法令情事應即簽報中央銀行總行轉報財政部核辦

(五)派駐台灣銀行監理為執行職務得隨時向該行主管人員查詢一切情形及檢查帳冊簿籍暨其他有關文件如有藉故拒絕或諉延情事應立即簽報總行轉報財政部核辦

(六)派駐台灣銀行監理審核或辦理第二條規定各事項得對該行為必要之書面指示

(七)派駐台灣銀行監理得因事實需要呈請中央銀行總行遴派稽核二人至四人協助辦理一切事務

(八)本辦法自公布之日施行

F19911

發電送繕

行政院稿 22

院長

秘書長 夢麟

政務處長

組主任 黎琬

科長 戴

擬稿 沈成

電

台灣陳長官2717密戌省機電悉，已飭財政部轉令四行知照，特復。行政院亥機印

十二月一日

3/12

3197

丁4(192×272公厘)會印

秘書處公函　機2706號

陳長官戌宥機電請飭知中中交農各行均不必在台設行。等情，到院，奉

諭："着財政部飭行知照"，查中央銀行暫緩在台設行。前於十二月十日以機二六八〇號令知有案，奉諭前因，相應函達

查照。此致

財政部

秘書長蔣[illegible]

丁4(192×272公厘)會印

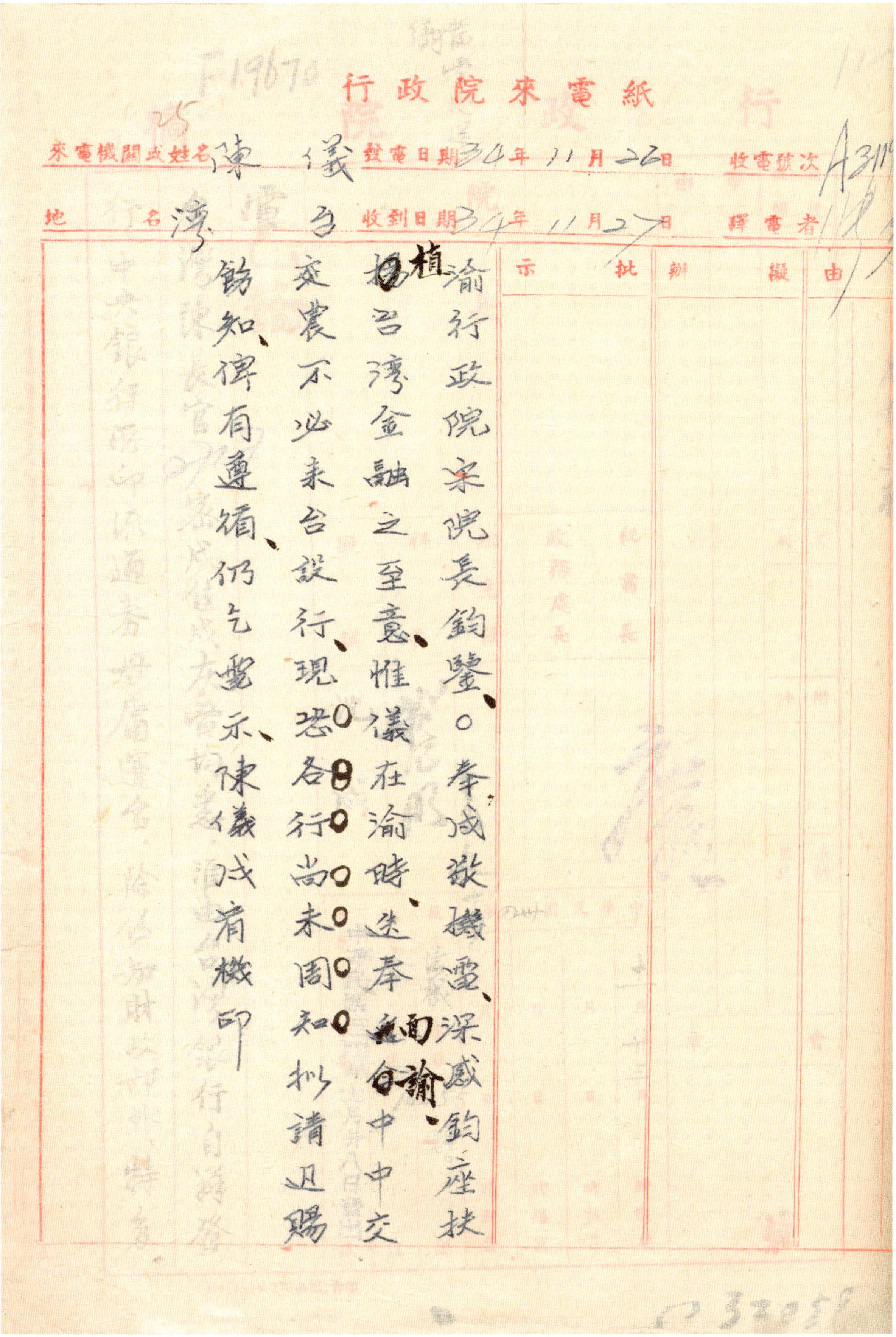

F19670

行政院來電紙

25

來電機關或姓名：陳儀　發電日期：34年11月26日　收電號次：A311

地名：台灣　收到日期：34年11月27日　譯電者：

批示　擬辦　由

渝行政院宋院長鈞鑒、○奉戌敬機電、深感鈞座扶植台灣金融之至意、惟儀在渝時、迭奉面諭、中中交交農不必來台設行、現恐各行尚未周知、擬請迅賜飭知、俾有遵循、仍乞電示、陳儀戌宥機印

0 33051

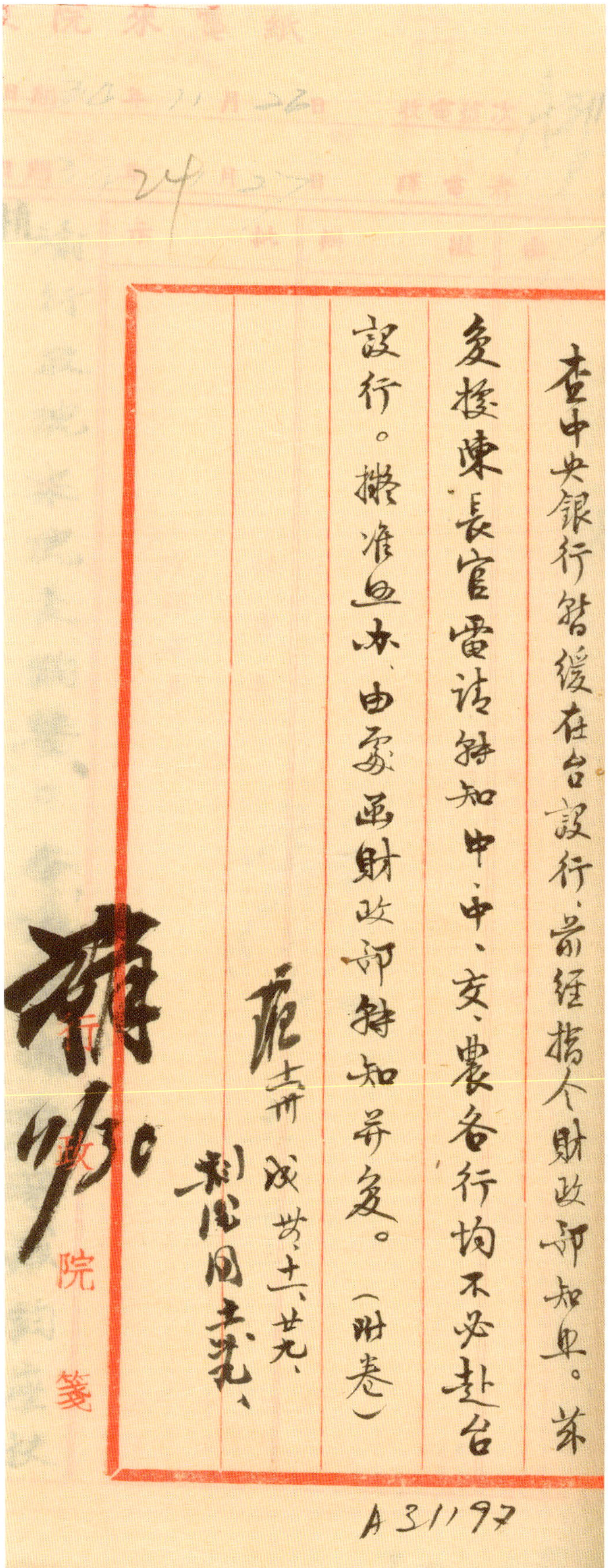
24

查中央銀行暂缓在台設行，前经指令財政部知照。茲复據陳長官電请飭知中、中、交、農各行均不必赴台設行。擬准照办，由處函財政部飭知并复。（附卷）

雇十一卅

戌廿、十一、廿九、

利因國十一、廿九、

[illegible] 11/30

行政院箋

A31197

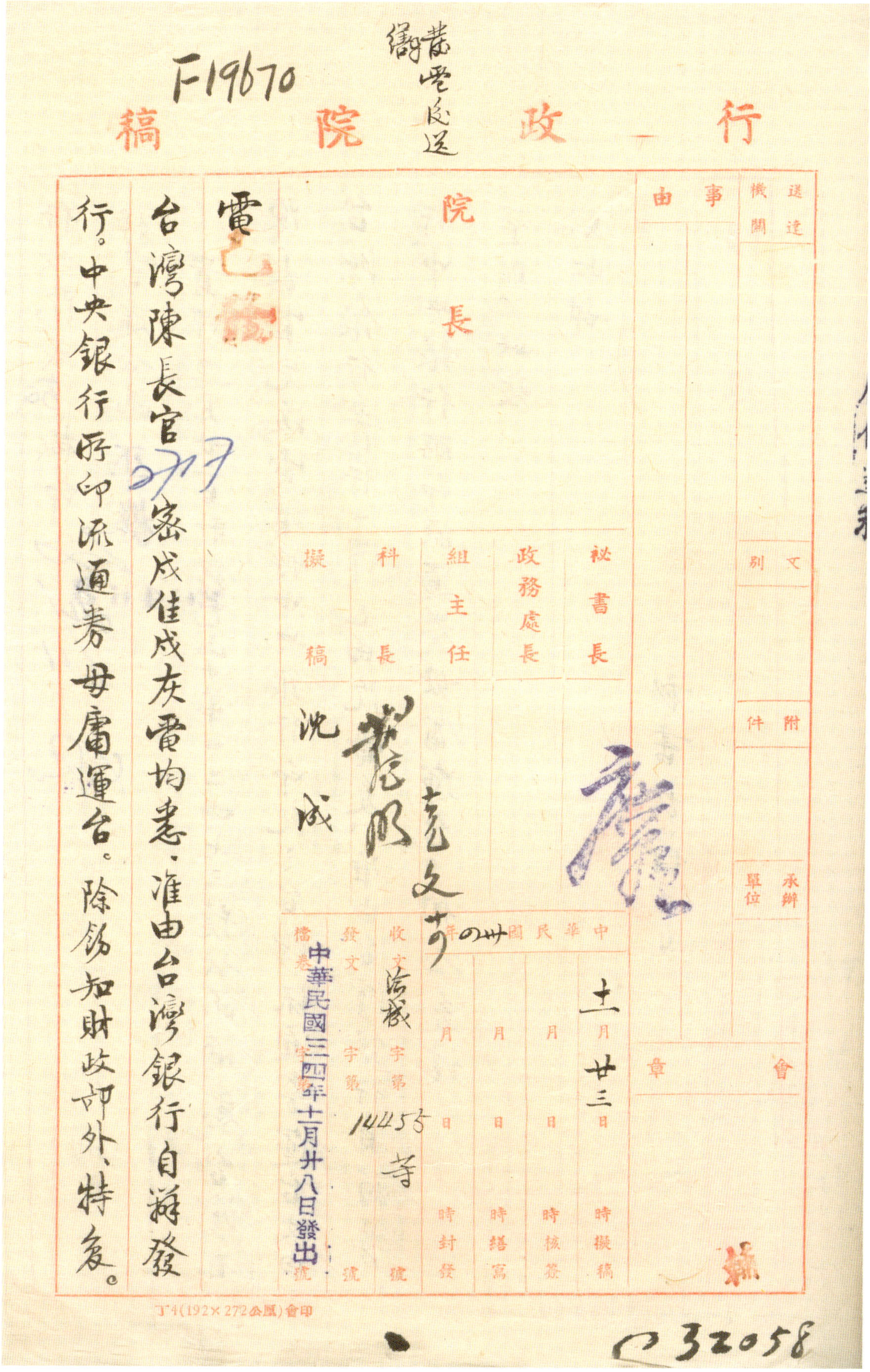

F19670

業電已送

行政院稿

院長

秘書長　政務處長　組主任　科長　擬稿

沈成

中華民國卅四年十一月廿三日

收文濟秘字第14455號

中華民國三四年十一月廿八日發出

電

台灣陳長官2717密戌佳戌灰電均悉，准由台灣銀行自行發行。中央銀行所印流通券毋庸運台。除飭知財政部外，特復。

丁4(192×272公厘)會印

C32058

行政院戍　機印
秘書處公函　平機
貴部十一月廿二日財錢乙字第一二四七三號公函誦悉。台灣省
陳長官先後電請將中央銀行印就之台灣流通券運台交由
台灣銀行發行一案，已由院電复：准由台灣銀行自籌發
行，中央銀行所印流通券毋庸運台。相应复請
查照。此致
財政部

秘書長蔣

21463

丁4(192×272公厘)會印

財政部公函

事由

鑒准
貴處本年十一月十三日機字第二六八三號函以台灣省陳長官十一月九日及十日先後電院請將中央銀行印就之台灣流通券迅即運台交由台灣銀行發行抄同原電囑向示意見并由並附抄件到部查中央銀行台灣流通券應由中央銀行發行在中央銀行發行台灣流通券

中華民國 34 年 11 月 22 日收
發文 財錢乙字第 12473 號
附件
中華民國 卅 年 十一 月 廿三 日發

T4(15)×7 雁合印　文收　第 14455 號

辦法內已有規定，如依陳長官之張，特予台灣銀行發出、不特與中央統一發行之旨不合，且將招致外界疑慮，影響該券信用。陳長官來電所陳于委託台灣銀行發行台灣流通券、復由該台行印發新券，則同時發行兩種新幣、更將引起貨幣之紊亂。今後台灣幣制，陳長官既已擬議以台灣銀行名義改用中華民國年號印發新券辦法呈奉

鈞院核准實施中央銀行台灣流通券，並奉

鈞院令暫不發行，自應遵照辦理，不必再事更張，以免紛歧，相應函復，即請

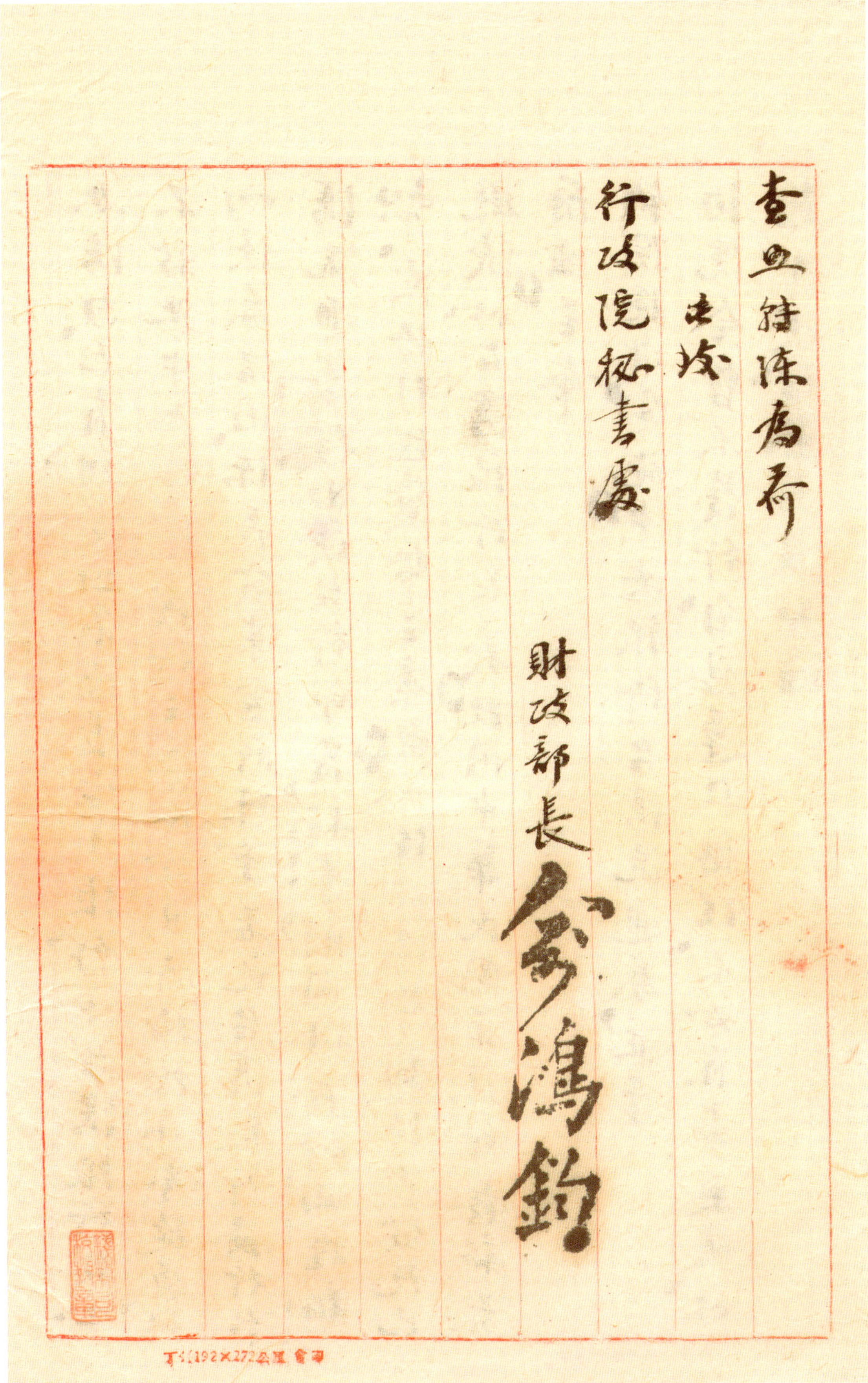
查照轉陳爲荷

此致

行政院秘書處

財政部長 俞鴻鈞

行政院秘書處稿

送達機關	
事由	
文別	
附件	
承辦單位	
秘書長	夢麟
政務處長	
組主任	堯文
科長	覺明
擬稿	沈成
中華民國	卅九年
擬稿	十一月十七日 時
核簽	月 日 時
繕寫	月 日 時
封發	十一月十九日 時
收文	字第 號
發文	字第 9966 號
檔卷	字第 號
會章	

公函 機 一一辦

准台灣省陳長官本年十一月十四日電，請轉陳將中央銀行印就之台灣流通券運台，委托台灣銀行發行。或印妥由台灣銀行

丁4（192×272公厘）

自詳後行、等由，查此案前接陳長官戌佳戌亥電院、經於十一月十五日以機字第二六八三號函請開示意見。特再抄送原電，即希查照併案見復為荷。此致

財政部俞部長

附抄陳長官戌寒電件（括弧內不抄）

秘書長蔣

丁4（192×272公厘）--會京印

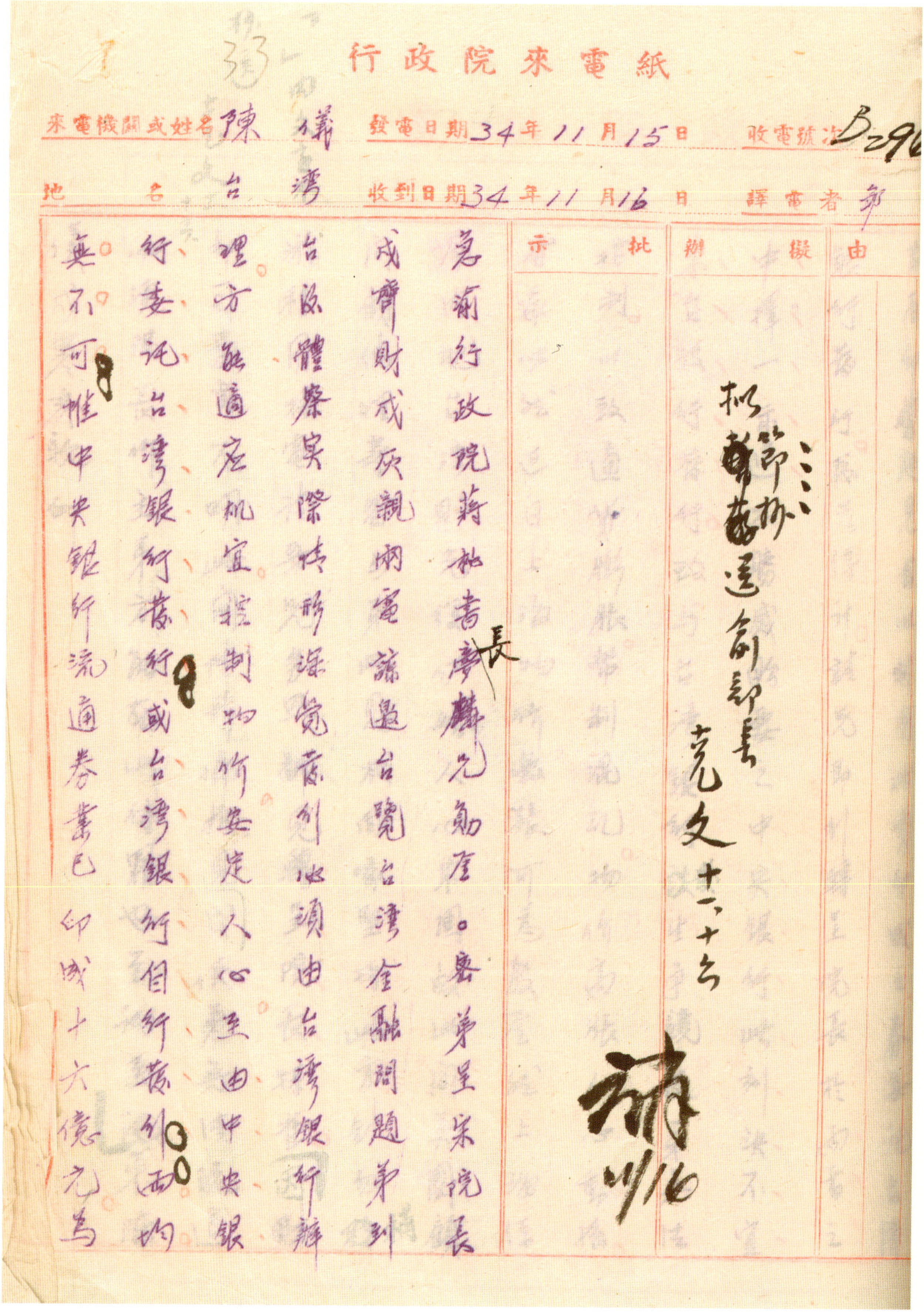

行政院來電紙

來電機關或姓名 陳儀　發電日期 34年11月15日　收電號次 B290

地名 台灣　收到日期 34年11月16日　譯電者

急。渝行政院蔣秘書長夢麟兄勛鑒。密。弟呈宋院長戌齊財戌灰親兩電諒邀台覽台灣金融問題弟到台後體察實際情形深覺發行必須由台灣銀行辦理方能適應機宜控制物價安定人心至由中央銀行委託台灣銀行發行或台灣銀行自行發行外面均無不可惟中央銀行流通券業已印成十六億元為

擬節抄送俞部長
堯文 十一、十六

辦 11/16

296

34

丁 内文書不 抄送 乾文 廿六

節省印費起見自以利用此項印成之券幣流台灣銀行發行為得計請兄即轉呈院長於兩者之中擇一示遵不勝感盼要之中央銀行此刻決不宜來台設行發行致與台灣銀行發生爭議使弟無法控制以致通貨膨脹幣制混亂物價高漲人心動搖皆意中然近日上海物價激漲可為殷鑒然上海係屬內地台灣則光復伊始人心未固故此間美國顧問顧總理等皆與弟所見相同囑堅持此方針勿稍遊移用特電請吾兄務照鄙見轉呈院長特准因財部司事者不明此間情形偏執見成使弟無法疏通必須院長作主弟方能在此待罪也至祈至祈弟陳儀戌寒亥秘印

35

行政院秘書處稿

送達機關	事由

秘書長 夢麟

政務處長

擬稿	科長	組主任
沈成	龔同	尧文

中華民國	年	收文	發文	檔卷
卅四年十一月十四日時擬稿	十一月十五日時封發	A字第30880 30881號	字第號	字第號

公函（財政部俞部長 親啓）

機2683號

台灣省陳長官本年十一月九日及十日先後電院，請將中央銀行印就之台灣流通券迅印運台，交由台灣銀行發

36

行、俾應急需。相應抄同原件，函請

開示意見，以便轉陳為荷。此致

財政部俞部長

附抄陳長官戌佳戌灰電兩件

秘書長蔣

丁4（192×272公厘）--會京印

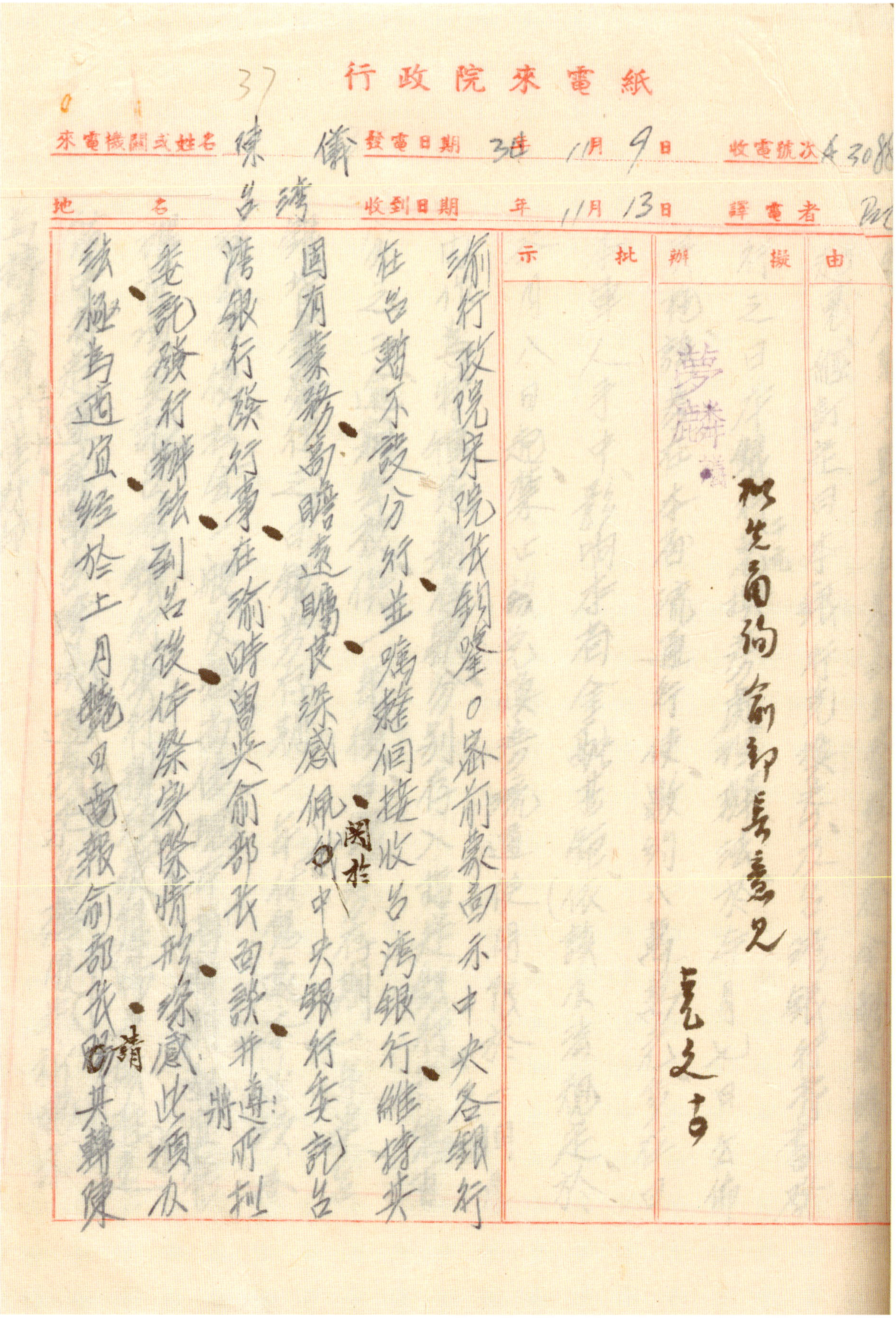

37

行政院來電紙

來電機關或姓名	陳 儀	發電日期	34年 11月 9日	收電號次	A 30
地名	台灣	收到日期	年 11月 13日	譯電者	

渝行政院宋院長鈞鑒0密前蒙面示中央各銀行在台暫不設分行、並嘱維個提收台灣銀行、維持其國有業務、高瞻遠矚、良深感佩。關於中央銀行委託台灣銀行發行事、在渝時曾與俞部長面談、并遵所指委託發行辦法、到台後、俾察實際情形、深感此項辦法極為適宜、經於上月魚日電報俞部長、請其轉陳

擬辦：夢麟 擬先商詢俞部長意見 [illegible]文 十三

批示：

由：

38

鈞座賜予照辦在案，茲為整理本省金融，收縮通貨起見，經訂定日本銀行兌換券及台灣銀行背書發行之日本銀行千元兌換券處理辦法，於本月七日公佈實施，該券在本省流通行使，數約八萬萬元，多在日本軍人手中，影響本省金融甚鉅，依該辦法規定，於本月八日起禁止該兌換券流通使用，限於一個月內作為特種定期存款，分別存入指定銀行，年息百分之二，逾期無效，俟一年後日銀券存期一年半，台銀背書發行之日銀券存期一年，付息還本，此項本法公佈後，社會一般反應尚佳，現本省幣制亟宜整理，前項委託台灣銀行發行辦法，擬懇賜予核准，飭中行速運新幣台灣流通券來台應用，并祈電示

職陳儀亥佳財印

十二月九日

39

行政院來電紙

來電機關或姓名：陳誠　發電日期：38　11月　10日　收電號次：1308
地名：台灣　收到日期：年　11月　13日　譯電者：

簡行政院吳院長鈞鑒：〇密。前由徐學禹轉呈所擬整理台灣幣制辦法七項，已蒙核准，予台灣銀行以印製新幣自辦發行之權，具見維護台灣行政之至意，民衆感荷。惟在未奉到上項覆示之前，為適應目前迫切實際困難，曾於本月八日經以戌齊財電呈請核定中央銀行委託台灣銀行發行辦法，照該項本法之規定，中央印製局已印就臺灣流通券二五萬萬元，台灣自總攬日本銀行先換券處理後，市面通貨收縮，急需新券行用，亦擬在台灣銀行尚未印製新券之前，暫依委託發行辦法，由中央銀行將印就之台灣銀行流通券迅速運來台，委託台灣銀行發行，以應急需。是否有當，謹祈鑒核示遵。陳儀戌灰秘印

十一月十日

41

渝機字第14355號

十一、十、收到

42

查本部前以台灣淪陷較久、情形特殊、復員期間、金融方面各項措施應適應當地環境、以免過度更張、影响人民生活、在日本投降以前、曾擬具光復台灣金融部門應行準備急要事項六項、

簽奉

委座核准照辦、該事項四規定盟軍及國軍在台

已印
26億

43

灣登陸所需軍政費用。概以中央銀行發行之台灣地名券支付。其收發及滙兌事項。應由中央銀行派遣隨軍人員辦理。日本投降以後、經洽中央銀行籌印台灣流通券、並將籌印情形呈奉
鈞院核准備案、並轉報 國防最高委員會備案各在案、現在台灣收復、關于中央銀行發行台灣

44

流通券辦法。及台灣省管理滙兌辦法。已由部公布施行、呈報
鈞院備案、並轉報備案、所有赴台軍政機關需用及收換舊台灣銀行鈔票所需台灣流通券、亦經商准中央銀行在滬趕印、并洽訂於十一月內印好二十六億、以供行使、及兌換台幣之需、同時中央

45

銀行已遴派人員準備赴台設行，惟據報告，陳長官抵滬之日，曾與　翁副院長、陳副總裁商議台灣金融問題，據陳長官云，彼曾與
鈞座商議台灣貨幣金融，暫維現狀，中央銀行在台設行為期尚早，囑靜待時機，再定進止，又陳長官表示，台灣貨幣應由台灣銀行繼續發

46

行，如中央不予贊同，則當商請中央銀行委託台灣銀行發行，由中央銀行派人監督等語，並據尹仲容君交來徐學禹致
鈞座東電，關于目前台灣幣制，擬議(二)「接收後仍以台灣銀行名義，改用中華民國年號，印製新券，與舊券同樣行使，除接濟軍政各項費用外，並用以

47

掉回同額之舊券、遵查發行台灣流通券與台幣同價行使、以為整理台幣之過渡辦法、曾與陳長官一再商議、始行確定、並迭據陳長官電請趕速印製大量台灣流通券以供應用、現在中央銀行台灣流通券發行辦法及台灣省滙兌管理辦法業已公布台灣流通券亦已趕印即將運台發行、

48

中央銀行並已遴派人員赴台設行、以司發行及管理滙兌據中央銀行派遣赴台負責人林崇墉報告、並已洽撥美軍飛機、不日赴台設行、因陳長官另有意見、暫留待命、事關中央統一發行國策、未便再事變更、陳長官主張中央銀行委託台灣銀行繼續發行、及徐學禹君東電所陳台灣幣制

49

第二點不但與當日洽定辦法不符且與中央統一
發行政策抵觸，此例一開，竊恐效尤者接踵而至，實
於整個幣制阻礙殊多，現在台灣已開始接收，中
央銀行前往台灣設行辦理發行及管理滙兑不
宜再緩，至其他銀行目前既無特殊任務，自應遵
照

50

鈞座面諭，暫緩進行，所有籌發中央銀行台灣流
通券，及中央銀行赴台設行緣由，理合簽請
鑒察，懇祈轉電陳長官，將現在建議取銷，對發行
台灣流通券○及中央銀行赴台設行兩事○予以協
助，以維幣政，可否之處，謹乞
核示祇遵，謹呈

院長宋

職俞鴻鈞謹呈

十一月八日

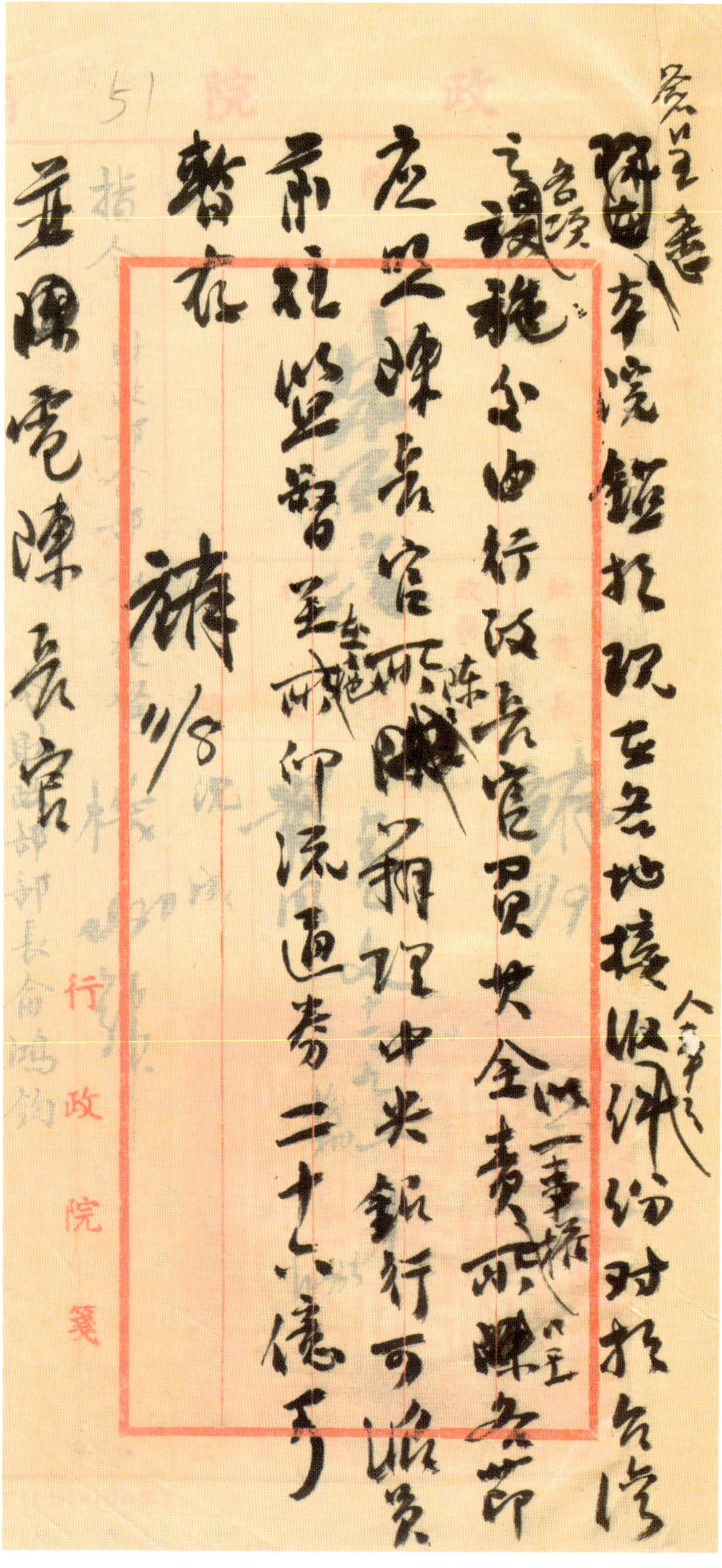
签呈

总裁：本院鉴于现在各地接收纷纷，对于台湾之各项接收，拟全由行政长官负其全责，此一事权所陈各节，应照陈长官所陈办理，中央银行可派员前往监督，至所拟所印流通券二十亿元千暂存。

蒋 11/8

并电陈长官

行政院箋

行政院稿 52

送达机关　事由　文别　附件　承办单位　会章

院长

秘书长　政务处长　主任　科长　拟稿

指令（财政部俞部长　亲启）

令财政部部长俞鸿钧

卅四年十一月省签呈，请由中央银行在台湾设立分

丁4（192×272公厘）

F19369

53

行、並發行台灣流通券由。

簽呈悉。查台灣情形特殊，該省目前幣制仍應照陳長官所議辦理。中央銀行暫緩在台灣設立分行，惟可派員前往監督。台灣流通券暫不發行。此令。

電

台灣陳長官密。據財政部俞部長簽請由中央銀行在台灣設立分行，並發行台灣流通券。等情。查該省目前幣制仍應照該長官所議辦理，中央銀行暫緩在台設行，惟可派員監督。台灣流通券暫不發行。除指令外，特電查照。

行政院戌　機印

丁4（192×272公厘）一會京印

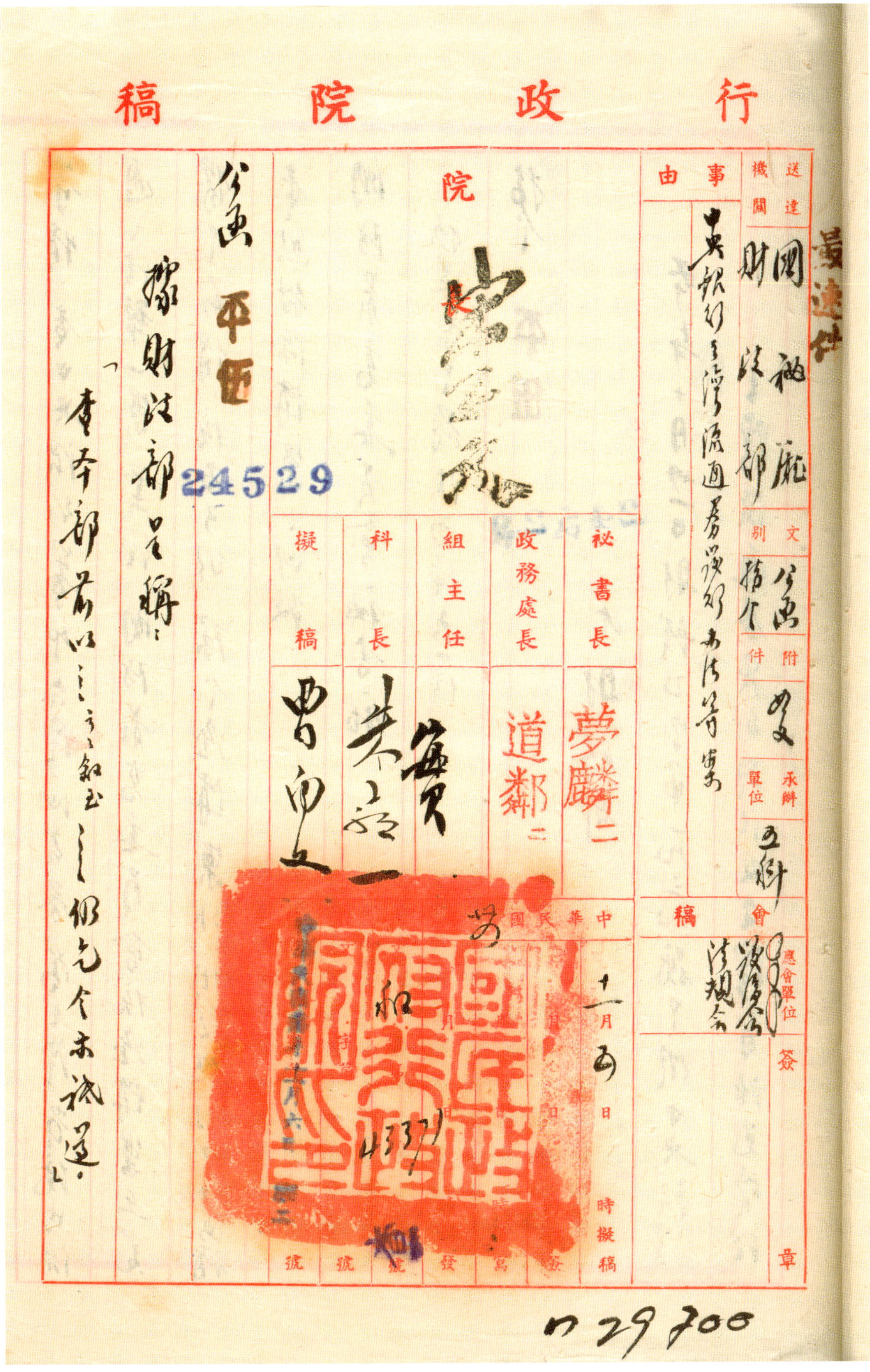
行政院稿
送達機關
財政部
事由
文別
公函
附件
承辦單位
會稿
院
長
秘書長
夢麟 二
政務處長
道鄰 二
組主任
科長
擬稿
中華民國 十一月 五日 時擬稿
公函 平
據財政部呈稱
24529
號 號 號 發 寫 簽 章
029700

等情，查中央银行筹印台湾地名券为台湾省境内流通之法币一案，业经国防最高委员会核准备案在案，据呈前情，核尚可行，除令准备案外，相应抄同原件函请查照转陈备案。此致

国防最高委员会秘书厅

抄送原呈暨办法两种各一份

抄件

平伍

24529

财政部

本年十月卅一日财钱乙字第一九三九号呈，拟中央银行台湾流通券发行办法及台湾省汇兑管理

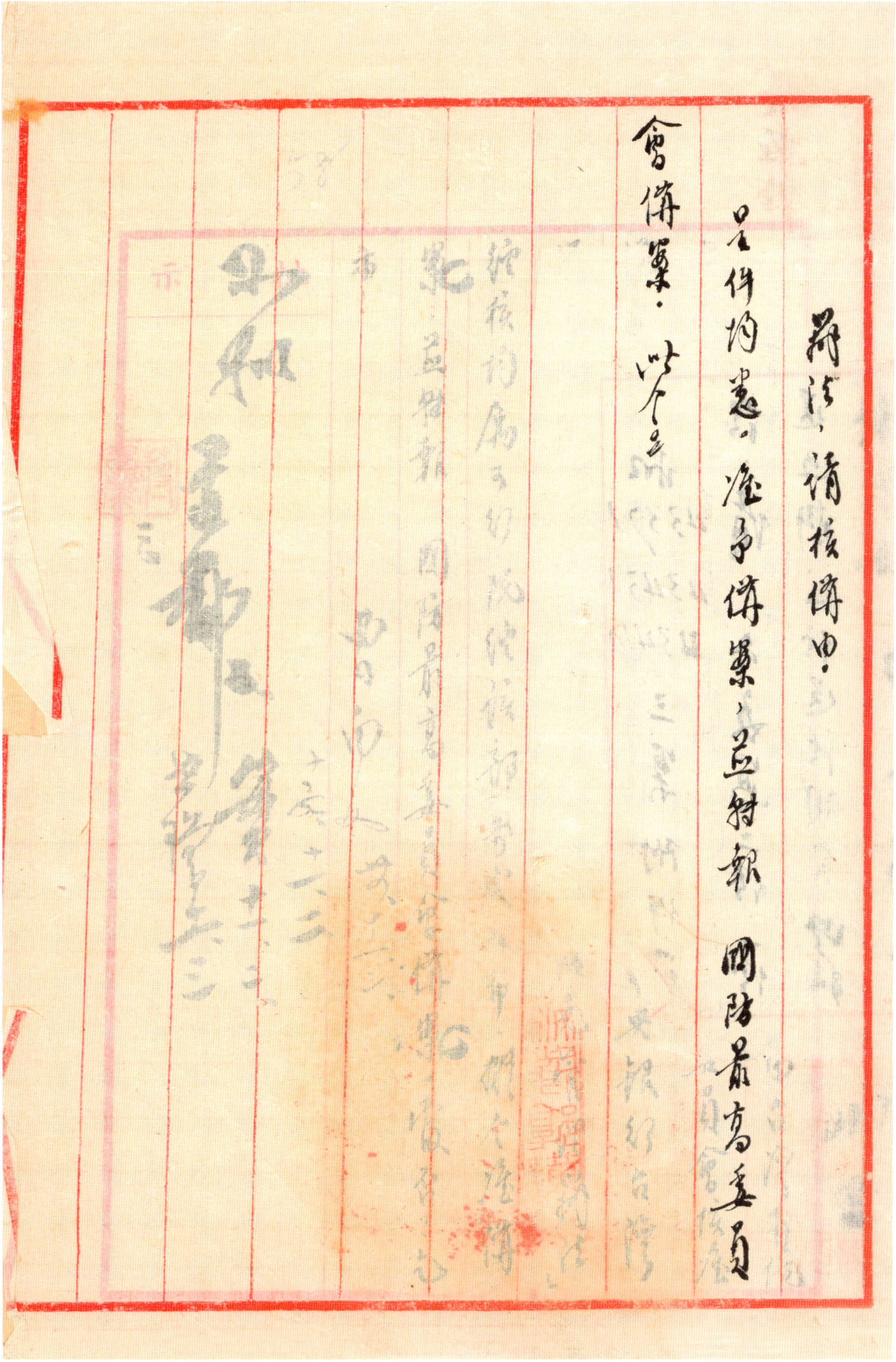

蔣注，請核備由。

呈件均悉。准予備案，並轉報 國防最高委員會備案。此令。五

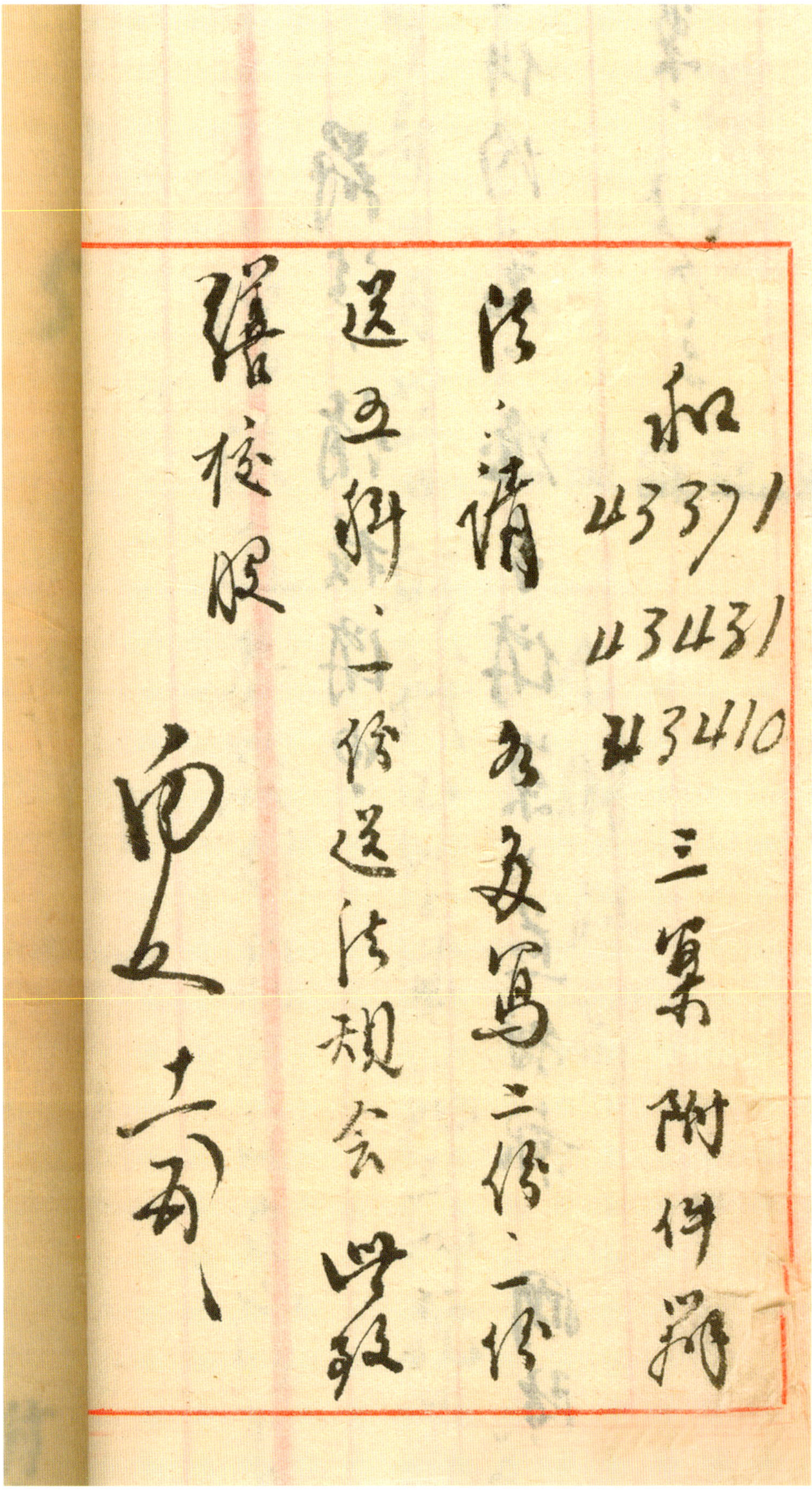
和
43371
43431
43410
三案附件羅沃、請分安寫二份、一份送立法、一份送法規会審發
覆校改
雨文
十五、八

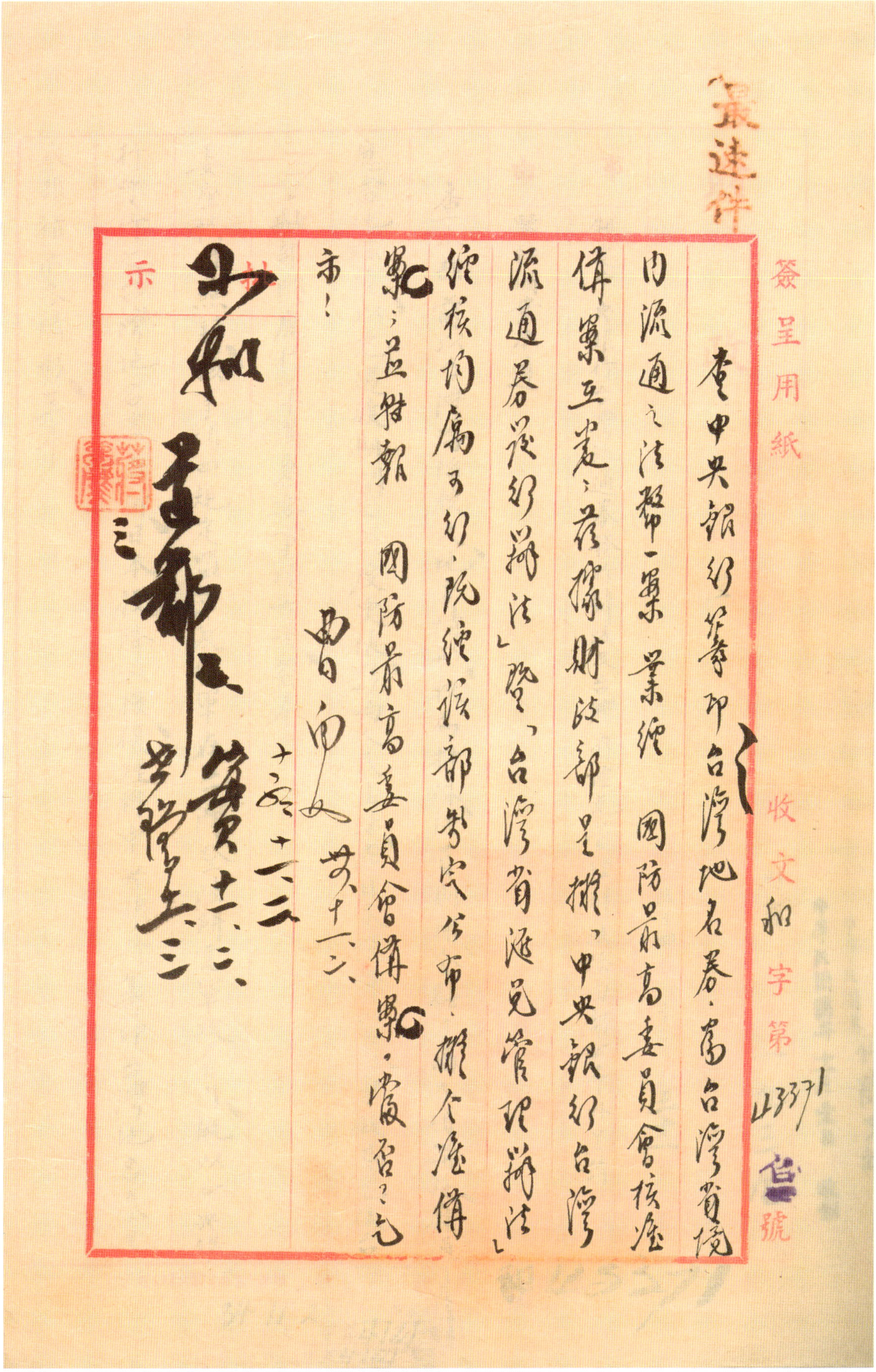
最速件

簽呈用紙

收文和字第43371號

查中央銀行發行印台灣地名券，為台灣省境內流通之法幣一案，業經 國防最高委員會核准備案在案。茲據財政部呈擬「中央銀行台灣流通券發行辦法」暨「台灣省通貨管理辦法」經核均屬可行，既經該部制定公布，擬令准備案，並轉報 國防最高委員會備案。當否？乞示！

卅五、十一、二

批示

如擬

十一、二

十一、三

財政部 呈

事由：制定中央銀行台灣流通券發行辦法及台灣省匯兌管理辦法除由部公布外呈請
鑒核備案示遵

發文財錢乙字第一九三九號

中華民國三十四年十月三十一日發 附件

中華民國卅四年十一月壹日收到

附件隨文送

查本部前以台灣淪陷較久地方情形較為特殊復員期間金融方面各項措施應適
應當地環境以免過渡期間之過度更張影響人民生活在日本投降以前曾擬具光復台
灣金融部門應行準備急要事項六項簽奉
委座核准照辦該事項四規定盟軍及國軍在台灣登陸所需軍政費用概以中央銀
行發行之台灣地名券支付日本投降以後復經將中央銀行等印台灣地名券及
本部指示各情形呈奉

丁4（192×272公厘）會印　收文　字第 45371 號

行政院第五科 34 11 2 日 午 時收到 收文 字第 4121 號

鈞院核准備案並轉報

國防最高委員會備案各在案、茲台灣接收工作、業已開始、財政金融接收人員、亦已出發、所有中央銀行發行該項鈔券有關法規、應自行即予訂定、業經本部制定中央銀行台灣流通券發行辦法、及台灣省匯兌管理辦法、於三十四年十月廿五日公佈施行、理合檢同原訂辦法各一份、呈請

鑒核備案、並轉報備案、仍乞令示祇遵、謹呈

行政院

附件

財政部部長俞鴻鈞 謹呈

中央銀行台灣流通券發行辦法

第一條 政府為適應台灣省人民生活、安定市面起見，特准中央銀行發行台灣流通券，依照本辦法辦理。

第二條 中央銀行台灣流通券為台灣省境內流通之法幣，凡台灣省境內完納賦稅及一切公私款項之收付均使用之。

第三條 中央銀行台灣流通券分為一元、五元、十元、五十元、一百元五種。

第四條 中央銀行台灣流通券發行準備金由中央銀行專户存儲。

第五條 偽造或變造中央銀行台灣流通券者，依刑法偽造貨幣罪論處。

第六條 台灣省與內地之匯兑由財政部另訂辦法管理之。

第七條 本辦法自公布之日起施行。

台灣省匯兌管理辦法

第一條　台灣省與內地之匯兌悉依本辦法辦理之。

第二條　台灣省與內地之匯價由中央銀行牌告。

第三條　凡自內地匯款至台灣省或由台灣省匯款至內地均應先向中央銀行申請經中央銀行核准後發給准匯通知書再持向中央銀行或其委託之銀行結匯。

第四條　除中央銀行及其委託之銀行外其他銀行一概不准經營台灣省與內地間之匯兌或中央銀行台灣流通券與法幣之兌換業務。

第五條　凡自內地來台灣省之旅客除准攜帶匯票外如攜有法幣於到達台灣境內碼頭或飛機場時得向中央銀行辦事處按照匯價兌換零星之用所需之台灣流通券數額由中央銀行核定其餘法幣應交中央銀行辦事處代為保管於回返內地時憑原收據領回。

第六條

凡自台灣省赴內地之人旅客除准携帶中國票外不得携帶台灣流通券但於啟程前得向當地中央銀行申請兌換零星支用所需之法幣數額由中央銀行核定

第七條

本辦法自公佈日起施行

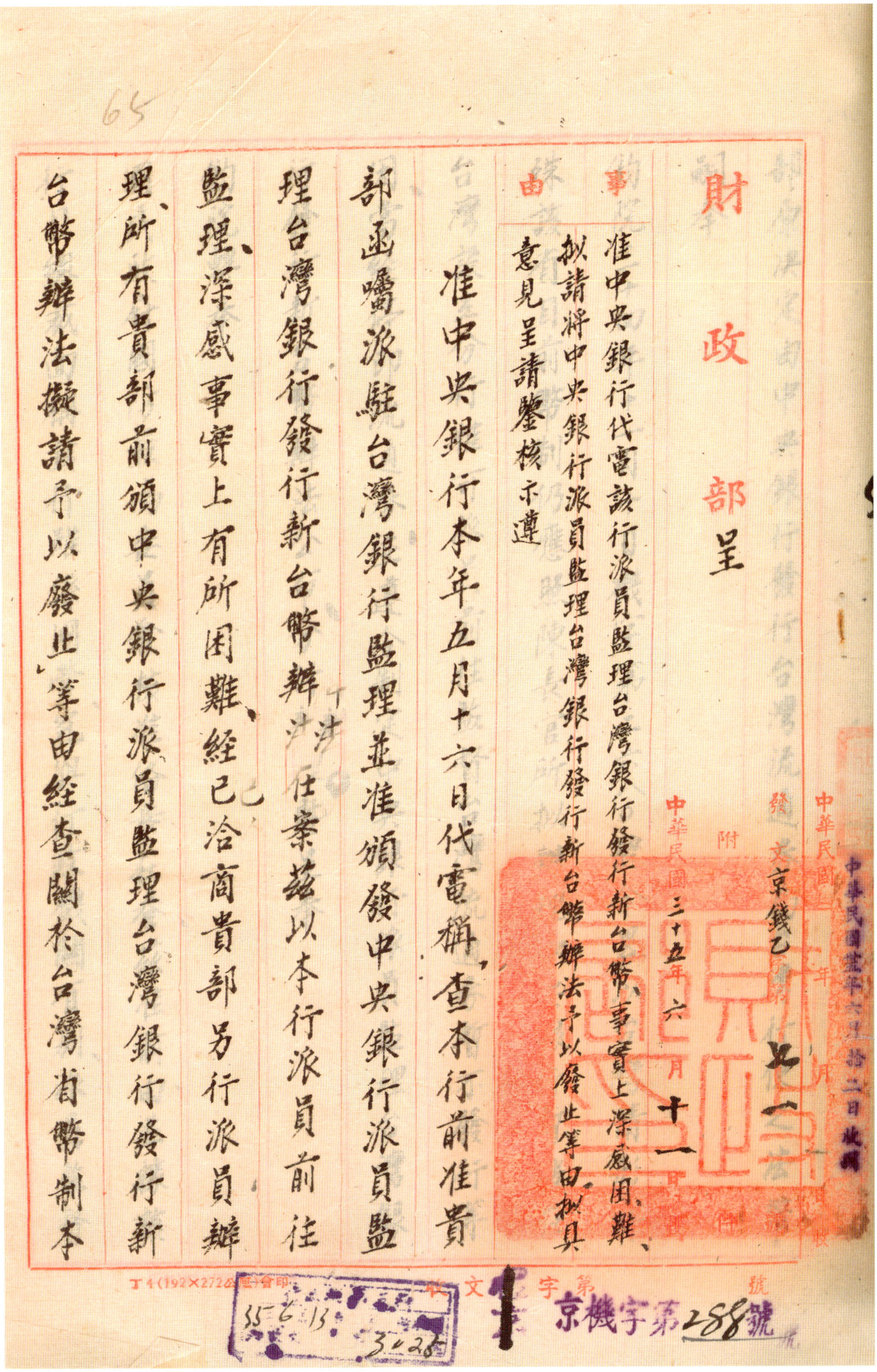

財政部 呈

事由：准中央銀行代電該行派員監理台灣銀行發行新台幣、事實上深感困難、擬請將中央銀行派員監理台灣銀行發行新台幣辦法予以廢止等由、擬具意見呈請鑒核示遵

中華民國三十五年六月十一日

發文京錢乙字第七一號

附件

准中央銀行本年五月十六日代電稱、查本行前准貴部函囑派駐台灣銀行監理並准頒發中央銀行派員監理台灣銀行發行新台幣辦法在案茲以本行派員前往監理、深感事實上有所困難、經已洽商貴部另行派員辦理、所有貴部前頒中央銀行派員監理台灣銀行發行新台幣辦法擬請予以廢止」等由經查關於台灣省幣制本

京機字第288號

35 6 13 3425

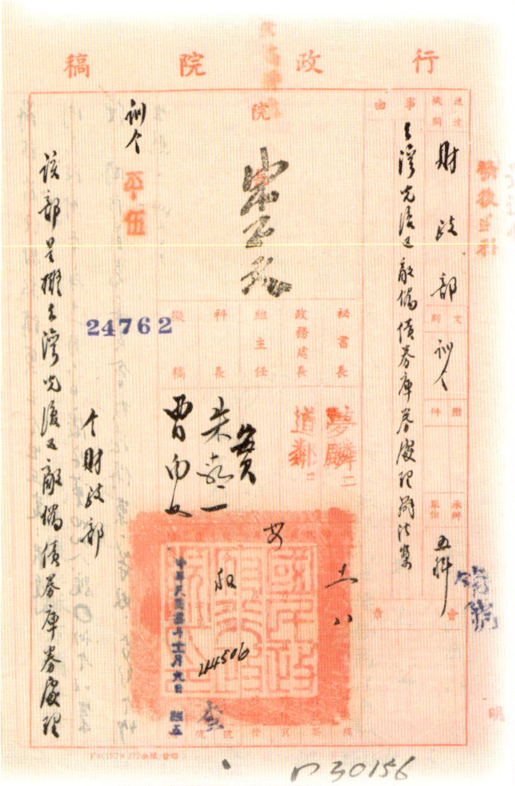

行政院稿

送達機關：財政部 訓令

事由：台灣光復公債債券庫券處理辦法案

院長 宋子文

訓令 平伍

24762

令財政部

該部呈擬台灣光復公債債券庫券處理

D30156

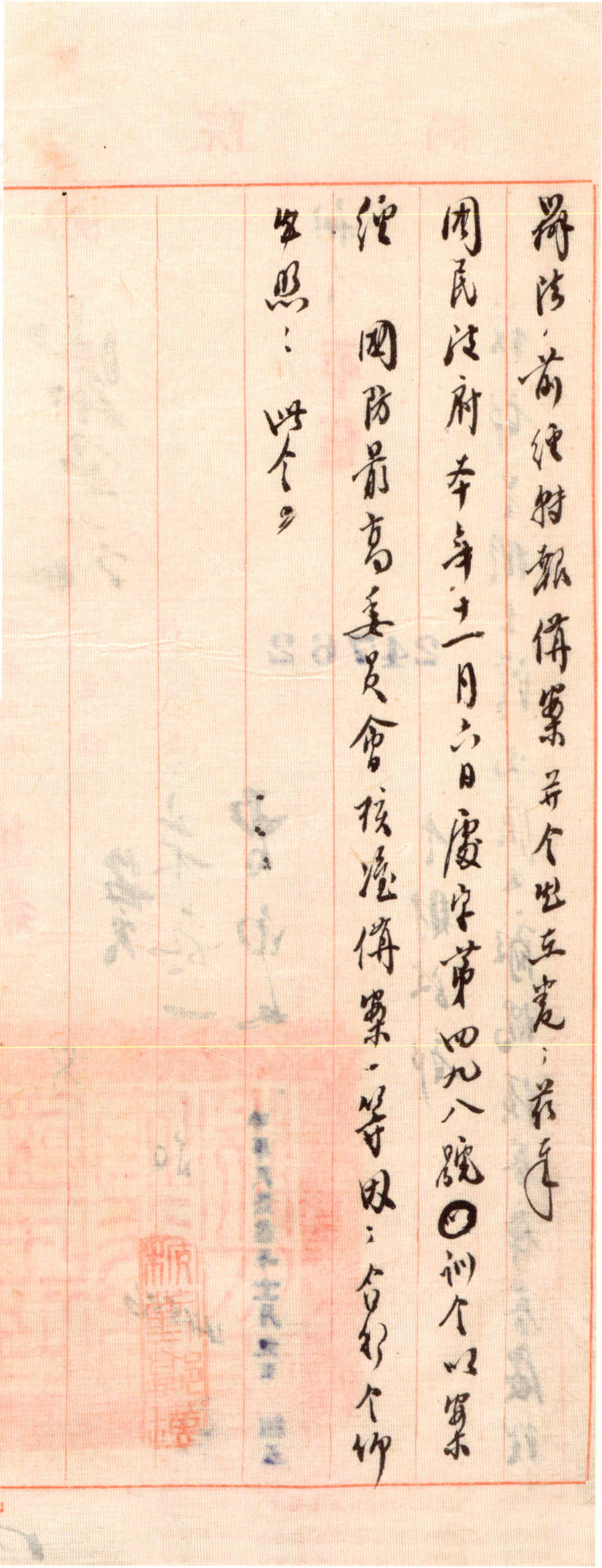

辦法，前經核報備案，并令出在案，茲奉

國民政府本年十一月六日處字第四九八號㊞訓令以案經

國防最高委員會核准備案，等因，合行令仰

知照，此令。

D30156

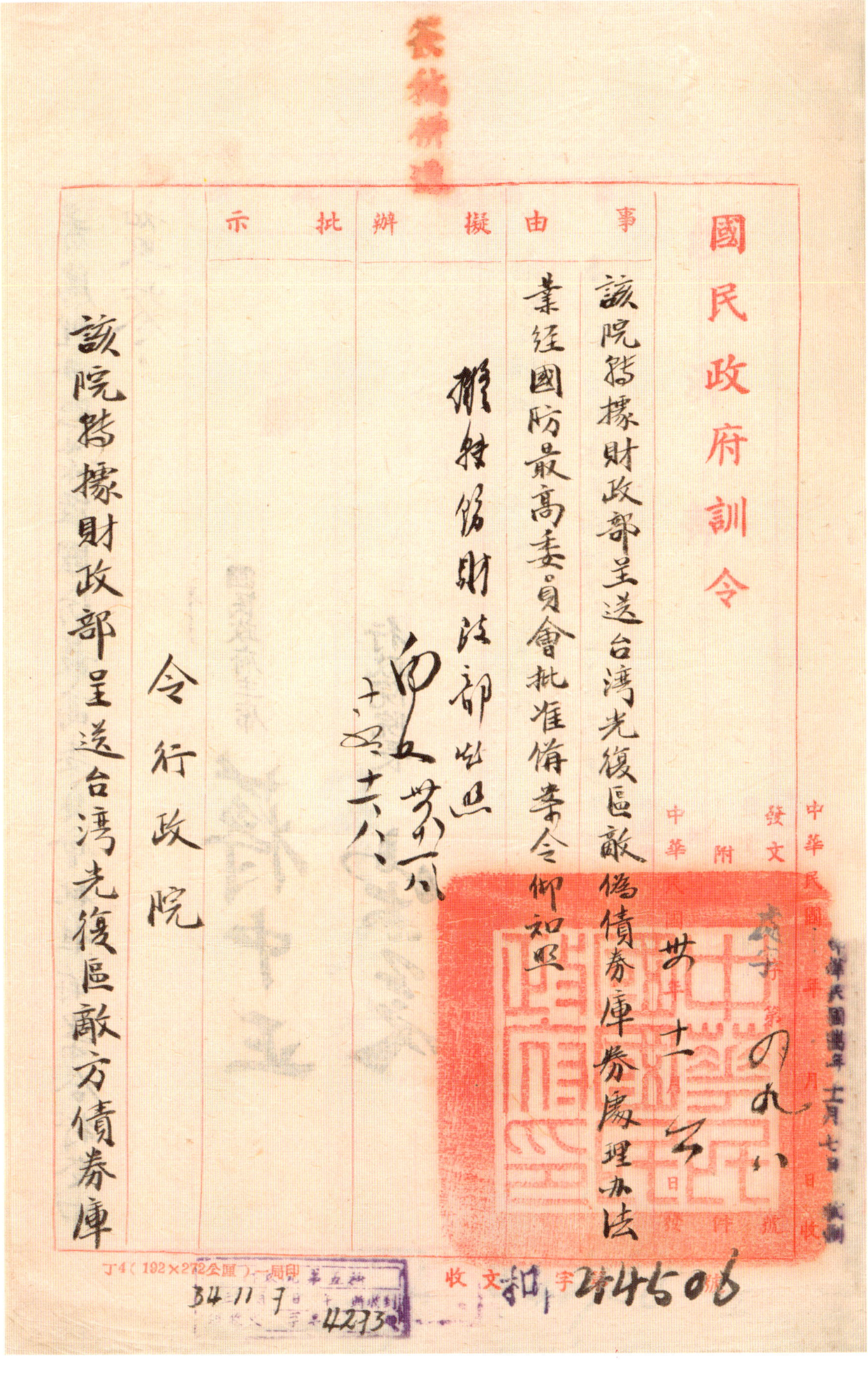

簽稿併送

國民政府訓令

事由：該院轉據財政部呈送台灣光復區敵僞債券庫券處理辦法業經國防最高委員會批准備案令仰知照

擬辦：擬轉飭財政部知照 向文 卅四、十一、八

批示：

令行政院

該院轉據財政部呈送台灣光復區敵方債券庫

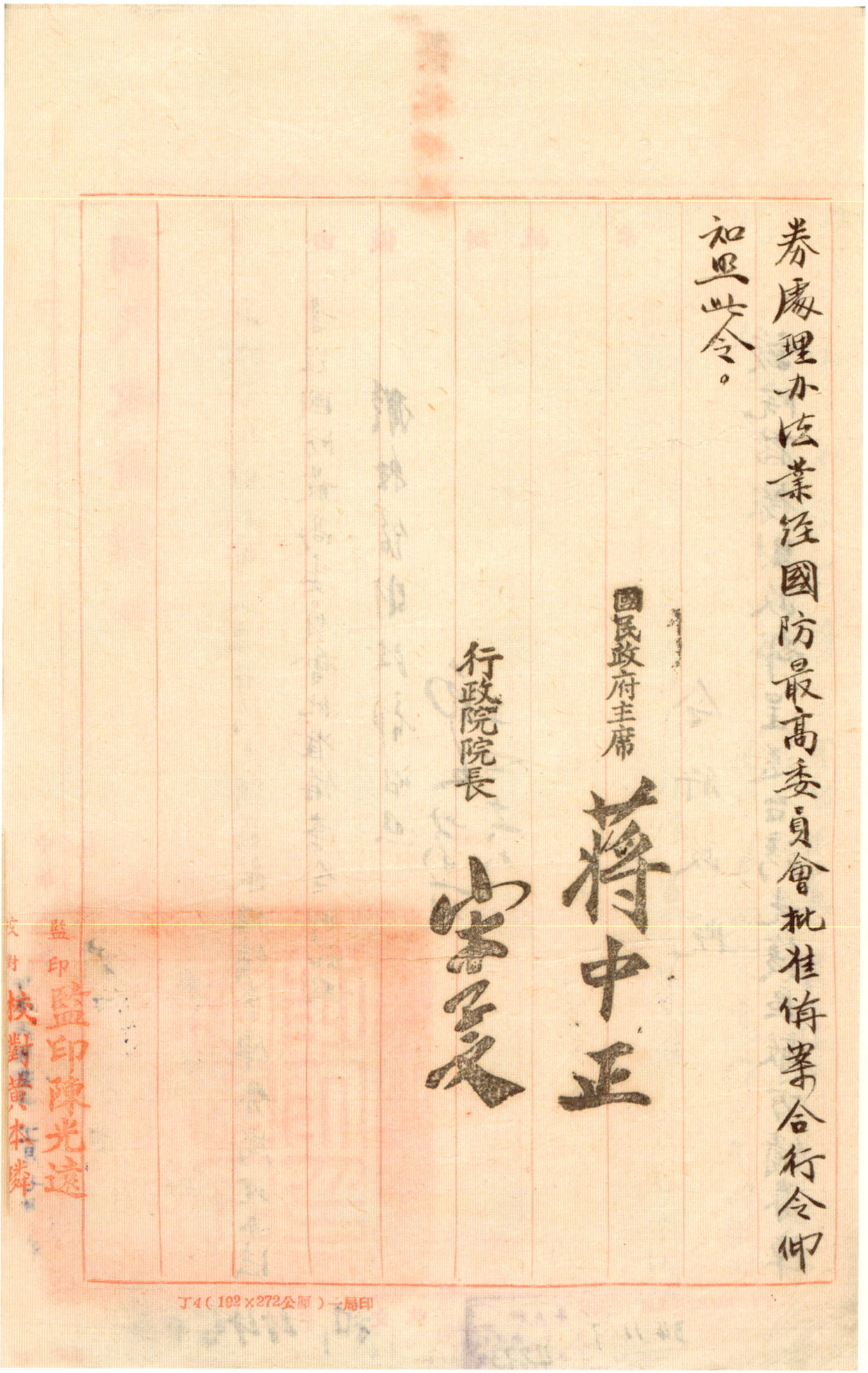

券處理办法業經國防最高委員會批准備案合行令仰
知照此令。

國民政府主席 蔣中正
行政院院長 宋子文

監印 監印陳光遠
校對 校對黃本麟

丁4（192×272公厘）一局印

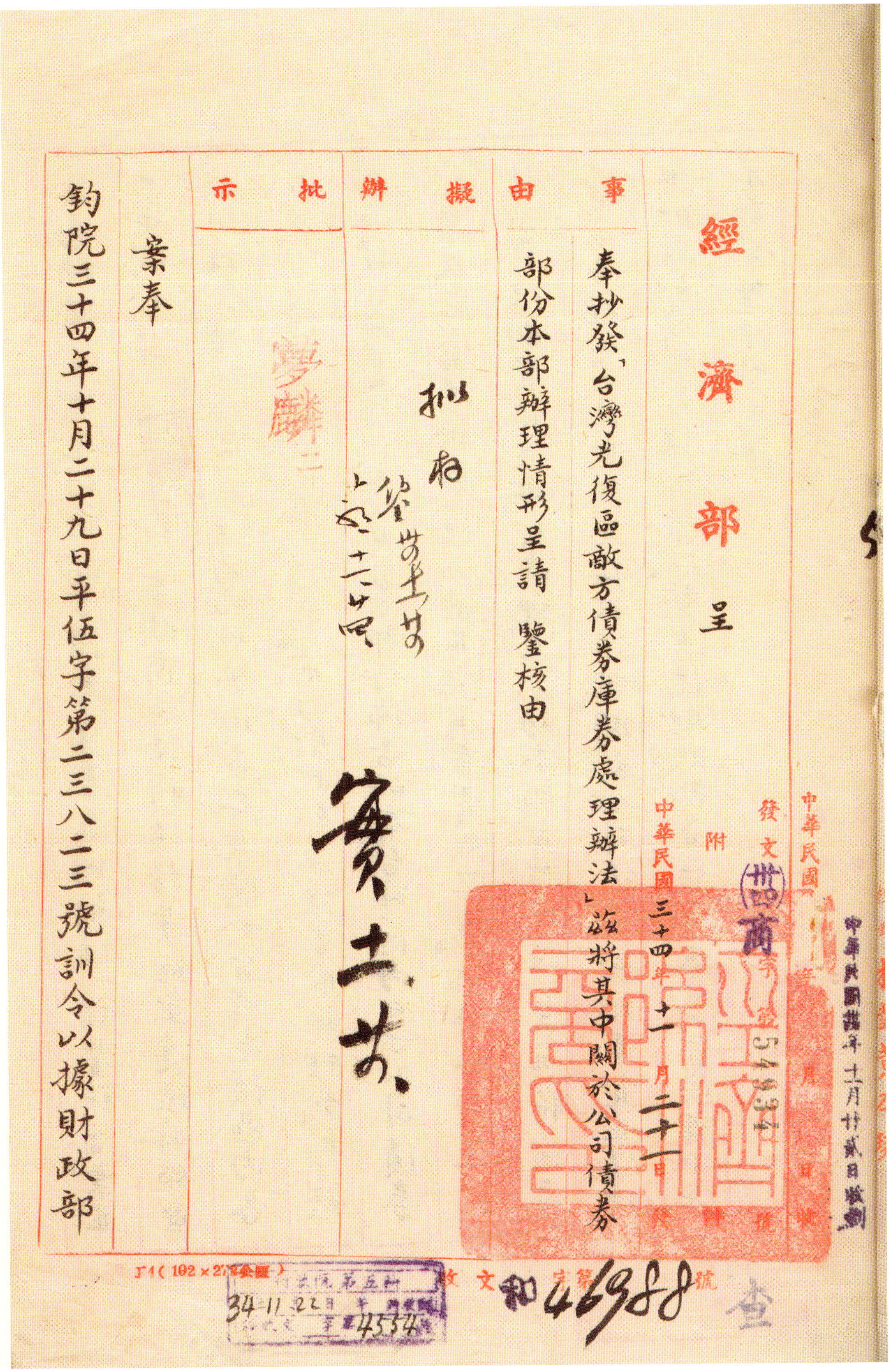

經濟部 呈

附

發文 卅四 商字第54934號

中華民國三十四年十一月二十一日發

事由 奉抄發「台灣光復區敵方債券庫券處理辦法」茲將其中關於公司債券部份本部辦理情形呈請 鑒核由

擬辦 擬存 卅四、十一、廿六

批示

案奉

鈞院三十四年十月二十九日平伍字第二三八二三號訓令以據財政部

收文 和字第46988號

行政院第五組 34.11.22 收文 4534

中華民國卅四年十一月廿貳日收到

呈為繕送「台灣光復區敵方債券庫券處理辦法」請鑒核備案並其中關於公司債部份以事關商事債權債務業經函達經濟部查照辦理等情抄發原辦法飭知照等因查本案關於台灣光復區內各日方公司債券應如何處理一節前准財政部函囑查照辦理到部經已函請台灣省行政長官公署即行佈告所有台灣區內日方公司債券股票及一切有價證券一律停止其流通買賣或轉讓聽候本部台灣區特派員限期登記後再行處理並令飭本部台灣區特派員迅將該區內日方各種公司依照規定接收清理關於公司債券登記事宜並隨時與財政部特派員接洽辦理暨函復財政部各在案奉令前因理合將本部辦理情形呈復

蓋印

丁4（192×272公厘）　國營中心印書局承印

7

鑒核謹呈

行政院

經濟部部長 翁文灝

丁4（182×272公厘）

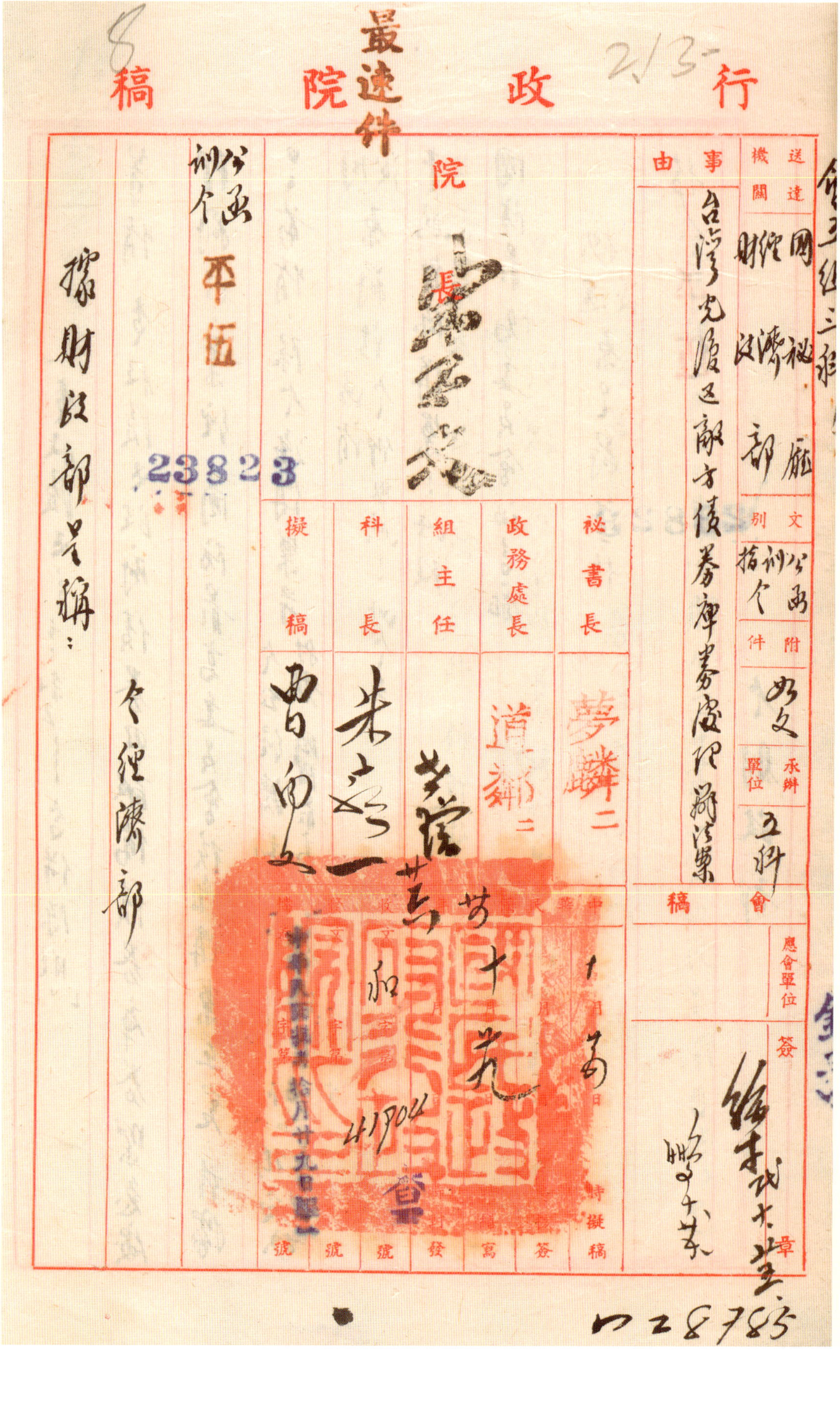
最速件
行政院稿
院長 宋子文
事由 台灣光復區敵方債券庫券處理辦法案
送達機關 國府秘處 財政部 經濟部
文別 公函 訓令 指令
附件 如文
承辦單位 五科
秘書長 夢麟
政務處長 道鄰
科長
組主任
擬稿
會稿
會辦單位
簽章
公函 訓令
平伍
23823
據財政部呈稱
令經濟部
十月 日
中華民國卅四年十月廿九日
213
0028785

9

「查收復區……敍述……合併陳明。」

等情：查收復區政府債券及敵偽債券、庫券緊急處

理辦法，業經國防最高委員會核准備案在案；茲據

呈前情，除令准備案并令出經濟部外，相應抄

特報 國防最高委員會備案外，合行

同原辦法函請

發原辦法令仰遵照！此令。

查照辦理為荷！此致

國防最高委員會秘書廳

抄送

發原呈辦法各一份

指令 平伍

23823

令財政部

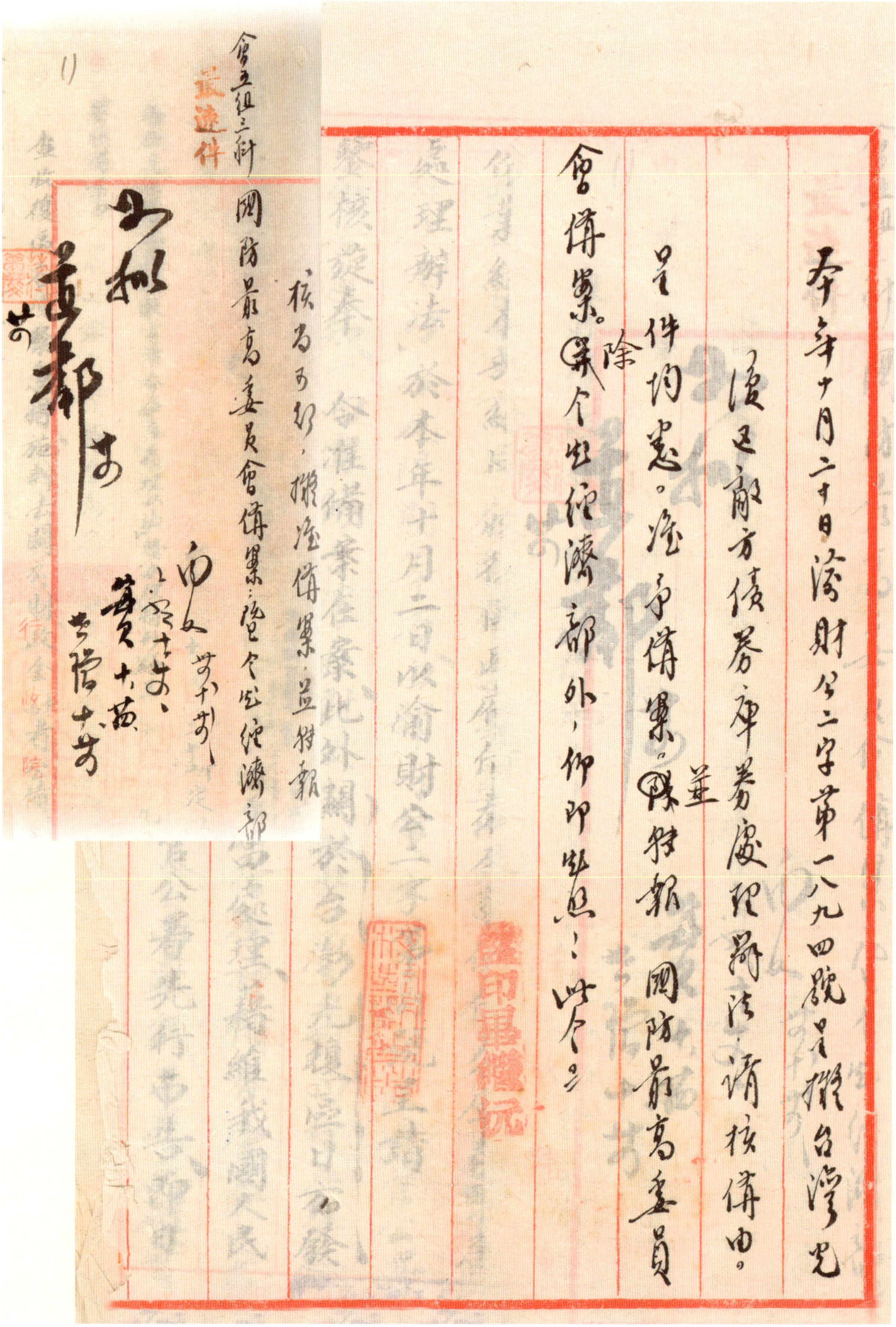

本年十月二十日滬財公二字第一八九四號呈擬台灣光
復之前方債券、庫券處理辦法，請核備由。
呈件均悉。准予備案，並轉報國防最高委員
會備案。除令知經濟部外，仰即知照。此令。

會五組三科
最速件
核尚可行，擬准備案，並轉報
國防最高委員會備案；並令知經濟部
如擬

12

財政部呈

發文渝財公二字第一八九四號

附件

中華民國三十四年十月二十三日發

事由：為擬定「台灣光復區敵方債券庫券處理辦法」暨辦理情形繕呈
鑒核備案由

查收復區各項緊急措施辦法關於財政金融者，公債部份業經本部繕同「收復區政府債券及敵偽債券庫券緊急處理辦法」於本年十月二日以渝財公二字第1789號呈請
鑒核，旋奉
令准備案在案。此外關於台澎光復區日方發行之各種債券庫券，亟應迅予適當之處理，藉維我國人民權益。除已由部電請台灣省行政長官公署先行布告，即日

收文 34.10.23 41902 3965

禁止交易、聽候處理外、經即擬定「台灣光復區敵方債券庫
券處理辦法」、並據以核定限期登記收繳詳細辦法、所定限
期為自本年十二月一日起、至同月三十一日止、於本年十月九日
電請央中交農四銀行、轉電台澎各地分支行遵照辦理、
至上項核定辦法布告手續、原擬由部辦理、嗣因台灣省陳行
政長官等商定有關布告事宜、均交該長官公署辦理、因
將辦法內容及限期等項、由部再電台灣省行政長官公署
布告週知、一面電飭台灣區財政金融特派員、對四行辦理登
記收繳事宜、隨時協助、並對日方發行各種債券庫券之名
稱、數額、發行時期、利率、欠付或現負本息數額、及有無確實

14

担保等項、分別縝密調查研究、俟規定限期屆滿、四行表報送齊後、應於十日內分別日本政府發行及其控制下之台灣本土政府發行兩部份、詳細核計彙列總表、連同上項調查研究結果、分別擬具意見、一併呈部核辦、各在案。除俟規定辦理限期滿後、該台灣區財政金融特派員彙報到部、再行核擬辦法呈請核辦外、理合繕同「台灣光復區敵方債券處理辦法」一份、備文呈請

鈞院鑒核備案。再上項辦法第七項規定台灣區敵方公司債部份、以事關商事債權債務、其處理辦法、應由經濟部主持辦理一節、業經本部於十月十二日函請經濟部查照并令飭台灣區財政

15

金融特派员遵照与经济部特派员随时接洽办理，合併陈明

谨呈

行政院

附呈台湾光复区敌方债券库券处理办法一份

财政部部长俞鸿钧

丁种(193×272公厘)合用

16

台灣光復區敵方債券庫券處理辦法

一、電台灣區行政長官公署先行布告，自即日起台灣區敵方發行之債券庫券，一律禁止交易，聽候處理，并分電台灣區財政金融特派員及四行兩局轉飭台灣區分行局知照。

二、布告台灣人民，凡持有敵方發行債券庫券，限於規定期限內（擬定一個月）劃分敵國政府及台灣本土政府所發行兩部份，向當地央中交農四行申請登記，將原券繳存，掣取收據，听候處理。

三、由部規定應行登記事項，交央中交農四行轉電台灣區各分支行處查照辦理，於期滿後，將收繳之券，分列詳表，送台灣區財政金融特派員公署核轉，其收繳之原券，暫由收

17

繳銀行保管、

四、由部電令台灣區財政金融特派員、對四行辦理登記收繳事宜、隨時協助、并對上項各種券類名稱、數額、發行時期、利率、支付或現付本息數額、及有無確實担保各項、分別縝密調查研究、

五、台灣區財政金融特派員俟規定收繳限期屆滿、四行報表送齊後、應於十日以內、分別敵國政府及台灣本土政府所發行兩部份、詳細核計、連同上項調查研究結果、分別擬具處理意見、併案報部核辦、

六、本部依據台灣區財政金融特派員調查報告、及其彙轉四行收繳之敵券報表、擬定處理辦法、呈請辦理、

七、台灣區敵方公司債部份、事關商事債權債務、其處理辦法、似應由經濟部主持、擬令由台灣區財政金融特派員先與經濟部洽明、嗣後并與該部特派員隨時互相洽助辦理、

工礦業處

資源委員會稿

文別：呈

受文者：經濟部

事由：為簽擬台灣主要工礦事業經與台灣省行政長官公署洽商簽訂合作大綱抄呈鑒賜核備由

附件：1件

中華民國卅五年五月拾三日

3876

電京發 355-94 號
35年 5月2日

1782

呈

查本會為發展台灣重要工礦事業除石油(包括產煉)銅金及煉鋁事業由本會獨辦外關於糖業電力製碱肥料水泥紙業機械造船各項事業經與台灣省行政長官公署洽商合作經營並經簽訂合作大綱理合(抄呈原)簽請

鑒核備 謹呈

式1.338：40000

經濟部資源委員會
台灣省行政長官公署合辦台灣省工礦事業合作大綱

第一條　資源委員會及台灣省行政長官公署為發展台灣主要工礦事業除石油（包括產煉）銅金及煉鋁事業由資源委員會獨辦外關於糖業電力製碱肥料水泥紙業機械造船各項事業由雙方合作經營

第二條　各事業以組織公司經營為原則各公司董事監察人會省雙方分配數額另行商定

第三條　各公司董事長由資源委員會在其指派之董事中指定之總經理協理及其他重要職員由董事會任用之

第四條　各公司資本總額及會省雙方比例另行商定台灣人民

在各事業内原有股本由台灣省行政長官公署查明情形其應承認者即包括在省方股額之内

第五條　各公司接辦敵人在台灣工礦事業之現有全部資産應根據資産清冊及原有帳目減去損失數目再參酌目前物價情形酌定倍數作為新公司資本總值其詳細辦法由各公司分別擬訂報由董事會核定

第六條　各公司如有擴充資本必要時經雙方同意後得仍照原投資比例增加之

第七條　民國三十四年八月十五日以後發生之産權移讓概不作準

第八條　各公司需要補充之機器材料由資源委員會或台灣省

行政長官公署供給者應以現金償付或作為投資之一部份

第九條 各公司所需台幣流動資金由台灣省行政長官公署知照台灣省銀行儘量予以透借便利

第十條 關於各公司土地收購或租用原料取給成品運輸以及電力公司之取締竊電收取政府機關及路燈電費由台灣省行政長官公署儘量予以協助

第十一條 關於各公司治安由台灣省行政長官公署令飭當地治安機關予以保護

第十二條 關於各公司所需外國技術協助及器材供給由資源委員會負責接洽

第十三條 各公司章程另訂之

第十四條 本合作大綱一式兩份資源委員會台灣省行政長官公署各執一份

經濟部資源委員會
代表人 錢昌照

台灣省行政長官公署
代表人 陳儀

中華民國三十五年四月六日

於台北

電

台灣陳長官公洽兄鈞鑒○簽查台灣各項工礦事業迭承貴省協助業經由本會分別接辦并與貴省合辦次第辦並開列合據急事業監督管經凡會省合辦者商經双方商定悉由本會負辦現急事業之董事會均已先後成立并請當由本會召集上

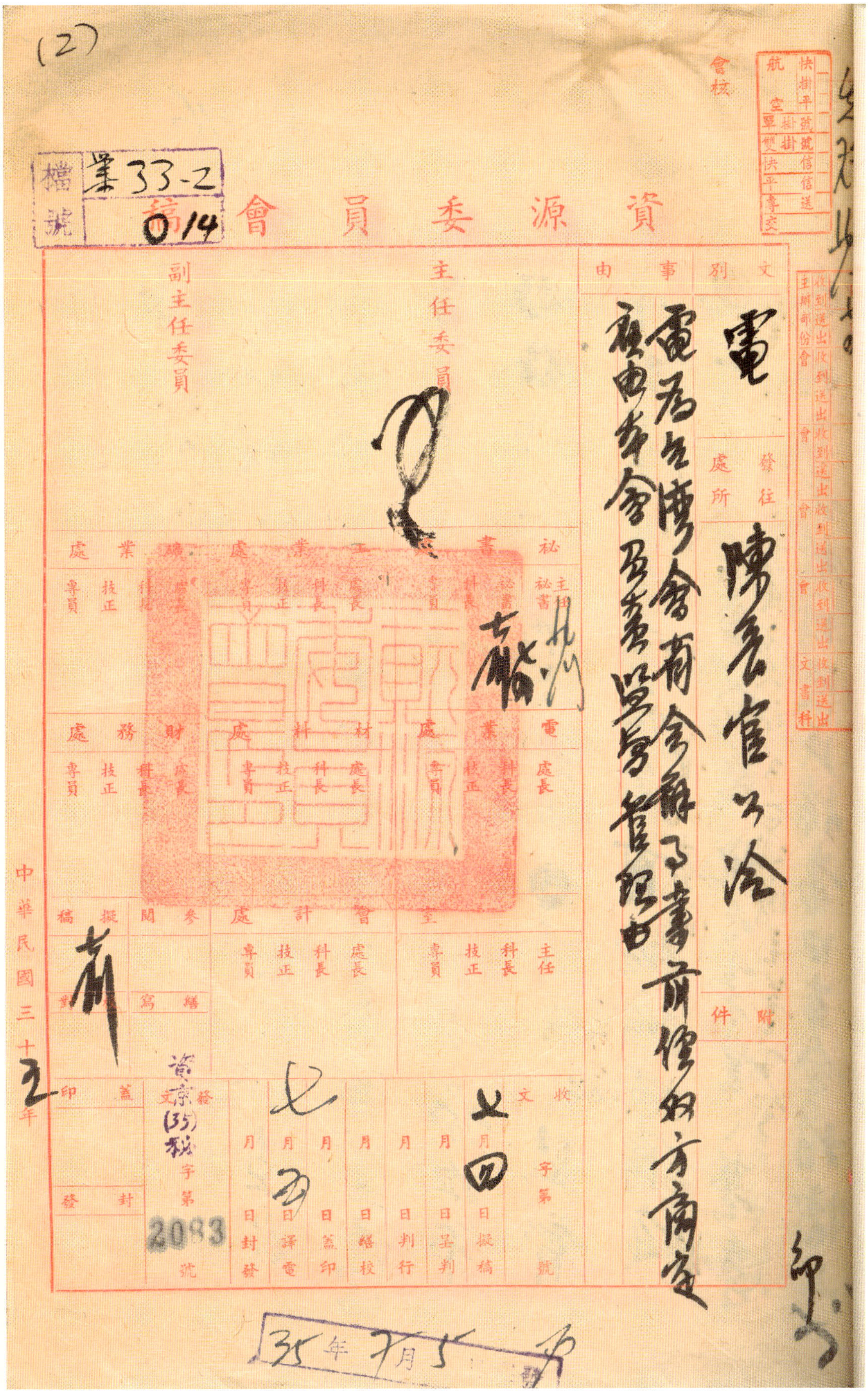
(2)

檔號 業33-2 014

資源委員會 稿

文別：電

發往處所：陳長官公洽

事由：電為台灣會有合辦事業前經雙方商定應由本會及貴署合資經營

中華民國三十五年

擬稿 七月四日

譯電 七月五日

發文 資京(35)秘字第2083號

35年7月5日

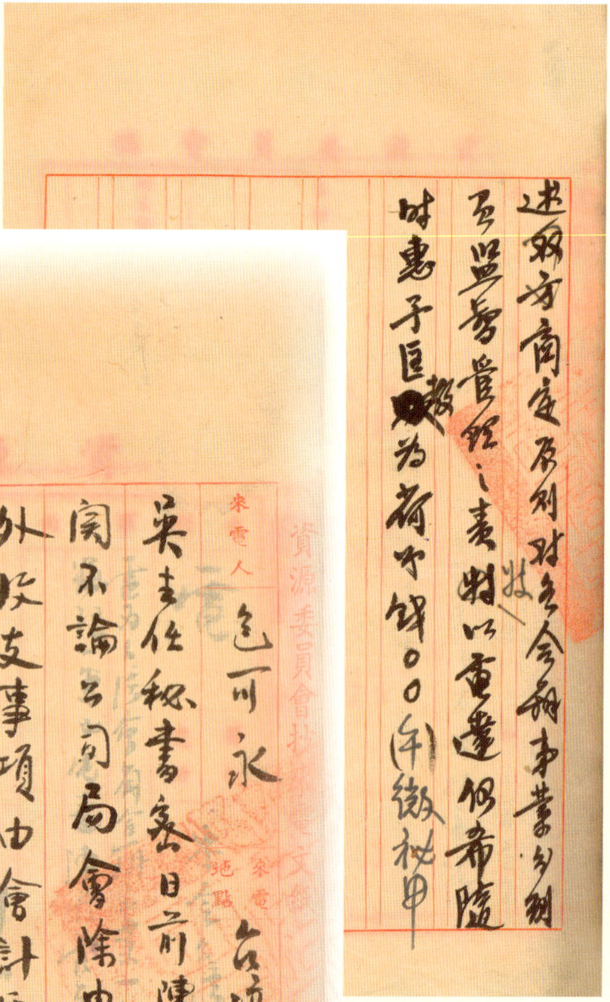
資源委員會

述雙方商定原則對各公司事業分別
互照章管理、業務以重建仍希隨
時惠予匡教為荷弟錢〇〇午微秘申

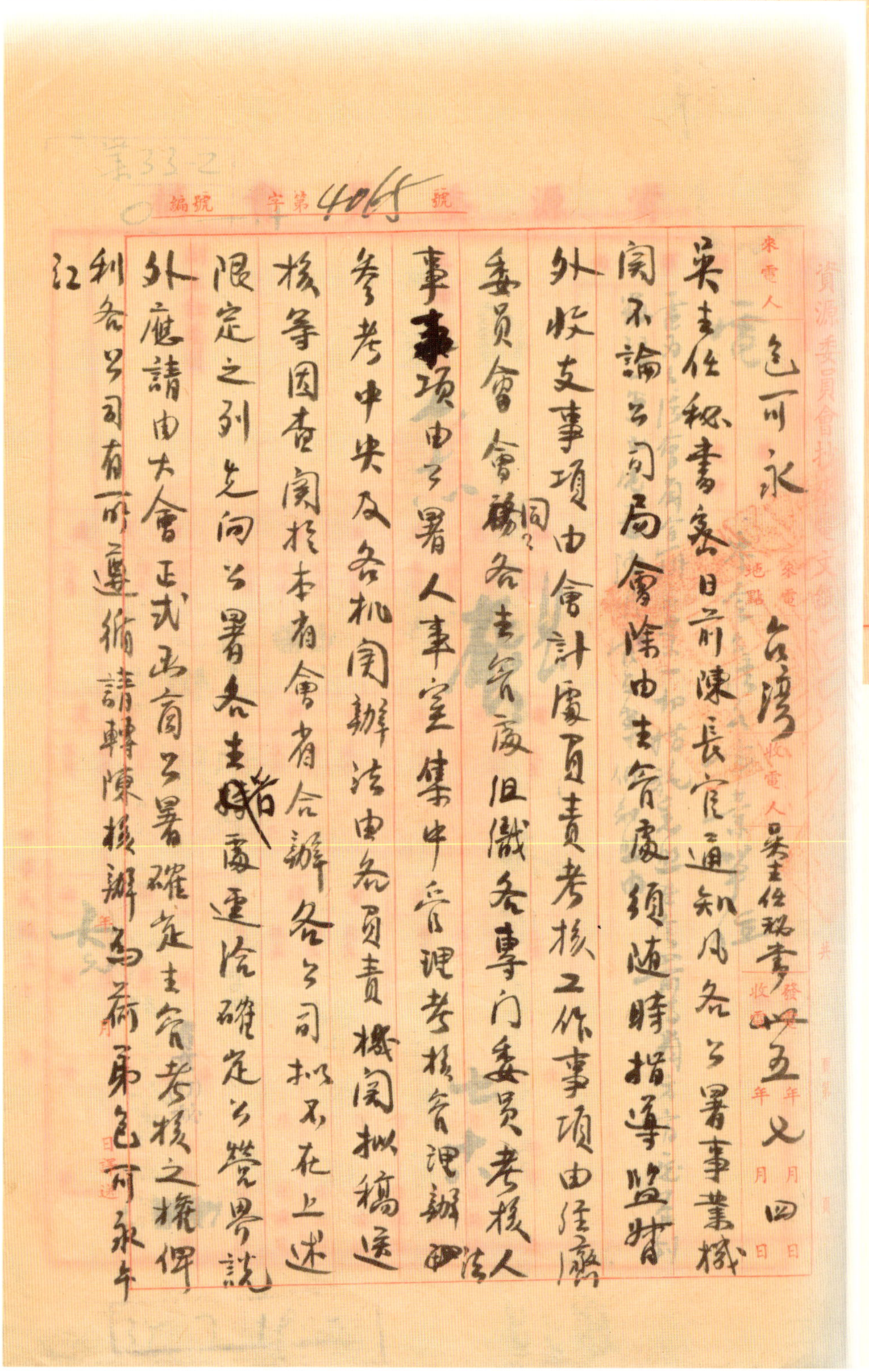
編號 字第4065號

來電人 包可永
來電地點 台灣
收電人 吳主任秘書
發電 卅五年 月 四日

吳主任秘書鑒日前陳長官通知凡各公署事業機
關不論公司局會除由主管處須隨時指導監督
外收支事項由會計處負責考核工作事項由經濟
委員會會同各主管處組織各專門委員考核人
事事項由公署人事室集中管理考核管理辦法
參考中央及各機關辦法由各負責機關擬稿送
核等因查關於本省合辦各公司擬不在上述
限定之列先向公署各主管處速洽確定公營界說
外應請由大會正式函商公署確定主管考核之機構俾
利各公司有所遵循請轉陳核辦為荷弟包可永午
江

存

九三勝利紀念日長官廣播詞

各位同胞：

去年今日、日本帝國主義向盟國的正義與武力屈膝、終於無條件的投降了。那時候、在舉世狂歡的反侵略人民中間、最歡欣最痛快的、恐莫過於我們中華民國的人民。因爲在第二次世界大戰期間、我們中國人民所遭受的苦痛最深、所經歷的磨難最久、犧牲最大、破壞最劇。經過了極度艱辛的九年血戰、以成千萬戰士慷慨捐軀和人民流離失所的代價、始獲得最後光榮的勝利；這不僅使我失土重光、國權全復、百年來所蒙的奇恥大辱一筆勾銷、而且使復興建國的前途、展開了光明燦爛的遠景。在這否極泰來的轉捩點上、我們怎能不興奮鼓舞、歡

臺灣省行政長官公署

歌雀躍呢。尤其是淪陷敵手五十一年的台灣、依據開羅會議的決定、重返祖國的懷抱、六百萬同胞從暴日的壓迫下解放出來、重度自由平等的生活、更是我們中華民國近代史上值得大書特書的喜事。

去年今日、不僅是我們中國人、就是全世界的盟國人民、也都憧憬着一種光明。大家以爲侵略禍首的德意志、義大利及日本等、都已打倒了、亡覆了、從此世界就可進入永久的和平、從事復興的工作、重謀普遍的繁榮、再造人類的幸福。日本投降的消息傳來、誰不懷有這種樂觀的信心、充滿這種美麗的希望。

但是這一年來、實際情形、並未能如一年前所希望的。國際間締造和平的工作、一時尚多問題；本國復員建設的工作、亦不能很順利的進行。不過任何工作、直線的進行、是頗少的。世界和平與民國建國的偉大工作、必須出偉大的代價、這代價是什麼、就是與艱難奮鬪（與障礙奮鬥）。許多進步、產生於奮鬪之中。不斷的奮鬪、我們年前所希望的一切、終有一天會達到的。

在台灣言台灣、我們且簡要的看看一年來台灣的事實。先看經濟。

金融與交通、是經濟的血脈。去年這時、各省通貨之膨脹、物價之高漲、盡人皆知、而且都感到這是一種很大的威脅。但當時的台灣、通貨與物價的漲度、都小於各省。為使台灣減少這一種威脅、接管台灣時、即決定台灣暫不用法幣。一年以來、金融算是相當穩定。物價雖然也是在漲、但其程度較諸各省、究竟低些。至於交通、初時鐵路乘客擁擠、秩序極亂；但是現在班車增加、行駛守時、秩序也進步了。海運空運方面、也比以前方便了。論生產、工礦處接收三百六十五個工廠、已有三分之二開工、電力自一八・三五〇・〇〇〇度增至七月份之三七・三〇〇・〇〇〇度（Kilo-watt-hour）。（最大發電能力已自四萬瓩增至七月之一四五・四二九瓩）煤炭自一萬五千噸增至七月份之九萬六千噸。石油、機械、電化、肥料、水泥、紙業、紡織、油脂、橡膠、窯業、玻璃、電工以及樟腦、烟、酒、火柴等事業、已大部恢復。農產的重要作物、如米、茶、香蕉、鳳梨等產量、預期可較去年增加。糧食、有一時間曾極困難、但現算渡過難關。至於政治方面、積極方面是建立地方行政機關與民意機關、及改訂法制；前者如縣市鄉鎮等等行政機關、現已完全照中國法制設立、各級民意機關、亦照中央規定日期一律成立。當本省民意機關成立之時、各省有尚未成立的。至於日本的法令、不下數千種、現在改訂的廢止的已不少了。在消極方面、一是於兩個月內（本年四月以前）、把日俘日僑二十八萬九千一百八十八人（十六萬五千六百三十八人）、順利的遣送回國；二是原有日本警察七千二百九十八人、幾占全數十分之六強、不能留用、但如此大量人數、一時無法補充、治安問題、曾成為嚴重的問題、但現在比接收當時、已有相當進步了。教育方面、第一步工作、使學校不停課、全照中央法定功課、學習國語。中小學校的日本教員、遣送回國的一萬一千五百五十六人、補充也很困難。一方面大開學校之門、中小學不必說、專門以上學校、本省的、各省的、都給台胞以入學的機會。

台灣的工作、有的須完全改變、使其成為中國化的、如

臺灣省行政長官公署

政治、如教育，有的須維持、須恢復、如經濟；現在改變、維持、恢復、都已進步了。由於這一年來的經驗、知道我們有不少缺陷、但也不能說沒有進步。我相信台灣的前途、只要人民和政府通力合作、必然是光明燦爛的。現在所有的日本人、除了少數留用的技術人員及其眷屬以外、已全部遣送返日了；今天的台灣、眞是我們中華民國的台灣、眞是我們中國人民的台灣了。我們大家都要發揮我們的政治才能、施展我們的經建本領、建設三民主義的新台灣、讓世界人士認識我們中華民族偉大的特性。

去年除夕、我對〔本省同〕胞說過：「我們必須有理想、求進步、不要苟安現狀、不要故步自封、大家須以實現三民主義、使全台同胞、都能富強康樂為目標。」去年國父誕辰、我對〔全省同〕胞說過：「我希望在台灣的每一個同胞、都是國父的孝子順孫、台灣的每一塊在地、都是實行三民主義的實驗室、育種場、把全中國很快地建設成富強康樂的三民主義共和國。」現在、我仍舊這樣希望〔全省同〕胞。陳英士先生說過、理想者事實之母也。諸位不要以為三民主義、是一種難以實現的高遠理想。只要同胞能了解、能贊同、能奉行不悖、現在所視為理想的、三年五年十年後、不難變作事實。總理說過：「余所耳提面命而傳授於革命黨員而被河漢為理想空言者、至今觀之、適為世界潮流之需要而亦當為民國建設之資料也。」三民主義理想之能否證實、全視同胞了解、贊同、奉行的程度。我希望〔本省同〕胞對於證實三民主義的工作、在全國之中、不但不落後、而且能占先。從這一年來的經驗、可知對於理想、我們雖未到達、但未始不是漸近。例如現在的民意機關、雖然尚未達到民權主義的理想、但總是近一點。我們能夠繼續努力、可以由「漸近」而「到達」。

不過任何理想。任何福利、不是無代價可以得到的、不是可以不勞而獲、坐享其成的。富強康樂的台灣、雖然可能性很強、但需要相當的代價。代價是什麼？是全台同胞的共同努力。在到達理想的途中、需要奮鬪、需要犧牲、尤其需要毅力。較偉大的工作、不能欲速、不能急躁、要放下時間、放下勞力去。例如台灣的經濟基礎、一般人都說不差。可是這只看一方面。又一方面、台灣的經濟、是殖民地式的、是依存日本的、而且在戰爭中間、破壞的也不少。如何改造、如何恢復、需要相當的時間與條件。又如常有人責難工廠不開工。不錯、工廠應該開工。但是房屋的修復、機器的補充、原料的購買、資金的籌畫等、都是先決條件、非立刻可以辦到；而要辦到、要能有相當的耐性。又我去年曾經對本省同胞說過：「你們現在是國家的主人翁、國家的好壞、地方的休戚、你們須負責。你們必須時時凜然於做主人的責任的重大、對於國事、自動的自發的負起責任來。」實現三民主義、政府當然不能辭其責、但如果全民不協力、是不可能的。我希望全台同胞、人人對於三民主義的實行、負一分子的責任。

今天是日本無條件投降的紀念日、我們要凜然於以往的歷史教訓、

臺灣省行政長官公署

勿讓日本再成遠東侵略的禍首。要達到這一個目的、惟有我們中國自強不息、以確保遠東永久的和平。尤其是我們台灣、日本人曾在此地佔據過五十一年、所以我們應該集中意志、集中力量、建設三民主義的新台灣、以事實表現中華民族的建設能力。這是我全省同胞的責任、也是我全省同胞的義務。我堅信以我們中國人民的智慧和毅力、建設台灣必可獲致輝煌的成就。希望我全省同胞與政府共作繼續不斷的積極的努力！（完）

閱定 印刷小冊分送 從事公業的同人 儀 卅五、十二、七、

長官對全省工廠主管人員講話 三十五年十二月卅日

各位同志：

今天我邀請各位到這裡來，就生產事業有關的意見和各位談談。我想說的第一點是經濟政策，第二點是服務精神。

現在先談政策。

我們中國儘管有漢唐光榮偉大的史實，但是以後因為一切生產的落後，人民的生活，向來普遍的貧窮。由於貧窮的緣故，往往弄得盜賊蠭起，天下騷亂。每次改朝換代的時候，必引起可怕的大屠殺。這種人間慘劇，常人又

多認為因政治腐敗所致，殊不知其最主要的原因，還在一個窮字。早在春秋戰國時代，中國民族對於農工生產，本來十分重視，當時百子爭鳴，生產技術頗有研究。但到漢朝罷黜百家，獨尊儒學，思想統一，賤視農工，士大夫只要會寫文章，便可以致高官，得厚祿，對於生產事業，不肯研究，不肯操作了。因此人心蔽固，幾千年來一直襲用着春秋戰國時代陳舊的生產方式，永無進步。結果消費日增（生齒日繁，）而生產日減（不加多，），國家焉得不窮，人民焉得不苦。我們翻讀漢代以後的中國史，充滿戰亂荒歉，實在可以說是一部貧窮史。

這種貧窮的情景，在閉關自守的時候，還只造成自相殘殺的局面而已。但是自從鴉片戰爭以後，海禁開放，西洋的經濟勢力日益侵入，真有亡國滅種的危險。現在一般人多以為武力失敗是可怕的，殊不知道經濟上的失敗，更為可怕。武力的失敗是可以看到的，割地賠款，為數總還有限。滿清時代賠款總額不過十億元，割地還以台灣為最大。至於經濟上的失敗，則在無形中的損失，實在不可言喻。譬如福建，以前的人口據統計是二千五百萬，這個數字雖不絕對正確，但亦相差不致太遠。但是我在福建時的調查，福建人口只有一千一百八十多萬，一百年間人口減少了一半強，這是何等危險的事情。福建為甚麼會有這種現象呢？因為經濟戰爭失敗了。在從前，福建人吃飯穿衣，都是自給，所以繁榮，人口增多，後來洋貨侵入，吃的方面，要賴洋米洋麪，穿的方面，則棉花，棉紗，顏料，針線，紐扣全部不能自己生產，都要仰仗外貨。這樣的社會，先是窮，因為窮，缺乏教育，便是愚，缺乏醫藥，便是弱，缺乏衣食，便生盜賊。一個由窮人、愚人、病人、盜賊所組成的社會，人口自然減少。長此以往，真是不僅會亡國，而且可以滅種。

要救國必先去窮。在一百年以前，資本主義的生產方式是可以救窮的，日本的維新就受資本主義生產方式的恩惠。但是到了今天，資本主義的生產方式已經不夠了。外國挾其雄厚的資本橫施侵畧，我們必須集中國家的資本，方能與其抗衡。所以民生主義之中最重要的對策就是創造國家資本。在民國二十五年以前，日本曾想欺騙我國，高唱中日經濟提携，希望中日合資經營工商企業，彼富我貧，這種事如何做得。現在一般資本主義先進國家，都講表面上的平等互惠，其實貧富懸殊的兩個國家，是無法平等互惠的。現在我們中國是普遍的窮，尤其是農人和工人。大多數人民都陷在窮境裡，國家是無法安定的。誰不願做個好人，多少漢奸盜賊也是為了貧窮的緣故。我們要趕緊以非常的手段來解決並提高人民的生活問題，最重要的是增加生產。

臺灣省行政長官公署

要增加生產，必須先有資本。上面我說過要實行民生主義，製造國家資本。要以羣衆的力量和國家的信用來製造國家資本。但是國家資本如何製造呢？就是要建設公營事業。所以我們的經濟政策是建設公營事業以增加國家資本。這不是一件容易的事情，公營事業要辦理得盡如理想，更非大家努力不可。

本省的公營事業如要辦得好，必須仰仗下面四種機構的密切聯繫與靈活運用。

(一)生產——無論農林工礦專賣等各生產機構，都要充分發揮生產力量。在座的各位都是從事生產工作的同志，我們今後應使用我們的全智全能來工作，專心研究生產技術的改良，務使產品價廉物美，可以和任何方面競爭，作為經濟上的一個戰鬥體，而且是一個極强的戰鬥體。

(二)貿易—關於產品的出售，即由貿易機構專責辦理。出售少數物品自較簡單，而大批推銷的工作，且要使貿易上不致吃虧，就不是容易的事情。這要貿易局調查各地的市場，運用技術，善為經營，產品始能暢銷而獲厚利。至於原料品的購買，亦由貿易機構主持，不必生產者費心。

(三)金融—金融機構應配合生產機構的需要，妥適運用資金，能夠充分供應，勿使停滯枯竭，影響甚至窒息生產。資金調節如能靈活，生產者不必為資金而操心，專心一致注意生產技術，生產事業必可儘量發展。

(四)運輸—現代生活，運輸實在太重要了。無論教育文化，戰爭及商務關係等等，都和運輸有密切關聯。譬如作戰，如果運輸好，一師軍隊可作十師用；如果運輸不好，十師軍隊亦抵不過一師。商務上，運輸更為重要，倘若運輸機構不靈，縱然產品堆積如山，亦是無法銷售。

公營事業的四根柱子，生產、貿易、金融、運輸，本省已經完全建立，只是聯繫配合還不甚圓滿。我們應該增强組織力，在橫的方面，生產、貿易、金融、運輸四機構要聯繫，在縱的方面，要由長官公署來統籌。橫的聯繫雖好，倘無縱的統籌，則不能有無相通，長短相補，還不能達到物盡其用，貨暢其流的目的。這就完全要靠我們的組織能力了。

日本是個小國，在台灣的建設不過四十年(最後十年已無力建設)，在東北的建設不過十餘年，何以都有相當的成就，就因為他們的組織力强，能利用當地的人力財力，從事建設而已。我們中國尤如一盤散沙，組織力不夠，所以聰明才智雖好，總不能做大規模的事業。民國二十六年時的幣值，開兩三千元的小店，集股東、經理、職員於一身，這是中國人的專長沒有一個國家的人民可以和我們爭勝的。但是規模一擴大，遇到大範圍的工商企業，我們就不能和人家比較了。

現在要以小規模的工商企業在世界經濟競爭裡立足，是絕對不可能的了。今天中國經濟的出路，已經被迫得須大規模的製造國家資本不可。否則將為人家的奴隸。經濟沒有辦法，就是做政治奴隸的起點，經濟上無法獨立自主，政治上也決難獨立自主的。我們現在可走的是一條製造國家資本的窄路，我們必須團結互助，不能再如一盤散沙了。

如何始能團結，始能合作呢？最重要的是守法，是建立制度。

「法」為什麼很重要呢。第一，「法」是共同行為的軌道，有法，大家才不會越軌以致互相衝突，有法才可以保持共同的利益。以前，人的生活很簡單，大多數人，一生足跡，不出一鄉，一村。一個家庭，一個商店，一個官署，不過數人，十餘人；法的需要，自然不感覺急切，然而也不能說沒有法。現在是群衆的時代。交通利便，人與人的往來日益加多，任何一件事業，一個機關，規模都大，動輒數百人，數千人。在這樣的情況之下，如果沒有「法」以為大家共守的規則，生活不知會混亂到怎樣。諸位都是在工廠工作的。工廠的工人，少則數百人，多則數千人甚至數萬人。何時上工，何時退工，怎樣工作，都有明白的規定。這種規定，都是法。如果沒有這種法，恐怕一天都不能支持下去。在這群衆的時代，在這一切事業都是大規模的時代，可說無「法」幾乎不能生活，我們要生息於「法」之中。

第二，法之所以需要，因為「法」可以補「人」之不足。所謂「法治」並不是不要「人治」。人的生命是有限的。只靠人治，人亡則政息，而法則有永久性，並不因人亡而法亡，人雖亡，仍有法可以依據，守成亦容易。人非聖人，孰能無過，而且人總是有好，有壞。專靠人治，人好，事業可以做好，人壞，事業就跟着壞，太沒有把握了。實行法治，人如果壞，因為有法加以限制，要做壞，極少自由，就不容易。人如果好，有法為其軌範，更容易做好。法是使壞者不易做壞，好者更易做好的。中國羣治之所以常常一治，一亂，一好，一壞，一進，一退，近代歐美羣治之所以不斷有進步，這是一個重要原因。

我們要實行法治，大家先須認識「法」的重要，尊重它，相信它。專制時代，一般人以不守法為榮。地位愈高的人，愈可不守法。愈不守法而可獨斷獨行的，愈表示他有權力。做了皇帝，他的一句話，就是法律，什麼法都可以不守了。所謂法，只用以束縛老百姓的。做了官，就可不受法的拘束，官愈大，束縛愈小。官的威風，這也是一種。這種錯誤觀念，傳襲了千百年，一直到現在，還沒有完全肅清，雖然已減少得很多了。從此以後，我們必須消除這種思想，不使他有絲毫遺留。法治國家，任何人，在法律之前，一律平等，就是誰都應守法，誰以不守法為可恥。大家應該知道，法是靠人執行的，執法者往往以法約束人。可是我們所以受他的約束，並不是因為他的權力大，而是因為他有執法的責任，我們並不受他個人的約束而是受「法」的約束，因為他的權力是法所賦予，他的依據是法。例如站在大都市很熱鬧十字街中的巡警，他的手一指揮，幾十百輛的汽車馬車等須立刻停止。無論任何大官的車子，都要服從。難道這一個警察，權力大於大官嗎？那是因為服從巡警所執行的法，並不是服從巡警個人。又有人以為法不免限制人的行動，要人守法，好像不信任人，用人莫疑，疑人莫用。但是這種思想也要改變。法治國家對於人的信任，是有限度的，就是在法律範圍以內。例如美國的大總統，是全國人民所選舉的，人民既選舉他，一定信任他。可是他只有行政權而沒有立法權，司法權；就是行政，許多事須經過國會通過。他受法的很多限制，論其權力，遠不如民國十五年前的一個督軍。又如國民政府的許多部長，其職責很重要，政府既任命他，一定是信任他。然而他們的行動必須依據法律。即如人事，他們須由銓敘部去甄審。所以信任是一件事，守法是一件事，要人守法，並不是不信任人。要建立法治的國家，必須大家對於法有信心，真誠的守法，行法。任何制度，推行之初，必有許多不便，甚至於有弊害，但為養成法治習慣，必須忍耐。要實行法治，還有一點很重要，就是立法時必須顧到實際情形，適應社會需要，而又富於彈性，俾實行時不致窒礙難行。

公營事業，在台灣是一個極其重要的事業。如何使它完成，使它發展，自然有許多條件。但使其制度化，是必要的。所謂制度化，就是如人事，會計，運銷，購儲，製造等等一切的一切，都有一定的規範，一定的規則，自上至下，動作於規範與規則之中，不能以私意去變更，不致跟人事而動搖，那末事業就可穩定而垂久了。制度建立起來，又加之以服務精神與優良技術，公營事業，是只會成功而不會失敗的。我以為制度與精神，技術，是公營事業的三根大柱。對於精神與技術，大家都知道其重要性。惟對於制度還有未盡深知者，今天特別一說。希望諸位加以注意。

辦理公營事業，製造國家資本，增加生產，這些工作的目的是在提高人民（尤其是農人和工人的）生活。現在貧富的生活相差太懸殊。就台灣省說，台北市大街上的建築相當好，人民生活亦不太差，但如到離開台北車站一站的萬華站一帶去看看，就可以知道多少人民過着非人的生活。至於台北市以外各縣市鄉村人民生活之苦，更不必說了。吃呢，有的人不但沒有米吃，連蕃薯也吃不起，只有蕃薯葉充饑。衣呢，又舊又破，甚至不能蔽體。住呢，低矮狹小，無異畜舍，談不上光線空氣與清潔。這些，都是日本人的政績。日本佔領台灣，雖然生產大大增加，但其目的，其結果，只為官吏與資本家謀舒適，不顧貧農苦力的生活。現在我們的增加生產，是為大多數人民謀福利，是要普遍提高人民的生活。這是公營事業國家資本與私營事業私人資本截然相反的地方，這是我們的經濟政策和日本的經濟政策截然相反的地方。這一點上，我們如果不能努力做到，我們與日本帝國主義有甚麽兩樣。人民的生活，我們不要等人民來要求，應自動的給他們提高。最高明的政治是主動的，不是被動的。公營事業工廠的廠長，其老板不是少數資本家，而是全省人民，其努力不是為少數私人發財，而是為民衆提高生活，所以大部分的時間心力，即應化費在設法如何增進工作效率，提高工人生活上面。

提高一般人民的生活水準，首須安定物價。本省安定物價的辦法有三，即財政收支平衡，匯率自由，增加生產。

(A)财政收支平衡——对於這個問題，先須把行政範圍畫分清楚。關於財政支出，可以分為三類：(甲)純消費，無回頭的行政支出，如戶政、警政、教育、衛生等費用，一經支出，便無收入。這類財政支出，要賴稅課收入。這方面，財政收支今年相當平衡，並不虧空。(乙)生產事業的資金，例如各工廠所需的資金，周轉金，購買肥料，原料，器材等費用，這些錢雖然化了，但是可以生息，乃是台灣省的財產，並非行政支出，亦不必向人民課稅，可向銀行借款，另立戶頭，作為經濟建設的資本。(丙)公共建築的費用，如闢道路，築堤壩，建等，所化的錢雖然一時收不回，但是建築物並不即時消耗，也是長期存在的，所以可以明年後年的預算，先向銀行借款，以後逐年按預算分別攤還。這樣把(甲)(乙)(丙)三項科目分別清楚，要做到財政收支平衡，只要嚴格執行，做起來並不困難。但是(乙)(丙)兩項所需資金甚多，這些錢從那裡來呢，這不能全靠課稅，要仰仗發行了。有些人擔心增加發行，會引起通貨膨脹。如果靠發行來維持(甲)項的純消費的行政支出，這誠然是危險的事情。但為了生產而發行，即使通貨膨脹，不僅無害，而且有益。因為這些發行，有生產的財產為擔保，並不是空頭發行。況且台灣省的發行，在民國三十一年時是三億，現在物價漲了至九六十倍，如果要籌碼夠用，須發行壹百八十億。如今只發行了四十億，所以發行的餘力尚多，發行增加一點並不要緊。只是希望大家要好好的經營，不要無謂的浪費。譬如我發行了十億交給各工礦企業，經營失敗，這可不得了。只要大家能夠着實經營，我們可以發行來從事生產，大家不必為資金而擔心。

(B) 匯率自由——要安定物價以提高一般人民的生活水準，第二個辦法是匯率自由。台灣省能夠繼續維持台幣政策，是中央對台灣省人民的特別恩惠，使台省金融有了一道防線，不致捲入法幣泛濫的漩渦。但是進一步，我希望匯價能夠自由。在內地各省，物價高漲，幣值日跌，如台幣與法幣的匯率能夠自由調節，則台省物價即可穩定。

(C) 增加生產——單有財政收支平衡及匯率自由兩個條件，還不能提高人民生活。要達到這一目的，同時必須增加生產，要能供過於求，永遠保持出超。這樣，物價必平穩，生活必安定，人民的幸福自然也跟着增進了。我們做公務人員的，惟一的任務，是為人民謀福利，心中腦中時刻要有人民。如果只是工作能力強，而所做的事情與人民無甚利益，還是不能算好公務員的。

對於以上所說有關生產的經濟政策，希望各位能夠深刻的瞭解。瞭解了政策以後，我要和各位談服務精神。

服務精神。

我們舉辦公營事業，製造國家資本，目的全在解救國家的貧困，提高人民的生活，可說一切的一切，都為了人民。

不過我們要達到這個目的，須有非常的革命的建設不可，因此亦非有非常的服務精神不可。否則的話，畫餅充饑，一切都是不可靠的。要發揮非常的服務精神，最主要的條件是一個愛字。愛的力量無比的偉大，它的極頂就是自我的犧牲。我們常見慈母之愛子女，愛的力量發揮到最大，是不計一切，不惜犧牲的。旁人眼中也許十分討厭的孩子，但在母親的心裡仍然是她最可愛的子女。我們真能以這樣的心情來愛國家愛同胞，即能發揮非常的服務精神。日本在第一次大戰以後，國力比較富裕，不免生活有點驕奢。但是四十五年以前，我在日本的時候，日本人的服務精神，真是了不起。例

如當教師或做研究工作的，往往工作至晚上十二時。農業試驗人員白天總和農民同在田間工作，入晚方回家讀書研究。工廠長、工程師都多開夜工，又輪流做夜工。這種服務精神，才把日本弄得富強起來。

我常說，我們的智識技術不好，還可以借材異國，惟有服務精神是不能輸入，無法輸入的。六七十年以前，中國和日本一樣聘請外國工程師協助建設。外國工程師到了日本，被日本人民的服務精神感動了，所以工作也特別努力，貢獻也大。在中國的一批外國工程師，看到中國人民的偷懶，也就無法努力。因為只是他們努力，努力是徒然的。所以我們今後必須自動自發，拿出服務精神來，今天我邀請各位來，最重要的也就是為了這一點。

我們的工農生產，和世界文明各國比較起來，現在還處於落後的地位，無論技術，設備，工具等等都不如人，若要迎頭趕上，就要靠我們非常的服務精神。我相信人是有彈力的。精神的彈力和身體的彈力，都不可限量。如果大家只求享受，只圖苟安，國家必無辦法。民國二十六年時我在南京看到有些大學畢業生，只求能夠住一座小洋房，娶個年青漂亮的太太，以滿足個人的物慾；而對一般窮苦人民的生活，不問不聞，對社會國家的事業，置諸腦後，這種現象，真是可怕極了。不知貢獻，不能創造，只想享現成，這是我中國民族的奇恥大辱。到了台灣以後，看到日本人短短幾十年的建設，更使我們感覺慚愧。我們真應該充分發揮愛國心，榮譽心，同心一德，以服務精神來湔雪這種恥辱。

我們要發揮服務精神，必須人當人看，事當事做。我們要尊重旁人，態度要親切，要富同情心。我愛人，人亦必愛我。做一件事，必要考慮效率，人力物力財力的浪費，都是要不得的。凡事必須認真做，決不可馬虎。一件工作不僅做完就算了事，還要求它做得好。認真，守法，注意效率，工作是一定做得好的。

我們要做成建國的偉大工作，需要宗教家的信仰心。我不信宗教，更不信神。但是我的心上有一種理想的宗教，和一位理想的上帝。這個上帝，全知全能，大慈大悲，至善至美，不是別的，就是服務精神。如每一位工作同志都相信這個上帝，發揮內在的智仁勇以建設台灣，台灣的建設必能成功，必能迅速地躍上任何富強文明的國家。我對國家前途素來樂觀而有信心，希望各位也以樂觀與信心，來建設新台灣。

今天貢獻給各位的意思就是這一點，希望大家發揮非常的服務精神，積極建設新台灣。我的年齡雖較各位大一點，也願和各位共同努力！

（完）

台灣地方雖然不大，只要各位協助人民一心一德的努力建設，前途是光明燦爛的。五年八年的工作，也許在兩三年內可以完成。現在我們真須爭取時間，國家仍在風雨飄搖之中，如果任憑時間悠悠忽忽的過去，可真不得了。我們在建國當中，必須刻苦奮鬥，互尊互信。世界各國，廣土衆民如我國者，不可多得。我們的國家，如經我們努力建設，二十年後，不僅將為真正的四強之一，且將是世上唯一的強國。

各位同志，我們應把我們所有的心力、物力、時間、嗜好，都集中於建設國家。富強康樂的國家由我們的双手建設起來，這不是很光榮的使命嗎。

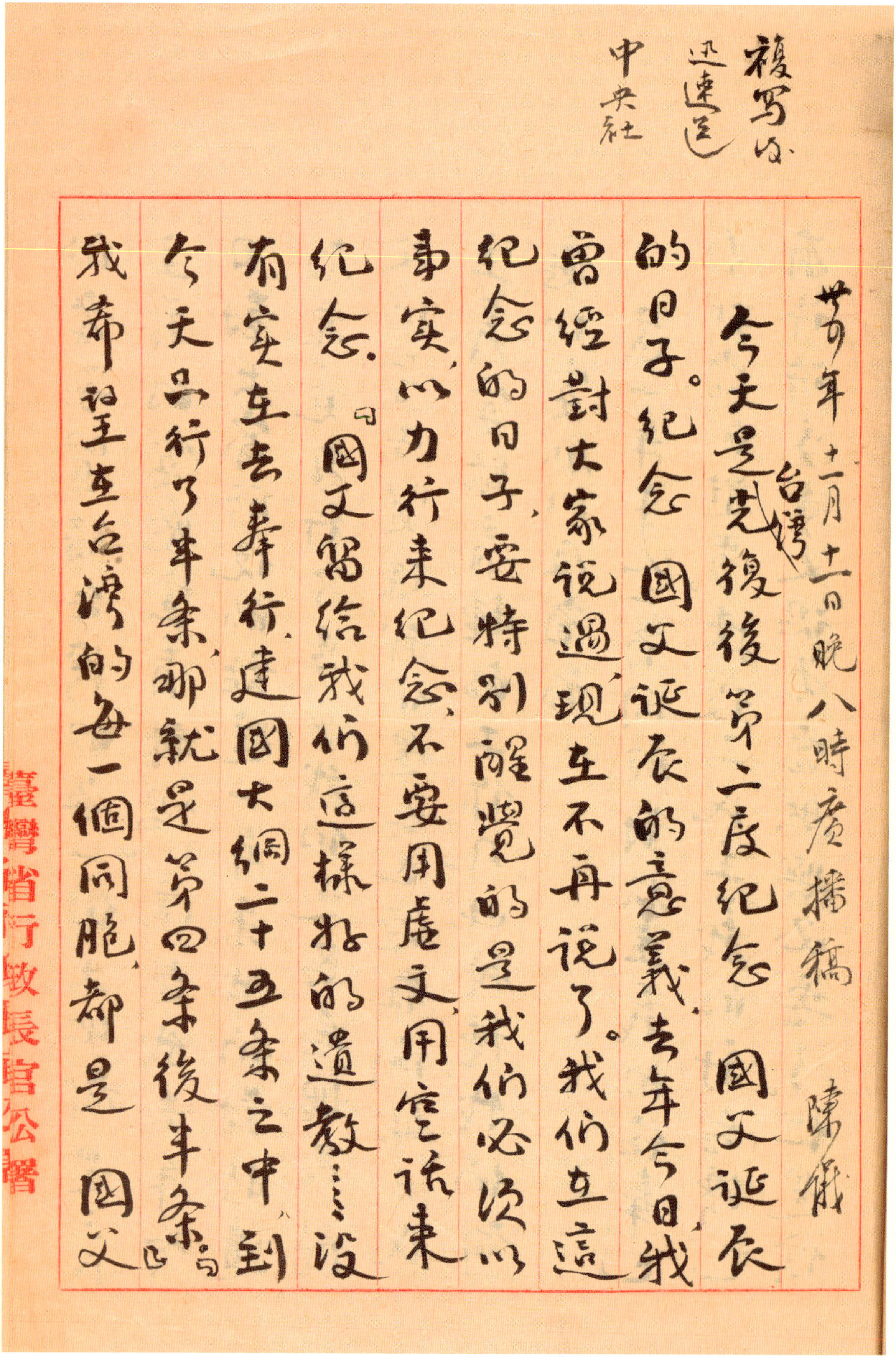
複寫份
迅速送
中央社

卅五年十一月十一日晚八時廣播稿　陳儀

今天是台灣光復後第二度紀念國父誕辰的日子。紀念國父誕辰的意義，去年今日我曾經對大家説過，現在不再説了。我們在這紀念的日子，要特別醒覺的是我們必須以事實，以力行來紀念，不要用虛文，用空話來紀念。國父留給我們這樣好的遺教：沒有實在去奉行。建國大綱二十五條之中，到今天只行了半條，那就是第四條後半條。我希望在台灣的每一個同胞，都是國父

臺灣省行政長官公署

的赤子賢孫，台灣的每一塊土地，都是三民主義的實驗室，育種場。這是我去年今日對大家所說的話。這一年來，我們對於遺教，究竟奉行了多少，我們是否無愧為國父的赤子賢孫，我們是否已經在開始三民主義實驗育種的工作。凡此種種，我們都應切實加以反省的。

這一年來，全省同胞，對於主義的信奉，已有相當的進步。建設三民主義的新台灣，已有許許多多人認為當然與必要了。但是信

奉主義的進步，希望一年快一年。我希望今天以後對于主義的工作，要比今天以前加緊，加快。不過奉行主義工作很多，今天我提出在現在特別急要的三件事，願大家共同努力。

第一件我們要特別努力的事，是增進每一個人的道德，智識，體格，尤其要加緊學習國語，國文，以加強中華民族的能力。一個民族要提高在世界上的地位，不是憑空的，多半由於他們的道德，智識，體力的增進，尤其要

緊的是個人有正義感，社會有公道，是非。我們民族要儕於列強之列，使中國成為真正的強國，必須我們人人具備強國國民應有的道德，知識，體力，能夠與列強並駕齊驅，而且趕上他。台灣同胞，目前尤其緊要的，是加緊學習國語，國文。這一年來，台胞學習國語國文非常熱心，進步也快。但是希望大家以後更加緊的學習，於短期間內，多數同胞能聽，能說，能看，能寫國語，國文，早一日普及。台胞了解中華民國的政治与社會，認識中華民族的歷

史与文化，自然會更深。

第二件我們要特別努力的事，是實行國父所說的縣地方自治，以建立民權主義的根基。國父對於縣地方自治，十二分看重。國父以為自治為國之礎石，而自治的單位是縣。三千縣之民權，猶三千塊之礎石。礎堅則五十層之崇樓，不難建立。國父是主張全民政治的，然而「苟無分縣自治，則人民無所憑藉，所謂全民政治，必無由實現。無全民政治，則雖有五權分立，國民大會，亦末由舉主權在民之實也。」從

這種種方面看來，國父對於縣地方自治，可謂注重之至了。所以照縣地方自治，為實行憲政的必要條件。至於省一方面受中央政府之委任，處理省內國家行政事務，一方面只監督各縣的自治而已。總裁說過：「喚起民眾，發動民力，加強地方組織，促進地方自治，以奠定革命的建國基礎。」

國父以為實行縣地方自治，當以實行民權、民生兩主義為目的。所謂民權，不是間接民權，是直接民權，人民有選舉權、創制權、複決權、罷免權。所謂民生，把縣地方自治團體，作為一經濟組織，不止為一政治組織。因為縣是一經濟組織，所以縣對於經濟有很大的權利。「土地之稅收，地價之增益，公地之生產，山林川澤之息，鑛產水力之利，皆為地方政府之所有。」「凡山林，沼澤，水利，礦場，悉歸公家所有，由公家管理開發。」「糧食一類，當由地方公賣。」「其餘衣，住，行三種需要之生產與製造機關，悉當歸地方之支配，逐漸設局管理。」「此外更有對於自治區域以外之運輸交易，當由自治機關設專司以經營之。」「以後之要事為地方自治所應办者，則農業合作、工業合作、交易合作、銀行合作、保險合作等事。」可見縣的經濟權是很大的。

為樹立建國基礎，為實行民權主義，為舉主權在民之實，必須實行縣自治。惟現在的縣自治，距離國父所謂縣自治還是很遠。本省對於縣自治，此後當照國父遺教，加強縣的權力，尤其是經濟方面，使能發動全縣人民的力量，以謀全縣人民的福利。省對於縣，當信任他，當使他能放手做事，不要拘得很緊，東束縛，而干涉，使縣自治成為只是承辦省的公事的自治，沒有自動自發的力量。

第三件我們要特別努力的事，是提高人民的特別是農工的生活水準，以實行民生主義。日本占領台灣五十一年，交通工業，都市相當發達，但是他的利益歸諸日本的資本家，歸諸日本的統治者，對於最大多數的農民與工人，究竟有多少好處呢？是大成問題的。我們試到各農村各工廠去看一看農民工人的衣食住，就會覺得台灣的農民工人，實在是很貧苦的。

國父說『所以我們要實行三民主義來造成一個新世界，這要大家對於這四種需要都不可短少』。國父所謂四種需要是指的食衣住行。國父以為生活最重要的為食衣住行四者。要把這四種需要弄到很便宜而且要全國人民都能夠享受，家給人足，無論何人都沒有缺乏。台灣是農民占最大多數，我希望農民在食方面，不但吃得飽而且合乎營養的標準，在衣方面，每年能有幾丈新布，做一二件保體方便的新衣，在住方面，能夠造國父所謂『合于近世安適方便的式樣』的新式房屋，在行的方面，達到平均四百人造一英里大路的標準。在養育方面，做到『老有所終，幼有所長，於寡孤獨廢疾者皆有所養』。在教育方面，做到『凡在自治區之少年男女，皆有受教育之權，學費書籍與夫學童之衣食，當由公家供給，學校之等級，由幼稚園而小學，而中學，當陸續按級而登，以至大學而後已』。至於樂，為人生六大需要（衣食住行樂育）之一。國父說『要建設政治最修明，人民最安樂之國家』，『人民有了這樣的好國家，一生自幼到老才可以無憂無慮，才可以得安樂』。可見國父極重視『樂』。我希望農民一面勤動，一面要有正當娛樂的機會。至於工人，當然希望也能滿足同樣的需要。至於公教人員的生活，自然須一樣的注意到。

民國是以民為主的，我們的責任在時時注意多數人民的生活，如何改進多數人民的生活，是我們最重要的工作。我們應多方研究，多方設法，以達此目的。政治如果不能兼顧經濟，政治如果不能顧及農民，就沒有完成政治的任務。各縣市政府與農工很接近，尤其要注意這一個問題。

對於農民，先從分配日人公私有土地，組織合作農場，以增加自耕農入手，次第辦理應用機器，改良技術，興修水利，組織合作，舉辦貸款，發展副業等等，使農民收入增加，能夠有餘款以增進生活，對於工人，先切實辦理職工福利社，次第試辦合作工廠，各種保險，以及其他關於工人福利的事。希望每一農民每一工人的收入可增加三分之一，二分之一，以至於一倍二三倍。

此後我們的工作，是生產第一，同時是生活第一。我們要為生活而生產，為增進多數人生活而發展生產。不過生產與生活，不能獨立的，必須有多方面與之配合，所謂生產第一，生活第一，只表示我們的重點之一。其他各種工作，自然是須相輔並進。

此外要從事經濟建設，以達到民生主義，請台同胞務要注重一件事，就是盡勞動的義務。國父主張人民對於地方自治團體，每人每年盡一個月的勞力，不夠可增加五日或十日以至一月，不出勞力者，納同等代價，一境之內，以人盡所長為公家服一、二個月之義務，不含食住萬事具備。就台灣論，人口約六百萬，假定有半數人，約三百萬人，能盡一個月的勞動義務，一年可有九十萬工，不難完成許多重要工作了。這九千萬工工錢，如果每一工以六十元台幣計算，一年可值五十四億元。這樣大的款項，如要政府籌集，在目前幾乎不可能。

蔣主席對我們說：「人民與政府共同努力。我相信台灣省的前途，一定燦爛光明，一定可做全國的模範省。」希望我全省同胞能共同努力，加倍奮勉，來建設三民主義的新台灣，盡到你們國家主人翁的責任，因為建設新台灣，就是建設新中國的一部分，而建設新中國乃是我們國民革命的終極的目的。相信三年五年之後，台灣必能成為模範省。蔣主席期望我們如此之切之殷，我們的責任是如何的重大，但是台灣如果要不愧為「模範省」，不愧為「三民主義的新台灣」，對于以上所提的三事，必須人民與政府特別的共同努力。

（完）

閱定

儀

黃、十二、十六

省參議會第一屆第二次大會開幕禮長官致詞

議長、各位參議員先生：

今天我參加省參議會第一屆第二次大會開幕式，很覺愉快。我們今天在這光復的領土上得能自由商討政事，飲水思源，實應感謝建立民國創造三民主義的國父，以及領導抗戰規復失土的蔣主席。現在我們所做的一切建設工作，都是依據國父遺教的指示。

今年我們所做的工作，在上半年，大概分為三大類，一是接收，凡是軍權、政權以及一切生產設備，均經接收就緒。二是遣送日俘日僑，除極少數留用的日籍技術

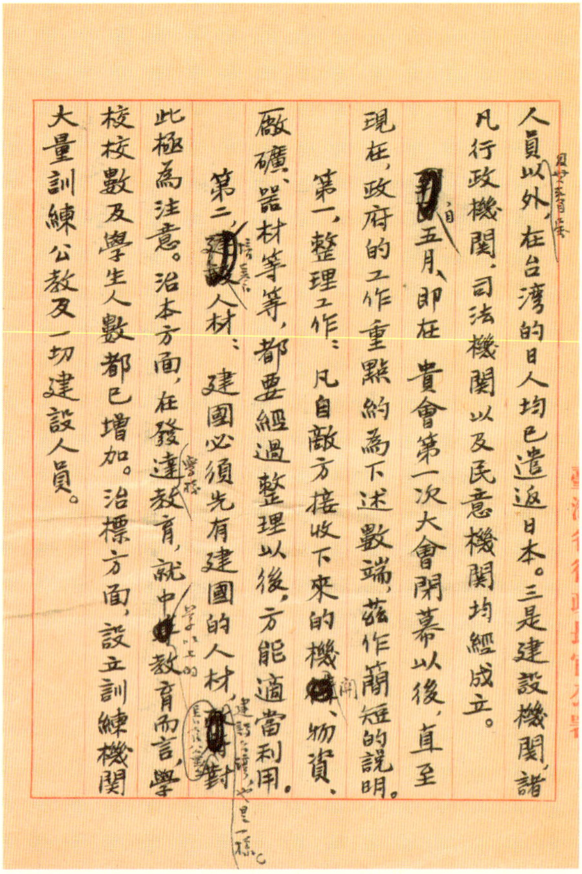

人員以外，在台灣的日人均已遣返日本。三是建設機關，諸凡行政機關、司法機關以及民意機關均經成立。

[redacted]五月，即在 貴會第一次大會閉幕以後，直至現在，政府的工作重點約為下述數端，茲作簡短的說明。

第一，整理工作：凡自敵方接收下來的機[redacted]、物資、廠礦、器材等等，都要經過整理以後，方能適當利用。

第二，[redacted]人材：建國必須先有建國的人材，[redacted]此極為注意。治本方面，在發達教育，就中[redacted]教育而言，學校校數及學生人數都已增加。治標方面，設立訓練機關大量訓練公教及一切建設人員。

臺灣省行政長官公署

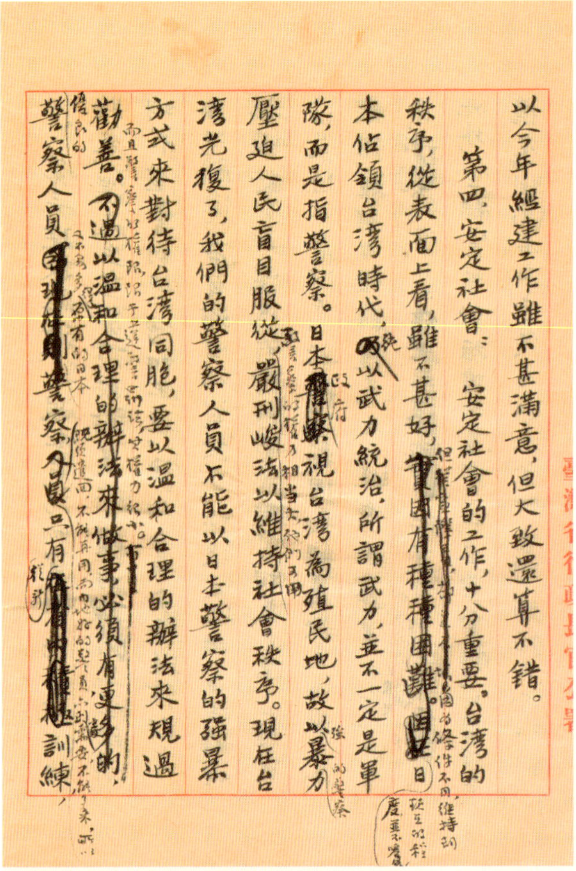

以今年經建工作雖不甚滿意，但大致還算不錯。

第四，安定社會：安定社會的工作，十分重要。台灣的秩序，從表面上看，雖不甚好，[redacted]本佔領台灣時代，[redacted]以武力統治，所謂武力，並不一定是單隊，而是指警察。日本[redacted]視台灣為殖民地，故以暴力壓迫人民盲目服從，嚴刑峻法以維持社會秩序。現在台灣光復了，我們的警察人員不能以日本警察的強暴方式來對待台灣同胞，要以溫和合理的辦法來規過勸善。不過以溫和合理的辦法來做事，必須有更多的警察人員[redacted]訓練，

臺灣省行政長官公署

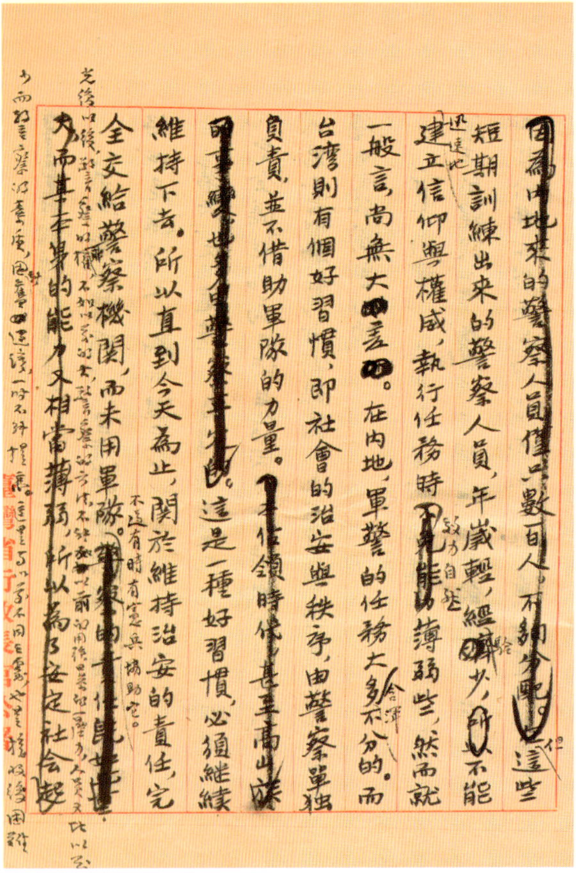

~~因為由內地來的警察人員僅只數百人，不夠分配，~~這些短期訓練出來的警察人員，年歲輕，經[redacted]少，[redacted]不能建立信仰與權威，執行任務時[redacted]薄弱些。然而就一般言，尚無大[redacted]。在內地，軍警的任務大多不分的。而台灣則有個好習慣，即社會的治安與秩序，由警察單獨負責，並不借助軍隊的力量。[redacted]這是一種好習慣，必須繼續維持下去。所以直到今天為止，關於維持治安的責任，完全交給警察機關，而未用軍隊。[redacted]

~~大而其本身的能力又相當薄弱，所以為了安定社會起~~

臺灣省行政長官公署

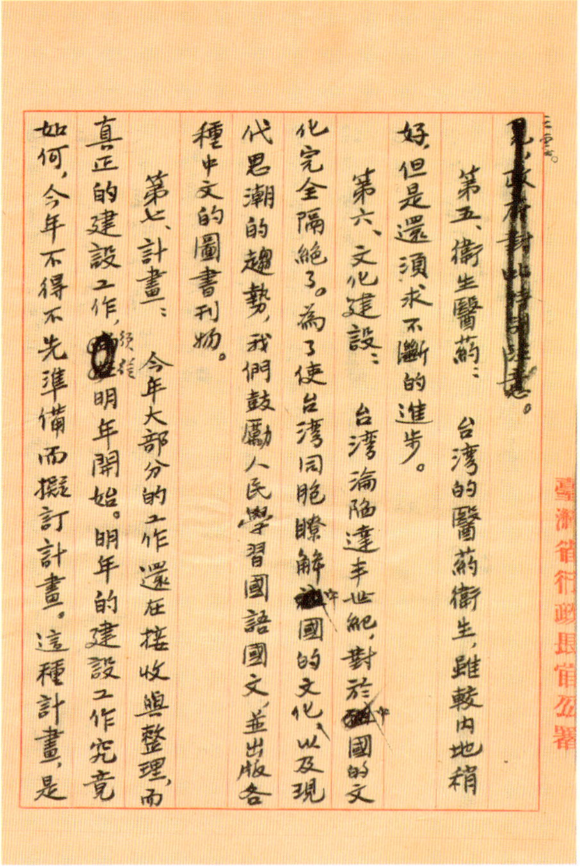

[redacted]

第五、衛生醫藥：台灣的醫藥衛生，雖較內地稍好，但是還須求不斷的進步。

第六、文化建設：台灣淪陷達半世紀，對於[redacted]國的文化完全隔絕了。為了使台灣同胞瞭解[redacted]國的文化，以及現代思潮的趨勢，我們鼓勵人民學習國語國文，並出版各種中文的圖書刊物。

第七、計畫：今年大部分的工作還在接收與整理，而真正的建設工作，[redacted]明年開始。明年的建設工作究竟如何，今年不得不先準備而擬訂計畫。這種計畫，是

臺灣省行政長官公署

按照三民主義而擬定的。至於計畫的執行，是否切實，則希望各位以三民主義的尺度來衡量，如有不符，請貴會不客氣的予以批評和指示，政府必能坦白地接受。

要實行三民主義，必須有下述三種條件：

(一)信仰——必須全省同胞對於三民主義有普遍而堅定的信仰。

(二)有政策有計畫——若無實行三民主義的政策與計畫，枝枝節節的遇事臨時應付，必無成就可言。

(三)領導人材——必須各部門都有領導人材，推動一切，方能完成建設。

蘇聯的第一個五年計畫和第二個五年計畫之能迅速圓滿成功，即賴他們全國人民有普遍堅定的信仰，具體切實的政策與計畫，和各部門的領導人材。台灣的建設欲要迅速美滿，必須充实這三個條件。

我上面所說的政府一年來所做的工作，以及實行三民主義建設的三個條件，其實都是實行憲政的準備。現在國民大會正在南京開會，必能制定一部圓滿的憲法。待憲法頒布之時，我們台灣必須求其能夠順利地行憲。不過我們所實行的憲政乃是三民主義的憲政，我們實行的民主，乃是三民主義的民主。希望憲法頒布以後，我們大家要大大的宣傳。因為民主與專制的分別，一在法治，一在人治。法治的社會，人民都須在法律以内過生活，要人民守法，必要先使人民明法。所以憲法頒布以後，我們務要廣為宣傳，使全體人民明白三民主義的憲法，那末，實行三民主義的憲政，方能順利無阻。

到實施憲政的時期，我們必須強化政權和治權。關於強化政權，各位一定能夠努力。關於強化治權，今後將做下列四種工作。

(A)充實公務人員的能力：最要緊的是要公務人員能通曉國文國語。現在台湾的公務人員，本省籍的佔四分之三。這四分之三的公務人員，負責任，守紀律，服理從善，辦事認真；而其唯一的缺點是不通國文國語，以致影響工作效率。為提高工作效率起見，必須使全省公務人員迅速通曉國文國語，以充實工作能力。

(B)切實實行地方自治。以往我國的政治，總是上級對下級機關約束太嚴，限制太緊。省級對縣級亦犯這個毛病，所以地方自治無從實現。今後本省將對縣級機關儘量放寬，予以經濟權及人材等等，使縣不僅為自治的政治單位，且為自治的經濟單位。

(C)公平分配接收日人之土地： 日本統治台灣時代，對資本家及官吏予以種種保護與優待，而對一般窮苦人民的生活，則不[redacted]關痛癢，反而多所剝削。現在我們要改正這種現象，全力來提高一般人民的生活。本省農民人口佔大多數，提高農民的生活，擬先[redacted]有計畫的將所接收的日人土地公平合理的分配給一般農民，經營合作農場，以提高他們的生活水準。

(D)並發展公營事業製造國家資本： 國父指示我們建設一個人人有工做，人人有飯吃，富強康樂的中國。要達到這個目的，必須發展生產。但是我們現在已不能依照資本主義國家的方式去發展生產了，我們應依據國父遺教，辦理公營事業，製造國家資本，來發展生產。這不是一件容易事情，因為在思想上有問題。一般人受了舊思想的束縛，以為發財乃是個人的事情，國家是不能發財的，國家發財就是「與民爭利」。這種錯誤的思想，實在因為他們把從前的皇帝和現在的國家混為一談了。從前皇帝發財，供他個人享受，這是「與民爭利」。現在國家發財，將收入平均分配給全體人民，這是「為民造利」，怎能說是「與民爭利」呢？我們要以公營事業來製造國家資本，以發展生產，必須先把這種思想上的錯誤糾正。這一點，希望大家向一般人民闡釋明白。至於公營事業的管理，經營及技術等等問題，政府今後必悉力研究，總求比私營事業更經濟，更有效。同時，還希望人民的協助，共同研究，以謀改進。

這四項強化治權的工作，[redacted]明年內希望[redacted]能完成。

[redacted]國父指示我們在經濟建設及建國工作之中，各部門的工作同志要互助，而不是鬥爭。否則的話，用力多而收效少，建設工作必受極大的阻礙。蔣主席前次到台灣來，亦指示我們要團結，合作，互助，自動。這四句話，每一個工作同志都應拳拳服膺。只要做到這四點，我們的心理建設可說大部完成了。我認為

我們的政治乃是整体的，行政、司法、立法三方面，應該互尊互助，不是對立，而是協同一体。我們大家應該團結一致，不分畛域，來共同建設三民主義的新台灣。

今天我有機會能夠在此致詞，實感十分榮幸。希望大家互助合作，協力建設。祝各位健康，祝各位成功！

（完）

可
儀 一、二八、

和平日報台灣版記者沈嫄璋請求謁見，叩詢對於準備行憲之意見。當請其提出書面問題數則，擇可以答覆者擬定答案，如可用，交其發表。沈記者固請謁見數分鐘，俾能寫印象記云，如何敬乞
裁示

士鎔 一、十八

臺灣省行政長官公署便條

請打字兩份

長官答和平日報記者問　卅六、一、十八、

一、願聞長官對於憲法之感想，及本省實施憲法之準備要點，有無若何困難或須特加努力克服之處，盼請概括見示。

答：中國經過五十多年的革命奮鬥，才制定了中華民國憲法。這部神聖莊嚴的憲法，其中每一個單字，每一條條文，都滲透着無數革命先烈的血跡。翻閱制憲的歷史，可知憲法得來不易，我們應該信仰它，遵守它，實行它。實行憲法，應有準備工作，各省的環境不同，準備的工作亦異。就本省準備行憲的工作要點而言，第一，向本省人民宣傳憲法的內容與精義，養成人民知法守法的普遍習慣。第二，充實地方自治，培養人民積極性的自治能力，使能達到縣為自治單位的目的。第三，訓練公務人員熟習國語國文，提高行政效率，使政府有能，配合有權的人民的指導，執行政務。第四，加強縣市地方的經濟職能，增加生產，使物豐民富，厚植地方自治的基礎，提高人民對政治的興趣。至於準備行憲期間所將遭遇的困難，雖難逆料，諒不可免。惟賴我全省人民有實行憲政的決心和信心，屆時必能一一予以克服。

二、本省現尚沿用若干日本佔據時期之法規，及省署制頒之單行法規，其中是否有與憲法相牴觸，須加以分別修改或廢止者？

答：本省尚沿用若干日本佔據時期之法規，係避免人民因法制劇烈變動而引起混亂或痛苦，是一時的權宜之計；不問此項法規是否牴觸憲法，正在逐漸廢止中。至於省署制頒之單行法規，多依據中央法規。凡與憲法牴觸之中央法規，必須分別修改或廢止，本省單行法規亦無例外。

三、省與縣均為地方自治單位，本省現有之八個縣九個省轄市，範圍較大，將來實施憲政時，對於縣區是否重行畫分？

答：不擬重行畫分。

四、人民的自由與權利，在憲法第二章中已有詳盡之規定，即官吏違法侵害人民的自由與權利，應負刑事及民事責任，而被害人民得向國家請求賠償。但任何觀念及習慣，均係由積漸養成，在此準備行憲期中，對權力機關及官吏之違法侵害人民的自由或權利，應如何加以制止，本省當局對此將採取若何之有效措置，以養成守法精神，而奠定實施憲法之基礎？

答：守法精神為行憲最重要的條件之一。要公務人員不違法侵害人民的自由或權利，本省所採之有效措施分(1)治本的—使公務員熟知憲法所規定之人民的自由或權利。(2)治標的—凡公務員侵害人民之自由與權利者，將移送法院秉公懲處。如此必可養成公務員之守法精神。

五、憲法規定人民有言論及出版等自由，憲法公佈後，刊物及報紙之出版，是否仍應受申請登記之限制，或經其他審查手續？輿論為民主政治之基石，在此準備行憲期中，省當局將如何予以保障？更如何進而加以扶植？

答：人民有言論及出版等自由，憲法已經規定，勢在必行。但現在出版法尚未取消，依據法律，刊物及報紙之出版尚須辦理申請登記等手續。一俟出版法廢止以後，此種手續即可取消。本省自光復以來，對於輿論（言）論（自由、）向極重視，~~言論自由，超過任何其他一省。今後在準備行憲期中當依據法律以保障輿論~~，決不作違法干涉的舉動。至於扶植輿論，亦是民主政府的施政工作之一，凡關於郵電，印刷，紙張等與新聞雜誌等有關事物，將盡力謀其發展，給輿論界以種種方便。

六、憲法規定人民不分男女、種族，一律平等，本省之婦女及少數民族之高山同胞，因經濟及文化比較落後，應如何提高其文化水準，增進其經濟能力，而輔導其參加憲政，此點未知省當局有否計及？

答：關於女子教育，本省自光復以來，即實施與男子一律平等之制度。今日只要本省婦女自身努力，大學之門已經敞開，出國深造機會亦極平等。婦女接受教育的程度提高，經濟能力自然增強。高山同胞的教育與經濟問題，政府尤為注意。為改善高山同胞之生活，提高其文化教育，公署已組織高山族施政研究委員會，研究各項問題，以供行政參考。現在高山族區域內，日本佔領時代之各種壓迫設施，業已全部廢除。高山同胞已經完全解放，享受平等待遇。教育方面，已將原有蕃童教育所一律改為國民學校，與平地教育同樣辦理。地方自治，已選舉鄉民代表，設立民意機關，提高其自治能力。此後只要逐步進展，高山同胞之智力體力財力，必能充分發展，達到參加憲政之目的。

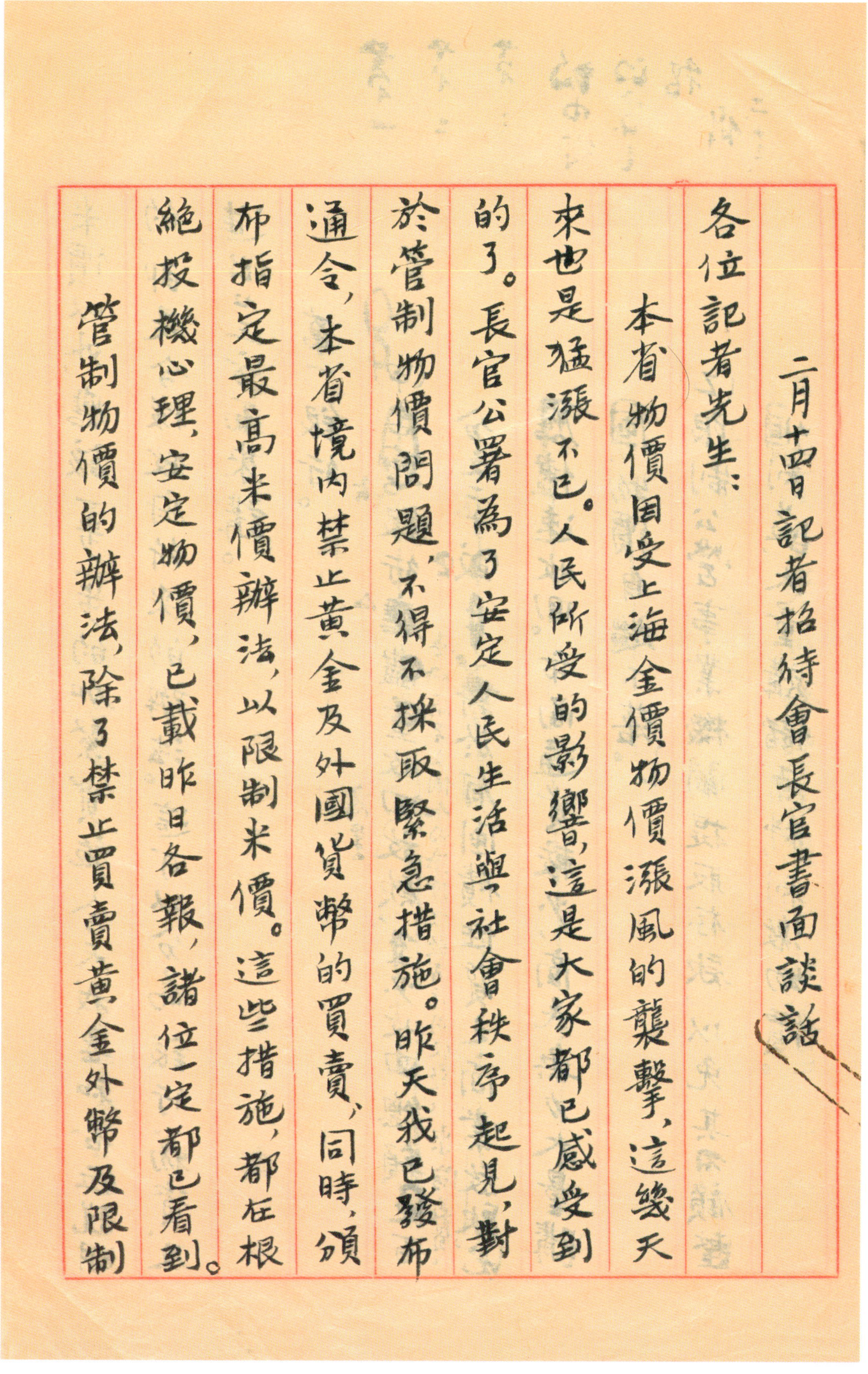

二月十四日記者招待會長官書面談話

各位記者先生：

本省物價因受上海金價物價漲風的襲擊，這幾天來也是猛漲不已。人民所受的影響，這是大家都已感受到的了。長官公署為了安定人民生活與社會秩序起見，對於管制物價問題，不得不採取緊急措施。昨天我已發布通令，本省境內禁止黃金及外國貨幣的買賣，同時，頒布指定最高米價辦法，以限制米價。這些措施，都在根絕投機心理，安定物價，已載昨日各報，諸位一定都已看到。

管制物價的辦法，除了禁止買賣黃金外幣及限制

第一 第二 第三 均由財政部之稿擬 二、十三、

米價以外，應該一步一步的加緊實施，今天我要和各位說明的，即是今後政府所採的辦法。這可以分為銀行、物資、及進出口三方面來講。

第一，銀行。

（甲）各銀行應儘量收回商業放款，至少收回總額百分之二十或卅，對於有囤積性質之商業放款尤應儘速收回。（無論商店及個人的抵押放款或信用放款，以緊縮通貨。）市面通貨較少，商民無力大量購囤，物價自趨下落。

（乙）限制公營事業機關提取存款。以免其有餘資不顧整個利益，大量購儲原料，刺激物價。

(丙)提高台幣與法幣之匯率，開放匯兑。惟匯款須經政府核定。嚴格審核。

第二、物資

(甲)公營事業機關不准囤購物資，刺激物價。

(甲)公營事業機關所有成品須儘量出售。

(丙)自二月十五日起至三月三十一日止，全省公營事業一律不准加價。

(丁)火車，水，電，自二月十五日起，減價百分之十。

第三、進出口

(甲)限制進口。除本省所需而由貿易局進口之貨

自來水應電令各縣市政府遵辦
儀

物外，其餘進口貨物，不准起卸的已到之貨均暫存倉庫，不得發售。未出存倉貨物非經政府核准擅行提出

（乙）限制出口。除本省非生活生產必需之貨物，可由貿易局出口外，其餘未經台航公司承運並台灣銀行結匯之貨物，一律不得出口。

（丙）除基隆、高雄、台中、馬公、花蓮五港口外，其餘港口一律不准停泊船隻，以杜走私。

這些步驟，能夠徹底做到，則本省物價必能漸趨平穩，人民生活亦可安定。這是全省人民切身有關的事情，希望各位廣為宣傳，人民全力支持。（完）

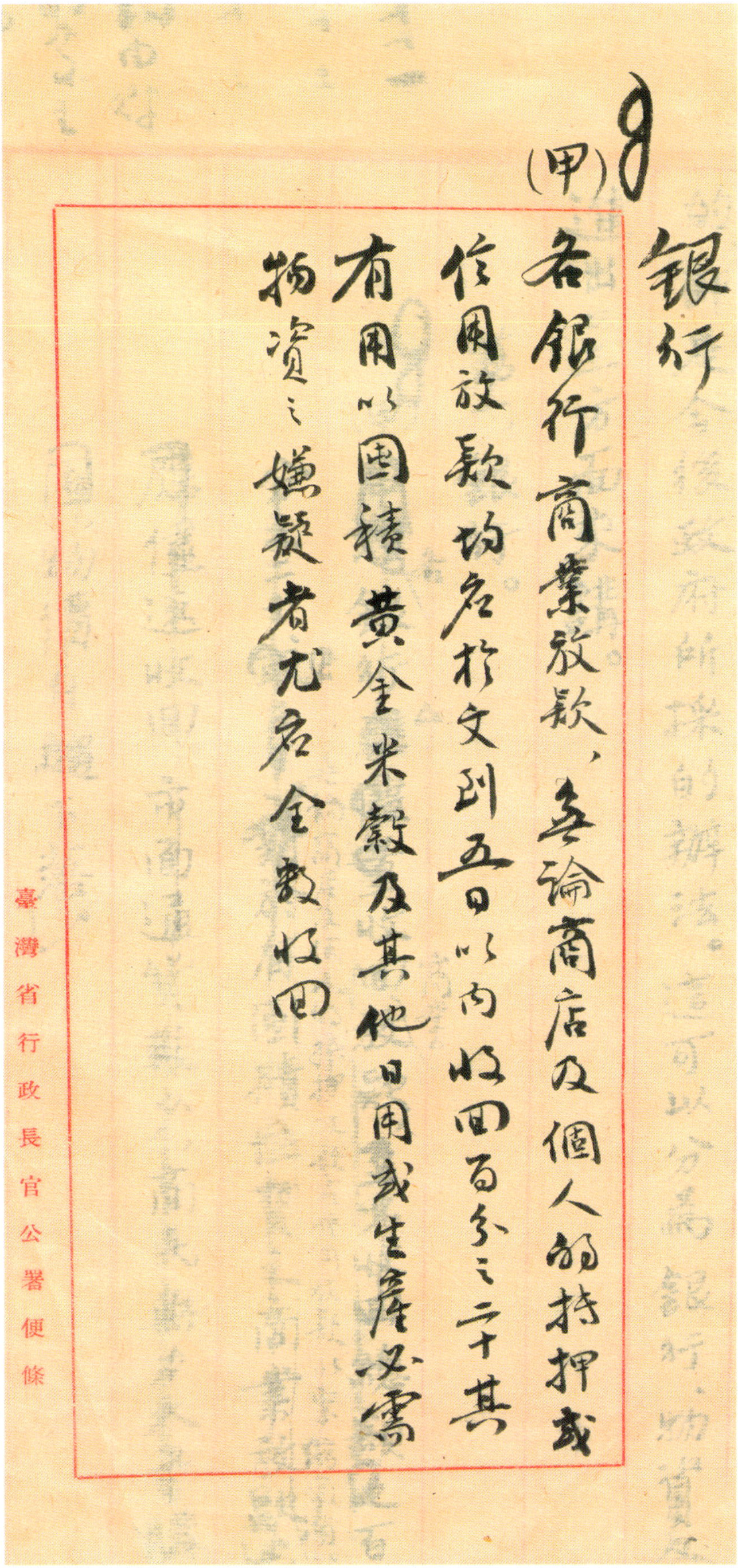

銀行

(甲) 8

各銀行商業放款，無論商店及個人的抵押或信用放款均應於文到五日以內收回百分之二十，其有用以囤積黃金米穀及其他日用或生產必需物資之嫌疑者尤應全數收回

臺灣省行政長官公署便條

(二
519

此份归档

臺灣省政府施政報告

卅六年六月

(34)

服

96550

說明：

一、本報告所列施政期間，自卅五年十二月省參議會第一屆第二次大會閉幕日起，至卅六年六月十五日止。

二、各單位報告編列順序，依各廳處局暨附屬機關送編之順序。

三、本府改組工作正開展中，各廳處局組織系統及附屬機關之隸屬關係，正待研討確定，茲編所列，暫就各省之通例辦理。

四、提供報告之單位，以省政府所屬第一級機關爲限，其附屬機關工作已編成者即附在各所屬機關之後。

五、物資調節委員會現正進行籌組設立，所有本年六月以前本省貿易局工作，仍由省貿易局提出報告。

六、氣象局隸屬問題尚未確定，關於該局工作報告，暫附列建設廳施政報告之後。

七、上次大會決議案執行情形，另行編送。

，并將重要議案編訂爲「臺灣省充實地方自治辦法」，通飭所屬切實執行。

（四）公民訓練

本省第一期公民訓練，各縣市先後於卅五年底結訓，根據過去辦理經驗，參酌現實情況，訂定改進辦法，通飭實施。第二期公民訓練定本年二月十日開訓，每期一個月，以普及國語、國文，灌輸憲法常識爲中心。爲增進公民受訓興趣起見，商請省立臺北民衆教育館組織電化教育巡迴施教隊，赴各地放映，並由省公民訓練委員會派員協助辦理，該隊於二月廿六日出發，因二、二八事件發生，中途回省。此外，由省公民訓練委員會逐日編撰廣播教材，交由臺灣廣播電臺按時播放，收效頗宏。

（五）政令宣導

一、機構改隸　本省政令宣導業務，原屬前行政長官公署宣傳委員會主辦，自本年三月十五日宣傳委員會撤銷後，該項業務，即由前行政長官公署民政處第一科增設宣導股，繼續辦理。改制後，仍由本廳第一科設股辦理，至各縣市政令宣導工作，仍依照前宣傳委員會訂定卅六年度政令宣導工作計劃，繼續執行。

二、宣傳憲法　爲加强本省人民認識憲法，以作行憲準備起見，由省大量印刷中華民國憲法，分發各縣、市、區、鄉、鎮政令宣導員，轉發民間，以廣宣傳。

三、取締未經核准登記之新聞什誌　各縣市未經核准登記之新聞什誌，由各縣市政令宣導員隨時注意查明，依法禁止發行。

四、查禁違禁之書刊唱片歌譜　凡違禁之書刊及唱片歌譜，尤其是日人出版之文化遺毒書刊以及頌讚皇家皇軍之曲詞唱片，由各縣市政令宣導員隨時注意查禁。

五、檢查電影　凡有關傷害風化未經審查核准獲得准演證之影片，一律禁止放映。

六、舉行記者招待會暨發佈新聞　爲使外界明瞭政府施政情形起見，除省政方面仍由秘書處新聞室主持定期舉行記者招待會外，各縣市由政令宣導股長定期舉行記者招待會，函請當地各報社通訊社新聞記者列席，由縣市長暨各主管局科長及宣導股長分別報告各主管部門施政概況，並答復記者一切詢問，關于施政消息暨地方新聞，亦由縣市政府宣導股按日發佈，分送各報社刊登。

七、樹立各種標語壁報漫畫木牌　爲促使民衆普遍注意政府頒布之政令起見，由各縣市政令宣導股設計在各重要街衢車站公園

三

等處，樹立木牌，張貼各種政令簡明標語、漫畫或時事照片等。

（六）山地行政

一、强化山地行政機構　山地鄉村機構，於去年四月間成立，本年度爲管理上便利起見，行政區域略予調整，計臺北縣增設一村，臺東縣增設二村，現全省山地共爲卅鄉，一六五村，至鄉公所員額職掌，亦經調整，擴充衛生、教育機構，並加强各部門之聯繫，至山地經費，去年以補助方式撥補經費，今年度已列入省預算，按月由省庫撥滙各縣轉發，計全年預算爲臺幣一三五、八七一、九四七元，內行政費一一四、二四四、九二〇元，事業費二一、六二七、〇二七元，行政費因三月間公務員生活待遇調整，再行追加，現合計全年爲臺幣一七二、四一〇、七八七元。

二、配發山地救濟物品　山地生產落後，人民貧困，物資缺乏，日用品來源不易，故須加以救濟，本年一月間商同供應局撥發農具二、九二四件，分發花蓮臺東新竹等縣山地人民，二月間商同貿易局低價配售足袋鞋一四、八七五雙，四月間商同臺灣救濟分署配發蚊帳及布料，及前民政處存餘衣服八、五五七件，經於五月間派員監發。

三、加緊推行山地教育　上年度全省山地計設國民學校一四三校，本年度幷在未設校之村落，普設國校或分班，計全省設一四五校，三九四班，教員四四〇人。每月經費爲臺幣四、六八四、二八〇元。惟山地交通不便，教育人員，羅致不易，本年經舉行甄選，素質已漸提高。此外爲增進山地人民職業智能，發展山地農村經濟，去年於臺北、新竹、臺中、臺南、高雄、臺東、花蓮等七縣，各設農業講習所一所，本年將前項農業講習所，擴充爲職業補習學校，視各縣實際需要，設置農業、蠶業及手工業各科，全省每月經費爲臺幣八一三、九二八元，現各縣已相繼改組完成。

四、出版山地通訊週刊　山地文化，在過去日本箝制之下，極爲低落，且僅識日本文字，對於祖國語言文字，尚未熟習，爲灌輸現代文化，普遍宣導政令計，經出版山地通訊週刊一種，每週摘錄國內外重要消息，暫以日文譯載，已於本年一月出版。

五、擴充山地衛生機構　上年度爲便利山地人民疾病醫療起見，山地每鄉設置衛生所一所，并指定人口稠密之村落，設置療疾防治所，本年度爲加强山地醫療防疫保健工作，山地各村，普遍設立衛生分所，計全省現有衛生所三十所，衛生分所一三五所，每月經費臺幣二、四七五、〇〇〇元。

六、加强山地經濟設施　山地經濟極度貧乏，一般人民生活，仍滯留於原始狀態，日治時代對山地雖亦略有建設，如架設橋樑、開闢道路、修築水圳等，然在戰爭期中，無暇顧及，均已破壞無遺。去年雖經積極興修，因損壞範圍甚廣，需要經費亦

四

莊，一時自難全數完成。本年度上半年，一方面繼續未完工作，一方面開展各項建設，茲分述如下：

（一）農田水利　各縣山地原有之水圳，因年久失修，大都破壞，除去年已修復七十六處外，本年度上半年仍繼續舉辦，計修復四十一處。

（二）道路橋樑　去年度已修復橋樑卅座、道路兩處外，本年度上半年計修橋七座，至烏來鄉一段公路崩壞，現已撥款修復中。

（三）集體移住　高山地帶，交通不便，氣候惡劣，且生產不良，故須逐漸移住平地，惟所需經費浩大，短期內無法完成，本年開始移出者，有花蓮縣秀林鄉銅門村、富世村之巴蘭郎、砂加東、司獨岸、夏魯台等四部落，計壹百貳拾戶，撥給移住費臺幣八四四、〇〇〇元，水田一、四五五畝。

（四）公共造產　爲奠定山地經濟基礎，發展山地經濟事業，乃將山地原有之小規模工廠，撥歸山地鄉公所經營，幷由省撥款補助，現已設立者，計有：臺北縣太平、南澳、烏來等三鄉鋸木工廠，撥助經費計臺幣七八〇、〇〇〇元，又新竹縣之橫龍山牧場，亦在辦理中。

（五）合作社及民生商店　山地交通不便，日用品購買困難，日人時代曾設交易所，辦理日用品買賣業務，并以之控制山地經濟，現此項機構，業已取銷，另組合作社或民生商店，由山地人民自行經營，辦理日用品之供應及山地產品之運銷，藉以建立山地經濟基礎。

（七）戶籍行政

一、健全鄉鎮區村里戶政機構　本省自三十六年度起，遵照修正戶籍法之規定，以鄉鎮區長兼任戶籍主任，並指定戶籍幹事（鄉、鎮公所）或戶籍助理員（區公所）一人兼戶籍副主任，所有鄉鎮區戶籍副主任、戶籍員、戶籍助理員，專辦戶籍，以專責成，爲嚴密戶口查記起見，並規定由縣市政府視實際情形，聯合數村、里設聯合辦公處，專設村、里戶籍員及幹事分辦戶口查記事務。

二、完成初次設籍登記　本省各縣市一律自三十五年十月起，實施戶籍法，經訂頒臺灣省各縣市辦理戶籍登記實施程序及初次設籍登記進度表，通飭施行，各縣市如期辦理，並於三十五年十二月底完成，本年二、二八事變發生，各縣市戶籍書卡間有少數損失，已飭補辦完成，茲將設籍結果全省現住人口統計列後（以下各表均係根據三十五年十二月之統計且不包括外僑）

五

甲、戶口統計

區域別	村（里）數	鄰數	戶數	人口數 共計	人口數 男	人口數 女
總計	[illegible]	[illegible]	[illegible]	[illegible]	[illegible]	[illegible]
臺北縣	[illegible]	[illegible]	[illegible]	[illegible]	[illegible]	[illegible]
新竹縣	[illegible]	[illegible]	[illegible]	[illegible]	[illegible]	[illegible]
臺中縣	[illegible]	[illegible]	[illegible]	[illegible]	[illegible]	[illegible]
臺南縣	[illegible]	[illegible]	[illegible]	[illegible]	[illegible]	[illegible]
高雄縣	[illegible]	[illegible]	[illegible]	[illegible]	[illegible]	[illegible]
臺東縣	[illegible]	[illegible]	[illegible]	[illegible]	[illegible]	[illegible]
花蓮縣	[illegible]	[illegible]	[illegible]	[illegible]	[illegible]	[illegible]
澎湖縣	[illegible]	[illegible]	[illegible]	[illegible]	[illegible]	[illegible]
臺北市	[illegible]	[illegible]	[illegible]	[illegible]	[illegible]	[illegible]
基隆市	[illegible]	[illegible]	[illegible]	[illegible]	[illegible]	[illegible]
新竹市	[illegible]	[illegible]	[illegible]	[illegible]	[illegible]	[illegible]
臺中市	[illegible]	[illegible]	[illegible]	[illegible]	[illegible]	[illegible]
彰化市	[illegible]	[illegible]	[illegible]	[illegible]	[illegible]	[illegible]
嘉義市	[illegible]	[illegible]	[illegible]	[illegible]	[illegible]	[illegible]
臺南市	[illegible]	[illegible]	[illegible]	[illegible]	[illegible]	[illegible]
高雄市	[illegible]	[illegible]	[illegible]	[illegible]	[illegible]	[illegible]
屏東市	[illegible]	[illegible]	[illegible]	[illegible]	[illegible]	[illegible]

備考　一本表臺中縣戶數人口數仍包括南屯北屯西屯三鄉在內

二本表臺北縣戶數人口數仍包括七堵鄉在內

乙、籍別統計

六

元，已售六千餘册。以上三書連同其他本店出版之語文書籍，凡語文補習班批購，一律八五折優待，藉以減輕讀者負擔。

三、民衆讀物及一般書刊

本店出版之民衆讀物及一般書刊自去年十二月起至本年五月止如左表，此項書刊，僅五種銷路較佳。

書類	種數	共計册數	編著者
名著譯叢	二	四、〇〇〇	省編譯館
光復文庫	一〇	二〇、〇〇〇	省編譯館
注音國語活葉文選	四	三五、〇〇〇	國語推行委員會
活葉英文選注	三	七、〇〇〇	師範學院英文系主任張易
國民教育指導月刊	三期	一二、〇〇〇	教三科
其他一般書刊	一一	七〇、〇〇〇	教三科、國語會、本店、外稿、
合計	三三	一四八、〇〇〇	

四、經售外版書刊

經售外版書刊，一部份係本店購自上海各書店，一部份係同行或私人將其出版品委托本店代售。本年度原擬赴京滬大批採購，並與國內各大出版家商訂特約經銷，俾國內外新出版物得源源運來本省，藉以充實本省精神食糧，因種種關係，未能舉辦。綜計以往六個月內，約銷售一百五十種，一萬册左右。

附二：臺灣省博物館工作報告

本館分研究，陳列，總務三部員工二十八人月支經費四萬一千元除總務外經常着重研究與陳列而兩者工作之進展繫於相互推動本館本年度工作如經費可能追加當隨時增加新件外仍爲整理並鑑定原有接收物品故屬研究方面爲多，舉其工作要點如左。

一、研究部

一、改訂脊椎動物標本。

二、搜集有關臺灣魚類文獻，地質資料及與內地有關史料。

三、整理動物及蝶類標本

四、鑒定魚類標本，礦石岩石標本學名。

13

第一　民政廳施政報告

本廳於本年五月十六日奉令成立，接管前行政長官公署民政處部份工作，其業務範圍，除社會、衛生、營建等三項，分別劃歸社會處、衛生處、公共工程局接管外，其餘各部門機構人員多未變動，工作方面，除應行興革者外，暫照原有計劃，積極推進，以求銜接。茲就過去半年來之民政工作，分爲十一項，條述如後：

（一）調整縣市行政區域及機構

一、調整縣市區域　本省縣市行政區域，上年度業經調整竣事者，計有：新竹、臺南、嘉義、屏東四市，本年上半年度復經整理劃併者，計有：基隆、臺中二市，調整情形如次：

1　基隆市：將臺北縣轄之七堵鄉全部劃併基隆市管轄，於本年一月十八日移接竣事。

2　臺中市：將臺中縣轄之西屯、南屯、北屯三鄉全部劃併臺中市管轄，於本年二月十五日移接竣事。

二、裁併區署　各縣區署，至上年十二月底共有四十五所，本年一月起，復經先後裁撤七星、蘇澳、海山、屏東、關山、新港等六區，現共有區署三十九所。

三、調整自治區域　自治區域，數月以來，續有調整，現有二一三鄉（山地鄉在內），七〇鎮，六五區，下轄二、九二七村，三、三三〇里，編七八、七九〇鄰。

四、調整縣市機構　本省縣市政府組織，上年度已予調整，本年度爲準備實施憲政，對於縣市機構，除將原有各級機構加强組織，提高工作效率外，並先後增設合作室（或課股）、軍事科，藉以充實機構，便利業務之開展。

五、調整自治機構　爲配合實施憲政，對於縣級以下之自治機構，自應力求健全，經依照本省充實地方自治辦法之規定，鄉鎮公所改設民政、經濟、財務、文化四股，並另設總幹事一人，秉承鄉鎮長之命，綜理鄉鎮一切事務。省轄市區公所編制，得比照調整，以臻充實。村里辦公處，如因財力關係，得以二至五村里，依自然區域之劃分，設村里聯合辦公處，與警察派出所儘量配合，密取聯繫。至員額配置，得由縣市長依業務情形與實際需要，妥加調整，所需經費，在原核定預算內，如有不敷時，得另闢財源，依法辦理追加，俾資應用，現各縣市正依照辦理中。

六、健全自治幹部　爲切實保障區鄉鎮公所職員，不隨區鄉鎮長之進退而進退或被任意調動計，對已受訓自治人員，非因特殊

16

情節，不得更換，未受訓者，擬于本年內分期予以訓練，第一期已於一月六日開始，調訓平地鄉鎮長五十人，山地鄉鎮長三人，二月底結訓。第二期原擬接續辦理，嗣因二二八事變暫緩。在平時，爲增進職員智識及工作能力起見，規定每月由縣市政府主管局（科）長分別召集鄉鎮區公所人員業務講習一天至三天（縣之區域遼濶者，得分區舉辦），及由鄉鎮區長召集村里長及辦公處幹事業務講習一天，並規定每年由縣市政府分別集中全縣市村里鄰長舉辦村里鄰長講習會兩次，分上下半年行之，每次一星期，所需經費、教師、教材暨辦理手續等，均於村里鄰長講習會辦法中詳細規定，經前民政處通飭遵照辦理。

七、加强村里民大會　村里民大會，爲訓練人民行使四權之最好場所，自應加强督導，經訂定每月十五日召開一次，開會時，會場裝設收音機，俾各村里人民直接收聽省縣市各級主管廣播詞。同時訂頒村里自治活動中心項目十二項，每月舉辦一項，其順序如下：①福利②正俗③勞動④生產⑤衛生⑥合作⑦自治⑧文化⑨體育⑩節約⑪冬耕⑫冬防，每項列舉四種綱要，經由前民政處通飭各縣市政府詳訂應辦事項，按月督導，切實推行，並予考核。

八、推行公共造產　本省推行公共造產，原列爲本年度工作計劃之一，經前民政處飭各縣市就實際地方情況舉辦推行，各縣市多已釐訂計劃，嗣於三月間奉行政院從壹字第（七四一三）號令頒改進辦法原則：（一）辦理著有成績者，仍准繼續興辦，隨時報核。（二）辦理成績未著或滋生流弊者，應即停辦。（三）尚未開始辦理者，可暫緩辦。等因；當經分令各縣市政府遵照改進矣。

（二）辦理公民宣誓登記及公職候選人檢覈

本省公民宣誓登記及公職候選人檢覈兩項工作，經照本年度計劃繼續辦理，嗣奉內政部民四卯字第（三九三五）號代電及考選委員會三六京會公字第（二二六五四）號公函，分別以上兩項工作於本年一月一日公布之中華民國憲法中尚無規定，可予停辦。故除未了之考試檢覈案件，儘速清理外，經由前民政處通飭遵照。

（三）舉行首次全省行政會議

本省光復以來，百政設施，已具端倪，爲檢討過去一年來之行政利弊得失及今後興革事宜，特於本年一月間，召開首次全省行政會議，俾集思廣益，制成方案，以供推行。會議於一月六日開幕，共收提案六十一件，均經本會決議，至同月十日完滿閉幕

，並將重要議案編訂為「臺灣省充實地方自治辦法」，通飭所屬切實執行。

（四）公民訓練

本省第一期公民訓練，各縣市先後於卅五年底結訓，根據過去辦理經驗，參酌現實情況，訂定改進辦法，通飭實施。第二期公民訓練定本年二月十日開訓，每期一個月，以普及國語、國文，灌輸憲法常識為中心。為增進公民受訓興趣起見，商請省立臺北民眾教育館組織電化教育巡迴施教隊，赴各地放映，並由省公民訓練委員會派員協助辦理，該隊於二月廿六日出發，因二二八事件發生，中途回省。此外，由省公民訓練委員會逐日編撰廣播教材，交由臺灣廣播電臺按時播放，收效頗宏。

（五）政令宣導

一、機構改隸　本省政令宣導業務，原屬前行政長官公署宣傳委員會主辦，自本年三月十五日宣傳委員會撤銷後，該項業務，即由前行政長官公署民政處第一科增設宣導股，繼續辦理。改制後，仍由本廳第一科設股辦理，至各縣市政令宣導工作，仍依照前宣傳委員會訂定卅六年度政令宣導工作計劃，繼續執行。

二、宣傳憲法　為加強本省人民認識憲法，以作行憲準備起見，由省大量印刷中華民國憲法，分發各縣、市、區、鄉、鎮政令宣導員，轉發民間，以廣宣傳。

三、取締未經核准登記之新聞什誌　各縣市未經核准登記之新聞什誌，由各縣市政令宣導員隨時注意查明，依法禁止發行。

四、查禁違禁之書刊唱片歌譜　凡違禁之書刊及唱片歌譜，尤其是日人出版之文化遺毒書刊以及頌讚皇家皇軍之曲詞唱片，由各縣市政令宣導員隨時注意查禁。

五、檢查電影　凡有關傷害風化未經審查核准得准演證之影片，一律禁止放映。

六、舉行記者招待會發佈新聞　為使外界明瞭政府施政情形起見，除省政方面仍由秘書處新聞室主持定期舉行記者招待會外，各縣市由政令宣導股長定期舉行記者招待會，函請當地各報社通訊社新聞記者列席，由縣市長暨各主管局科長及宣導股長分別報告各主管部門施政概況，並答復記者一切詢問，關于施政消息暨地方新聞，亦由縣市政府宣導股按日發佈，分送各報社刊登。

七、樹立各種標語壁報漫畫木牌　為促使民眾普遍注意政府頒布之政令起見，由各縣市政令宣導股設計在各重要街衢車站公園

三

等處，樹立木牌，張貼各種政令簡明標語，漫畫或時事照片等。

（六）山地行政

一、強化山地行政機構　山地鄉村機構，於去年四月間成立，本年度為管理上便利起見，行政區域略予調整，計臺北縣增設一村，臺東縣增設二村，現全省山地共為卅鄉，一六五村，至鄉公所員額職掌，亦經調整，擴充衛生、教育機構，並加強各部門之聯繫，至山地經費，去年以補助方式撥補經費，今年度已列入省預算，按月由省庫撥滙各縣轉發，計全年預算為臺幣一三五、八七一、九四七元，內行政費一一四、二四四、九二〇元，事業費二一、六二七、〇二七元，行政費因三月間公務員生活待遇調整，再行追加，現合計全年為臺幣一七二、四一〇、七八七元。

二、配發山地救濟物品　山地生產落後，人民貧困，物資缺乏，日用品來源不易，故須加以救濟，本年一月間商同供應局撥發農具二、九二四件，分發花蓮臺東新竹等縣山地人民，二月間商同貿易局低價配售足袋鞋一四、八七五雙，四月間商同臺灣救濟分署配發蚊帳及布料，及前民政處存餘衣服八、五五七件，經於五月間派員監發。

三、加緊推行山地教育　上年度全省山地計設國民學校一四三校，本年度并在未設校之村落，普設國校或分班，計全省設一四五校，三九四班，教員四四〇人。每月經費為臺幣四、六八四、二八〇元。惟山地交通不便，教育人員，羅致不易，本年經舉行甄選，素質已漸提高。此外為增進山地人民職業智能，發展山地農村經濟，去年於臺北、新竹、臺中、臺南、高雄、臺東、花蓮等七縣，各設農業講習所一所，本年將前項農業講習所，擴充為職業補習學校，視各縣實際需要，設置農業、蠶業及手工業各科，全省每月經費為臺幣八一三、九二八元，現各縣已相繼改組完成。

四、出版山地通訊週刊　山地文化，在過去日本統制之下，極為低落，且僅識日本文字，對於祖國語言文字，尚未熟習，為灌輸現代文化，普遍宣導政令計，經出版山地通訊週刊一種，每週摘錄國內外重要消息，暫以日文譯載，已於本年一月出版。

五、擴充山地衛生機構　上年度為便利山地人民疾病醫療起見，山地每鄉設置衛生所一所，并指定人口稠密之村落，設置瘧疾防治所，本年度為加強山地醫療防疫保健工作，山地各村，普遍設立衛生分所，計全省現有衛生所三十所，衛生分所一三五所，每月經費臺幣二、四七五、〇〇〇元。

六、加強山地經濟設施　山地經濟極度貧乏，一般人民生活，仍滯留於原始狀態，日治時代對山地雖亦略有建設，如架設橋樑、開闢道路、修築水圳等，然在戰爭期中，無暇顧及，均已破壞無遺。去年雖經積極興修，因損壞範圍甚廣，需要經費亦

四

鉅，一時自難全數完成，本年度上半年，一方面繼續未完工作，一方面開展各項建設，茲分述如下：

（一）農田水利　各縣山地原有之水圳，因年久失修，大都破壞，除去年已修復七十六處外，本年度上半年仍繼續舉辦，計修復四十一處。

（二）道路橋樑　去年度已修復橋樑卅座，道路兩處外，本年度上半年計修橋七座，至烏來鄉一段公路崩壞，現已撥款修復中。

（三）集體移住　高山地帶，交通不便，氣候惡劣，且生產不良，故須逐漸移住平地，惟所需經費浩大，短期內無法完成，本年開始移出者，有花蓮縣秀林鄉銅門村、富世村之魔潙郎、砂加東、同禮岸、夏魯台等四部落，計壹百貳拾戶，撥給移住費臺幣八四四、〇〇〇元，水田一四五五畝。

（四）公共造產　為奠定山地經濟基礎，發展山地經濟事業，乃將山地原有之小規模工廠，撥歸山地鄉公所經營，并由省撥款補助，現已設立者，計有：臺北縣太平、南澳、烏來等三鄉鋸木工廠，撥助經費計臺幣七八〇、〇〇〇元，又新竹縣之橫龍山牧場，亦在辦理中。

（五）合作社及民生商店　山地交通不便，日用品購買困難，日人時代曾設交易所，辦理日用品買賣業務，并以之控制山地經濟，現此項機構，業已取銷，另組合作社或民生商店，由山地人民自行經營，辦理日用品之供應及山地產品之運銷，藉以建立山地經濟基礎。

（七）戶籍行政

一、健全鄉鎮區村里戶政機構　本省自三十六年度起，遵照修正戶籍法之規定，以鄉鎮區長兼任戶籍主任，並指定戶籍幹事（鄉、鎮公所）或戶籍助理員（區公所）一人兼戶籍副主任，所有鄉鎮區戶籍副主任、戶籍員、戶籍助理員，專辦戶籍，以專責成，為嚴密戶口查記起見，並規定由縣市政府視實際情形，聯合數村，里設聯合辦公處，專設村、里戶籍員及幹事分辦戶口查記事務。

二、完成初次設籍登記　本省各縣市一律自三十五年十月起，實施戶籍法，經訂頒臺灣省各縣市辦理戶籍登記實施程序及初次設籍登記進度表，通飭施行，各縣市如期辦理，並於三十五年十二月底完成，本年二、二八事變發生，各縣市戶籍書卡間有少數損失，已飭補辦完成，茲將設籍結果全省現住人口統計列後（以下各表均係根據三十五年十二月之統計且不包括外僑）

五

甲、戶口統計

區域別	村（里）數	鄰數	戶數	人口數 共計	男	女
總計	[illegible]	[illegible]	[illegible]	[illegible]	[illegible]	[illegible]
臺北縣	[illegible]	[illegible]	[illegible]	[illegible]	[illegible]	[illegible]
新竹縣	[illegible]	[illegible]	[illegible]	[illegible]	[illegible]	[illegible]
臺中縣	[illegible]	[illegible]	[illegible]	[illegible]	[illegible]	[illegible]
臺南縣	[illegible]	[illegible]	[illegible]	[illegible]	[illegible]	[illegible]
高雄縣	[illegible]	[illegible]	[illegible]	[illegible]	[illegible]	[illegible]
臺東縣	[illegible]	[illegible]	[illegible]	[illegible]	[illegible]	[illegible]
花蓮縣	[illegible]	[illegible]	[illegible]	[illegible]	[illegible]	[illegible]
澎湖縣	[illegible]	[illegible]	[illegible]	[illegible]	[illegible]	[illegible]
臺北市	[illegible]	[illegible]	[illegible]	[illegible]	[illegible]	[illegible]
基隆市	[illegible]	[illegible]	[illegible]	[illegible]	[illegible]	[illegible]
新竹市	[illegible]	[illegible]	[illegible]	[illegible]	[illegible]	[illegible]
臺中市	[illegible]	[illegible]	[illegible]	[illegible]	[illegible]	[illegible]
彰化市	[illegible]	[illegible]	[illegible]	[illegible]	[illegible]	[illegible]
嘉義市	[illegible]	[illegible]	[illegible]	[illegible]	[illegible]	[illegible]
臺南市	[illegible]	[illegible]	[illegible]	[illegible]	[illegible]	[illegible]
高雄市	[illegible]	[illegible]	[illegible]	[illegible]	[illegible]	[illegible]
屏東市	[illegible]	[illegible]	[illegible]	[illegible]	[illegible]	[illegible]

備考　一本表臺中縣戶數人口數仍包括南屯北屯西屯三鄉在內
二本表臺北縣戶數人口數仍包括七堵鄉在內

乙、籍別統計

六

項目別	共計實數	共計百分比	男實數	男百分比	女實數	女百分比
總計	六,〇九〇,八六〇人	一〇〇·〇〇%	三,〇六〇,五三七人	一〇〇·〇〇%	三,〇三〇,三二三人	一〇〇·〇〇%
本籍	五,九三〇,八六六	九七·三七	二,九六九,八〇三	九七·〇四	二,九六一,〇六三	九七·七一
非本籍 本省他縣市	一三八,二五〇	二·二七	七一,二九一	二·三三	六六,九五九	二·二一
非本籍 外省	二一,七四四	〇·三六	一九,四四三	〇·六四	二,三〇一	〇·〇八

丙、年齡統計

歲數別	共計實數	共計百分比	男實數	男百分比	女實數	女百分比
總計	六,〇九〇,八六〇人	一〇〇·〇〇%	三,〇六〇,五三七人	一〇〇·〇〇%	三,〇三〇,三二三人	一〇〇·〇〇%
未滿一歲	一八七,三七二	一五·三五	九五,七四八	一五·四八	九一,六二四	一五·〇七
一歲至未滿五歲	七四〇,二六四		三七八,〇三一		三六二,二三三	
五歲至未滿六歲	二〇五,三〇四	一四·九八	一〇五,二五八	一五·二一	九九,九七九	一四·七五
六歲至未滿十歲	七〇七,三七二		三六〇,〇四四		三四七,三二八	
十歲至未滿十二歲	三三七,七六八	一三·一一	一七一,三五五	一三·三七	一六六,四一三	一二·九六
十二歲至未滿十五歲	四九〇,九〇九		二四四,七四三		二四六,一六六	
十五歲至未滿十八歲	四一八,〇九八	一一·〇〇	二一一,八二〇	一一·〇七	二〇六,二七八	一〇·九三
十八歲至未滿二十歲	二七三,〇九四		一三七,〇三七		一三六,〇五七	
二十歲至未滿二十五歲	五二三,七四〇	八·六八	二六八,一〇三	八·四四	二五四,六三七	八·七三
二十五歲至未滿三十歲	四三七,四四三	七·一八	二二八,九五〇	七·一四	二〇八,四九三	七·二三
三十歲至未滿三十五歲	三六八,六八四	六·〇三	一九六,一二七	六·四八	一八七,四一七	六·一八
三十五歲至未滿四十歲	三四〇,九八三	五·八三	一七六,八七七	五·七六	一七七,一三六	五·八五
四十歲至未滿四十五歲	二八一,四五三	四·六三	一四四,三一〇	四·七一	一三七,一三三	四·五三
四十五歲至未滿五十歲	二三五,一八七	三·七〇	一二五,一八一	三·七六	一一〇,〇〇六	三·六三
五十歲至未滿五十五歲	一六八,八八七	二·七七	八五,八六〇	二·八〇	八三,〇二七	二·七五
五十五歲至未滿六十歲	一三六,九二八	二·二五	六六,八八〇	二·一九	七〇,〇四八	二·三一
六十歲至未滿六十五歲	一一四,三三八	一·八八	五三,三三五	一·七四	六一,〇〇三	二·〇一
六十五歲至未滿七十歲	七八,九九二	一·三〇	三三,四四三	一·〇九	四五,五四九	一·五〇
七十歲以上	七六,二一二	一·二五	二六,八五七	〇·八八	四九,三五五	一·六三

七

八

丁、教育統計

項目別	共計實數	共計百分比	男實數	男百分比	女實數	女百分比
總計	四,九五八,二三八人	一〇〇·〇〇%	二,四八一,二八一人	一〇〇·〇〇%	二,四七六,九五七人	一〇〇·〇〇%
受高等教育者 畢業	一五,四四七	〇·三一	一三,九三三	〇·五六	一,五一四	〇·〇六
受高等教育者 肄業	三,四六三	〇·〇七	三,〇五九	〇·一二	四〇四	〇·〇二
受中等教育者 高中畢業	四二,一一五	〇·八五	三〇,三八七	一·二二	一一,七二八	〇·四七
受中等教育者 高中肄業	一四,四四七	〇·二九	一〇,六一四	〇·四三	三,八三三	〇·一五
受中等教育者 初中畢業	五三,八〇六	一·〇九	三八,四四五	一·五五	一五,三六一	〇·六二
受中等教育者 初中肄業	七二,六四〇	一·四六	五二,四四七	二·一二	二〇,一九三	〇·八二
受初等教育者 高小畢業	五五八,四四九	一一·二七	三七四,八六一	一五·一一	一八三,五八八	七·四一
受初等教育者 高小肄業	一六七,二〇八	三·三七	一〇二,五三九	四·一三	六四,六六九	二·六一
受初等教育者 初小畢業	四六八,〇八〇	九·四四	三一五,〇四〇	一二·七〇	一五三,〇四〇	六·一八
受初等教育者 初小肄業	六〇〇,二一七	一二·一一	三五六,一七七	一四·三五	二四四,〇四〇	九·八五
私塾	二一三,〇七八	四·三〇	一五一,六八一	六·一一	六一,三九七	二·四八
不識字者	二,七五三,二一八	五五·五三	一,〇一一,二〇八	四〇·七六	一,七四二,〇一〇	七〇·三三

備考：本表係就滿六歲以上之男女人口分別計算填列。

戊、職業統計

項目別	共計實數	共計百分比	男實數	男百分比	女實數	女百分比
總計	三,九一二,九七二人	一〇〇·〇〇%	一,九六〇,〇一三人	一〇〇·〇〇%	一,九五二,九五九人	一〇〇·〇〇%
農業	一,六〇六,一七三	四一·〇四	一,一〇七,七八三	五六·八一	四九八,三九〇	二五·五八
礦業	二一,五九六	〇·五五	一九,五九三	一·〇〇	二,〇〇三	〇·一一
工業	一三〇,五一二	三·三八	一〇八,三九八	五·五八	二二,一一四	一·一三
商業	一五八,四八四	四·〇五	一三九,九七七	七·一六	一八,五〇七	〇·九五
交通運輸業	四〇,八一〇	一·〇四	三九,〇二一	二·〇〇	一,七八九	〇·〇九
公務	六四,八五五	一·六六	五七,〇三一	二·九二	七,八二四	〇·四〇
自由職業	四三,二六〇	一·一一	三三,一一一	一·七〇	一〇,一四九	〇·五二
人事服務	二〇三,一二五	五·一九	八九,一一三	四·五七	一一四,〇一二	五·八四
其他業	七八,七五〇	二·〇一	五五,四〇四	二·八四	二三,三四六	一·一九
無業	一,五六五,二〇〇	三九·九六	三二二,四九五	一六·五一	一,二四二,七〇五	六三·六四

備考：本表係就十二歲以上之男女人口分別計算填列

己、婚姻統計

項目別	共計實數	共計百分比	男實數	男百分比	女實數	女百分比
總計	三,四三二,〇五九人	一〇〇·〇〇%	一,七一五,三六九人	一〇〇·〇〇%	一,七一六,六九〇人	一〇〇·〇〇%
未婚	九六一,九六八	二八·〇三	五五八,三五四	三二·五五	四〇三,六一四	二三·五二
有配偶	二,一一一,六〇三	六一·五二	一,〇五二,九六二	六一·三八	一,〇五八,六四一	六一·六七
喪偶	三四四,五七八	一〇·〇四	九八,八八五	五·七七	二四五,六九三	一四·三一
離婚	一三,九一〇	〇·四〇	七,一六八	〇·四二	六,七四二	〇·三九

備考：本表係就十五歲以上之男女人口分別計算填列

九

一〇

三、嚴密戶口查記　初步設籍工作經已辦理完成，為保持戶口查記確實計，於初次設籍登記完成後，通飭各縣市接辦籍別、身分、遷徙及流動人口登記，並訂頒臺北市健全里鄰組織及嚴密戶口查記實施方案，指定先就臺北市實施，以資示範。又二、二八事變發生後，為推行綏靖工作起見，經於卅六年四月訂頒「臺灣省各縣市臨時清查戶口實施辦法」，通飭各縣市鄉鎮區村里長及警察人員會同當地駐軍憲兵實施臨時戶口清查，限一個月辦竣，現各縣市已陸續辦理完成。

四、製發國民身分證　(1)發給省級暨中央駐省機關公務員國民身分證：本省前准內政部電飭首先頒發省級暨中央駐省機關公務員國民身分證，當經訂定臺灣省臺北市省級暨中央駐省機關公務員國民身分證頒發辦法，公布施行，並報內政部備案，一面派員協助臺北市政府積極辦理，原定本年一月開始籌發，至三月完成，嗣因二、二八事變，工作稍受影響，以致未能如期全部頒發，現本省各縣市正在普發國民身分證，前項未領之公務員身分證，併入辦理，截至五月底止，臺北市已頒國民身分證之公務員及其眷屬計一萬五千七百七十五人。(2)普遍發給國民身分證：關于製發國民身分證，係根據戶籍法施行細則第四章之規定並參酌本省實際情形，制定臺灣省各縣市國民身分證發給辦法，於卅六年四月廿五日公布施行，並規定工作進度，通飭各縣市遵照辦理，經電奉內政部核准備案。現各縣市已在進行中，預定本年十月底全部辦竣。

五、調訓第二期戶政人員　本省第一期調訓各縣市戶政人員計一百一十九名，經於卅五年七月開訓，至同年九月中旬結訓，並予實習一星期後分發各縣市工作。依照原定計劃，第二期仍由各縣市選舉現任戶政人員送訓，計五十二名，經於本年四月廿八日開訓，惟訓練期間經規定改為三個月，第二期戶政班預定本年七月間結訓。

六、選擇戶政示範鄉鎮　本省前准內政部電飭擇定各縣市戶政示範鄉鎮，各省轄市應普遍辦理戶政示範，以為各縣楷模，當經電飭遵辦，現各縣戶政示範鄉鎮，經分別選定，並由本廳彙報內政部備查如左：

縣別	戶政示範鄉鎮名稱	縣別	戶政示範鄉鎮名稱	縣別	戶政示範鄉鎮名稱
臺北縣	板橋鎮	臺南縣	西螺鎮	澎湖縣	湖西鄉
新竹縣	大園鄉	高雄縣	潮州鎮	花蓮縣	吉野鄉
臺中縣	員林鎮	臺東縣	里壠鎮		

（八）兵役行政

一、三十六年度役齡男子身家調查　本省奉國防部電令舉辦三十六年度役齡男子身家調查並頒發填表說明，原規定四月底完成，因奉文較遲，經轉飭各縣市依照調查表式切實辦理，限六月底全部完成，現各縣市正趕辦中。

二、調查在鄉軍人　本省在日治時代，被徵調服兵役人員，自日本投降後，已陸續遣回，爲儲備人才起見，經頒發調查表式飭各縣市查塡，限六月十日以前送核。

三、設置兵役機構　本省奉令應于前民政處設置兵役科，同時各縣市設軍事科，專辦兵役業務，惟因開辦伊始，業務較簡，前經決定暫不設科，由前民政處戶政科彙辦，至縣市兵役機構，就民政局(科)內增設兵役課(股)。今役政事務日繁，爲推行順利起見，改制後，於省民政廳增設一科，專理役政，各縣市亦於六月一日起成立役政科，辦理兵役事務。

（九）土地行政

一、釐整地籍　本省爲實施釐整地籍，遵照行政院第七六七次第七八〇次會議通過之「臺灣省地籍釐整辦法」暨「臺灣省土地權利憑證繳驗及換發權利書狀辦法」之規定程序，自去年五月起，按步推進，茲將辦理情形報告於左：

規定程序	實施期間	數量或進程
1 接收申請書及原權利憑證文件	三十五年五月至十二月	附一覽表
2 審查及發還原權利憑證	（審查：三十五年九月至十一月）（發還：三十五年十一月至三十六年二月）	同右
3 公告	三十六年一月至六月	附進程表
4 編造土地權利登記簿並換發權利書狀	預定三十六年七月至九月	

截至目前止，各縣市政府對此業務，除新竹縣之竹東、竹南、大湖、大溪、中壢（須至六月三十日）五區，高雄市之連雅、左營、鹽埕、三民、楠梓五區，及澎湖縣之望安、大嶼二鄉，產權公告工作預定須至六月十五日完成外，其餘各縣市悉已完畢規定公告程序，現正積極籌印權利書狀，預定於本年九月底前換發清楚。

二、清查公地　本省清查公有土地（包括日人私有、會社、財團、移民村及河川等土地），分就實際面積及耕種公地農戶，作詳實之調查，備爲實施放租及組織合作農場之參考。爲愼重計，根據臺帳及各縣市調查成果暨各機關接收日人公私有土地登記表，各縣市日產分會接收清冊等資料，交由公有土地清查團遴派幹員分赴實地核對查明，作成分類公地清冊統計圖表，便利管理。該項業務於去年十一月開始，迄本年一月底完成，清查結果全省公有耕地總面積爲二、〇六六、四三四公頃，佔全省公有土地總面積二、六四五、六三〇公頃百分之七八、二。

三、勘測可墾荒地　本省荒地面積廣大，亟應勘測墾殖，增加耕地面積，茲爲明瞭荒地分佈實況，補測前漏編之未登錄地暨附帶調查測區內之經界異動情形起見，爰於去年十二月籌議勘測荒地，茲將實施情形列後：

1. 擬訂勘測荒地章則：依照地政署卅四年六月廿九日公佈之荒地勘測辦法之規定，製訂臺灣省勘測荒地計劃綱要、勘測總隊組織規程、勘測荒地實施細則暨招調勘測人員辦法等數種，前二種經呈奉地政署卅六年四月十七日京籍字第四六七號電准備案，後二種尙在審議中。

2. 組設荒地勘測總隊：於本年二月設立荒地勘測總隊，籌備考調各縣市測量人員，嗣因二、二八事變發生，各項工作大受影響，未能如期實施，茲以省府成立，各項業務正在積極籌辦中。

四、調整公有耕地放租　本省公有土地，包括前總督府暨各州、廳、街、庄、社團、移民村以及日人私有土地共計二、一三〇、五二六、七二二九甲，爲推行土地政策計，將其中可耕種之土地一八一、四九〇、七九一二甲，除各機關經營以示範試驗育苗或實習並經核定留用者外，一律採用分配方式，直接放租於具有耕作能力之自耕貧農。惟在放租之先，爲求合理調整，以期公允起見，先後訂定承耕公有土地農戶登記規則及公有耕地放租辦法，經呈奉行政院，國防最高委員會核准公佈施行，各縣市並於去年十一月間，一律舉辦承耕公地之現耕農戶登記，計申請登記者一五九、八二四戶（見附表），旋經各縣市政府會同各該縣市公有土地分配促進會（現改組爲公有耕地放租委員會），依照審核標準之規定，分別審核，計初審合格者共一二九、六一六戶，乃於本年二月間擇定花蓮、臺東、澎湖三縣及彰化一市，先行開始放租，嗣因二、二八事變發生，繼以各縣市實行清鄉，致放租工作無形停頓，厥後各地秩序漸見恢復，遂於五月一日起，各縣市一律開始放租，並由省方派員分赴各地協助辦理，現正積極進行中，至於田畑以外各地目，由各縣市自行比照公有耕地放租辦法之規定，辦理放租。

臺灣省各縣市政府辦理收件審查發還憑證一覽表

縣市別	收繳土地權利憑證起數	審查土地權利憑證起數	發還主要憑證數	備考
臺中縣	五五〇、四二三	五〇六、七三〇	三四九、六七五	產權憑證爲印製發還經規定以法院登記濟證契據爲主，其輔助憑證如臺帳謄本地租收據保證書等均免繳並留存備查，將來即用原發收件收據調換權利書狀。
臺北縣	四五三、四二八	四五三、四二八	四四五、二一九	
臺南縣	一、〇二三、九六六	一、〇二三、一〇一	八七三、二九九	
高雄縣	三三三、一五三	三三三、一〇三	七二、八六四	
新竹縣	五四六、二八六	五三八、九七〇	三五、七二一	
澎湖縣	一〇三、四二六	一〇三、四二六	七〇、七六二	
臺東縣	五三、六四八	五三、六四八	五一、五五四	
花蓮縣	七二、六三一	七二、六三一	四二、七一八	
臺中市	一四、七五四	一四、七五四	五、一五六	
彰化市	一九、二九九	一九、二九九	一三、七七七	
臺北市	五二、五一六	五二、五一六	四八、二一五	
基隆市	二五、二二八	二五、二二八	一、九一八	
臺南市	六六、七七二	六六、七七二	六〇、六五六	
嘉義市	六三、八六五	六三、八六五	四〇、九三五	
高雄市	四〇、五二九	四〇、五二九	三六、一五一	
屏東市	三八、七七八	三八、七七八	五、二七一	
新竹市	六九、五三六	六九、四八〇	二、八一二	
合計	三、五二八、二三八	三、四七六、三一九	二、一五六、七〇三	

以上收件審查發還憑證數字係根據各縣市工作報告卅六年五月止累計數　註（一）係各該縣市工作報告僅至四月中旬，正催報中。

臺灣省各縣市政府辦理土地權利公告日期進程表

縣市別	原定開始公告起訖日期	請求展延日數	展延後應行完成公告日期	備考
臺北縣	三・一—四・三〇	一個月	五・三一	
新竹縣	二・二一—五・三〇	一個月	六・三〇	竹東竹南大湖大溪等區六月一五日完成中壢區六月三〇日完成
臺中縣	二・一—三・三〇	二個月	五・三一	
臺南縣	三・一—四・三〇		四・三〇	
高雄縣	二・一六—四・三〇	半個月	五・一五	
臺東縣	二・一六—四・二五		四・二五	
花蓮縣	三・一—四・三〇	一個月	五・三一	
澎湖縣	三・一—五・二〇	二五天	六・一四	望安大嶼等鄉六月一四日完成
臺北市	二・五—四・四		四・四	
基隆市	二・六—四・五	二五天	五・三〇	
臺中市	二・一七—四・一六	半個月	四・三〇	
臺南市	二・二六—五・二三		五・二三	
高雄市	二・一〇—五・一五	一個月	六・一五	連雅左營鹽埕三民楠梓等區六月一五日完成
新竹市	二・一—四・一五	一個月	五・一五	
嘉義市	三・一—四・三〇	二五天	五・二五	
屏東市	二・一六—四・一五		四・一五	
彰化市	二・一—三・三〇	一個月	四・三〇	

附註：原定公告起訖日期欄凡分期公告之縣市其起訖日期均合併一項填寫故公告時間有至兩個月以上者

臺灣省各縣市公有耕地現耕農戶登記一覽表

縣市別	申請數目 戶數	申請數目 筆數	複審結果數目 戶數	複審結果數目 筆數	備考
全省	一五九、八二四	三六一、五二〇	一二九、六一六	二九〇、四二三	
臺北縣	七、九一二	一九、七五七	七、八九二	一九、二一二	
新竹縣	八、一五七	二一、二四八	七、八二六	二〇、八四三	
臺中縣	四三、一七四	九四、五四六	三五、〇六二	七六、三九二	
臺南縣	四七、四八七	一〇七、四九九	三七、〇一一	七〇、一九二	
高雄縣	二三、六五一	五二、九四三	一六、四一二	四六、〇三〇	
臺東縣	六、一二七	一三、四六二	五、八三六	一三、〇六二	
花蓮縣	九、〇八五	二一、九二九	七、二八六	一九、〇二八	
澎湖縣	一、〇九三	二、四〇三	一、〇九三	二、四〇三	
臺北市	六三一	一、九五九	六一八	一、九三二	

基隆市	四五	四六	五七	一九九
新竹市	一,八〇九	四,一三八	一,六八八	三,六八八
臺中市	三五〇	七四〇	三二一	六五〇
彰化市	七三三	一,三三九	七三三	一,三三九
臺南市	一,五二九	三,一五二	一,〇三六	三,〇六三
嘉義市	二,二三二	四,〇八五	一,六八二	三,〇〇四
高雄市	二,二七六	四,九八六	二,〇六三	四,一七六
屏東市	三,五三三	七,二八八	三,〇〇〇	五,三一二

(十)合作事業

本省合作事業，在日治時代具有經濟統制之目的，與我國以扶植全民經濟而具有互助、平等、民主、公開之合作精神，大相徑庭，故本省合作事業管理委員會成立之始，即揭櫫三事，以爲今後工作之方針：一爲改組原有合作組織爲合作社，俾符合我國合作社法之眞義；二爲扶植合作業務之發展，以促進本省國民經濟之繁榮；三爲普設合作農場及合作工廠，使耕者有其田，工者有其廠，以完成民生主義之使命。半年以來，對於合作行政之統一，有關規章之補充，合作幹部之訓練，合作組織之推廣以及調劑合作金融，加强供銷業務等，已微著績效，玆將半年來工作情形，縷述於後：

甲、合作行政

一、調整合作行政機構　本省合作事業管理委員會設主任委員一人、常務委員三人、委員九人，下設秘書室及四課（第四課尚未成立），其業務暫由第一課兼辦）；嗣因普設合作農場，業務增繁，奉准增設合作農場指導室及統計、會計、技術三室。至縣市合作行政，原隸屬於縣（市）政府民政局（科），本年四月份起，奉准設置合作室，或於民政局（科）之下設合作課（股），全省設合作室者有臺北縣等七單位，設合作課者有臺北市一單位，設合作股者有新竹市等九單位。

二、訂定單行法規　本省合作社所經營之業務，遠較內地各省廣泛複雜，現行法令，每感未能適應實際需要，爰在不違反中央合作法規原則之下，參照本省實際情形，先後擬訂下列各種單行法規：

一　臺灣省合作組織整理實施細則　係根據中央頒布收復區光復區合作組織整理辦法擬定，規定各種合作組織之改組範圍及其步驟。

二　臺灣省原合作組織財產整理辦法　係規定純日資或日臺合資之合作組織財產之淸算及處理方式。

三　臺灣省合作社登記實施辦法　規定合作社登記事項。

四　臺灣省原農漁水產業會經濟事業部門改組應行注意事項　此係合作組織整理實施細則之補充，將改組步驟，予以明白規定。

五　臺灣省設置合作農場實施規則　爲行政院所頒之設置合作農場辦法之補充法規，關於合作農場之組織程序及業務經營，均有具體明白之規定。

六　臺灣省信用合作管理辦法　關於信用業務之管理程序，均有詳盡之規定。

七　臺灣省審查合作社賬目實施細則　此爲中央所頒「審查合作社賬目辦法」之補充，關於如何執行審查合作社賬目之手續，均有具體之規定。

八　臺灣省合作社會計規程　現正送有關機關審查中。

乙、合作組織

一、改組原有合作組織　本省原有合作組織業已改組完成者，共四七一單位，內各級合作社三一〇單位，專營合作社一四三單位，合作社聯合社一八單位，個人社員數達七十萬二千餘人，社員社三百十五個單位。

各級合作社係配合省行政機構之組織系統，在縣以鄉鎮爲中心，就每鄉鎮或區設立合作社，以求逐漸普及各村里，而達到每戶一社員爲原則。現全省經改組後發給登記證之各級合作社計有縣合作社三所，區（屬於市者）合作社二十九所，鄉合作社二〇八所，鎮合作社六十五所，村合作社四所，里合作社一所。共有社員五十九萬六千四百餘人，全省戶數爲九十九萬六千八百五十九戶，即全省有百分六十之戶數已加入各級合作社爲社員，詳見下列附表：

臺灣省合作社改組統計表

（一）級別　　股金單位：台幣元

縣市別	總計 社數	總計 社員人數	總計 股數	總計 已繳股金	縣轄市合作社 社數	縣轄市合作社 社員人數	縣轄市合作社 股數	縣轄市合作社 已繳股金
全省	三一〇	[illegible]	[illegible]	[illegible]	三	[illegible]	[illegible]	[illegible]
臺北縣	[illegible]	[illegible]	[illegible]	[illegible]	[illegible]	[illegible]	[illegible]	[illegible]

縣市別	總計 社數	總計 社員人數	總計 股數	總計 已繳股金	縣轄市合作社 社數	縣轄市合作社 社員人數	縣轄市合作社 股數	縣轄市合作社 已繳股金
新竹縣	[illegible]	[illegible]	[illegible]	[illegible]	—	—	—	—
臺中縣	[illegible]	[illegible]	[illegible]	[illegible]	—	—	—	—
臺南縣	[illegible]	[illegible]	[illegible]	[illegible]	—	—	—	—
高雄縣	[illegible]	[illegible]	[illegible]	[illegible]	—	—	—	—
臺東縣	一〇	[illegible]	[illegible]	[illegible]	—	—	—	—
花蓮縣	三	[illegible]	[illegible]	[illegible]	—	[illegible]	[illegible]	[illegible]
澎湖縣	[illegible]	[illegible]	[illegible]	[illegible]	—	—	—	—
臺北市	一	[illegible]	[illegible]	[illegible]	—	—	—	—
基隆市	—	—	—	—	—	—	—	—
新竹市	[illegible]	[illegible]	[illegible]	[illegible]	—	—	—	—
臺中市	[illegible]	[illegible]	[illegible]	[illegible]	—	—	—	—
彰化市	[illegible]	[illegible]	[illegible]	[illegible]	—	—	—	—
嘉義市	[illegible]	[illegible]	[illegible]	[illegible]	—	—	—	—
臺南市	[illegible]	[illegible]	[illegible]	[illegible]	—	—	—	—
高雄市	[illegible]	[illegible]	[illegible]	[illegible]	—	—	—	—
屏東市	[illegible]	[illegible]	[illegible]	[illegible]	—	—	—	—

（二）性質別　　股金單位：臺幣元

業務別	總計 社數	總計 社員人數	總計 股數	總計 已繳股金
全省	四七一	[illegible]	[illegible]	[illegible]
各級合作社	三一〇	[illegible]	[illegible]	[illegible]
縣轄市合作社	三	[illegible]	[illegible]	[illegible]
鄉合作社	二〇八	[illegible]	[illegible]	[illegible]
鎮合作社	六五	[illegible]	[illegible]	[illegible]

區合作社	[illegible]	[illegible]	[illegible]	[illegible]
村里合作社	[illegible]	[illegible]	[illegible]	[illegible]
專營合作社	一四三	[illegible]	[illegible]	[illegible]
信用合作社	[illegible]	[illegible]	[illegible]	[illegible]
建築信用合作社	[illegible]	[illegible]	[illegible]	[illegible]
倉庫信用合作社	一	[illegible]	[illegible]	[illegible]
土地信用合作社	一	[illegible]	[illegible]	[illegible]
建築利用合作社	四	[illegible]	[illegible]	[illegible]
倉庫利用合作社	四	[illegible]	[illegible]	[illegible]
住宅公用合作社	[illegible]	[illegible]	[illegible]	[illegible]
糧食生產合作社	[illegible]	[illegible]	[illegible]	[illegible]
漁業生產合作社	[illegible]	[illegible]	[illegible]	[illegible]
林業生產合作社	一	[illegible]	[illegible]	[illegible]
畜牧生產合作社	一	[illegible]	[illegible]	[illegible]
茶業生產合作社	一	[illegible]	[illegible]	[illegible]
醬油生產合作社	一	[illegible]	[illegible]	[illegible]
墾殖生產合作社	二	[illegible]	[illegible]	[illegible]
青果運銷合作社	一	[illegible]	[illegible]	[illegible]
建築勞働合作社	一	[illegible]	[illegible]	[illegible]
消費合作社	一〇	[illegible]	[illegible]	[illegible]
合作社聯合社	一八	[illegible]	[illegible]	[illegible]

二、扶助新合作社之設立　本省原有合作組織，業經予以分別改組，爲求達到全省每戶一社員之目標，對於各縣、市、鄉、鎮、區及村、里新合作社之組織，亦積極扶助，總計上半年度新成立之各種合作社共三十七單位，內各級合作社十五單位，專營合作社十六單位，聯合社六單位。

臺灣省各縣市新成立合作社統計表

33

縣市別（一）　股金單位：臺幣元

縣市別	總計					各級合作社			
	社數	社員人數	社員社數	股數	已繳股金	社數	社員人數	股數	已繳股數
全省	三七	八,七五九	四四	九五〇,〇八四	二,五二一,五六一	一五	六,三〇八	八八,三九五	八二八,五二二
臺北縣	三	七三五	—	四〇,八三〇	三八七,七〇〇	—	—	—	—
新竹縣	一	三三	—	一,五七五	一五,七五〇	—	—	—	—
臺中縣	—	—	—	—	—	—	—	—	—
臺南縣	五	七八八	—	一六,四〇三	六七六,六六九	一	三一九	八,三二五	六六,六六九
高雄縣	一	一二七	—	八,三三〇	八三,三〇〇	—	—	—	—
臺東縣	二	四〇七	—	一八,九三〇	一八九,三〇〇	二	四〇七	一八,九三〇	一八九,三〇〇
花蓮縣	四	一,三三三	—	三一,三五七	一九三,六〇〇	三	一,〇四三	一六,八五七	一六八,六〇〇
澎湖縣	—	—	—	—	—	—	—	—	—
臺北市	五	七六八	一四	七八一,六三五	七六六,八七〇	—	—	—	—
基隆市	—	—	—	—	—	—	—	—	—
新竹市	一	—	七	一七五	五五,〇〇〇	—	—	—	—
臺中市	—	—	—	—	—	—	—	—	—
彰化市	五	七八九	四	一四,四〇六	一八九,〇六〇	四	七八九	一三,九〇六	一三九,〇六〇
嘉義市	一	—	三	六〇〇	三〇,〇〇〇	—	—	—	—
臺南市	八	三,七六二	二	四一,五六〇	四五五,三三三	五	三,六五二	三〇,四八七	二九四,五八三
高雄市	—	—	—	—	—	—	—	—	—
屏東市	一	—	五	五〇〇	一〇〇,〇〇〇	—	—	—	—

縣市別（二）

縣市別	專營合作社				聯合社			
	社數	社員人數	股數	已繳股金	社數	社員人數	股數	已繳股金
全省	一六	二,五五一	一五九,六五四	一,二三九,五五〇	六	三五	七〇二,〇五五	四八七,五〇〇
臺北縣	三	七三五	四〇,八三〇	三八七,七〇〇	—	—	—	—
新竹縣	一	三三	一,五七五	一五,七五〇	—	—	—	—
臺中縣	—	—	—	—	—	—	—	—
臺南縣	四	四六九	八,一九二	四〇,七〇〇	—	—	—	—
高雄縣	一	一二七	八,三三〇	八三,三〇〇	—	—	—	—
臺東縣	—	—	—	—	—	—	—	—
花蓮縣	一	二九〇	八,四〇〇	二八,〇〇〇	—	—	—	—
澎湖縣	—	—	—	—	—	—	—	—
臺北市	四	七六八	八一,六三五	五六六,八七〇	一	一四	七〇〇,〇〇〇	二〇〇,〇〇〇
基隆市	—	—	—	—	—	—	—	—
新竹市	—	—	—	—	一	七	一七五	五五,〇〇〇
臺中市	—	—	—	—	—	—	—	—
彰化市	—	—	—	—	一	四	五〇〇	五〇,〇〇〇
嘉義市	—	—	—	—	一	三	六〇〇	三〇,〇〇〇
臺南市	二	一一〇	一〇,八六五	一〇八,一三一	一	二	三八〇	五二,五〇〇
高雄市	—	—	—	—	—	—	—	—
屏東市	—	—	—	—	一	五	五〇〇	一〇〇,〇〇〇

一九

註：本表內所統計新成立合作社係於改組期間內成立者。

三、舉辦合作行政人員訓練班　本省合作社行政人員極感缺乏，值茲合作事業亟待推進，爰於本省行政幹部訓練團內籌辦合作行政人員訓練班，由各縣(市)政府保送主辦合作行政人員參加受訓，於本年一月起開始訓練，期間三個月，學員計七十三人。

丙、合作業務

一、承銷公營產品　合作供銷業務，爲合作業務之中心，而公營產品之配售，亦以合作組織爲理想機構，省參議會第三次大會曾建議公營產品儘量交由各級合作社配銷，現已初步實現，茲將辦理概況分述如下：1向聯總訂購化學肥料二十萬噸，省設肥料運銷委員會，主管其事，縣市配銷事宜，由合作社及農會會同辦理。2本省公營產品，除外銷及專賣外，現可由合作社配銷者，計有：膠鞋、足袋、麵粉、食糖、紙張、蔗板、農機具、豆餅、布疋、省製化學肥料等。3各級合作社得依部頒合存供銷糧食辦法及合作社經營糧食業務登記辦法，經營糧食供銷業務，以調劑糧食供需，本年二月間糧價陡漲，糧食局舉辦食米拋售，一部分卽交由合作社辦理。

二〇

二、推行合作工廠制度　本省接收日資工廠，除撥歸公營者外，悉予標售民營，此爲推進工業合作之良機，旣可藉以容納失業工人，增進生產，復可改進工廠經營之方式，樹立集體生產之楷模。經由合作事業管理委員會擬就合作工廠草案，提出於本年三月省日產處理委員會討論通過，並經呈奉行政院核准，現正積極推進中

丁、合作金融

一、合作金庫　本省爲謀合作金融機構體系之確立，於去年十月五日，將臺灣省產業組合改組爲合作金庫，並於縣市設立支庫，必要時，於鄉鎮區設立代理處，計已設立臺北、新竹、臺中、臺南、高雄、東部六支庫，宜蘭等代理處四十三所。本年二月間，臺北、東部兩支庫撤銷，新設花蓮臺東兩支庫及臺中縣集集鎮、新竹縣新浦鎮等代理處兩所。合作金庫股金預定臺幣二千五百萬元，其中政府出資一千五百萬元，(已繳一百萬元)合作社團出資一千萬元(已繳六十萬元)，其業務概況及計劃如下：

一　存款方面：計本年一月底存款餘額爲臺幣二億八千四百零六萬一千三百二十五元三角一分。增爲臺幣二億九百六十六萬五千六百五十九元一角四分，截至最近（五月二十四日）止

二　放款方面：本年二月間經由各合作社聯合社及各合作社放出茶農復興貸款臺幣六千餘萬元，其他合作放款每月平均亦達臺幣二億元。

三　滙兌業務方面：自本年一月至五月底止，滙出滙款總金額合計臺幣三八三、一七六、一六四．六七元。

四　代理業務方面：現在辦理中者，計有：(1)代售印花稅票，(2)代收肥料款，(3)代付菸款，(4)配給食鹽等業務。

二、整理原合作組織財產　本省原各種組合財產處理問題，以原農業會、漁業會及水產業會暨各組合等之財產整理，最爲複雜，蓋就股份言，有日股、臺股之別，就構成個體言，有組合、農業會、漁業會及畜產會之分，因特訂頒「臺灣省原合作組織財產整理辦法」，以爲整理之依據，並將全省農業會財產加以詳密調查審核處理。惟財產劃分實際困難頗多，必須派員就地指導，始克有濟，嗣因受二．二八事件影響，故尚未全部劃分完成。

三、合作信用業務之推進　本省信用合作組織，光復前全省共有四十一單位，行政方面受原州廳政府管制，唯業務則屬於原臺灣產業金庫指導，事權旣不劃一，名稱亦有異別，光復迄今，經本會依法先後改組爲信用合作社，現已改組登記及新成立者，計有專營社五十四單位：內臺北市十單位，新竹市四單位，高雄市五單位，臺中市五單位，彰化市三單位，屏東市一單位，基隆市三單位，臺南市五單位，嘉義市三單位，臺北縣三單位，新竹縣二單位，臺中縣二單位，臺南縣三單位，高雄縣一單位，臺東縣一單位，花蓮縣一單位，澎湖縣三單位。至原農業會之經濟事業部門，亦經改組爲各級合作社，並於鄉鎮區各合作社中設置信用部，以辦理合作金融業務。

二一

36

戊、合作農場

本省合作事業管理委員會，奉命主辦合作農場業務，經於三十五年十二月成立合作農場指導室，幷由省於公有耕地放租收入項下提撥臺幣壹億二千萬元，以二千四百萬元補助各縣市爲行政經費，九千六百萬元爲事業費用，經四個月之籌備，於五月初旬分臺北(包括臺北縣臺北市基隆市)、新竹(包括新竹縣新竹市)、臺中（包括臺中縣臺中市彰化市)、臺南(包括臺南縣臺南市嘉義市)、高雄(包括高雄縣高雄市屏東市)、臺東、花蓮等七區，調派高級技術人員，分駐各區輔導推行，現已組成合作農場八處，又，開始籌備者，計有甲種合作農場五處，乙種合作農場四三處，尙待組織之合作農場二四九處，合計三〇〇處，茲將已組織成立之合作農場列表如次：

農場名稱	場址	面積(市畝)	場員人數	成立月日	備註
彰化市西芳合作農場	彰化市彰西區西芳里	一、五〇〇	一二二	三十六年五月十五日	
臺南市四草合作農場	臺南市南區四草里	一、〇六八	八四	三十六年五月十四日	
嘉義市芳草合作農場	嘉義市新南區下路頭	四五五	五四	三十六年五月十六日	
臺南縣舊莊合作農場	臺南縣崙背鄉舊莊	一、一一六	一二二	三十六年五月廿二日	
新竹市麻園肚合作農場	臺南市竹東區麻園肚	三一七	三四	三十六年五月廿二日	
臺南縣草湖合作農場	臺南縣崙背鄉草湖	八三三	九〇	三十六年五月廿九日	
臺南縣貓兒干合作農場	臺南縣崙背鄉貓兒干	一、三七一	一二四	三十六年五月三十日	
臺南縣大有合作農場	臺南縣崙背鄉大有	一、〇一五		三十六年五月三十日	

（十一）日僑管理

日僑管理工作，原係本省日僑管理委員會主辦，自去年十二月底第二期遣送竣事後，該會逐漸減縮範圍，迨四月底第三期遣送工作完畢，遂奉令辦理結束，所有少數留用日僑管理業務，撥歸前民政處第一科接辦。改制後，仍由本廳第一科增設日僑管理股，負責辦理。茲將三十六年上半年度，有關日僑管理工作分別報告如後：

一、餘留日琉僑管理　在光復之初，日僑分佈全省，雖經迭次調查，分期集遣，除留用者外，其中仍不乏逃避遣送、因病滯留或潛行返臺者，致殘餘日僑每多發現，爲嚴密防緝計，經分電各縣市政府及憲警機關協緝，對違法遺留之男性日僑，則奉令遣

二二

由勞働訓導營管訓，嗣因各地大赦，獲釋之日琉囚犯遽增，而訓導營亦因須將日琉僑隔離管訓，通知另覓適當場所，因暫借用若竹町法華寺，將上項除留日琉僑集中看管，候船首先遣送。

二、辦理日琉僑第三期遣送　三月杪因奉中央電知東京盟軍總部擬以立花丸載運臺胞返省，本省當局爲利用該輪回航之便，遣送日僑，因飭日僑會趕速準備日琉僑第三期遣送，當經分別籌備，一面恢復集中管理所名義，幷商借基隆港口第十八倉庫爲集中營，除利用立花丸外，又與前交通處會商簽請撥用臺南號及鳳林號二輪，計立花丸載日僑一千零五人於四月廿三日，臺南號載日僑二二〇二人、鳳林號載琉僑三五九人均於五月三日由基隆出港，總共本期計遣出日琉僑三、五六六人。港口集中管理所於任務完畢後，亦即撤銷。

三、接辦日僑會未了業務　日琉僑第三期遣送工作完畢後，日僑會於五月十五日奉令結束撤銷，最後繼續留用之日籍技術人員，總計二百六十三名，連家屬共七百七十六名，此項日僑管理業務，奉令歸併前民政處接辦，改制後，仍由本廳第一科兼辦，幷設日僑管理股，以專責成。

第三 教育廳施政報告

（一）全省各級教育概況（卅五年學度第一學期）

一、高等教育：計有大學一所，獨立學院三所，共有科數十九科，系數三十四系，班級數八十九班，學生數二七二七人，教職員數一〇二五人。

二、中等教育：計有學校二一五所，內普通中學一三一所，師範學校六所，職業學校七八所。班級數一五三七班，內屬於普通中學者八四九班，屬於師範學校者八五班，屬於職業學校者六〇二班，學生數六九〇九八人，內普通中學學生四一、一七二人，師範學校學生三、二二三人，職業學校學生二四、七〇三人。教職員數四七六二人，內屬於普通中學者二、六二二人，屬於師範學校者二七〇人，屬於職業學校者一、八七〇人。

三、國民教育：計有學校一、一四三所，內國民學校一、一〇八所，幼稚園三五所，班級數一三、七一五班，內屬於國民學校者一三、六四六班，屬於幼稚園者六九班。學生數八二五、八七六人，內國民學校學生八二二、二六五人，幼稚園學生三、六一一人。教職員數一五、三六一人，內屬於國民學校者一五、二八二人，屬於幼稚園者七九人。據卅五年十二月調查結果，全省現有學齡兒童（卽六歲至未滿十二歲之兒童）一、〇四五、〇六五人，同期國民學校就學兒童數爲八二二、二六五人，若假定國民學校就學兒童均係學齡兒童，則得學齡兒童就學百分比爲：$\frac{82265}{1,045,055} \times 100\% = 78.69\%$，此數字較民國三十二年（卽日昭和十八年）所發表者卽：71.31％已有顯著進步。

四、社會教育：可分一般式社教機關及學校式社教機關兩部，就一般式社教機關言：計有機關數一四三所，內專設者一一三所，附設者三〇所，教職員數四一五人，內屬於專設機關者三八三人，附設機關者三二人。就學校式社教機關言：計有機關六一〇所，內專設者一〇一所，附設者五〇九所學級數七三一級，學生數三八、七二〇人，教職員數一、二一二人，內屬於專設機關者一八六人，屬於附設機關者一、〇二六人。

（二）高等教育

一、調整高等教育機關

1　本省爲應中等學校師資需要曾于去年設立省立師範學院，並爲培養建國之高級農工技術人才，將省立臺中農業專科學校及臺南工業專科學校分別改爲省立農工學院，於三十六年度招收本科生，去年教育部視察團來臺視察，亦極贊成，現各院計劃均已呈送教育部。

2　省立臺北工業職業學校去年曾簽准改爲省立臺北工業專科學校現正積極籌備準備於三十六年度正式成立，招收五年制專科學生。

3　查前教育處于三十五年秋間奉前臺灣省行政長官陳通知將省立法商學院併入國立臺灣大學法學院，商學院暫緩設立，並經函得國立臺灣大學及教育部同意，所有一切併入手續，均於三十六年一月上旬辦理完畢。

二、增加學生公費

本省專科以上學校計有國立臺灣大學，省立師範學院，農學院，及工學院，除師範學院學生全部給予公費外，其他三院校均無公費待遇，本府成立後，以本省光復未久，學子於水深火熱中得慶解放，其公費待遇自應普遍，無所偏頗乃依照教育部頒發之「國立中等以上學校及省立專科以上學校學生給予公費辦法」，給予國立臺灣大學及省立農學院工學院學生全公費及半公費，各佔各校全學生數最多百分之卅之規定，全公費每名每月發給臺幣一千五百元（食米卅臺斤在內以公定價格向省糧食局配購）而省立師範學院及各師範生待遇原爲每生每月發給七成白米卅臺斤副食費四百五十元零用金卅元（尚有書籍蚊帳及制服等免費發給惟此項待遇除師範生外其他公費生照規定不得享受）如食米照公價計算總數爲一千二百元但照目前物價指數而言似嫌不敷；故亦經增加各師範生副食費三百元，合前數亦爲一千五百元，以示一律，並自本年五月份發給，計以上各校每月所需公費臺幣共二、八〇七、四〇〇元每月由省糧食局以公定價格增配七成白米三四、一一〇臺斤至本年十二月止，八個月共需追加預算二二、四五九、二〇〇元（臺灣大學因係國立故仍作墊付款）及公定價格之七成白米二七二、八八〇臺斤此項追加預算及增配之白米經提本省政府委員會第二次會議全案通過現正積極實施中，去年七月間本省曾攷選升學內地專科以上學校公費生百名，除因故自請退出者外，經教育部准予分發各國立大學者九十一名原定每名每月發給公費臺幣二千元，後以內地物價波動，前教育處爲應實際需要曾增加五百元，卽每名月發二千五百元（當時折合法幣八萬七千五百元）又發給臨時書籍津貼一次每生一千元，本省政府成立後因鑒於內地物價之一再上漲，故於省府成立之日起又增加臺幣二千元，連前共每月發臺幣四千五百元折合法幣壹拾九萬八千元爲國內任何公費之冠。

（三）師範教育

一、舉行師範教育運動週，自民國卅一年，教育部通令於每年三月廿九日至四月四日舉行師範教育運動週，五年以來，各省市莫不熱烈舉行，頗著成效，本年度教育部仍飭照舊舉行，本省奉令後卽積極籌備，頒發運動週舉行辦法，通令各師範學校遵辦，并邀請本省服務教育界名人，在本省廣播電臺作師範教育廣播演講，各校則每日舉行各項活動并召開座談會，舉行師範生效忠國家民族獻身教育事業宣誓，情況備極熱烈。

二、頒發師範生獎學金，全國清寒優秀師範生獎學金，卅五年度教育部分配本省名額四名，每名發給國幣一萬元，本省奉令後卽規定得獎標準，飭各師範學校具報，以憑核發，同時鑒於前次獎金折合臺幣後爲數無多，乃增至每名二千元，不足之數，由教育處補足，最後審查結果臺北，臺北女師，新竹，屏東等校各有學生一名得獎。

三、加緊師範生訓練及攷核，優秀國民之培養，有賴於健全之國民教育師資，而國民教育師資健全與否，端視於師範學校平素之訓練，本廳有鑒及此，乃遵照教育部指示，擬具本省師範生訓練實施方案及訓練考核辦法兩種，頒發各師範學校切實遵行，訓練實施方案內容計分精神，學科，生活，專業四種訓練，每項各定若干簡而易行之節目爲各校實施及考核標準之根據。

四、籌設臺東與花蓮兩師範學校，本省東部山嶺崎嶇，交通較爲不便，且爲高山同胞聚居之地，國教師資尤見缺乏，前應當地人士之建議，決定設立省立臺東，花蓮師範學校兩校，經費預算均已確定，正積極籌設決定於下學期開學上課。

（四）中等教育

一、加强語文教育，本省中等學校課程時數前由本廳就部頒規定酌增語文科目教學時數中學每週六時，合計十二小時，職業學校規定各八小時至十小時以應本省特殊需要嗣復督導各校定期舉行國語演說競賽等藉以提高學生學習興趣而使語文教育格外加强。

二、重視教學研究，本省中學區職業學校區劃分後，本廳繼卽抄發部頒「中等學校各科教學研究會組織通則」督導各校遵照組織各科教學研究會並令分別擬定各科教學研究大綱，從而展開教學研究工作，省立中等學校已組織研究會者約三十餘校並與省立師範學院合編中等教育研究月刊一種（創刊號已出版）以供輔導。

三、推進職業教育，本省自職業學校區劃分及職業教育推進計劃訂定後，經前後舉行農業教育問題座談會及工業教育問題座談會各兩次，其中關於撥用公地辦理實習農場，充實設備加强學生實習以及促進建教合作諸問題均有詳盡之商討。

四、修建校舍與充實設備，關於修建校舍計劃與充實設備辦法業經本廳訂定通飭各校遵照推行，多數學校已將各該校校舍應行修

建部分附具圖說，並擬具分期充實設備計劃送廳會核辦理，三十五學年度第二學期中等學校校舍由本廳核撥鉅款修建者，計開下列各校：（附表於後）

五、改進教訓設施，本省「二二八事變」期中教育深受影響，事變平定後，經派員督導各校復課並就教訓設施方面予以改進，列述如次；

(1)　本年三月間先後召開中等以上學校校長座談會計三次對於「二二八」事變後本省教育上如何善後與改進諸事項有詳盡之商討。

(2)　訂定省立中等以上學校復課應行注意事項及省立中等以上學校「二二八」事件後訓導實施上應行注意事項通飭各校遵行。

(3)　整理各中等以上學校學生自治會由前教育處規定四項飭遵。

校名	修繕費	備註	校名	修繕費	備註
省立基隆水產職業學校	七、〇〇〇、〇〇〇	內工廠四、〇〇〇、〇〇〇元 漁撈設備三、〇〇〇、〇〇〇元	省立彰化商業職業學校	一、三二〇、〇〇〇	
省立臺東中學	二、〇〇〇、〇〇〇		省立高雄第三中學	二、〇〇〇、〇〇〇	
省立臺東女子中學	二、〇〇〇、〇〇〇		省立嘉義女子中學	一、二八〇、〇〇〇	
省立新竹工業職業學校	二、〇〇〇、〇〇〇		省立高雄第二女子中學	一、〇〇〇、〇〇〇	
省立宜蘭中學	二、〇〇〇、〇〇〇		省立新竹女子中學	一、五〇〇、〇〇〇	
省立員林農業職業學校	二、四〇〇、〇〇〇				

（五）國民教育

一、分發國民學校學生免費課本，本省貧寒小學生，因無力購買課本而失學者爲數甚多，本廳根據各縣市國民學校及省屬小學所報貧寒學生人數計二二五、三七六人，配發免費課本共五〇三、〇一二冊，價値臺幣七、一四二、五六一八．七元。并依省參議會第一屆第二次大會教育類第一案函各書店儘量抑底教科書價格，藉以救濟失學兒童，普及義務教育。

二、調查學齡兒童與失學民衆，本省爲推進國民教育，業經分令各縣市從速調查學齡兒童及失學民衆人數，以便分期强迫及勸導

三、訂頒重要法令，本年上半年內，先後訂頒臺灣省國民學校校長教職員任用及待遇辦法，各縣市國民學校成績優良之校長教職員獎勵金發給辦法，本省學齡兒童強迫入學辦法，本省國民教育研究會組織規程四種，國語教學觀摩會辦法，本省師範學校輔導地方教育辦法草案，本省各國民學校及中等學校組織規程等幷轉頒捐資與學褒獎條例以爲今後國教設施之根據。

四、輔導國民教育，爲加强輔導工作計，除繼續編輯國民教育指導月刊（現改爲國民教育輔導月刊）外，幷出版國民學校及中心國民學校管理規則與國民學校常用教學用語各一種，以供各校參考。

（六）社會教育

一、充實民衆教育館與圖書館，原有省立民衆教育館四所，圖書館一所，本年度令飭以推行國語教育爲中心工作並頒發部定每月中心工作實施要點表切實推行。各館自奉令後均積極舉辦國語補習班每館少則兩班，多則四班。其他如舉辦巡廻文庫，放映電影時事座談會，祖國文化講座，出版壁報，通俗刊物，編印國語文補充教材，各種展覽會等，均能按照規定進行。縣市立民衆教育館與圖書館照本年度工作計劃應一律設置完成，現已設立民衆教育館者，有屏東，高雄，嘉義，基隆（該市定名爲文化館與部省定章不符已令飭更正）四市，及臺南，臺中，新竹，澎湖，花蓮五縣，已設圖書館者爲臺南，彰化，嘉義，臺北四市，及新竹，澎湖二縣，其他未設民敎館與圖書館之各縣市本年度當繼續督促其籌設成立。至於工作方面已頒發每月中心工作實施要點表並規定推行國語教育爲中心工作令其切實遵行。

二、推進電化教育

1 辦理教育廣播本省本年度爲加强電化教育起見原擬設立教育廣播電臺一所，經於本年度教育主管經費內編列預算經費一、五一五、八六〇元開辦費二、〇〇〇、〇〇〇元嗣以事變影響停止，省政府成立後不再着手進行設立，目前先商同臺灣廣播電臺於每日劃出一定時間由本省教育行政主管機關供給教育題材廣播六十五次。

2 電影巡廻施教：本省爲加强電影施教工作由前教育處赴滬購備十六米釐電影放映機四架分發臺北，臺中，臺南，臺東等省立民衆教育館舉辦巡廻施教，前奉教育部所發教育電影片幷經分借各縣市流通放映，藉獲宣教之效。

三、辦理影劇登記：凡在本省放映之電影片概須經過本省舉行事前映演審查給證後方得公映自本年一月至五月卅日止經審查給證影片計一二〇片五月底准內政部電影檢查處電囑停止檢查執有該處檢查給照之影片，嗣後該項有照影片僅須辦理登記手續即可在本省各地映演，無庸再行審查。

本省劇團登記分成立及上演登記兩種，凡在本省公演之戲劇團體均須經登記合格後方准上演自本年一月至五月止，計核准成立登記劇團六九團核准上演登記劇本一十九本。

四、推行補習教育

1 語文補習教育：本年一月爲推行公務員國語文補習教育特調訓各機關公務人員師資幹部第一期畢業學員八三人經分返各縣市原機關舉辦各該機關語文補習班凡同一機關內有應參加補習之公務員達五十人至一百人者可自設一班三十人以下者可聯合鄰近機關設班，計全省遵辦具報者共六十八班以縣市單位言嘉義市及臺南縣辦理成績最佳。

2 增設補習學校：本年度爲加强補習教育之設施，成立省立臺北補習學校一所舉辦語文專修班一班全校教職員人數十八人（包括兼任教員四人）經費五八三、八六〇元於本年四月一日開學學生人數二五〇人。

（七）甄選及訓練

一、甄選師資

1 半年來中等學校教員申請甄選者七百六十六人經審查合格者四百二十五人不合格者三百四十一人（見統計表一）國民學校教員由各縣市送會複查經審查者二千一百九十二名合格者一千五百二十三人不合格者六百六十九人（見統計表二）又本省於去年十一月間在平滬兩地設立臺灣省行政長官公署教育處駐「平」「滬」徵選國語教員臨時辦事處並派魏建功沈其達分別兼任駐「平」「滬」臨時辦事處主任辦理徵選教員事宜期定三個月應徵選國語教員四百人至本年二月間該辦事處結束應徵教員已陸續來臺服務。

二、舉辦檢定考試

1 本書過去充任書房教師及一般優秀青年學識能力均可勝任中學或國校教員者因限於法令之規定申請甄選未能合格，茲爲羅致該項青年以補充各級學校教員之迫切需要起見，經訂定本省中學及師範學校國民學校教員試驗檢定辦法，並定期七月廿日至廿四日及八月廿日至廿四日分別舉行檢定考試，經予先後公告在案。

三、訓練教育人員

1 中等學校師資前已訓練三期，均係抽調業經甄選合格之中等學校敎師，委託省訓練團代爲訓練，時間計兩個月第四期已於去歲十一月廿九日起至本年二月一日止，結訓學員，均派回原校服務

2 爲加强本省地方教育行政人員工作效能起見，特分期調訓各縣市教育行政人員，委託省訓練團代爲訓練，訓練時間爲三個月，第二期訓練於本年一月六日起開始至四月十八日止，結訓學員計卅七名包括全省各縣市，結訓後仍派原機關服務。

統計表（一）　中等學校教員甄選統計表

人	數	人	數
高級中學師範學校	八四	水產職校	二
農業職校	一九	醫事職校	四
工業職校	四六	其他	—
商業職校	五〇	總計	四二五
初級中學	二二〇		

統計表（二）　各縣市國民學校教員甄選統計表

縣市別＼教員別	國校級任	初小級任	代用教員	不合格	合計	備考
臺北縣	九二	一三	一二〇	九九	三二四	
新竹縣	三八	九	五九	六一	一六七	
臺中縣	一一八	九四	五二九	三四五	一、〇八六	
臺南縣	—	—	—	—	—	
高雄縣	四	一	—	—	五	
花蓮縣	二六	一〇	一九	二四	七九	
臺東縣	二四	六	一〇	—	四〇	
澎湖縣	二一	五	八	二七	六一	
臺北市	—	—	—	—	—	
基隆市	一一	三	一六	九	三九	
新竹市	—	—	—	—	—	
臺中市	一七	—	二七	一四	五八	
彰化市	—	—	—	—	—	
臺南市	二四	二	六〇	一四	一〇〇	
嘉義市	二〇	三	三一	二〇	七四	
高雄市	—	—	—	—	—	
屏東市	一五	二	五五	四八	一二〇	
直接申請	四二	九	一九	一三	八三	
總計	四五二	一五七	九五三	六七四	二、二三六	

附一：臺灣書店工作報告

（卅五年十二月至卅六年五月）

本店任務，首在廉價供應本省中小學教科書，其次爲供應民衆及公務員讀物，至于發售文化教育用品，受托代售外版書刊，則爲附帶業務，茲將去年十二月至本年五月之主要業務分述如次：

一、供應中小學教科書

本店印行之中小學教科書，均係前教育處或省編譯館編輯。

三十五年度第二學期小學用書共出版十四種，計九十二萬六千五百册，均已銷完，內二十七萬九千五百四十二册，係前教育處購買免費配送各縣市貧苦小學生。此項教科書定價，最低每本六元，最高每本十五元，十四種平均每本僅八元九角。發售時學校批購按定價八五折優待，包裝運費並由本店負擔，平均每本售價不及七元，最低者僅合四元餘。按之發售時之白報紙市價與印刷費尚不够成本。

中等學校用書，本學期僅出版初中本國史第二册四萬本，初級中學三學年均適用之初級國語文選（係再版）四萬册。本國史第二册銷售一萬四千二百二十八册，初級文選二萬九千二百〇六册。此外上學期出版之本國史第一第三兩册及高中適用之高級國語文選，亦共銷去四千七百一十册。至于售價本國史每本七十三元，發售優待辦法與小學教科書同。亦至爲低廉。

二、公務員語文補習班課本

前長官公署推行語文教育，飭令各機關開辦公務員語文補習班，所用課本分由省編譯館與國語推行委員會編輯，本店出版發行。截至現在止共出版三種，國文課本第一册，一月底出版一萬册，每本定價四十五元，至四月份卽全部售完。五月再版五千册亦售去一部份，國文課本第二册四月出版一萬册，每本定價一百元，已售九百九十六册，國語會話課本二月出版，每本定價十五

元，已售六千餘冊。以上三書連同其他本店出版之語文書籍，凡語文補習班批購，一律八五折優待，藉以減輕讀者負擔。

三、民衆讀物及一般書刊

本店出版之民衆讀物及一般書刊自去年十二月起至本年五月止如左表，此項書刊，僅五種銷路較佳。

書類	種數	共計冊數	編著者
名著譯叢	二	四、〇〇〇	省編譯館
光復文庫	一〇	二〇、〇〇〇	省編譯館
注音國語活葉文選	四	三五、〇〇〇	國語推行委員會
活葉英文選注	三	七、〇〇〇	師範學院英文系主任張易
國民教育指導月刊	三期	一二、〇〇〇	教三科
其他一般書刊	一一	七〇、〇〇〇	教三科、國語會、本店、外稿、
合計	三三	一四八、〇〇〇	

四、經售外版書刊

經售外版書刊，一部份係本店購自上海各書店，一部份係同行或私人將其出版品委托本店代售。本年度原擬赴京滬大批採購，並與國內各大出版家商訂特約經銷，俾國內外新出版物得源源運來本省，藉以充實本省精神食糧，因種種關係，未能舉辦。綜計以往六個月內，約銷售一百五十種，一萬冊左右。

81

附二：臺灣省博物館工作報告

本館分研究，陳列，總務三部員工二十八人月支經費四萬一千元除總務外經常着重研究與陳列而兩者工作之進展繫於相互推動本館本年度工作如經費可能追加當隨時增加新件外仍為整理並鑑定原有接收物品故屬研究方面為多，舉其工作要點如左。

一、研究部

一、改訂脊椎動物標本。

二、搜集有關臺灣魚類文獻，地質資料及與內地有關史料。

三、整理動物及蝶類標本

四、鑑定魚類標本，礦石岩石標本學名。

82

二、陳列部

五、調查臺北市區各種紀念遺物。

六、搜集二、二八事件資料。

一、添置說明牌並改正錯誤。

二、研究昆虫標本分類。

三、增列新製澳產動物標本（三大件）。

四、擴充電器設備陳列圖表。

五、調整兩棲動物與世界比較表。

六、招待並引導機關學校團體參觀。

三、總務部

一、主理日常事務。

二、清理並考核三十五度各項工作。

三、應變突發二、二八事件。

四、辦理自行交代。

五、遣送征用日籍人員。

六、追加減經常，臨時兩費。

第五、社會處施政報告

本處於六月一日組織成立，以接收前民政處第二科業務爲基礎，賡續推進已定計劃，幷增訂今後施政要點，以適應事實之需要，兹分別報告於左：

(一)組織人民團體

本省人民團體自光復迄去歲年終，已經核准組織者，計省級四十一單位，縣市級二百一十二單位，本年五月以前新加組織者，有省級漁會一，商業團體二，工業團體一，自由職業團體一，縣市級職業團體一百六十八，社會團體十九，總共增加一百九十二單位，詳見附表一。

附表(一)　臺灣省省級人民團體及會員數（三十六年五月）

團體類別	團體數	會員數 團體會員 團體數	會員數 團體會員 公司行號	會員數 團體會員 代表數	會員數 個人會員 合計	會員數 個人會員 男	會員數 個人會員 女	職員數
總計	四六	五二	九九五	一,三一四	一七,三二〇	一四,九六八	二,三五二	八三七
甲、職業團體	二八	三四	九九五	一,一〇〇	八,六七三	八,六七三	—	五二〇
(一)農會	一	一七	—	四〇	七,二五三	七,二五三	—	三三
(二)漁會	一	—	—	—	—	—	—	—
(三)工會	二	—	—	—	七二	七二	—	四六
(四)商會	一	一七	—	六一	—	—	—	二四
(五)工業同業工會	八	—	三五三	四七四	—	—	—	一二六
(六)商業同業工會	二	—	六二五	六二五	—	—	—	二二一
(七)自由職業團體	四	—	一七	—	七〇五	七〇五	—	七〇
乙、社會團體	一八	一七	—	二一四	八,六四二	二,六八九	二,三五二	三一七

130

（一）文化團體	八	—	—	—	五、一五八	五、一五八	一四〇
（二）宗教團體	一	—	—	—	二〇三	二〇三	三三
（三）慈善團體	二	—	—	—	四五八	四五八	三三
（四）數盛團體	六	—	—	—	四九二	四九二	八六
（五）婦女會	一	一七	—	二四	二、三五三	—	三五

各縣市人民團體及會員數（三十六年五月）

一、職業團體

縣市	總計				農會			漁會			工會			商會			工業同業公會			自由職業團體			商業同業公會		
	團體數	公司行號	會員數	職員數	團體數	會員數	職員數	團體數	會員數	職員數	團體數	會員數	職員數	團體數	會員數	職員數	團體數	公司行號	職員數	團體數	會員數	職員數	團體數	公司行號	職員數
全省合計	三五三	九、一八四	三〇、〇四四	一、二二八	[illegible]	八、二三五	三〇	四	六、五六七	三	三〇	四、六六三	一四七	一七	七八三	一〇六	四	一、八七六	一〇	八三	一〇、一五六	三二五	一六八	七、〇〇九	五〇四
臺北縣	六六	一四〇	三八六七	八二	一	四〇	二〇	—	—	—	一	一四〇	三	一	一〇	一八	—	—	—	二	一五四	三四	一	四〇	七
臺中縣	三四	八二四	三〇六	一九四	一	—	—	—	—	—	一	一九七	—	一	二一	—	六	一七三	二六	二	三、七八八	一〇五	一四	六五三	六四
臺南縣	三三	七七三	三三五六	—	一	—	—	—	—	—	一	二二五	—	一	五九	—	一	一七	—	一三	三、〇四三	—	五	七五五	—
臺東縣	九	八六六	二七	八	一	—	—	—	—	—	—	—	—	一	九	—	一	三三	—	一	一八	八	五	八〇四	—
高雄縣	二一	五四五	三八五	四六	一	—	—	—	—	—	—	—	—	一	六	二三	一	三六二	—	五	二一七	—	五	二六四	二四
新竹縣	四	—	五七七	—	一	—	—	—	—	—	—	—	—	一	六五	—	—	—	—	二	五四一	—	—	—	—
花蓮縣	一五	一九四	五二八	—	一	—	—	一	七二	—	一一	二四八	—	一	二六	—	一	三三	—	三	一四六	—	五	一七二	—
澎湖縣	一〇	二三八	三四四三	—	一	—	—	一	五、五六五	—	—	—	—	一	—	—	三	四三	—	—	一六	—	五	八六	—
臺北市	五七	一、一五三	一、一四〇	四一九	一	—	—	—	—	—	一	—	五四	一	二六	二四	五	一九五	四六	六	一、二三三	六七	三五	九五八	二五三
臺中市	二九	九〇四	三三三	—	一	—	—	—	—	—	—	—	—	一	二一	—	四	五六二	—	五	三三	—	一〇	五四三	—
臺南市	三八	一、一二五	一〇、五五六	一六六	一	七、三五五	一〇	—	—	—	二	二、三五〇	九五	一	四〇	一六	二	七七	—	五	九八五	—	二〇	一、〇四八	六〇
高雄市	四三	一、四〇七	三四八	三一七	一	—	—	一	八四三	—	一	一〇三	三	一	一〇	—	八	四五六	五八	三	一、五三五	七	一八	九五二	八一
新竹市	三七	六五四	一、〇九八	—	一	—	—	—	—	—	七	六七三	—	一	六九	—	五	九九	—	五	五五七	—	一三	五五五	—
基隆市	三三	九〇	八二七	六六	一	五六〇	—	一	二七〇	三	四	三一	—	一	一〇八	一三	一	四三	二六	三	一六	二六	五	四七	一〇
嘉義市	二八	六〇三	三四三	—	一	—	—	—	—	—	—	—	—	一	七	—	一	七七	—	四	五五五	—	一〇	五五五	—
屏東市	一二	—	一七	三三	一	—	—	—	—	—	—	—	—	一	一七	一三	—	—	—	—	—	—	—	—	—
彰化市	一九	六〇三	一〇八	—	一	五六三	—	—	—	—	一	三〇五	—	一	二五	—	一	二三	—	四	—	—	一四	六五〇	—

131

各縣市人民團體及會員數（三十六年五月）

二、社會團體

縣市	總計			文化團體			宗教團體			慈善團體			公益團體			體育衛生團體			婦女會			其他		
	團體數	會員數	職員數	團體數	會員數	職員數	團體數	會員數	職員數	團體數	會員數	職員數	團體數	會員數	職員數	團體數	會員數	職員數	團體數	會員數	職員數	團體數	會員數	職員數
全省合計	四六	六〇、四六	九二	一	—	—	一	七五	五	一	一五	—	—	—	—	一	三四	—	三六	四八九	三九	六	九九二	四八
臺北縣	二	三三七	三	—	—	—	—	—	—	—	—	—	—	—	—	—	—	—	一	二五七	一〇	一	八〇	三
臺中縣	一	四八五	—	—	—	—	—	—	—	—	—	—	—	—	—	—	—	—	一	四八五	—	—	—	—
臺南縣	二〇	一、八二五	八	—	—	—	—	—	—	—	—	—	—	—	—	—	—	—	二〇	一、八二五	八	—	—	—
臺東縣	一	—	—	—	—	—	—	—	—	—	—	—	—	—	—	—	—	—	◉一	—	—	—	—	—
高雄縣	二	一四〇	五	—	—	—	一	七五	五	—	—	—	—	—	—	—	—	—	一	六五	—	—	—	—
新竹縣	一	三一四	—	—	—	—	—	—	—	—	—	—	—	—	—	—	—	—	一	三一四	—	—	—	—
花蓮縣	五	三三三	—	—	—	—	—	—	—	—	—	—	—	—	—	—	—	—	一	一三五	—	一	一九八	—
澎湖縣	一	一〇八	五	—	—	—	—	—	—	—	—	—	—	—	—	一	三四	—	一	一〇八	五	—	—	—
臺北市	五	一、一三三	四五	一	—	—	—	—	—	—	—	—	—	—	—	—	—	—	一	三九六	九	三	六〇四	三六
臺中市	二	一七五	—	—	—	—	—	—	—	一	一五	—	—	—	—	—	—	—	一	一六〇	—	—	—	—
臺南市	一	七四七	—	—	—	—	—	—	—	—	—	—	—	—	—	—	—	—	一	七四七	—	—	—	—
高雄市	一	—	—	—	—	—	—	—	—	—	—	—	—	—	—	—	—	—	◉一	—	—	—	—	—
新竹市	一	—	—	—	—	—	—	—	—	—	—	—	—	—	—	—	—	—	◉一	—	—	—	—	—
基隆市	二	二六二	七	—	—	—	—	—	—	—	—	—	—	—	—	—	—	—	一	一三二	七	一	一三〇	—
嘉義市	一	一七三	—	—	—	—	—	—	—	—	—	—	—	—	—	—	—	—	一	一七三	—	—	—	—
屏東市	二	—	—	—	—	—	—	—	—	—	—	—	—	—	—	—	—	—	一	—	—	—	—	—
彰化市	二	一九四	—	—	—	—	—	—	—	—	—	—	—	—	—	—	—	—	一	一九四	—	—	—	—

說明　會員數除商會會員係臺北縣農會會員係團體會員（內包括工商業同業工會暨工會會員及未成立同業工會之公司行號即非會會員）外餘均爲人

附注：1 數字上端作有◉者係指該團體已組織成立而報表尚未送到因手續欠全飭回更正

2 職員數因原報表多有漏填未盡全列

資料來源根據各縣市人民團體總報告表及足參考資料編製

132

（二）社會救濟

1　災害救濟去歲臘月間，臺南地震，死七十四人，重傷一七七人，輕傷二五八人，房屋全毀一、八六三幢，半毀二，零八四幢，財產損失達臺幣一六一、七七九、八〇〇元，前任陳長官聞訊，卽派前民政處周處長南下勘災，並施救賑，死者每人發給埋葬費二、〇〇〇元，重傷者一、〇〇〇元，輕傷者送公立醫院治療，無家可歸者指定臨時處所收容，每人按日發給食米一斤，由前長官公署撥臺南縣食米十萬斤，臺南市五千斤，並蒙國府　蔣主席撥賑臺幣一〇〇萬元，地方人士解囊捐賑一七萬元。

2　冬令救濟：去年十二月十六日起至本年三月十六日止，舉辦冬令救濟，救濟對象爲赤貧，鰥，寡，孤，獨，殘廢，及受災害不能生活者，或歸省臺胞貧苦不能生活者，或有子女五人以上家境貧寒者，均得受救濟，救濟物資及經費來源：㈠由中央社會部撥給本省三十五年度冬令救濟奬助金國幣三千萬元折合臺幣分配各縣市（見附表二）：㈡鼓勵地方人士捐助：㈢商請救濟分署撥助物資，由各縣市政府發動有關機關社團暨地方熱心慈善事業人士，組織冬令救濟委員會負責辦理。

附表（二）

冬令救濟奬助金分配表（單位—臺幣元）

縣市別	數額	縣市別	數額	縣市別	數額
總計	八五七、一四三	臺東縣	二〇、〇〇〇	臺中市	一五、〇〇〇
臺北縣	一一〇、一四三	花蓮縣	二七、〇〇〇	彰化市	一二、〇〇〇
新竹縣	一〇〇、〇〇〇	澎湖縣	一五、〇〇〇	嘉義市	二〇、〇〇〇
臺中縣	一六〇、〇〇〇	臺北市	四五、〇〇〇	臺南市	二八、〇〇〇
臺南縣	一六〇、〇〇〇	基隆市	一五、〇〇〇	高雄市	二〇、〇〇〇
高雄縣	七〇、〇〇〇	新竹市	二二、〇〇〇	屏東市	一八、〇〇〇

3　失業救濟：本省失業登記截至四月底止，經據報計有一六、四四八人，實際恐不止此數，現正再從事調査，俾明眞相，至解決失業問題，亦正斟酌實際情形，另擬具體辦法通飭施行。

4　小本貸款救濟旅廈失業臺胞：本省旅廈臺胞約計四千餘人，戰事結束後，受物價波動，生活陷入窘境，以至失業，經由前長官公署撥匯國幣一千萬元，爲小本貸款，無息貸款失業臺胞，經營生意，俾資救濟，爲求公允及監督嚴密計，曾訂定小本貸款辦法，徵得廈門市政府同意，委託就近辦理。

5　繼續辦理旅外臺胞歸省者：旅居省外各地臺胞，截至三月底止陸續歸省者，共計一〇〇、九八二人，詳見附表三。

133

附表（三）

旅外臺胞歸省人數統計表（卅六年三月底止）

地名	歸省人數	備考
日本	二三、七四九	包括鹿兒島六、二九〇人神奈川一、五九六人宇品二、九四七人吳港四〇八人賀一〇、〇九〇人佐世保二、〇五〇人聖雀三六八人
南洋群島	二五、〇八九	包括菲律濱一五、一七五人新嘉坡五、八二二人尼泊爾二、七〇人其他七七七人爪哇五三三人
本國各地	二八、六七五	包括廣州七、四四一人海南島二三、〇五〇厦門五九一七汕頭一、〇五〇人澳門二四一八上海九四四人漢口五九八人青島一九五人平津一、一二二人東北包括大連瀋陽旅順吉林長春一、三四六人
澳洲	五、〇二五	
其他各地	一八、四四六	包括關島五六一人新幾內亞及拉布爾四、四七七人香港一、五四三人四六〇五人暹羅二六〇人
合計	一〇〇、九八二	包括男女老幼如上數

6　育幼院：臺灣省兒童保育院，奉社會部令命改爲臺省育幼院，因院址狹小，特於本年擴充爲兩院，以期達到收容四百名兒童預額，在北投鎭溫泉里者爲北院，內分育嬰，幼稚兩部，現有乳兒嬰兒幼稚幼童六十九名，在該鎭大同里者爲南院，內分總務，小學兩部，現有兒童四十一名。

7　救濟院：臺灣省救濟院係前日治時代成德學院之前身，接收改組後，設置感化習藝安老殘廢四部，感化部下設國民學校及感化所各一，習藝部下設縫紉籐木編織，工藝傳習等三所，另擬附設托兒所，所在地正在籌備中，其收容人數詳見附表四，該院對於院民除施以教育健全其人格外特別注意培養其生產技術，俾能使其獨立生活於社會。

附表（四）

省立救濟院院民人數表

部別	人數	備考
感化部	一〇七人	
習藝部	九二人	
安老部	三六人	
殘廢部	二〇人	
共計	二五五人	

（三）今後施政要點

（一）基本原則：禮運大同篇，爲大同社會之崇高理想；又爲推行業務之軌範；亦卽社會行政之總目標。其工作推行之基本原則約有數端。

1 切合社會實情：本省農工各業均較進步，推行社會事業之條件，自較具備。應依據中央法令適應本省實際需要，針對社會實情：運用優越條件，匡定工作重心以收社政之實效。

2 確定主要對象：農工爲社會之主要組成份子，推行社會事業應以農工爲主要對象，權衡輕重，分別緩急，而樹立中心目標，以期本立道生因應機宜。

3 切取民衆合作：社會行政之成效，倡導發展重於直接舉辦，對各種社會事業之推行，應隨時隨地與民衆合作，在推行上儘量依互利原則，一面運用個人或團體之人力資力，以發展社會事業，如開荒墾殖收容失業等，仍一面使舉辦事業之民衆或團體能獲合理之利益，庶於救濟失業之中仍寓獎進事業之意。

4 配合各方推進：社會業務以各職業階層之人民爲對象，而其推行輒與其目的事業相關聯，故其性質繁複，對象廣泛，主辦社會業務須與有關方面經常密切聯繫，協同一致配合推進。並以主動之精神，經常統馭工作之進展而不受制於工作之對象，務使動靜咸宜社會相安而生動。

（二）充實社會行政及事業機構：(1)省社會事業，原以民政處爲主管機關由所屬第二科主辦，省政改制後，爲加强本省社會行政，於六月一日成立社會處隸於省府。處內暫設四科三室，共業務分掌亦經改善。(2)縣市社會行政機構，將力求充實，嚴格甄選行政幹部，並予基本訓練。(3)省及縣市現有社會事業機構將嚴格督導使能臻於健全以圖發展。

（三）人民團體組訓：(1)遵依法令適應實情，嚴密執行人民團體之調查，及其申請組織之准駁並對組織完成者，依法獎助或取締。(2)宣導各人民團體，使其普遍明瞭組織之意義與重要，自覺有存在而活動之需要，並訓練其工作人員，使能管理，而加强其活動。(3)人民團體應謀整個利益，過去缺點，在利用團體圖少數人之私利，亟應矯正，政府獎助應以團體整個利益爲對象。

（四）社會運動與勞動：(1)社會運動注重民衆日常生活之教進，目前應以推行新生活運動爲中心以轉移社會風氣，改良禮俗增强國家民族意識。並督導各人民團體目的事業外之活動，使趨正軌。(2)勵行增產競賽運動。(3)調劑勞資利益調查人力並予必要之管制。

（五）社會福利與救濟：(1)社會福利爲本省社會行政之中心工作，應善運用本省優越條件，並採擇新近之進步方法，則社會福利事業，實有發展之把握，例如運用多數醫生及醫療設施，舉辦簡易保險，普及農工，訓練產婆，分佈鄉村，實行工廠礦場之檢查；規定廠方場方舉辦福利設施，藉以普惠，農工均屬切要。(2)社會救濟之目前急務，爲失業問題，其關係繁重，尤宜集合有關方面組織臨時機構，並盡量運用民間資力鼓勵人民協助分工合作，共謀解決。依照　主席廣播中關於救濟方面提示各點，均須將失業人數先有分類之調查，與縝密之設計，分業分期切實執行，進以介紹職業及輔導就業。而救濟工作之主旨，尤應於救濟中導其就業，並於就業後增加生產。

2

台灣省政府委員會第十四次會議紀錄

時間：三十六年八月二十二日上午九時

地點：本府四樓會議室

出席：魏道明 朱文伯 游彌堅 楊家瑜
李翼中 杜聰明 林獻堂 陳啟清
南志信 朱佛定 劉兼善 嚴家淦
馬壽華

列席：楊鵬 王肇嘉 齊大致 徐慶鍾
張國鍵 顏春輝 羅理

主席：魏道明

紀錄：程詩濤 許乃邃

討論事項

(一)三十六年度縣市地方歲入關於地方稅共有稅及國稅劃撥制度擬再作進一步調整俾符体制並擬增闢財源以期維持收支預算平衡案

決議：修正通過。修正之點：(乙)部份(二)項末括號內之句刪除。(丁)部份(一)項內「專充縣市修築公路之用」一句，改為「專充縣市養護公路費用」

(二)為防止偽造印章保障合法權利減少人民糾紛草定台灣省各縣市人民印鑑登記辦法擬即頒行當否請公決案

決議：通過，並另加一條規定不動產移轉所用之印鑑必須登記由民政廳擬定條文報告下次會議。

(三)修正台灣省枕木供應委員會組織規程案

決議：枕木生產暨供應事宜，由林產管理局負責辦理，不必另組委員會。特定事項由該局另訂辦法呈府核辦。

(四)台灣省檢疫總所報告各檢疫所調整計劃案

決議：裁撤六處港口檢疫所以充實總所機構一節通過，檢疫總所隸屬問題由顏處長審酌所長會商呈核

(五)台灣省政府人事處組織與職掌及員額編制案

決議：原則通過，條文於納入省政府合署辦公細則時由法制室併予整理。

(六)改鋪北投淡水間柏油路面工程費一八九九六〇〇元擬在田賦等追加特別預備金項下動支案

決議：通過

5

(七)修辟鄉村衛生分所經臨費分配預算案

決議：再交財政廳會計處衛生處審查由財政廳召集

(八)勞動營本年度五至十二月份追加預算擬准追加三百二十萬元在田賦等追加預備金項下動支案

決議：通過。

(九)省立和平中學改為省立師範學院附屬中學本年度追加減預算暨分配預算案

決議：通過。

散會

臺灣省政府委員會第十六次會議紀錄

時間：三十六年九月五日上午九時

地點：本府四樓會議室

出席：魏道明　劉兼善　杜聰明　林獻堂
馬壽華　許恪士　游彌堅　楊家瑜
朱佛定　嚴家淦　李翼中

列席：王肇嘉　楊鵬　羅理

主席：魏道明

紀錄：程詩濤　許乃遠

報告事項

(一)本省三十五年度歲入歲出總決算案

(二)修正台灣省水產試驗所組織規程案

8

討論事項

(一)本省三十六年度地方歲入歲出第三次追加減概算案
決議〃通過。

(二)撥款收購教科書免費供應全省各國民學校課本案
決議〃通過。

(三)追加失業救濟委員會臨時費四、五〇〇、〇〇〇元生活津貼費一〇二九、五三二元經常費三〇三、九八〇元由省特別預備金項下動支案
決議〃通過。

(四)追加教育廳臨時費預算「各級教員甄聘費」四百二十萬元由省特別預備金項下動支案
決議〃通過。

(五)民營企業輔導委員會三十六年度經常費預算追列一、三四八、一四〇元由省特別預備金項下動支案
決議〃通過。

(六)人事處本年六至十二月份經常費六七六、五七〇元由省特別預備金項下動支案
決議〃通過。

(七)社會處書刊印刷費列支七十五萬元款由省特別預備金項下動支案
決議〃通過。

(八)勞動營整理環境及第四屆結訓費用撥助五十萬元由省特別預備金項下動支案
決議〃通過。

10

(九)教育廳經臨費預算「各級學校增班設備費」及「省立澎湖水產學校」二科目分別追加五萬五千元案
決議〃通過。

任免事項

(一)台東縣縣長謝真台中市市長李薈經予免職另候任用並經令派黃式鴻代理台東縣縣長陳宗熙代理台中市市長請追認案
決議〃通過。

臨時討論事項

(一)為擬訂本省三年建設計劃委員會組織大綱請公決案
決議、修正通過。
修正之點〃組織大綱第三條條文改為〃「本會設主任委員一人、由省政府主席兼任、副主任委員一人、由省政府主席聘任、委員除有關廳處長為當然委員外、並由省政府主席聘任五人至七人。」

图书在版编目（CIP）数据

台湾光复档案·文献史料/海峡两岸出版交流中心，中国第二历史档案馆编．—北京：九州出版社，2005.10
（台湾光复档案）
ISBN 7-80195-386-X

Ⅰ.文… Ⅱ.①海…②中… Ⅲ.抗日斗争－史料－台湾省 Ⅳ.K295.8

中国版本图书馆 CIP 数据核字（2005）第 118336 号

台湾光复档案·文献史料

作　　者　海峡两岸出版交流中心
　　　　　中国第二历史档案馆
责任编辑　张成之　刘小曼
责任校对　曹　晓
出版发行　九州出版社
地　　址　北京市西城区阜外大街甲 35 号（100037）
网　　址　www.jiuzhoupress.com
电子信箱　jiuzhou@jiuzhoupress.com
印　　刷　北京国彩印刷有限公司
开　　本　889 × 1194 毫米　16 开
印　　张　17
图　　数　400 幅
版　　次　2005 年 10 月第 1 版
印　　次　2005 年 10 月第 1 次印刷
书　　号　ISBN 7-80195-386-X / K · 81
定　　价　880.00 元（全两册）